本书由浙江省文化研究工程资助

浙江文化研究工程成果文库

吴越文化与中州文化比较研究

比较研究

黄宛峰 等◎著

中国社会科学出版社

图书在版编目（CIP）数据

吴越文化与中州文化比较研究/黄宛峰著.—北京：中国
社会科学出版社，2009.10
ISBN 978-7-5004-8203-1

Ⅰ.吴… Ⅱ.黄… Ⅲ.①文化史—研究—华东地区
②文化史—研究—河南省 Ⅳ.①K295②K296.1

中国版本图书馆 CIP 数据核字（2009）第 174163 号

策划编辑　郭沂纹
特约编辑　沂　涟
责任校对　张小青
封面设计　回归线视觉传达
技术编辑　张汉林

出版发行　中国社会科学出版社
社　　址　北京鼓楼西大街甲 158 号　　邮　编　100720
电　　话　010—84029450（邮购）
网　　址　http://www.csspw.cn
经　　销　新华书店
印　　刷　新魏印刷厂　　　　　　　装　订　广增装订厂
版　　次　2009 年 10 月第 1 版　　印　次　2009 年 10 月第 1 次印刷
开　　本　890×1240　1/32
印　　张　12.25　　　　　　　　　插　页　2
字　　数　360 千字
定　　价　31.00 元

总　序

有人将文化比作一条来自老祖宗而又流向未来的河，这是说文化的传统，通过纵向传承和横向传递，生生不息地影响和引领着人们的生存与发展；有人说文化是人类的思想、智慧、信仰、情感和生活的载体、方式和方法，这是将文化作为人们代代相传的生活方式的整体。我们说，文化为群体生活提供规范、方式与环境，文化通过传承为社会进步发挥基础作用，文化会促进或制约经济乃至整个社会的发展。文化的力量，已经深深熔铸在民族的生命力、创造力和凝聚力之中。

在人类文化演化的进程中，各种文化都在其内部生成众多的元素、层次与类型，由此决定了文化的多样性与复杂性。

中国文化的博大精深，来源于其内部生成的多姿多彩；中国文化的历久弥新，取决于其变迁过程中各种元素、层次、类型在内容和结构上通过碰撞、解构、融合而产生的革故鼎新的强大动力。

中国土地广袤、疆域辽阔，不同区域间因自然环境、经济环境、社会环境等诸多方面的差异，建构了不同的区域文化。区域文化如同百川归海，共同汇聚成中国文化的大传统，这种大传统如同春风化雨，渗透于各种区域文化之中。在这个过程中，区域文化如同清溪山泉潺潺不息，在中国文化的共同价值取向下，以自己的独特个性支撑着、引领着本地经济社会的发展。

从区域文化入手，对一地文化的历史与现状展开全面、系统、扎实、有序的研究，一方面可以藉此梳理和弘扬当地的历史传统和文化资源，繁荣和丰富当代的先进文化建设活动，规划和指导未来的文化发展蓝图，增强文化软实力，为全面建设小康社会、加快推进社会主义现代化提供思想保证、精神动力、智力支持和舆论力量；另一方面，这也是深入了解中国文化、研究中国文化、发展中国文化、创新中国文化的重要途径之一。如今，区域文化研究日益受到各地重视，成为我国文化研究走向深入的一个重要标志。我们今天实施浙江文化研究工程，其目的和意义也在于此。

千百年来，浙江人民积淀和传承了一个底蕴深厚的文化传统。这种文化传统的独特性，正在于它令人惊叹的富于创造力的智慧和力量。

浙江文化中富于创造力的基因，早早地出现在其历史的源头。在浙江新石器时代最为著名的跨湖桥、河姆渡、马家浜和良渚的考古文化中，浙江先民们都以不同凡响的作为，在中华民族的文明之源留下了创造和进步的印记。

浙江人民在与时俱进的历史轨迹上一路走来，秉承富于创造力的文化传统，这深深地融汇在一代代浙江人民的血液中，体现在浙江人民的行为上，也在浙江历史上众多杰出人物身上得到充分展示。从大禹的因势利导、敬业治水，到勾践的卧薪尝胆、励精图治；从钱氏的保境安民、纳土归宋，到胡则的为官一任、造福一方；从岳飞、于谦的精忠报国、清白一生，到方孝孺、张苍水的刚正不阿、以身殉国；从沈括的博学多识、精研深究，到竺可桢的科学救国、求是一生；无论是陈亮、叶适的经世致用，还是黄宗羲的工商皆本；无论是王充、王阳明的批判、自觉，还是龚自珍、蔡元培的开明、开放，等等，都展示了浙江深厚的文化底蕴，凝聚了浙江人民求真务实的创造精神。

代代相传的文化创造的作为和精神，从观念、态度、行为方式和价值取向上，孕育、形成和发展了渊源有自的浙江地域文化传统和与时俱进的浙江文化精神，她滋育着浙江的生命力、催生着浙江的凝聚力、激发着浙江的创造力、培植着浙江的竞争力，激励着浙江人民永不自满、永不停息，在各个不同的历史时期不断地超越自我、创业奋进。

悠久深厚、意韵丰富的浙江文化传统，是历史赐予我们的宝贵财富，也是我们开拓未来的丰富资源和不竭动力。党的十六大以来推进浙江新发展的实践，使我们越来越深刻地认识到，与国家实施改革开放大政方针相伴随的浙江经济社会持续快速健康发展的深层原因，就在于浙江深厚的文化底蕴和文化传统与当今时代精神的有机结合，就在于发展先进生产力与发展先进文化的有机结合。今后一个时期浙江能否在全面建设小康社会、加快社会主义现代化建设进程中继续走在前列，很大程度上取决于我们对文化力量的深刻认识、对发展先进文化的高度自觉和对加快建设文化大省的工作力度。我们应该看到，文化的力量最终可以转化为物质的力量，文化的软实力最终可以转化为经济的硬实力。文化要素是综合竞争力的核心要素，文化资源是经济社会发展的重要资源，文化素质是领导者和劳动者的首要素质。因此，研究浙江文化的历史与现状，增强文化软实力，为浙江的现代化建设服务，是浙江人民的共同事业，也是浙江各级党委、政府的重要使命和责任。

2005 年 7 月召开的中共浙江省委十一届八次全会，作出《关于加快建设文化大省的决定》，提出要从增强先进文化凝聚力、解放和发展生产力、增强社会公共服务能力入手，大力实施文明素质工程、文化精品工程、文化研究工程、文化保护工程、文化产业促进工程、文化阵地工程、文化传播工程、文化人才工程等"八项工程"，实施科教兴国和人才强国战略，加快建设教育、科技、卫生、体育等"四个强省"。作为文化建设"八项工程"之一的文化研究工程，其任务就是系统研究浙江文化的历史成就和当代发展，深入挖掘浙江文化底蕴、研究浙江现象、总结浙江经验、指导浙江未来的发展。

浙江文化研究工程将重点研究"今、古、人、文"四个方面，即围绕浙江当代发展问题研究、浙江历史文化专题研究、浙江名人研究、浙江历史文献整理四大板块，开展系统研究，出版系列丛书。在研究内容上，深入挖掘浙江文化底蕴，系统梳理和分析浙江历史文化的内部结构、变化规律和地域特色，坚持和发展浙江精神；研究浙江文化与其他地域文化的异同，厘清浙江文化在中国文化中的地位和相互影响的关系；围绕浙江生动的当代实践，深入解读浙江现象，总结浙江经验，指导浙江发展。在研究力量上，通过课题组织、出版资助、重点研究基地建设、加强省内外大院名校合作、整合各地各部门力量等途径，形成上下联动、学界互动的整体合力。在成果运用上，注重研究成果的学术价值和应用价值，充分发挥其认识世界、传承文明、创新理论、咨政育人、服务社会的重要作用。

我们希望通过实施浙江文化研究工程，努力用浙江历史教育浙江人民、用浙江文化熏陶浙江人民、用浙江精神鼓舞浙江人民、用浙江经验引领浙江人民，进一步激发浙江人民的无穷智慧和伟大创造能力，推动浙江实现又快又好发展。

今天，我们踏着来自历史的河流，受着一方百姓的期许，理应负起使命，至诚奉献，让我们的文化绵延不绝，让我们的创造生生不息。

2006 年 5 月 30 日于杭州

目　　录

下编　文化比较

前　言

　　20 世纪 80 年代以来，随着我国各地经济的迅猛发展，文化热的涌动，有关地域文化的论著不断推出。随着探讨的深入，地域文化的比较研究势在必行。不少学者已经有意识地从不同方面进行这种比较研究，[①] 而从中国古代社会的长时段中选取典型地域文化进行比较，目前尚未见到有专著出版。有鉴于此，笔者试图以吴越与中州两个地域为典型，进行文化比较，以期从中探索出一些规律性的东西，在地域文化研究中有所突破。

一

　　中国地大物博，各地域文化的面貌本来是丰富多彩的，但在长期大一统政治体制及相应的思想观念支配下，地域文化的个性与特质未能得到应有的彰显。近年来地域文化研究的繁荣，从根

---

　　① 国家社科基金项目有"16—19 世纪社会转型期苏州与徽州的社会文化比较研究"；山东省社联 2004 年组织了地域文化与经济社会发展研讨会，论文集于 2006 年由群言出版社出版，中国古代各区域文化几乎无一遗漏，均有文章涉及。《史林》2004 年第 2 期、2005 年第 2 期先后刊出《明清苏州、徽州进士的文化素质与文化互动》《明清苏州、扬州、徽州三地风俗的互动互融》，则从特定时期、地域、阶层入手进行探讨。

本上讲是思想解放的产物。社会的转型，思维的活跃，促使人们反思历史本身的多样性与丰富性，要求了解地域社会生活的个性与本色，挖掘与发扬不同地域文化中有价值、有生命力的内容，延续文脉，传承文明，这是世纪之交一种可喜的文化现象。

然而，全国范围内不断升温的地域文化研究热，显然也有急功近利的成分，如各级地方政府对外宣传的需要，开发旅游业的需要等等。在种种因素的交互作用下，地域文化研究中出现了一些值得关注的现象：

一是过高评价研究对象的价值，赞扬有余，批判不足。"人人都说家乡好"，地域文化研究过程中往往自觉不自觉地抬高某一地域的文化品位与质量，夸大其历史意义。"开放性"、"进取性"、"兼容性"、"创新性"等雷同的词语经常出现在不同地域的研究论著中。这些"特色"往往难以真正彰显地域文化的个性特征。中国经历了漫长的君主专制的社会，传统文化作为历史的产物，既有精华又有糟粕，取其精华去其糟粕是我们应有的态度。而在地域文化研究中，往往是正面肯定多，谈积极意义多，谈消极意义或局限性少。

二是动态过程注意不够，关键时期注意不够。为彰显个性，突出特色，往往用定性的几句话去概括、表述某一地域文化特点。而地域文化长期的发展历程与特点往往很难用几句话涵盖，因而也就难免出现以偏概全的结论。

三是个性研究多，共性研究少，地域文化交流与互动研究少。地域文化当然以研究个性特征为主，但研究个性必须探讨共性，不注重共性就没有普遍意义。从各地域文化的标志性成果来看，有的明显具有地方特色，有的则超越了地域界限。从全国范围来看，任何文化都不是孤立发展的，尤其是专制主义中央集权制的中国古代社会，大一统思想观念如水银泻地，无孔不入，有人形容中国"凡饮水处便有儒家"，并非虚言。各地域文化的"同中之异"与"异中之同"，均应关注。

有比较才有鉴别，区域文化之间的比较可以相对客观地审视不同的区域文化，从中得出一些新的认识。本书以吴越与中州为研究对象。吴越的地理范围，大体以春秋战国时期吴国、越国故地为准，即古代淮河以南的长江下游，今天的江浙沪长三角地区。中州取狭义"中原"的概念，指古豫州一带即今河南省及其周围地区。① 时间则限定在中国古代社会。之所以选取中国古代，选定吴越与中州这两个地域进行比较，主要基于如下考虑：

一是两地域在南北文化中具有代表性。中国古代南北文化具有明显的差异性。季羡林先生在《长江文化研究文库》的总序中说："在中国，古代文化的差异是南北问题，南方以长江文化为代表，北方则以黄河文化为代表。"长江流域上游是巴蜀文化，中游是楚文化，下游是吴越文化。吴越处于中国的东南部，是典型的江南水乡，稻作农业区域。中州在古代因地处九州之中而得名，它位于黄河中下游，中国的腹心地带，是北方旱作农业的典型代表。一为东南水乡，一为中原腹心，吴越与中州两地相映成趣，从日常的衣食住行到价值取向，均有较明显的不同之处。

然而，黄河文化与长江文化有差异，更有交流与融合。中州与吴越两地域在南北文化交流方面亦具有代表意义。在中国古代长期的历史发展过程中，黄河文化与长江文化相辅相成，唇齿相依。郑樵曾说："大河自天地之西而极天地之东。大江自中国之西而极中国之东。天地所以设险之大者，莫如大河；其次，莫如

---

① 广义的中原包括黄河中下游地区，即今陕西、山西、河南、河北、山东诸省的全部或部分。位于黄河中下游的中州，代表了黄河文化的核心部分。

大江。故中原依大河以为固，吴越依大江以为固。"[1] 北方的长城与黄河是阻断草原游牧部落铁骑强有力的屏障，为南方遮风避雨。长江之所以能够成为江南的天然屏障，首先得力于黄河流域的屏蔽和抵挡。而当中原汉民族面临北方强力侵扰岌岌可危之时，中华文明有广阔的退身之地，长江以南的吴越一带成为汉民族的最佳避难场所，汉文化薪火相传的基地。永嘉之乱、安史之乱、靖康之难是中州的巨大劫难，却是吴越的重要发展机遇。西晋到东晋，北宋到南宋，朝廷搬家，衣冠南渡，百姓迁徙，这两次意义重大的南迁正是中州与吴越的对接，中州文化从宫室制度到民间风俗整个移植到吴越。中原文化得以在江南延续，与当地文化结合，焕发出新的活力。南北朝时期南方文化超过北方文化，南宋以后吴越一带成为中国的经济重心、文化重心，正是南北文化交融的成果，中州文化与吴越文化的融合是其中最基本最重要的内容。

二是两地域文化的兴衰具有典型性。在中国古代社会，中州是先盛后衰，吴越则是先弱后强。中国文明起源之际，东南的良渚文化与中州的河南龙山文化独立发展，各具特色，分别代表了长江文化与黄河文化的品位与成就。而中州率先跨入文明门槛后，夏商周三代至东汉，中州基本代表的是华夏文化、核心文化、中央文化，吴越则是偏于东南一隅的边缘文化，受到中州文化强有力的辐射与影响。魏晋南北朝至隋唐，江南经济迅速发展，吴越文化勃然兴起，锐气逼人。南宋以后，中州日渐衰落，吴越成为经济最富庶、文化最发达的地域。中国的政治中心仍然在北方，经济重心、文化重心却在吴越。可以说，中国古代社会是以中州的辉煌开其端，以吴越的辉煌壮其尾。在中国古代区域文化发展

---

① （宋）郑樵：《通志二十略》卷四一《都邑一》，中华书局1995年版。

历程中，吴越与中州的文化兴衰过程无疑具有典型意义。

　　两地域的文化比较，一定程度上可以展示中华大地绚丽多彩的区域文化风貌，反映中国文化重心从黄河流域向长江流域转移的趋势，揭示中华文化多元一体、互动互补的历史轨迹与发展规律。探讨吴越文化与中州文化的"同中之异"与"异中之同"，对于认识各地域文化的特征及其长短优劣，可能会提供一种新的视角，为当代区域文化建设提供有益的借鉴。

二

　　从中国古代社会发展的大背景中去观照中州与吴越的文化，可以看出一个基本的趋势：中国古代社会前期，中州处于华夏文化的核心地区，中州文化的底色是政治文化，它伴随着国家的产生而发展，并不断强化，三代为其开端，东汉为其定型期。它具有强大的辐射力，在中国古代社会得以长期延续。吴越在先秦两汉一直被中原视为蛮夷之地，处于华夏文化的边缘区域，六朝是其文化发展与转折的关键时期。北方士族与江南风物以及土著贵族的结合，使吴越文化站在反思北方文化的高起点上，形成了思辨、刚柔相济的特质。自此以后，吴越文化中艺术化、世俗化的倾向比较明显，具有较强的独立意识与批判精神，较多地体现出非主流文化的一面。

　　首先看中州文化。

　　河南龙山文化与同期的良渚文化相比，祭祀、墓葬内容并不丰富，但中州却率先建立了国家。中原逐鹿，战争频繁，锻炼了中州人独特的军事才能与政治才能。夏、商、周相继在中州建都，便赋予了中州文化一种特定的内涵：它是中央文化、核心文化，在中国文明发展与传播的过程中长期居于支配地位。

中州是中国古代政治殿堂的奠基石。其政治文化特色突出表现在以下三个方面：

一是鲜明的都城文化色彩。中州是最早产生国家形态的地区，而且一直是华夏族聚居的核心地区，因而都城众多。夏商两朝在此建都，西周以洛邑为东都，东周王室仍在洛邑，所以司马迁概括道："三代之居皆在河洛之间。"① 中州的安阳、洛阳、开封、邺等都城中，以洛阳的政治文化内涵最为厚重。有学者指出，河图洛书的政治理想"使该地域成为政治文化圣地，长期保有神秘的文化原典意味"。② 东汉的洛阳成为全国的政治、经济、文化中心，其都城规划与礼制建筑的理念上承三代，下启魏晋南北朝乃至隋唐五代。汉族的统治者自然继承其制，少数民族的帝王也充分利用都城文化资源为其统一大业服务。北魏孝文帝之所以坚持以洛阳为都城，便是洞察到了洛阳地理位置的优势和都城文化的影响力与凝聚力。隋唐以洛阳为东都，北宋以之为西京，金末以其为中京，洛阳似乎总不失王者风范。北宋定都开封后，仍以洛阳宫殿为样本建造皇宫。

中州都城文化的外在形态是礼制建筑，实质内容便是中央观念。中国古代宫廷前殿后寝与纵深的对称布局方法在商代宫殿中已见端倪。中国礼制的形成也在商代。商周礼制在考古学中反映最突出的便是祭祀之礼。《国语·鲁语上》载："夫祀，国之大节也。而节，政之所成也。故慎制祀以为国典。"祭祀是国家头等重要之事，主持祭祀的人"代表"天意，被罩上了神秘的光环。而明堂之制亦在东汉的洛阳确立起来。李学勤先生曾指出："任何一个古代文明的标志之一，就是它的礼仪性建筑。明堂正

---

① 《史记》卷二八《封禅书》，中华书局1959年版，下同。
② 李浩：《唐代三大地域文学士族研究》，中华书局2002年版，第47页。

是中国古代文明的一种最重要的礼仪性建筑。其之所以重要，就在于它承天行化、顺时布政的明堂思想。"①在改朝换代频繁的中国古代社会，旧王朝的宗庙往往被毁，而明堂、辟雍等礼制建筑及其政治理念却受到每一个王朝的尊奉，因为它代表的是顺承天意的教化，是每一个王朝都必须借用的政治法宝。

中央观念的形成和深化与中州的都城文化密不可分。周公是第一个明确提出建都理论的人，其核心即是强调建都必于"天下之中"。"立都必于中土"的观点在汉代以后得以强化，为社会各阶层所认同。而地理上的"天下之中"与政治上的"天下之中"似乎是相辅相成、顺理成章的。

二是政治理论在中州的孕育与发展。若简单勾勒一下先秦至两汉的政治思想史，便可以发现，中州君主与士人在三个重要阶段的思想建构不可忽视。首先是夏商时期。中国进入文明时代所走的道路与西方不同，这是一个军事征服的过程，是权力集中、首领独断、君主专制的过程。从夏禹、商汤到盘庚，对臣民声色俱厉的训话充分显示的是君主的绝对权威。而被称为"中国第一代文化人"的商王朝的巫史，所起的作用即是沟通人神，主要是为君主政治服务。接着是周秦。三晋是法家的故乡，② 商鞅、吴起、韩非、李斯这几位著名的法家人物，无一不出自中州。他们构筑起了法家的理论体系，并将之成功地运用于政治实践，而他们本人却都付出了生命的代价，印证出政治的残酷。西汉时期，贾谊第一个响亮地提出移风易俗的口号，要求用儒家的礼治取代秦的法家政治；晁错、桑弘羊则主张以法家学说治理天下。戴圣编定的《礼记》，是儒学经典集大成之作，标志着先秦

---

① 李学勤：《古文献丛论》，上海远东出版社 1996 年版，第 231 页。

② 春秋时期的铸刑鼎，灭公族，率先在晋国实行。

至汉士人们的思辨水平。东汉开国皇帝刘秀宣称"以柔道理天下",是对西汉"霸王道杂之"治国方略的修正,真正确立起了儒家学说的统治地位。至中国古代社会中后期,北宋二程的洛学是宋代理学的奠基者,它由黄河流域广泛地传播到大江南北,产生了巨大而深远的影响。

三是以天下为己任的士大夫精神的确立。中州士风的特点是刚劲激越,士人有积极的从政意识。士人—士族—士族门阀,是儒学被奉为一尊后必然出现的现象,而最有名的两家士族门阀——弘农杨氏、汝南袁氏——皆出自中州,亦可谓势在必然。以中州士族为核心的东汉党人是中国政治舞台上首次出现的士大夫群体形象,先秦儒家倡导的"士志于道"的儒生特质,通过他们大张旗鼓的政治实践与集体献身而充分昭示于天下。他们用生命而不是用笔墨去诠释儒家道义,从而铸就了中国的士大夫精神。

北宋司马光有诗曰:"若问古今兴废事,请君只看洛阳城",洛阳无疑是中州政治文化的缩影,司马光此语主要是从王朝更替、政治兴衰的角度着眼。而从文化演变的过程来看,这首诗也是意味深长的。

中州文化具有根源性、辐射性、延续性的特点。正如"天下之中"的地理位置一样,中州在中国文明产生与发展的初始阶段亦处于核心地位。《唐律疏议·释义》曰:"中华者,中国也。亲被王教,自属中国,衣冠威仪,习俗孝悌,居身礼义,故谓之中华","中国"、"华夏"之称均源自先秦的中州。中州文化奠定了中华文化的基调,它不仅有强烈的规范性与导向性,而且具有强大的凝聚力、向心力和同化力。东汉的中州文化作为核心文化,充分利用儒学的伦理性整合社会,对汉民族及汉文化精神的形成起到了关键作用。所谓"汉文化",即"以汉字为载体,以汉族文化为主体，以汉朝为标志"，①汉文化有其产生与发展的过程，有其源头与主流，中州无疑是先秦两汉华夏文化的集大成者，是汉文化重要的发源地之一。北宋二程的洛学关于理想人格的论述，对于中华民族注重气节、注重群体观念、社会责任感的培育，也起到了积极的作用。但另一方面，从东汉的经学到宋代的理学，它们一经成为官方哲学，被奉为独尊，也就受到了根本的制约，失去了创造力与活力。大一统的思维模式对中州士人的影响根深蒂固，元代的中州理学家许衡曾将人心比作"印版"，士人囿于统治者钦定的知识范围，独立思索的能力与权利从根本上被取消了。这似乎是中州文化衰亡的征兆。中州文化昂扬进取的内在活力被扼杀了，它的停滞与衰败也是必然的。而北方少数民族的大举入侵，中州的长期战乱，黄河的多次水患，这一切使中州经济屡受重创，文人星散，民众流徙。南宋以后，随着政治中心地位的丧失，中州遂一蹶不振。

　　中州的科技文化发展与政治兴衰有密切关系。从中国科技史的角度看，汉代的科技发展奠定了后世中国科技发展的基础，而张衡制作的地动仪与浑天仪，张仲景撰写的《伤寒杂病论》，东汉发明的造纸术，这些足以代表当时中国科技水平的成果，都出现在中州，自然是由中州的文化中心地位所决定的，是由相对宽松的时代氛围所决定的。汉代是一个制度疏阔的社会，汉代的洛阳是人文荟萃、思想活跃的地方。汉代以后，在改朝换代的周期性震荡中，中州屡经战乱，元气大伤，很少再出现有影响的科技成果和人物了。中国古代是农业社会，传统的思维模式重社会而轻自然，人们对自然科学的探索往往是从政治的或生活实用的需要出发。如张衡的天文学成就无疑代表着当时最高的科学水准，

---

①　陈玉龙等：《汉文化论纲》，北京大学出版社1993年版，第2页。

但张衡对于地震的解释，仍不脱空泛的阴阳学说，难以深入到对地质构造的探究，不可能发展到真正的实验阶段。处于积极进取、思想较少束缚的汉代尚且如此，宋元以后的中州更与科学无缘了。

中州古代商业文化的盛衰同样令人深思。中州的经商传统由来已久。中国古代商业的最早兴盛地在中州，甚至"商人"的名称便来自商族人。洛阳及其周围的宛市等城市民间商业十分活跃，所以苏秦的家人径自将洛阳风俗说成是"治产业，力工商，逐什二以为务"，大商人白圭甚至将自己的商业理论与商鞅行法、孙武用兵相提并论。范蠡弃政经商所取得的巨大成功，吕不韦以经商的手段去"货天下"，这一切都说明中州商业思想的活跃与丰富。到明清时期，全国商业城镇普遍兴盛之时，河南境内以朱仙镇为首的四大镇也十分红火，商人们甚至在江南也占有一席之地。然而，从河南整体而言，民间市镇商业并不活跃，朱仙镇等四大镇是山陕商人货流天下的中转站，基本是山陕商人的天下，本地人仍是以农为本，守成持重。与同期的吴越相比，中州商镇在水运方面明显受到限制。吴越水乡，"东南郡邑，无不通水，故天下货利，舟楫居多"，①纵横交错的河流为商业运输提供了极其有利的条件。中州则没有这样的地利，流经河南境内的黄河、淮河河段不便通航，黄河河段河床淤积，经常决溢为患。朱仙镇、赊旗镇等均以自然河流而兴商业，一旦水流堵塞或衰竭，商业立即受到明显影响。更重要的是在思想观念方面，中州民众心态宽厚平和，不愿意冒险，缺乏走出中州、"商遍天下"的勇气与谋略，难以突破小农经济的思维模式。远不如战国两汉中州商人灵活机敏。近现代河南民营企业未成气候，思想根源应当在此。

---

① 王说：《唐语林》卷八《补遗》。

再看吴越文化。

河姆渡文化、良渚文化是吴越文化的光辉起点。春秋后期吴国和越国相继称霸，卧薪尝胆、以柔克刚的故事广为人知，也可以说是吴越文化的底色和亮点之一。从吴越文化的长期发展历程来看，它的生态环境好，比较安定，长江天险使它无数次地远离战火。它相对疏离主流文化，尽管东晋、南朝、南宋时它是汉民族心目中的正统王朝所在，但偏安政权保住半壁河山即可，远没有统一王朝的规模和威势。因而社会氛围比较宽松，思想比较活跃。其特色主要表现在如下几个方面：

政治的边缘化。正如"天下之中"的地理位置对于中州政治中心的形成具有决定性意义一样，地处东南一隅对于吴越的政治边缘化也具有决定性的作用。吴越除了南京在明朝初年曾短期成为统一王朝的京师外，从未体验过北方那种君临天下、唯我独尊的专制氛围。当然，吴越人在政治上并非天性淡泊，也曾多次北上中原，争夺最高统治权，而在长期的政治、军事斗争中，总是中原取胜。吴越由尚武到崇文的转变，是文化发展的必然，也是南北力量反复较量的结果。

吴越士人具有较强的独立意识与批判精神。这当然也与吴越的地理位置和文化环境有关。有三个阶段值得注意：首先是魏晋南北朝。三国时，中州士人认为吴越士人才学不博，孙权为此不平，欲令吴越著名学者虞翻北上"折中国妄语儿"。吴越士人本来为中州士人所轻，但鼎立之势既成，自然要求平等对话。东晋时期的玄学，更突出了人的独立价值。中州的儒学化过程在东汉，吴越的玄学化过程在东晋。这是两个决然不同的过程。玄学是中州士人反思儒学的结果，北方士族将玄风带到吴越，在此生发播扬，他们在吴越"千岩竞秀，万壑争流"、"山川自相映发"的美景中体味、寻求人的心灵与自然的契合，"越名教而任自然"至此不再是阮籍式的激愤，而是从容的欣赏与哲思，真正从自然山水中感悟天地造化与人生的价值。六朝文化建立在南北文化交流、反思儒学的高起点之上，它能够推出《世说新语》《文心雕龙》《昭明文选》等一系列文化精品，强调人的才性，强调文的自觉，便是自然而然的了。其次是宋代。宋代是理学兴盛的时期，而在吴越却有被朱熹斥之为"专言功利"的永嘉、永康学派，它与正统儒学考虑问题的角度显然不同。再次是明清时期。这个时期的政治中心在北京，经济、文化中心却在江浙。随着吴越之地工商业的繁荣，市镇经济的普遍发展，文人市民化、世俗化、生活化的倾向比较突出。吴越是赋税最重、文字狱最重的地区，同时也是批判精神相对突出的地区。这里精英荟萃，名家辈出。吴越之地推出的文学作品个性鲜明，富于叛逆色彩。如《三言》《二拍》是对商业、商人的公开赞美，《儒林外史》写尽了科举士子的血泪心声，《红楼梦》则从一个家族的破败揭示出整个社会的走向。明清之际黄宗羲的《明夷待访录》更是思想界的力作，具有鲜明的反封建专制的启蒙色彩，被侯外庐先生称为中国 17 世纪的"人权宣言"。

　　吴越有浓郁的艺术氛围。六朝是吴越艺术文化特色形成的重要时期。在南方优美的自然风物与相对宽松的政治环境中，士人"以玄对山水"，以禅思对山水，名士、名僧、佳山水的结合，使山水诗、山水画、书法作品的出现成为可能。两宋至明清时期，吴越的文学作品、戏剧、绘画、艺术品收藏等等，蔚为大观。"江南才子"的称谓应是一种群体的标识，文化的标记，它的核心与灵魂在吴越。这与疏离政治的文化传统密切相关。浙江海宁人王国维孜孜以文学家自勉，曾说"生百政治家，不如生一大文学家"，他认为政治家给国民以物质利益，文学家则给以精神利益；物质利益为一时，精神利益为永久，"前人政治上所经营者，后人得一旦而毁之；至古今之大著述，苟其著述一日在，则其遗泽且及于千百世不泯"。① 近现代文学史中，鲁迅、茅盾等江浙文人占了半壁江山，江浙的文人多，实业家多，而政治家不多，并非偶然。

吴越之地普通民众的经济自主能力较强。汉代的江南，在中原人看来是荒凉之地，但"无千金之家，亦无冻饿之人"，若从另一个角度看，贫富分化不明显，正是一个相对自由的天地。东晋与南宋的迁都，使吴越地区人口剧增，经济资源有限，不管北人还是南人，无形中都有一种生存的压力，存在着比较激烈的竞争，人们必须依靠自己的能力去经营产业，客观上刺激了工商业的发展。《隋书·食货志》载：东晋为发展经济，规定商税为值百抽四，南朝一直沿用。因商税较轻，"以此人竞商贩，不为田业"。明清时期江浙市镇有专业化、多样化的商品生产，民众的经济自主能力较强。明清全国范围内传统的十大地域商帮中唯有宁波帮做大做强，宁波民营企业众多，民间经济内在的动力与活力值得重视。

有学者指出，黄河文化与长江文化的最大区别，是《庄子》里反复讲述的一个故事所隐喻的意义，即"相濡以沫"还是"相忘于江湖"的差异，② 有一定道理。

三

然而，中国古代各区域文化既有"同中之异"，也有"异中

　　①　《同光风云录》下篇，参见李春光《清代闽人轶事辑览》4，中国社会科学出版社 2002 年版，第 2166 页。

　　②　周山：《从黄河文化到长江文化》，载《钱江晚报》2007 年 5 月 8 日 12 版《科教大讲堂》。《庄子》中有"泉枯，鱼相与处于陆，相呴以湿，相濡以沫，不若相忘于江湖"之说。

之同"。这是由大一统政治强有力的统治、儒家伦理道德观念的深入人心、牢固的家族社会结构所决定的。

中国古代君主专制发展程度之高，延续时间之长，影响之深远，在世界上独一无二。专制权力绝对地、无限度地支配着整个社会，任何区域都不可能成为脱离朝廷控制的独立王国。明清时期对江浙的重赋，明初对苏州富户的强行迁徙，清代派中州理学名臣汤斌到苏州任官，治理那里的奢华之风，无一不说明了大一统政权对区域个性的压抑。城市是封建体系中的重要环节，与政治的安定密切相关。江浙的某些镇经济实力很强却不能上升为县，就是因为统治者首先是从政治角度考虑问题的。

士人是古代社会的精英。而士人的知识结构与理论素养主要来自儒家经典。"士志于道"，士大夫有一以贯之的道统，那就是修身齐家治国平天下。若从士大夫的群体活动及其命运来看，东汉中州党人与明代吴越的东林党人最为典型。他们知识结构相同，面临的政治环境和对手相同，悲剧性的命运也相同。东汉党人、明末东林党人为之献身的"道"，其实际内容是什么呢？顾宪成讲得最简明："道者何？纲常伦理是也。"①东汉党人处在汉民族形成的初期，明朝是中国古代社会汉民族建立的最后一个政权。东汉党人与东林党人作为文化精英，在汉民族发展的早期与晚期，在道德领域树立了两座巍巍的丰碑，对塑造汉民族文化精神起到了重要的作用。但是他们也有先天的不足。"天下有道，以身殉道；天下无道，以道殉身"，作为知识的传承者与创造者，民族的文化精英，国家政治事务的主要担当者，士大夫的道德追求与精神风貌千年不变，任何情况下都只能做殉道者，难道不是中国社会最大的悲哀吗？

---

① 《小心斋》卷九。

　　吴越士人中的典型，如古代社会前期的王充，他对圣人崇拜与迷信思想有深刻的批判，但同时内心深处也有着强烈的仕进愿望。中国士人的从政情结根深蒂固，因为它源自光大家族的需要。再如古代社会后期的黄宗羲与章学诚。黄宗羲是清代浙东史学的开山祖，章学诚是浙东史学之殿军和集大成者。黄宗羲的思想有光彩照人的魅力，同时也有其局限性。他本人不愿出山，后来同意自己的儿子黄百家和门生万斯同、万贞一等以布衣身份参与修明史，目的就是记述明代的奸贤与治乱兴衰之迹，定一代是非于己手，仍是报效明朝，不离旧史家的藩篱。章学诚强调史学，认为六经皆史，"史义"即是那些能"纲纪天人，推明大道，所以通古今之变而成一家之言者"，与司马迁所言相比，"纲纪"、"推明"之义强了，"成一家之言"的意味自然就弱了。他提出的"天德"、"天位"仍是因袭旧说。他批判袁枚"非圣无法"、"名教所诛"等，反映出的是根深蒂固的礼教思想。而江浙文人卖文、卖画过程中的媚俗行为，在文字狱中文人之间的落井下石、自相残杀，都说明了文人的异化是何等可悲。中国文化的停滞乃至异化，文人是难辞其咎的。

　　中国古代无论南北，家族社会中基本遵循的都是忠孝节义的道德规范。中州和吴越，均有相对成熟的乡土文明，社会结构和秩序有很强的稳定性。陈寅恪先生曾举例说明南北朝时期南方人和北方人的家族观念不同，认为北方保持大家族不变，南朝则大家族离析，因而南方比北方进步。① 但南北朝时期有其特殊情况，北方的异族入侵与连年战乱，迫使中原未南迁的大族结坞壁以自保，民众纷纷依附，被迫南迁的中原家族、宗族更需要凝聚

_____

　　① 万绳楠整理：《陈寅恪魏晋南北朝史讲演录》，黄山书社 1987 年版，第327—329 页。

力,"北土重同姓,谓之骨肉,有远来相投者,莫不竭力迎赡",反映了那个时代特别浓重的宗族观念。而从中国古代长期的历史发展过程来看,"礼有分异之义,家有别居之道",① 在秦汉时期已是社会所认可的观念。从汉代到明清,不管中州还是吴越,分家是普遍存在的现象。汉初的贾谊曾响亮地提出用儒家学说"移风易俗"的主张,孝道也正是基于这样的现实而一直被儒生所倡导。儒家学说通过士人的传播普及于民间。民众的家庭结构、家族伦理、道德教育的基本内容没有本质的变化。

中国古代社会君、臣、民的结构,等级森严,从外在的鲜明标志到内在的思想观念,均有其固定的模式,对中国人的影响可谓细及毛发,深至骨髓。任何地域文化都不同程度地体现着这种"中国特色"。各区域文化在延续、继承历史文脉的同时,更要进行创造性的转换。

地域文化的特质是在比较中显现的。我们必须正确认识各地域文化的特色,它们的长短得失。现代社会是多元性的社会,个性化的社会,倡导以人为本,回归生活世界,道家思想的升温并非偶然。然而,中国古代政治文化根深蒂固,影响极其深远。长三角地区经济、文化的迅猛发展,河南的滞后,显而易见。但江浙的身上也有旧日的影子,浙江民营企业中存在着家族企业如何延续生命力的问题。中州文化源自血缘家族的土壤,拨开政治的迷雾,回归生命的源头,中国人文精神的本质,它的经验教训便是宝贵的财富。在中国古代,中州与吴越文化此消彼长,生生不息。在当今社会,更需优势互补,共同发展。返本开新,我们应思索得更多。

所谓地域文化,"是指在一定空间范围内特定人群的行为模

_____

① 《后汉书·许荆传》。

式和思维模式"，① 文化本身内涵外延极其宽泛，本书以中国古代的吴越与中州为研究对象，地域广，时间跨度大，面临的难题很多，所以只能选取较有代表性的文化现象进行分析，也可能挂一漏万。但作为一种探索，笔者有自己的收获，并愿在今后继续致力于此，在已经初步开拓的园地里深耕细作。

20 世纪末流传一首《江河万古流》的歌曲，它平易朴实，饱含深情：

> 长江流，
> 黄河流，
> 滔滔岁月无尽头。
> 天下兴亡多少事，
> 茫茫我神州。
>
> 情悠悠，
> 思悠悠，
> 炎黄子孙志未酬。
> 中华自有雄魂在，
> 江河万古流。

听到它，似见黄河、长江滚滚而来，转眼间又幻化为无数波澜壮阔的历史画卷……长江、黄河，一南一北，滋养了中国人的身心，融汇成华夏文化的洪流。世界四大文明古国中，唯有中国文化薪火相传，绵延不绝。中华民族曾经创造了举世公认的辉

---

① 张风琦：《地域文化概念及其研究路径探析》，《浙江社会科学》2008 年第 4 期。

煌，同时也经历过无数的磨难。多少悲欢离合，凌云壮志，浓缩于这短短的歌词中！

"黄河之水天上来"，"不尽长江东流去"，江河入海，生生不息。各区域文化协调发展，才能铸就中华民族的辉煌。光明在前！

黄宛峰

2008 年 8 月

上 编
文 化 进 程

　　中国古代文明以中州的辉煌开其端，以吴越的辉煌壮其尾。

　　中国文明起源之际，地处东南的良渚文化与中州的龙山文化独立发展，各具特色，分别代表了长江文化与黄河文化的品位与成就。东南的良渚文明程度更高。但中州却率先建立了国家，此后便开始了不同的发展历程。夏商周三代至东汉，中州基本代表的是华夏文化、核心文化、正统文化，吴越成为偏于东南一隅的边缘文化，受到中州文化强有力的辐射与影响。魏晋南北朝至隋唐，北方由于战乱较多，导致大量人口南迁，江南经济迅速发展，吴越文化勃然兴起，锐气逼人。南宋以后，中州日渐衰落，吴越成为文化最发达的地区。

　　在北方动荡之时，中州文化在吴越得以延续，吴越在中州文化基础上得以辉煌。此消彼长，生生不息。两地文化的消长典型体现了中华民族多元一体、互动互补的文化进程。

第 一 章

各具风采　殊途同归

——史前时期

第一节　独立发展的南北文化

一　中州：从裴李岗文化到龙山文化

裴李岗文化距今约 8000—7000 年，"是迄今所知我国最早的农业文化"。[①] 其分布范围以新郑为中心，北至太行山，南至大别山，东至豫东，西至豫西。在河南省共发现同类遗址一百余处。

裴李岗文化发现的村落遗址有一定布局，居住建筑一般集中在遗址中部，窑穴主要在南部，墓地在西部和西北部。房基以方形或圆形半地穴为主，仅在密县莪沟北岗遗址发现一间方形地面建筑。每个村落遗址均发现有三类遗迹遗物：一是生产工具和日用陶器；二是贮物窑穴；三是居住区附近的公共墓地。[②] 磨制石器多于打制石器，生产工具有耒耜、石斧、石铲、石镰、石磨盘、石磨棒等。粟是主要农作物。制陶业初具规

---

① 黄保信主编：《河南与黄河文化》，河南人民出版社 1997 年版，第 52 页。

② 李绍连主编：《河南通史》第 1 卷（先秦），河南人民出版社 2005 年版，第 28—30 页。

模，陶器有红褐色砂质和泥质两种，器形为碗、钵、鼎、壶等，陶壁厚薄不匀。从建筑遗存、埋葬习俗、农业生产，特别是陶器形制、纹饰等方面考察，它与后来的仰韶文化关系甚为密切。一般认为，仰韶文化中后岗类型是对裴李岗文化及磁山文化的继承和发展。

仰韶文化距今约7000—5000年。河南境内仰韶文化有庙底沟、大河村、后岗、大司空、下王岗等多种类型，遗址小者几万平方米，大者三十余万平方米，分布地域遍及全省，尤以三门峡、洛阳、郑州等地最为集中。仰韶时期的中州先民以农业为主，兼有畜牧、狩猎和采集。有大量陶器出土，多采用轮制，以红陶为主，造型精美，多有彩色纹饰。

濮阳西水坡发现了距今六七千年的蚌塑龙虎，是我国发现最早的龙虎形象，被称为"中华第一龙"。[①] 仰韶时代的先民处于母系氏族社会的繁荣期，并开始向父系氏族过渡。

河南龙山文化距今约4800—4000年，以饰绳纹、篮纹、方格纹的灰陶器为显著特征，河南各地发现的龙山文化遗址有900余处。

河南龙山文化时期农业生产工具出现了新的种类，如三角形犁形器、有肩石铲等，提高了翻耕土地的能力。家畜饲养的种类和数量也明显增加。手工业有显著发展，陶器、石器、玉器、骨器、蚌器的制造工艺较成熟，已经能生产简单的铜器。临汝煤山遗址发现的炼铜用的坩埚残片，登封王城岗城堡出土的铜片，均说明出现了早期的青铜冶铸。河南龙山文化时期居民普遍挖掘水井，说明他们已经可以较自由地选择居地，不一定依赖自然河

---

① 濮阳西水坡遗址考古队：《1988年河南濮阳西水坡遗址发掘简报》，《考古》1989年第12期。

流。居住房屋以半地穴式为主，不少房基地平加工成白灰层，置有烧灶，多用草拌泥垒筑土墙。在河南淅川下王岗遗址发现了一座长达100多米的长形连间大房子，共有32个单间，每个单间内均设火塘。① 这应是一个包括若干小家庭在内的大家族聚居地。河南淮阳平粮台遗址发现有高台建筑的房屋，是中国传统高台建筑最早的实例之一。② 河南安阳后岗遗址的房屋均为圆形地面建筑，有一间房址的地面铺一层木条，木条紧密排列，最后铺成呈放射状的地板，这是目前中国境内所见最早的铺地板的房屋。登封王城岗、淮阳平粮台、郾城郝家台及辉县孟庄等城址的出现则标志着国家的萌生。

二 东南：从河姆渡文化到良渚文化

跨湖桥遗址距今约8000—7000年，跨湖桥遗址的发现与发掘打破了浙江新石器时代以河姆渡文化、马家浜文化为纲领的传统格局，开拓了中国东南沿海地区史前考古的认识视野。③ 其陶器以夹砂陶、粗泥陶、夹炭陶为主，伴有少量夹蚌陶。陶色以黑色为主，彩陶次之。石器以锛为主，还发现有骨耜和大量的稻谷遗存，已显示出栽培稻的特征。"与现代籼稻相似，相应的植硅体形状却接近粳稻。同时还存在粒形和野生稻相似的稻谷"，"可能驯化自本地的野生稻，是尚未完全分化的原始栽培稻"。④

---

① 中国国家博物馆：《文物中国史·史前时代》，山西教育出版社2003年版，第93页。

② 曹桂岑、马全：《河南淮阳平粮台龙山文化古城址试掘简报》，《文物》1983年第3期。

③ 浙江省文物考古研究所、萧山博物馆：《浦阳江流域考古报告之一——跨湖桥》，文物出版社2004年版。

④ 郑云飞、蒋乐平等：《浙江跨湖桥遗址的古稻遗存研究》，《中国水稻科学》2004年第2期。

这说明耜耕农业已经诞生。在遗址发现了世界上最早的独木舟和造船作坊，在全国乃至世界考古界引起了轰动。

河姆渡文化距今约 7000—6000 年，主要分布在杭州湾周边的宁绍平原地区。河姆渡遗址经过 1973 年和 1977 年两次大规模的考古发掘，出土了石器、骨器、陶器、木器、玉器等生产工具和生活用具及大批动植物遗存，并发现了大片的木结构干栏式房屋建筑遗迹。尤其是第四层，有大量人工栽培稻遗存，是迄今为止世界上发现的最丰富的史前稻作农业遗存。稻谷刚出土时呈金黄色，外形完好，谷壳上的稃毛和谷芒也清晰可见，经科学鉴定，属于人工栽培稻，其中大多为籼稻，少量为粳稻，说明当时河姆渡居民已从刀耕火种发展到骨耜翻耕土地的耕作阶段。

河姆渡文化中发现的陶器系夹炭黑陶，数量多且特色鲜明，在河姆渡第四文化层，夹炭陶几乎占总数的 80% 左右。经鉴定，这些夹炭陶系采用绢云母质黏土中掺进稻秆、稻及谷壳等有机质制成。[1] 主要花纹有绳纹和几何形花纹，其次为玄纹、谷粒纹、贝齿纹、波浪纹、圆圈纹和环绕一周的禾叶纹，具有强烈的地方特色。河姆渡自然生态环境良好，发现了红面猴、犀牛、亚洲象等 61 种热带、亚热带动物遗骸，这里出土的"动物遗骨数量之巨，种类之多，在已发现的全国其他原始社会遗址中是绝无仅有的"。[2] 遗址中发现的"干栏"式木建筑遗迹，是迄今为止世界上最早的木构建筑。干栏式建筑以桩木为基础，构成高于地面的基座，用桩柱绑扎方式立柱、架梁、盖顶。它既能通风祛湿，又

---

① 李家治等：《河姆渡遗址陶器研究》，《硅酸盐学报》1979 年 7 卷第 2 期。

② 金普森、陈剩勇主编：《浙江通史》第 1 卷，浙江人民出版社 2005 年版，第 81—82 页。

能防范虫蛇猛兽侵害，其梁柱之间用榫卯结合，显示了较高的建筑水平。

河姆渡遗址发现的独木舟、船桨、陶器、水井、木质漆碗和双鸟日月同体的骨雕艺术品，说明当时人们的日常生活与精神世界是相当丰富的。

良渚文化距今约5300—4000年，其聚落分布以太湖流域为中心。良渚时代大型三角形石犁的出现，标志着犁耕农业的产生。手工业趋于专业化，陶器以黑陶为特色，制作精美，有的甚至涂漆。尤其是鼎、豆、壶的组合，构成了富有良渚文化特色的器物群。玉器种类丰富，有琮、璧、钺、璜、冠状器、三叉形器等几十个种类，有的玉琮个体大，高达18—23厘米，上面雕刻圆目兽面纹，工艺精湛，是中国古代玉器中的珍品。玉器上的纹饰精细，主要采用阴线刻纹、浅平浮雕、镂空透雕、半圆雕等多种技法，反映了良渚人精湛高超的琢玉水平。

良渚文化遗址发现了许多祭坛遗址，如余杭瑶山遗址发现的祭坛，平面呈方形，从里向外为红土台、灰土围沟和砾石台，外围的边长约20米。一般是祭坛和大墓相结合，被专家称为"土筑金字塔"，是良渚人祭祀先祖、天神的地方。

良渚时期等级分化在墓葬遗存中有清楚的反映。反山、瑶山、汇观山等贵族墓地大都建有人工堆筑的大型墓台，与其形成对比的则是徐步桥、千金角、平邱墩、吴家埠、庙前等遗址的小型平民墓葬，墓穴狭小，随葬品简陋。贵族墓中出土的玉器种类达20余种，而平民墓中随葬的只有少量小件玉器，仅为管、珠及单件锥形器。可见，良渚社会已有明显的等级差别。从墓葬中发现的数量巨大、制作精美的玉制品可推断良渚社会产生了以用玉制度为核心的礼仪制度。

第二节 文明曙光

一 仰韶文化与河姆渡文化的农居生活

地理位置和气候环境的不同，造成了两地不同的农业和建筑模式。

中州位于黄河流域中游，适于种植粟和黍，是典型的旱地农业区。河南仰韶文化的考古发掘中，发现有成套的适应粗耕农业的农具，翻土工具多为石锄、石铲，并有制作精致的石镰刀和加工谷物的石磨盘、石磨棒等。[①]

仰韶文化时期，农业达到了较为发达的锄耕农业阶段。仰韶文化早期，从出土的农业生产工具来看，有开垦耕地用的石斧，翻地松土用的石铲、骨铲，中耕锄草用的角锄、木锄，收割用的石、陶质的刮削器，以及粮食加工用的磨盘、磨棒等。当时种植的粮食作物主要是粟，其特点是耐旱、成熟期短、耕作技术简单、产量较高，适宜于在黄土地带生长。到了仰韶文化中晚期，开垦耕地、翻地松土用的石犁、石耜已经出现，磨制精致、刃部锋利的石斧、石铲的数量增多，中耕管理的石锄开始出现，收割用的钻孔石刀、两端带缺口的陶刀大量出现。

中州地区主要是半地穴式建筑和地面建筑。半地穴式建筑是在地面上挖一个深约半米的圆形或矩形浅坑，沿四周坑壁，按一定间隔立柱，柱子之间结成栅栏，再抹上草泥，成为木骨泥墙。房子中央也埋设支撑房顶的木柱，上面结成攒尖房顶。房子的一侧开设斜坡门道。室内地面往往铺抹数层不同的土以隔潮，室内

---

① 苏秉琦主编：《中国通史》第 2 卷，上海人民出版社 1994 年版，第 64—75 页。

设置灶塘，供炊爨和取暖。

在密县莪沟北岗遗址和舞阳贾湖遗址等处发现的裴李岗文化时期的半地穴房屋基址有圆形和方形两种，圆者直径 2.2—3.7 米，方者边长约 2 米，面积均在 10 平方米以下。房门前有坡形或阶梯状门道，房内地面平整，有灶。①

仰韶文化早期房址的平面可分为圆形和方形两种，多数为半地穴式，少数为地面建筑。各类房屋均为单间，建筑材料一般用原木、木板和草拌泥或黏土掺礓石粉和成的泥浆，房内多有火塘设置。

仰韶文化中期时地穴较前为浅，地面建筑的数量增加，绝大多数为单间，但在李家沟、椅圈马、点将台、八里岗等遗址都出现了套间房屋建筑。

仰韶文化晚期半地穴式的房屋减少，带火灶的套间排房出现。较为典型的如前述的淅川下王岗遗址，一座东西横排的连间排房共 32 间。②

吴越位于长江下游，气候湿热，多湖泊沼泽，有利于水稻的种植。对河姆渡遗址二次考古发掘中，在四大文化层均发现了大批稻作农业文化遗存。其中在第四文化层发现了稻谷堆积层，数量之多，分布面积之广，实属罕见，表现出较为进步的原始稻作农业的文化面貌。这些稻谷按其长宽比的平均数值及颖壳上稃毛分布状况等外形特征，系栽培的籼亚种中晚型水稻。③

河姆渡时期已有一套比较完善的稻作农业生产工具，有骨

---

① 河南文物研究所：《河南贾湖新石器时代遗址第二至六次发掘简报》，《文物》1989 年第 1 期。

② 李绍连主编：《河南通史》第 1 卷，河南人民出版社 2005 年版，第 58 页。

③ 游修龄：《对河姆渡遗址第四文化层出土稻谷和骨耜的几点看法》，《文物》1976 年第 8 期。

耜、木耜、石斧、石锛、石凿、石刀等，其中骨耜、木耜是适应湖沼地形特点的稻作翻耕工具。河姆渡遗址还发现有鱼禾纹盆，刻着茁壮生长的禾苗图案。猪穗纹盆，外壁阴刻对称的稻穗纹，反映出稻作农业在河姆渡先民生活中的重要位置。

为适应湖泊、沼泽的地理环境，吴越先民创造了干栏式的房屋。干栏式建筑高出地面的支架避免了湿气的侵蚀，而"长脊短檐"的屋顶适应了多雨的气候。

河姆渡文化各层都发现了圆桩、方桩、板桩、梁柱、木板等木构件，第四层的一座干栏式长屋，桩木和相紧靠的长圆木残存220 余根，比较规则地排成四行，互相平行，成西北—东南走向，现存最长的一行桩木长达 23 米，由西南向东北的一、二、三行之间距离大体相等，合计宽约 7 米，推算其室内面积达 160 平方米以上。据第 1 期发掘，其中发掘报告编号的 8、10、12、13 等 4 排桩木保存得较完整，方向一致，当是一座有前廊的干栏式长屋建筑。① 这种有前廊的干栏式长屋，有学者认为前廊的后部分隔为小房间，供一对已婚夫妇居住；或再划分出若干面积作为妇女煮饭、编织的场所。河姆渡遗址的干栏式长屋后部未见有分隔的遗迹，可能是所用的分隔材料易于腐烂，未能保存下来。② 河姆渡的干栏式建筑为中华文明的多源头产生学说提供了重要的建筑方面的证据。

中州地区的半地穴建筑及地面建筑与吴越地区的干栏式建筑属于不同的系统，适应了两地不同的生存环境，是原始先民们在长年累月生活中积累的智慧结晶。

---

① 浙江省文物管理委员会：《河姆渡遗址第一期发掘报告》，《考古学报》1978 年第 1 期。

② 汪宁生：《中国考古发现的"大房子"》，《考古学报》1983 年第 3 期。

二　良渚文化与河南龙山文化时期的文明曙光

（一）良渚文化时期的玉器制作与"土筑高台"

制作精美的玉器是良渚文化最重要的特征。良渚文化几乎每个遗址、每个墓地都出土有玉器，这种现象在我国众多史前文化遗存中绝无仅有。

良渚文化玉器的数量之多令人叹为观止。大型墓葬均有成批玉器出土，江苏寺墩和上海福泉山遗址发掘的良渚文化墓葬，每座都分别出土了琮、璧、佩饰、珠、坠、带钩、仗饰、锥形器和镶嵌的小玉片等玉器百余件。在余杭反山发掘的 11 座墓葬中，随葬玉器成组、成串计有 1100 余件，占全部随葬品的 90% 以上，单件计数则多达 3200 余件。[1] 瑶山发掘的 11 座墓中，共有随葬器物 707 件，其中玉器 635 件，约占全部随葬器物的 90%。玉器数量之多，比重之大，令人惊叹。[2]

良渚文化时期的制玉水平达到了中国史前文化之高峰。出土的大型玉礼器，造型精巧，工艺精湛，有一些还精心雕刻了纹饰。浙江省文物考古所在《浙江余杭反山发现良渚文化墓地》的报告中说：反山墓葬玉器"不少器物上琢有考究的花样图案，其中以饕餮纹最为常见，一般为横额、圆目、宽鼻、巨口，口中显露锋利的尖齿；构图常以转角线为中轴作对称布列，体现了我国传统的审美观念。雕琢手法以阴纹线刻为主，也有浅浮雕、半浮雕，乃至通体透雕和立体的鸟、龟等圆雕，有的还配有肉眼不易辨认的极其纤细的卷云纹为地纹，显示了当时琢玉工艺的高度技巧"。玉材的开料、成形、钻孔、琢磨、雕刻、抛光等工艺，

---

[1]　浙江省文物考古研究所：《浙江余杭反山良渚文化墓地发掘简报》，《文物》1988 年第 1 期。

[2]　浙江省文物考古研究所：《瑶山》，北京文物出版社 2003 年版。

是有一定规范的，不是普通人可以胜任，也不是社会个体能够完成的任务，只有在有组织、有规模的处所，专人的监督管理，专门的培训指导下才能完成。尤其是比例匀称、繁复精细的神人兽面纹雕刻工艺，显示出成熟的图案设计能力，其制作工艺达到了相当高的水平。反山 12 号墓出土的"玉琮王"最为典型，高8.8 厘米，射径 17.1—17.6 厘米，孔径 4.9 厘米，重约 6500 克，形体宽阔硕大，纹饰繁缛精美，为良渚文化玉琮之首。古代"以苍璧礼天、黄琮礼地"，良渚文化玉琮的形状内圆外方，据专家们推测，可能是原始先民"天圆地方"宇宙观的体现，是良渚人祭祀所用的宗教法器。

良渚文化的墓地可分为两类：一类是被称作"土筑高台"的大型墓葬，且以玉器为主要随葬品；一类是中小型墓葬，随葬品以陶器为主。最具良渚文化特色的是"土筑高台"。高台是用泥土堆筑起来的，主要分布在太湖流域的东北部、东部和东南部，一般高出地面 4—20 米左右，如反山、瑶山、福泉山、草鞋山、张陵山、绰墩、寺墩、罗墩等。[1] 余杭瓶窑镇汇观山遗址中发现的良渚文化祭坛，总面积近 1600 平方米，是目前所发现规模最大的祭祀遗址，祭坛西南部发现的一座棺椁齐备、随葬品丰富的大墓，也是目前所见良渚文化墓葬中墓穴规模最大的一座。[2] 反山墓地遗址现存部分东西长约 90 米、南北宽约 30 米，面积约 2700 平方米，人工堆筑的厚度约六七米，而高出地面部

---

① 丁金龙、何凤英：《良渚文化土筑高台遗址探析》，《东南文化》1997 年第 3 期。

② 刘斌、王云路：《余杭汇观山遗址发现祭坛和大墓》，《中国文物报》1991年 8 月 11 日。

分为 4 米左右。① 这座土筑高台是分层堆筑，分别由带黏性的深灰土、黑色团块状黏土和缺少黏性的深灰土、青灰色粉土、深灰褐土以较平整的层次堆筑增高。这种择土分层堆筑的现象，说明它事先有一定的设计。

大型墓葬中有大量的成组玉器随葬。如前述余杭反山发掘的 11 座墓葬，随葬玉器"单件计数多达 3200 余件，而陶器只有 37 件。瑶山发掘 11 座墓葬随葬器物中玉器 635 件，约占全部随葬器物的 90%，陶器只有 49 件"。② 这两处墓地除玉陶器外，还有漆器、石器等。武进寺墩发掘的 3 号墓，玉器中有琮 33 件、璧 24 件、钺 3 件，还有锥形器、镯、珠、管、坠等共 100 余件，而陶器只有 4 件，石器 8 件。③ 这种成组玉礼器的出现，显然与单个的礼器性质不同，它代表着墓主人特殊的身份和地位。

（二）龙山时代的陶器制作与竖穴土坑墓葬

陶器的发明是新石器时代的主要标志之一。人类从采集、渔猎过渡到农业社会，为定居生活和生产的需要而发明了陶器。这是人类最早将一种物质改变成另一种物质的创造性活动。

中国是发明陶器最早的国家之一。仰韶文化时期的彩陶艺术已取得了卓越成就。彩陶的烧制有较高的工艺要求，其烧成温度达 900℃—1000℃。陶器上的彩绘以黑色为主，兼用红色。豫西等地发现的陶器，为使彩绘的花纹更为鲜艳，先以白色陶衣做衬底；花纹以花卉图案和几何形图案为主，线条流畅、造型匀称，

---

① 浙江省文物考古研究所：《浙江余杭反山良渚文化墓地发掘简报》，《文物》1988 年第 1 期。

② 浙江省文物考古研究所：《余杭瑶山良渚文化祭坛遗址发掘简报》，《文物》1988 年第 1 期。

③ 江苏省寺墩考古队：《江苏武进寺墩遗址第四、第五次发掘》，《东方文明之光——良渚文化发现 60 周年纪念文集》，海南国际新闻出版中心。

显示出一定的艺术审美能力。器种有杯、钵、碗、盆、罐、瓮、盂、瓶、甑、釜、灶、鼎等，以小口尖底瓶最具特色。

河南临汝阎村出土彩陶上的"鹳鱼石斧图"很有特色。此图绘在一只圆筒状彩陶缸上，高37厘米、宽44厘米，左边绘一鸟，向右侧立，圆睁长喙，短尾高足，口衔一鱼；右边绘一把有孔石斧，柄的中间有 X 形符号，下端刻有交织纹。鸟、鱼、石斧的组合，极具神秘色彩。这是迄今为止发现的最大一幅仰韶时期彩陶画。①

龙山文化时期，陶器制作有了很大的进步。河南龙山文化陶器没有出现山东龙山文化那样的精品，但制陶业仍有很大发展。龙山文化早期仍以手制为主，用慢轮制作，有些采用"分制接合成型法"，分别用陶土制成上部的陶腹和下部的三个足，再捏合在一起，表面不留痕迹，在器内黏合部则清晰可见。这是河南龙山文化早期典型的高效率的制坯成型法。为制作方便，还采取了"接底法"，将器身制好后，再把底部与器身捏合在一起。②

河南龙山文化晚期开始采用轮制，效率大大提高，而且轮制工艺使陶器的形制趋于规整，造型更为美观精致，为后世陶业长期沿用。

烧陶是制陶工艺中非常重要的技术之一。据测定，龙山文化晚期陶器的灰陶和红陶烧成温度均达 1000℃。③ 龙山文化早期的陶窑，以河南陕县庙底沟发现的一座保存较好。窑由火膛、火道和窑室等部分构成。火膛较深，火口很小。火道有主火道三股及两侧支火道二三股。窑室呈圆形，窑壁上部往里收缩，便于封

---

① 临汝县文化馆：《临汝阎村新石器时代遗址调查》，《中原文物》1981 年第 1 期。

② 中国硅酸盐学会：《中国陶瓷史》，文物出版社 1982 年版，第 12—14 页。

③ 同上。

窑。底部有箅，箅上有火眼 25 孔，离火膛近的火眼较小，远的较大，以使窑内受热比较均匀。晚期陶窑发现较多，陕县三桥发现的一座，前部是火膛，后部为窑室。火膛作椭圆形竖坑状，窑室圆形，直径 1.3 米，底部有四条平行的沟状火道。窑壁的上部亦往里收缩。

中州先民墓葬形式很简单，裴李岗文化、仰韶文化和龙山文化遗址中，竖穴土坑墓为多。墓坑为长方形竖穴大坑，长一般不足 2 米，宽在 1 米以内，深几十厘米。尸体仰身直肢置于墓坑中，一般为东西向，正东西向的墓很少，绝大部分方向有点偏，几乎都是单人一次葬，偶见二次葬。

河南龙山文化墓葬在郑洛区、豫西地区、豫中地区、豫西南地区、豫东南地区都有发现，但是规模普遍较小，大墓发现很少。王湾晚期发现四座，为长方形竖穴墓葬，未发现葬具和随葬品。① 大河村墓葬也以竖穴土坑为主，随葬品极少，一般没有葬具。② 郝家台遗址晚期墓葬以长方形竖穴土坑为主，均不见葬具。③ 瓦店遗址的竖穴土坑墓中，均无葬具、随葬品。④ 台王遗址发现几座早期墓葬，均为长方形竖穴土坑墓，其中 M3 随葬陶

---

①　北京大学考古实习队：《洛阳王湾遗址发掘简报》，《考古》1961 年第 4 期；北京大学考古文博学院：《洛阳王湾——田野考古发掘报告》，北京大学出版社 2002 年版。

②　郑州市博物馆：《郑州大河村遗址发掘报告》，《考古学报》1979 年第 3 期；郑州市文物工作队、郑州市大河村遗址博物馆：《郑州大河村遗址 1983、1987 年发掘报告》，《考古学报》1996 年第 1 期。

③　河南省文物研究所等：《郾城郝家台遗址的发掘》，《华夏考古》1992 年第 3 期。

④　河南省文物研究所、郑州大学历史系考古专业：《禹县瓦店遗址发掘简报》，《文物》1983 年第 3 期；河南省文物考古研究所：《河南禹州市瓦店龙山文化遗址 1997 年的发掘》，《考古》1991 年第 2 期。

器 5 件。① 下王岗遗址发现墓葬多座，多为竖穴土坑墓，有少量随葬品，没有发现葬具痕迹。② 青龙泉遗址发现龙山时期墓葬 33 座，土坑竖穴墓 26 座，未见葬具，且随葬品极少，只有少数墓中随葬一些破碎猪骨。③ 从以上材料可知，河南龙山文化墓葬中以竖穴土坑墓为主，随葬品极少，多数无随葬品，基本上只用陶器，极少见装饰品和生产工具。陶器以实用器为主，明器很少见。

另外还有瓮棺葬，为良渚文化少见。裴李岗文化已有瓮棺葬，舞阳贾湖遗址发现 32 座。④ 仰韶文化时期也有不少，如淅川下王岗二期，有瓮棺葬 21 座。仰韶文化晚期，出现了专门制造的陶棺。河南临汝阎村出土的"鹳鱼石斧"彩陶缸，便是瓮棺的一部分。瓮棺葬是对夭折婴儿的怜惜和优待。这种葬俗，一直延续到河南龙山文化时期。

苏秉琦先生提出的中国古文明起源是"满天星斗"的观点，说明中国文明起源不是一元而是多元的，对以往根深蒂固的传统观念提出了挑战。中州和吴越两大地区不同的文化源头恰恰证明了这个观点。它们独立发展，各自创造了辉煌的史前文化，在遥远的新石器时代各自描绘了光辉灿烂的篇章。

---

① 河南省文物研究所：《襄城县台王遗址试掘简报》，《中原文物》1988 年第 1 期。
② 河南省文物研究所等：《淅川下王岗》，北京文物出版社 1989 年版。
③ 中国社会科学院考古研究所：《青龙泉与大寺》，科学出版社 1991 年版。
④ 河南省文物考古研究所：《舞阳贾湖》，科学出版社 1999 年版。

第 二 章

核心文化与边缘文化

——夏商周至东汉

第一节　中流砥柱与东南泽国

中州率先跨入文明大门之后，迅速开启了夏商周三代辉煌的序幕。而吴越地区自良渚文化高潮之后似乎突然归于沉寂，经过夏商周时期的默默孕育，终于在春秋战国时期厚积薄发。

一　中州的正统文化

中州有鲜明的都城文化色彩。"三代之居，皆在河洛之间也"，中州自古以来便被视为天下之中，是帝王选择都城的理想位置。夏初定都阳城（今河南登封），后迁至阳翟（今河南禹州），后又屡移其都，基本都在中州境内。商朝先定都亳（今河南商丘），后迁西亳（今河南偃师）。成汤至盘庚5次迁都，4次在中州境内。周初都于关中，西周末年周平王迁都洛邑（今河南洛阳）。春秋时期，中州境内方国林立，有宋国、郑国、晋国、韩国、魏国、许国、蔡国、陈国、卫国等众多国家。都城是一国政治中心，考古发现的一些大型宫殿遗址，足以说明中州的都城文化特色。

河南偃师二里头夏文化遗址中，有多处大型的夯土基址，目前已确认的二里头文化早期的大型夯土建筑基址至少有 2 座。1 号宫殿基址面积约 10000 多平方米，这是一个大型夯土台基。台基中部偏北是一座殿堂，面阔八间、进深三间、四坡出檐。台基上的周边建有围墙，有完整的墙基保存下来。① 2 号宫殿基址的面积比 1 号宫殿基址为小，约 4000 多平方米。整体布局与 1 号宫殿基址有很多相似之处，也是有围墙、廊庑、中心殿堂、大门等建筑。② "二里头遗址是迄今可以确认的最早的具有明确规则且与后世中国古代都城的营建规制一脉相承的都邑"，"二里头遗址宫城是迄今可确认的我国最早的宫城遗址"。③ 2002 年春，考古工作者在清理河南偃师二里头文化早期大型夯土基址（3 号基址）院内的墓葬时，于其中一座贵族墓中发现了一件大型绿松石龙形器，放置于墓主人骨架之上，全器由 2000 余片各种形状的绿松石片组合而成。绿松石龙形体长大，巨头卷尾，龙身曲伏有致，色彩绚丽。龙身长 64.5 厘米，中部最宽处 4 厘米。④ 其用工之巨、制作之精、体量之大，在中国早期龙形象文物中都是十分罕见的，具有极高的历史、艺术与科学价值。

商朝中期盘庚将其都城从奄（今山东曲阜）迁至殷，直至商朝灭亡，再不迁都。"殷"作为商的首都，共经历八代十二王，历时 273 年。河南省安阳市西北小屯村一带发现的商代都城殷墟占地面积约 24 平方公里，东西 6 公里，南北 4 公里。殷都

① 中国科学院考古研究所二里头工作队：《河南偃师二里头早商宫殿遗址发掘简报》，《考古》1974 年第 4 期。

② 中国科学院考古研究所二里头工作队：《河南偃师二里头二号宫殿遗址》，《考古》1983 年第 3 期。

③ 中国社会科学院考古研究所二里头工作队：《河南偃师市二里头遗址中心区的考古新发现》，《考古》2005 年第 7 期。

④ 同上。

"左孟门而右漳滏，前带河而后披山"，① 既是一个交通便利、土地肥沃的宝地，又是一个御内防外的要塞。城市布局大致分为宫殿区、王陵区、一般墓葬区、手工业作坊区、平民居住区和奴隶居住区。小屯为殷王宫中心，考古发现这一带有夯土基址50多座。宫殿区西侧有一条南北向的大壕沟，南北长约1050米，东西长约650米，当是做人工防御之用。在殷墟发现十多处手工业作坊遗址，其中有一处大型铸铜作坊遗址，有熔铜的熔炉残壁约5000块，坩埚残片约90多块，铸铜工具陶范和陶模约20000多块，还发现了陶制的鼓风嘴和木炭，可见其制铜工艺已达一定水平。殷都洹河北岸是商王陵区，已发掘大墓13座，有大量人、牲殉葬。墓内有许多精美的铜、石、玉、骨、牙器。②

殷都是一个繁华的都市，是中国最早的工商业中心。从考古发现可知，殷都的手工业门类众多，有青铜器、陶器、骨器、玉器、石器等等，而且规模很大。每个行业均有许多独立的作坊，分设在小屯宫殿区及其周围。宫殿区南部有一铸铜遗址面积达2万平方米以上；另有一处发现一块重达18.8公斤的孔雀石和一块重21.8公斤的炼渣。商王武丁的配偶"妇好墓"中出土随葬品达1926件，其中铜器440件、玉器590件、骨器560多件，还有石器、宝石制品、象牙雕刻等。③ 殷墟出土的手工业品工艺精湛。其中刻纹白陶非常有特色，纹饰和器形与青铜器风格相似，色泽洁白，质地坚硬，不易吸水，近似瓷器，是殷都制陶技术的一大创新。青铜礼器以殷墟出土的司母戊方鼎最为著名，其造型宏伟，气势磅礴。通高133厘米、宽78厘米、重875公斤，

① 《战国策·魏策》。
② 杨宝成：《殷墟文化研究》，武汉大学出版社2002年版，第5—12页。
③ 《安阳殷墟五号墓的发掘》，《考古学报》1977年第2期。

是目前发现的最大的鼎。在雕刻技术上，已掌握了阴刻、浮雕、圆雕、透雕等方法，并首创了立体玉雕人像和各种立雕动物。[①]

殷都商业十分繁荣，当时有不少商人往返于殷都与其他地方从事商品交易。《六韬》记载："殷君善治宫室，大者百里，中有九市"，商业贸易的繁荣使殷都声名远播。殷人善于经商的传统保留下来，殷亡后，"肇牵车牛远服贾"[②]成为商族人的特色之一，"殷人重贾，周人重农"成为传统形象，此后凡是做买卖的人，都被统称为商人，从事买卖行业即称为商业，与殷都发达的商业是分不开的。

洛阳地处中原，山河控戴，万方辐辏，形势甲于天下。《史记·周本纪》载，周王朝建立后，周武王经过认真观察，选定洛邑为东都，他对周公说："自洛汭延于伊汭，居易毋固，其有夏之居。我南望三涂，北望岳鄙，顾詹有河，粤詹洛、伊，毋远天室。"认为洛阳是建都的好地方。

的确，夏商两朝洛阳已是都城所在。《史记·孙子吴起列传》有载："夏桀之居，左河济，右泰华，伊阙在其南，羊肠在其北"，正在今洛阳一带。而在偃师二里头遗址发现的宫殿遗址，证明洛阳夏都确实存在。商代，据《汉书·地理志》："尸乡（今河南偃师县），殷汤所都。"[③] 河南偃师县城西已发现商代早期都城遗址，可能就是商汤都城西亳。所以，周代虽建都镐京，仍把洛阳作为经略东方要地，先后在洛阳营建王城与成周两城。《逸周书·作洛》载西周洛邑的修建规模曰："乃作大邑成周于土中。城方千七百二十丈，郭方七十里……制郊甸，方六百

---

① 中国社会科学院考古研究所安阳工作队：《殷墟 259、260 号墓发掘报告》，《考古学报》1987 年第 1 期。
② 《尚书·酒诰》。
③ 河南郡偃师县条下自注："尸乡，殷汤所都。"

里。因西土为方千里，分以百县。"洛阳东周王城是中国第一座经过认真规划的城市。这个城址是公元前770年周平王东迁洛阳建都的王城，直至公元前256年东周灭亡，历时515年，25任"天子"。《周礼·考工记》曰："匠人营国，方九里，旁三门，国中九经九纬，经涂九轨。左祖右社，面朝后市。"《考工记》往往被视为理想化的都城建筑模式，但它所强调的"九"，与周代礼乐制度相吻合。晋《元康地道记》记述更详，王城城郭四方各开三门，共十二门；每门有三个门道，道宽二十步，男走左、女走右、车辆行中。城内道路与门道相对应，有经、纬路各九条。王宫筑在中央大道上，宫内有六寝。以内宫为轴心，前有朝会群臣的殿堂，后有商业交易市场，左为宗庙祖堂，右是社稷神坛；南郊有祭祀天地的明堂。

考古勘探仅发现了王城残存的城墙，可知城的形状大体为方形，南北相距约3200米。北墙保存最为完整，全长2890米。[①]已经发掘出一些大型墓葬、车马坑、陪葬坑，如发掘出的一辆由六匹马组成的车马遗迹。只有"天子"才能"驾六"，它代表着周天子的威仪。

孔子言"殷因于夏礼"，"周因于殷礼"，[②]三代之礼相因循，可知夏礼、商礼和周礼一脉相承。夏商周是先后建立的朝代，尽管殷人、周人原来各有自己的发展历程和文化传统，但建立王朝后，他们便理所当然地继承前期行之有效的统治方略，因为家天下的政治格局是相同的。

而"商周礼制在考古学中反映最突出的是祭祀之礼"。[③]《国

---

① 刘叙杰主编：《中国古代建筑史》第一卷，中国建筑工业出版社2003年版，第205页。

② 《论语·为政》。

③ 严文明：《中华文明史》第1卷，北京大学出版社2006年版，第201页。

语·鲁语上》载："夫祀，国之大节也。而节，政之所成也。故慎制祀以为国典。"国之大事，在祀与戎，祭祀是为震慑臣民，神化统治者，兴师讨伐是为开拓疆土，昭示国威。两者并行不悖，相得益彰。中州得政治风气之先，祭祀最为重要。郑州商城宫殿区北部的大型祭祀遗址，祭堂平面呈正方形，长、宽各2.35米，堂门面向西南，四壁用夯土筑成。后墙根的中部设一长方形祭台，台上有火烧和供祭的痕迹。祭堂左右两侧有南北两行排列的"狗坑"，坑内殉狗少者4只，多者24只。有的坑内还有完整的人骨架或成堆的人肢骨及金质夔龙饰。此祭祀被推测为商王祭祖的宗庙遗址。① 类似的还有安阳殷墟发现的大型祭祀遗址，可推测当时恢弘壮观的祭祀场面与统治者的无上威严。

殷商是神权的时代。《礼记·表记》云："殷人尊神，率民以事神，先鬼而后礼。"商代统治者非常迷信，敬天信神，国家政事的决定，都要询问天意，请示祈求神的命定。而询问天意的方式就是占卜。占卜的工具一般是龟甲或牛肩胛骨，而甲骨文就是殷人占卜行为和卜辞的文字记录。《左传·桓公十一年》载："卜以决疑，不疑何卜。"有了疑问求助于占卜，这是上古时代人们对上帝鬼神的迷信思想的反映。河南龙山文化遗址中已发现大量的卜骨。《汉书·艺文志》记有夏代占卜之书《夏龟》26卷，列入蓍龟类。夏商时代，巫史是王以下的高级执政官员。祭祀神灵是国家首要大事，没有任何事能够超越于它，故执掌祭祀，解释天意的巫史地位权威之崇高可想而知。夏启讨伐有扈氏的首要罪名，就是有扈氏威侮怠弃巫史"五行"、"三正"，② 犯

---

① 徐良高：《中国民族文化源新探》，社会科学文献出版社1999年版，第159页。

② 《尚书·甘誓》。

下了大逆不道的罪行。《礼记·礼运》云："王前巫而后史，卜筮瞽侑皆在左右。王中心无为也，以守至正。"

商代巫史文化影响十分深远。如巫史占筮的工具（如蓍草等）与天文、历法、数字相联系的运算筹码；其占筮依卦象推测吉凶祸福，通过数理形成卦象、滋生哲理，形成了《周易》这部足以体现当时中国人思维水平的巨著。中国古代文化中神学与政治的交织，自然科学与社会科学的混杂等，都能寻觅到巫史活动影响的踪迹，而追根溯源无不归结于龟卜文化。

二　吴越文化之野

吴越在地域上为近邻。吴即句吴，其祖先生活在今苏南、皖南、浙江北部一带，越即于越，于越的最早活动地区在今浙江北部以及太湖一带。

吴国的建立开端于商朝末年的太伯奔吴。太伯是古公亶父的长子，周族实行长子继承制，古公亶父之位照例应由太伯继承。而"季历贤，而有圣子昌（即后来的周文王），太王欲立季历以及昌"，[①] 于是太伯与其弟仲雍"乃奔荆蛮，文身断发，示不可用，以避季历"，来到吴地（今无锡梅里一带），以"句吴"为号。《吴越春秋·吴太伯传》载：太、仲奔至江南，"数年之间，民人殷富。遭殷之末世衰，中国侯王数用兵，恐及于荆蛮，故太伯起城，周三里二百步，外廓三百余里，在西北隅，名曰故吴，人民皆耕田其中"。但这个政权并未得到商朝的承认。周王朝灭商以后，求太伯、仲雍之后代，得知句吴已传至五世周章，便正式封周章为吴王。[②]

---

① 《史记·吴太伯世家》。
② 同上。

　　而在越国，一直流传着舜和禹的传说。相传舜因避尧子丹朱之乱，曾到会稽，"会稽山有虞舜巡狩台，下有望陵祠"。①《水经注》亦引《晋太康地记》："舜避丹朱于此，故以名县，百官从之，故县北有百官桥。亦云舜与诸侯会事迄，因相虞乐，故曰上虞。"直至宋代，王十朋的《会稽风俗赋》中还说："舜为人子，克谐以孝，故其俗至今烝烝是效；舜为人臣，恪尽其道，故其俗至今挈挈是蹈；舜为人兄，怨怒不藏，故其俗至今爱而能容；舜为人君，以天下禅，故其俗至今廉而能逊。"可见舜在越地的影响之大。

　　大禹治水的传说也在越地流传了千百年，民间一直盛传着"越为禹后"的说法。秦始皇东巡会稽，曾亲自祭祀大禹；而司马迁为撰《史记》，亲临会稽，探访禹穴。《越绝书·外传记地传第十》载："禹始也，忧民救水，到大越，上茅山，大会计，爵有德，封有功，更名茅山曰会稽。"《史记·夏本纪》亦载："帝禹东巡狩，至会稽而崩。"禹是否真到过越国，史料中记载的"会稽"是否就是现在的绍兴，史学界说法不一。但可以肯定的是，禹的传说和舜的传说一样，在越人的心目中产生了极大的影响。

　　对越国发展起到非常重要的作用也是比较可信的事件是无余受封越地。《吴越春秋·越王无余外传》载："禹以下六世而得帝少康，少康恐禹祭之绝祀，乃封其庶子于越，号曰无余。余始受封，人民山居，虽有鸟田之利，租贡才给宗庙祭祀之费。乃复随陵陆而耕种，或逐禽鹿而给食。无余质朴，不设宫室之饰，从民所居。"此后，越族以会稽为中心，逐渐发展壮大。到了春秋时期，越国终于成为能与吴、楚抗衡的雄心勃勃的国家。

---

①　《述异记》。

"吴与越同音共律。"① 《吕氏春秋·知化》说:"吴之与越也,接土邻境,壤交属,习俗同,言语通。"吴越的地名亦非常相似。现属吴文化区的苏南太湖平原一带原本是越地,因而保留了不少古越语地名,如姑苏、无锡等。而在吴文化发源地——宁镇至皖东南一带,古越语的地名也有很多,如句容、芜湖、无为等,其语音类似于越地的句章、句甬东、余姚、余杭、乌程、于潜等。

在人名上,以吴国君主为例,例如彊鸠夷、余桥疑吾、句卑、去齐、寿梦、诸樊、余祭、余昧、阖闾、夫差等等,其发音均带有古越语特点。

在国名上,《史记》说吴国自号"句吴",出土的吴器铭文,国名大多作"攻䤜"、"攻敔",表现了古越语的多音节特点。

断发文身更是吴越共同的外在标志。吴越两地均林木茂密,土地湿润,虫蛇繁多,吴越人经常要在水中活动,为防鱼龙之害,就"文身",在身体上黥刻龙蛇纹样,把自己装扮成龙子的形象,以求得到龙的认同和保护。为便于下水和在水中自由活动不受羁绊,因此要"断发"。如《说苑·奉使》:"乃处海垂之际,屏外藩以为居,而蛟龙又与我争焉。是以剪发文身,烂然成章,以像龙子者,将避水神也。"

断发文身这一习俗有别于中州地区的束发戴冠。束发戴冠是中州礼仪礼制中不可缺少的重要组成部分。断发文身的传统习俗则与吴越人的"龙崇拜"有密切的联系。

吴越为水乡泽国,水既滋润了吴越的土地,造就了秀丽的山川,带来了丰富的水产,形成了得天独厚的便利交通;也给吴越人带来了深重的灾难。吴越人长期生活在水环境中,每天与水打

---

① 《吴越春秋》。

交道，而水中时刻充满未知的危险，水灾的频繁发生和不可预见性也增加了吴越人对水的恐惧感和敬畏感，产生了对水的崇拜。"春祭三江，秋祭五湖"、①"祭陵山于会稽，祀水泽于江湖"②的传统均说明了吴越人对水的特殊情感。而吴越人认为水之所以如此神秘，是因为水中有龙，龙使水有了伟大神奇的力量，进而形成了龙崇拜。而龙与蛇之间又是有共通性的，《说文·虫部》"蛮"条释："南蛮，蛇种。"因此吴越人在自己身上刻上类似蛇的图案以避害，久而久之，就形成了龙或者蛇崇拜的传统。越王勾践曾派大夫文种送给吴王一双刻绘着"类状龙蛇"的"神木"，以示将越国奉献给吴国之意。而吴国修建阖闾城时，"欲并大越，越在东南，故立蛇门"，③以制越国。越国也一样，"越在巳地，其位蛇也，故南大门上有木蛇、北向首内，示越属于吴也"。④表明蛇或者龙在吴越人心目中的特殊地位。

吴越地区的龙崇拜与中州地区的龙崇拜是不同的。中州地处黄河下游，气候干燥，是典型的旱地环境，与吴越地区的水环境完全不同，虽然两地均不约而同地选择了龙作为一种图腾表示，其实质内涵却大不相同。

中州地区出现最早的龙形象，是河南濮阳西水坡出土的仰韶文化时期蚌壳摆塑龙，龙身长 1.78 米，昂首拱背，身子弯曲，状似遨游于大海，形如腾飞于天空。⑤龙形象出现在墓穴中，反映了中州先民对死后世界的想象，龙似乎是一个可以引领灵魂进

---

① 《越绝书》。
② 《吴越春秋》。
③ 《国语·吴语》。
④ 《吴越春秋·阖闾内传》。
⑤ 濮阳市文管会等：《河南濮阳西水坡遗址发掘简报》，《文物》1988 年第 3 期。

入天国的使者。龙被幻想为人们乘龙以行九野、至四海、出入于天地的神物。与吴越地区先民为了避蛇之害、避水之害而自称龙子，以求庇佑的文化心态是不同的。

吴与越并非一开始就同风共俗，其在文化上的趋同有一个历史过程。吴国在地理位置上与中原较近，受中原文化的影响较早。而越国在勾践以前与中原接触不多，基本处于一种封闭状态。明显的例子就是对礼乐的态度上，吴与越有一定的区别。如吴王寿梦时对周朝礼乐非常喜好，《左传》襄公二十九年对此有多处记载，季札赴鲁观乐，曾对周乐做过评论，令时人震惊。而越则更喜欢本民族的"野音"。越人善歌是出名的。《吴越春秋》中记载了多首越人唱的歌，与中州流行的礼乐大不一样，是越地独有的音乐，可见越较吴更为质朴。西周时期，吴文化中有中原因素，如宁镇地区的西周墓葬中出土了大量青铜器，[①] 这些青铜器多与中原地区的青铜器类似，而越国的青铜器中土著色彩很浓郁。当时吴越可谓泾渭分明。到了春秋时期，吴文化面貌产生了明显的越化，特别是春秋晚期，青铜器极少，瓷器增多，几乎不见豆了。西周时期吴文化中的主要炊器鬲，到了春秋时期极少见到，代之以釜和鼎。可见，春秋时，吴文化中，中原的因素明显减少，而越文化的因素逐渐增多，这是吴越文化在交流过程中的大量渗透和同化。

三　中州与吴越青铜文化之异同

商周时期，中州在地理和政治上处于王朝中心，也是青铜器的制作中心。据统计，仅新中国成立后中州出土的商周青铜器即

---

① 马承源：《长江下游土墩墓出土青铜器的研究》，《上海博物馆集刊》第4集，上海古籍出版社1987年版。

达一千余件,① 为全国之冠。且器类齐全,青铜礼器的种类和数量更是大大超过其他地区。

青铜器的浇铸需要陶模和陶范及高温技术,中州发达的制陶手工业,为其奠定了技术条件和物质基础。偃师二里头遗址已发现的铜器共 195 件。② 其中有爵、鼎、斝、锛、凿、锥、镞、铃等器物,出土了中国目前发现最早的青铜容器及镶嵌青铜器。从铸造技术看,二里头的铜爵、斝、鼎、铃等器物已是空腔体容器,铸造要求很高,不但要有外范,还要有内范,并采用内外范多次分型技术。其中 1987 年出土的一件铜牌 (M57:4),400 余块绿松石片镶嵌在镂空框架上,出土时绿松石全部悬空而未脱落,可见其黏接技术的高超。③

商代是中州青铜器艺术发展的高峰。仅安阳小屯村商王武丁配偶妇好墓随葬青铜器就有 468 件。其中代表作品“妇好镂空瓤”(M5:605),造型秀丽端庄,腹及高圈足上各有四道扉棱,圈足棱间饰以镂空饕餮纹,有一种玲珑精致的美。④ 1939 年出土于安阳武官村的商代晚期的司母戊鼎,是目前世界上最大的青铜容器。它采用组芯造型法,分别铸成耳、身、足后,再合铸成一个整体。从铸痕观察,共由 20 块陶范铸成。⑤ 这种分范合铸,没有纯熟的铜范技术,是不可能成功的。

周代中州青铜器在原有基础上又有新的发明创造。以 1923

---

① 《河南出土商周青铜器》,文物出版社 1981 年版,第 1 页。

② 陈国梁:《二里头文化铜器制作技术概述》,中国社会科学院考古研究所夏商周考古研究室:《三代考古 (二)》,科学出版社 2006 年版,第 183 页。

③ 中国社会科学院考古研究所二里头工作队:《1987 年偃师二里头遗址墓葬发掘简报》,《考古》1992 年第 4 期。

④ 中国社会科学院考古研究所:《殷墟青铜器》,文物出版社 1985 年版,第 461 页。

⑤ 余琦:《中华青铜之最——司母戊鼎》,《南方文物》1998 年第 4 期。

年河南新郑出土的一对龙耳莲鹤铜壶为例，此器形体巨大，故宫博物院收藏的一件（另一件保存在河南省博物馆）高 118 厘米、最大口径 30.5 厘米、重 64.28 公斤。器体结构繁复，采用先进的分铸法，圈足下刻怪兽图案，两侧雕顾首双龙，盖顶饰展翅仙鹤，造型生动活泼。夏商周三代，在中国青铜冶铸技术发展史上，中州居于领先地位。先秦时期中州青铜器的中心地位是毋庸置疑的。

当中州兴致勃勃地创造一个"青铜时代"，青铜器的铸造和使用在中州社会生产和生活中已处于十分突出地位的时候，吴越地区还是悄无声息。

从考古发现看，包括吴越在内的整个长江流域迄今尚未出土相当于中州二里头文化时期的青铜器。① 但这一带的制陶业已有发展，具备了冶铸青铜器的技术前提。宁镇地区在商代已有铜矿锡矿的开采，《周礼·考工记》载："吴越之金锡，此材之美者也。"《越绝书》卷十一载越国"赤堇之山破而出锡，若耶之溪涸而出铜"。

总体而言，吴越青铜器明显落后于中州，但颇具地方特色。目前吴越地区发现的商代青铜器数量不多。1974 年江宁横溪出土一件青铜大铙，极具吴越特色，与中州殷墟出土的成组小型青铜铙形式、大小都不同，有学者认为，"大型青铜铙的出土地点仍仅限于中国南方的广大区域范围内"，② 这说明自商代晚期开始，吴越的青铜铸造便自成特色。

吴越西周青铜器，器类组合上，大多鼎、簋共出，但配置形

---

① 李学勤、徐吉军：《长江文化史》，江西教育出版社 1995 年版，第 121 页。
② 宋莹：《浅析商周时期江南区域文化的独立性——以宁镇地区青铜文化为例》，《东南文化》2004 年第 1 期。

式为一鼎一簋，二鼎二簋或四鼎二簋，与中州西周时的鼎簋配置形式不同。屯溪1号墓、烟墩山宜侯墓、母子墩诸墓中所出青铜器多两两成对配置形式，在同时的中州墓葬中十分罕见。形制与纹饰方面，虽模仿中州，但表现出鲜明的吴越地方特色，如大港母子墩出土的尊，形制接近中州西周中期的尊，但腹上的环带纹饰却是吴越风格的动物变形带状纹。该墓出土的鸟兽扁壶，形制也酷似同期中州器形，但纹饰则为该地特有的云雷纹，且图案结构随意，不同于中州的对称纹饰。总之，这些器物大多遵循中州青铜器的造型，又融入当地的文化风格，造就了独特的土著青铜文化。随着当地青铜文化的发展，地方特色不断加强。

春秋战国时期，吴越青铜业落后面貌为之一变，形成较为成熟的土著风格。在铸造工艺、器物类型变化方面，大有赶超中原之势。李学勤先生指出：“长江下游诸国的青铜文化相当发达……吴、越、徐等国青铜器制作优美……反映着高度的文化水平。过去传统观念以为南方长期在文化上落后于北方，实在是一种误解。”[1]

吴越青铜器造型轻巧精致、清新活泼，与中州青铜器厚重端庄的风格迥然不同。如绍兴306号墓出土的铜屋模型，[2] 造型精巧，极具生活情调。铜屋正面敞开，左右两面布满透空方格。屋顶四角攒尖，饰有镶嵌花纹。屋顶正中立有八角形柱，顶端立一鸟。屋内6人，四男二女，踞坐。前排左起第一人是鼓手，裸体。前排左起第二、三人是歌手，为女性，裸体。后排左起第一人吹笙，第二、三人鼓琴。所用乐器不同于钟、磬之类的宫廷大

---

[1]　李学勤：《从新出土青铜器看长江下游文化的发展》，《文物》1980年，第35页。

[2]　浙江省文管会、浙江省文物考古研究所等：《绍兴306号战国墓发掘简报》，《文物》1984年，第16页。

乐队，应属小型乐队。不同于中州人的峨冠博带、宽袍大袖的穿着打扮，赤身裸体的造型是吴越特色的鲜明体现。

总之，吴越青铜器从一开始的默默无闻，逐渐呈异军突起之势，而且自成体系，从器形到纹饰极具地方色彩，改变了中州青铜器过于端庄、凝重的风格，呈现出蓬勃向上的生机。

较之吴越，中州青铜器特点鲜明：其一，它是政治文化的象征。

中州在先秦时期处于政治中心地位，而青铜器与政治是联姻的，"对三代王室而言，青铜器不是在宫廷中的奢侈品、点缀品，而是政治权利斗争上的必要手段。没有青铜器，三代的朝迁就打不到天下"，所以，"从本质上说，中国古代青铜器等于中国古代政治权力的工具"。[①] 对青铜礼器的控制，意味着对政治权力的独占。

仅以鼎为例。鼎本是熬煮食物的实用陶器，后被赋予礼器的内涵，成为政治和权利的载体。《左传·宣公三年》载："昔夏之方有德也，远方图物，贡金九枚，铸鼎像物，百物而为之备，使民知神奸。……桀有昏德，鼎迁于商，载祀六百。商纣暴虐，鼎迁于周。"夏商周三代皆奉九鼎为传国之宝，得国便得鼎，失国则失鼎，鼎成了国家存亡的标志。

而一个王朝的消亡，则以鼎被夺取为象征。战国时，王室式微，礼崩乐坏，诸侯卿大夫开始使用最高等级的九鼎八簋，僭越现象频生。《左传·宣公三年》记"楚王问鼎"一事：楚庄王带兵攻打陆浑之戎，路经洛邑，周定王派大夫王孙满慰劳。楚庄王气焰嚣张，劈头就问九鼎大小轻重如何，王孙满严肃地回答："周德虽衰，天命未改，鼎之轻重，未可问也！"楚王问鼎，有

① 张光直:《中国青铜时代（二集）》，三联书店1990年版，第121页。

取而代之之意，故后世称定鼎为定天下，问鼎则为图谋王位，足见以鼎为代表的青铜器在政治上的权威性和神圣性。

其二，它是礼乐文化的代表。

中州青铜器最初被用作实用器，至夏代，其礼器身份开始显著，至商代，"礼器"成为其最主要的身份，数量和形制也大大丰富。青铜礼器从一般生活用具中抽离出来，成为礼乐文化的代表。

礼是国家各项基本制度的总称，其核心是等级名分制度，即"贵贱有等，长幼有差，贫富轻重皆有称者也"，① 每一个人的权利、义务，都应与其身份相合，不得僭越。而礼器就是祭祀、丧葬、朝聘、征伐、宴会等重要活动时必备的器皿，其形制、规模、数量均有严格规定，集中反映了礼乐制度的精神。最能表现这一制度的即是"列鼎制度"："礼，祭天子九鼎，诸侯七，大夫五，元士三也。"② 对用鼎数量的规定，是三代最为典型和严格的礼制。青铜礼器成为"别上下，明贵贱"的标志，被赋予神圣的色彩。

中国古代礼与乐密不可分。《礼记·乐记》云："乐者为同，礼者为异"，乐的功能在于协调不一致的东西，礼的功能在于区别不同的东西。严格的礼与乐相结合，尊卑上下就能够沟通，亦即"揖让而治天下"，行礼之时必有乐，乐器必不可少。而当时的乐器主要用青铜制作。中州青铜乐器出土不少。新郑李家楼郑国大墓出土 19 件编甬钟。辉县琉璃阁甲墓出土特大型 4 件一组的蟠螭纹镈。新郑郑韩故城、洛阳东周王城遗址等地集中出土大

---

① 《荀子·富国》。
② 《公羊传·桓公二年》"何休注"。

批钮钟。① 这些乐器不仅器形庞大而且规模壮观，是礼乐文化的重要标志。而在吴越地区，更具典型意义的是鼓、笙、琴等小型乐器，青铜器在中州文化中的独特意义就非常明晰了。

其三，它是巫史文化的继承。

在王权与神权结合的时代，青铜器是巫师手中用来祭祀天神和祖先的法器。先秦时期，人类尚未摆脱以神秘性和笼统性为特征的原始思维支配，是具有浓厚宗教性质的巫史文化时期。尤其在夏商时代，尊神重巫的思想盛行。《左传·宣公三年》载："昔夏之方有德也……铸鼎像物……用能协于上下，以承天休"，"协于上下"便是沟通天地。

青铜器上最能代表巫史文化特点的是纹饰。中州各地出土的青铜器给人印象最深、最神秘莫测的便是恐怖狰狞的饕餮纹。《神异经》曰："饕餮，兽名，身如牛，人面，目在腋下，食人。"《吕氏春秋·先识》云："周鼎著饕餮，有首无身，食人未咽，害及其身，以言报更也。"它是凌驾于世间存在的种种具体动物形象之上的抽象图案，是幻想塑造出来的神秘、撼人心魄的超自然力量。

中州青铜器上的饕餮纹在商朝产生，而四五千年前良渚文化玉器上早已出现大量饕餮纹，中州文化中的饕餮纹是否与良渚文化有渊源，学术界尚有争议，但就其文化意义而言，是一脉相承的。这些高度抽象的图案上，凝聚了先民们的精神寄托。它龇牙咧嘴，繁富怪异，在烟雾缭绕、庄严肃穆的祭祀场合更显神秘莫测。巫师在祭天祀地时，通过刻有饕餮纹的法器，传达对神灵祖先的敬畏和崇拜，达到与天沟通的目的，起到祈福辟邪的效果。而统治者通过这种方式，显示其与神的亲近关系，以威慑被统治

---

① 孙敏：《中原出土先秦青铜乐器论略》，《音乐研究》2005 年，第 2 页。

者，使其统治神圣而合理化。

吴越青铜器不同于中州青铜器，中州以礼器为主，吴越以兵器为主。青铜礼器中，鼎是最主要的代表，但在吴国青铜礼器中，鼎的比例非常低，仅有一件著名的青铜鼎——无土脰鼎。而在越国所有的青铜器中，兵器占总数的 68.9%。① "吴王金戈越王剑"，吴越青铜文化中最具特色，也是和中州青铜器的最大区别便是精妙绝伦的兵器制作工艺。吴越青铜兵器制造总体水平上超过了中州乃至中原列国。

以剑为例。剑短小、锋利，便于携带，既可防身杀敌，又可装饰。吴越地区河网交错，林莽丛生，不适合中州的车战，多以步兵作战。步兵以近体格斗为主，短兵器更加实用，更易发挥威力。这一特点反映在兵器中便是青铜剑铸造尤为发达。吴越盛产的优质金锡，为青铜剑的铸造提供了必不可少的原材料，且铸造技术在当时闻名遐迩。《庄子·刻意篇》载：人们盛赞吴越之剑，认为"干越之剑"是"宝之至也"。屈原《九歌·国殇》有"操吴戈兮被犀甲"的名句。《周礼·考工记》中说："吴粤之剑，迁乎其地弗能良也，地气然也"，认为只有吴越才能铸造出如此精良的宝剑。《越绝书》和《吴越春秋》等书把吴越的铸剑技术描写得神乎其神，"穿铜釜、绝铁镭、胥中决如粢米"，"扬其华如芙蓉始出"，"观其光焕焕如冰释"，还记载了吴越著名冶匠欧冶子、干将、莫邪；善于剑术的"袁公"、"越女"；相剑家薛烛等，他们的高超技艺令人叹为观止。

众多的考古发现印证了吴越铸剑技术的高超。著名的越王勾践剑剑身有菱形几何暗纹、支纹或火焰状纹等优美纹饰，剑格用蓝色琉璃与绿松石镶嵌图案，埋于地下两千多年，至今仍寒光逼

---

① 董楚平、金永平等：《吴越文化志》，上海人民出版社1998年版，第124页。

人。经北京钢铁学院（现北京科技大学）等单位用质子荧光非真空分析得知，剑是用相当纯净的高锡青铜铸造的，黑色菱形花纹处含有锡、铜、铁、铅、硫等成分，且不同部位铜锡比例不同。剑脊含锡较低，可使剑保有良好的韧性，不易折断；而刃部含锡量高，则使剑锋利。此剑可能采用了复合金属制造技术。因此专家指出，春秋晚期吴越青铜剑的"铸造水平远远超过中原诸国"。①

第二节　汉代中州文化的辐射

一　中州文化的繁荣与影响

汉代是中华文化的定型期。这个时期所形成的社会制度与文化精神，长期支配着中国人的头脑。中州是汉代文化的核心地区，东汉的中州文化更成为时代文化的结晶，汉代文化精神的典型代表，其影响广被天下。

两汉的中州在大一统政治格局中，天下之中的优势更为明显，文化地位更为重要。中州之"中"在地理和文化两方面的意义均得以彰显。中州本来取义九州之中。《尚书·禹贡》将"天下"划分为九个区域：冀、青、徐、兖、扬、荆、豫、梁、雍。东有徐州、青州和扬州，南有荆州和梁州，西有雍州，北有兖州和冀州，豫州在中部，故称中州。得天独厚的地理位置，成就了中州在先秦时期特殊的政治地位，由此引申到政治、文化意义上的"天下之中"，似乎是顺理成章的。西汉时期，京都在长安，经学发展之地却在齐鲁，西汉中期确立了儒家思想的统治地

---

① 冯普仁：《吴国青铜兵器初探》，《中国考古学会第四次年会论文集》，文物出版社 1985 年版，第 144 页。

位后，儒生们往来于齐鲁与长安之间，中州是他们的必经之地，从梁国（今商丘）到洛阳的中州一线成为联结关东与关中的文化长廊。东汉时期，中州当之无愧成为全国政治、经济、文化的中心。在西汉的城市中，成都、洛阳是著名的商业兴盛城市。而洛阳在商业兴盛的同时，经学传授、文学创作方面均已有突出的成就。举其荦荦大者，洛阳才子贾谊的《过秦论》脍炙人口，晋代左思有"著论谁《过秦》，作赋凌相如"的诗句；《治安策》被誉为"万言书之祖"，曾国藩谓其"有最盛之气势"；鲁迅称誉贾谊"尤有文采"，认为《过秦论》《治安策》等为"西汉鸿文，沾溉后人，其泽甚远"。洛阳人虞初以方士为侍郎，主要以《周书》为依据作《周说》943篇，张衡《西京赋》谓"小说九百，本自虞初"，故《汉晋学术编年》称《周说》为"后世小说之祖"。大儒周王孙在洛阳授经，号《周易传》，梁人丁宽学成谢师，田何谓"《易》以东矣"。丁宽作《易说》三万言，授予田王孙，田王孙又有学生和再传弟子，《易》遂有施、孟、梁丘之学。洛阳人桑弘羊本为商人之子，而他在盐铁会议上的滔滔雄辩，却显示出他渊博的学识与灵活的思维。

作为核心文化、礼乐文化中心，东汉洛阳在中华文化发展史中占据着重要地位。中央文化与核心文化的性质是由京师所在地决定的，礼乐文化中心在很大程度上则是由东汉统治者的"儒者气象"以及由此带动的儒学空前发展所决定的。

博学儒雅的刘秀是东汉的开国皇帝。开国皇帝往往开一代风气之先，其素养、爱好对当时及后世的文化面貌有很大的影响。一介平民的刘邦开西汉前期厚重少文的布衣将相之局，文化事业的发展比较缓慢。太学生出身的刘秀则大力倡导经学，奖励名节，以柔道治天下，蔚开东汉一代崇礼重文之风。

建武元年十月，刘秀车驾入洛阳城时，装载经牒秘书的车有两千余辆。① 做皇帝后，刘秀读经之兴趣更浓。据说刘秀"深闵经艺谬杂，真伪错乱，每临朝日，辄延群臣讲论圣道"。②《东观汉记·世祖光武皇帝》载：刘秀"旦听朝至日晏，夜讲经听诵，坐则功臣特进在侧，论时政毕，道古行事，次说在家所识乡里能吏，次第比类，又道忠臣孝子义夫节士，坐者莫不激扬凄怆，欣然和悦。群臣争上前，常连日"。《后汉书·光武帝纪》也记载道：刘秀"每旦视朝，日仄乃罢。数引公卿、郎、将，讲论经理，夜分乃寐。皇太子见帝勤劳不息，承间谏曰：'陛下有禹汤之明，而失黄老养性之福，愿颐爱精神，优游自宁。'帝曰：'我自乐此，不为疲也。'"

　　史书中的这些记载，可能有夸张之辞，但基本事实是可信的。刘秀作为儒生，深谙儒学治国安民的独特功能，为巩固名为中兴实则新创的东汉王朝，他必然要倡导经学，其"未及下车，先访儒雅"之举，使京师洛阳很快成为儒家大师云集之地。《后汉书·儒林列传·序》曰："先是四方学士多怀携图书，遁逃林薮，自是莫不抱负坟策，云会京师。范升、陈元、郑兴、杜林、卫宏、刘昆、桓荣之徒，继踵而集。于是立五经博士，各以家法教授。"建武五年，刘秀在洛阳城开阳门外建起太学，"诸生横巷，为海内所集"。③ 刘秀在"宫室未饰，干戈未休"的情况下"先建太学"，受到儒生们的普遍赞誉。对博士官的人选，刘秀也非常关注，开始对博士进行策试，并不断完善选拔的办法。《文献通考》卷四〇《学校一》谓："西京博士，但以名流为之，无选试之法。中兴以来，始试而后用，盖既欲其为人之师范，则

----

①　《后汉书》卷七九《儒林列传·序》。

②　《后汉书》卷三六《陈元传》。

③　《后汉书》卷四八《翟酺传》。

不容不先试其能否也。"

　　立十四博士，建太学，传授的都是今文经学。刘秀习今文经，但作为政治家，他对于古文经同样重视。他曾支持韩歆、陈元之议，为《左氏春秋》立了一位博士李封。后因以范升为首的今文博士及公卿的竭力反对，李封死后，刘秀"重违众议，而因不复补"。①　古文经虽未能立博士，但刘秀对古文经大师如杜林、郑兴、桓谭、陈元非常尊重。杜林、郑兴均被隗嚣拘于西州，刘秀得知他们回到中原，立即授以官职，杜林为侍御史，郑兴为太中大夫。桓谭被拜议郎给事中。陈元亦以"才高著名"而被司空李通辟举为官。古文经未立学官，但通古文经同样可以做官，得到皇帝的礼遇，由此刺激了古文经的发展，它通过私学的途径广泛传播。由于古文经自身的优势，今文经附会政治的不可克服的弊端，东汉时期古文经学逐渐占了上风。古文经学的兴盛与刘秀开国之初对它的重视密切相关。

　　刘秀对于经学的提倡，为明帝、章帝所遵循，并得到进一步的发扬。明帝通《春秋》《尚书》，大力提倡读经。明帝永平二年（59），令"郡、县、道行乡饮酒于学校，皆祭周公、孔子"，②　开我国古代学校祭祀孔子之先例。同年，在太学旁建成三雍（明堂、辟雍、灵台），③　明帝"亲行其礼"，表示尊儒重道，"飨射礼毕，帝正坐自讲，诸儒执经问难于前，冠带缙绅之人，圜桥门而观听者盖亿万计"，④　可谓经学史上空前的盛事。太学、明堂、辟雍其意均在强调教化。太学，如董仲舒所言，是

　　①　《后汉书》卷三六《陈元传》。
　　②　《后汉书·礼仪志》。
　　③　《后汉书》卷三七《桓荣传》。
　　④　《后汉书》卷七九《儒林列传》。

"贤士之所关，教化之本原"①。明堂，据东汉名儒郑玄对《周礼·考工记》中"周人明堂"的校注："明堂者，明政教之堂。"辟雍，据东汉官方钦定的经典《白虎通义》卷六的解释："辟雍，所以行礼乐，宣教化也。"汉代名儒对太学、明堂、辟雍的解释与统治者兴建礼制建筑以标榜礼乐教化的政治目的可谓遥相呼应。皇权与儒学的结合，真正巩固了儒学独尊的地位，大大推进了儒学社会化的进程。班固《东都赋》描述当时儒学兴盛的局面是"四海之内，学校如林，庠序盈门"，《后汉书·儒林列传·论》曰："自光武中年以后，干戈稍戢，专事经学，自是其风世笃焉。其服儒衣，称先王，游庠序，聚横塾者，盖布之于邦域矣。若乃经生所处，不远万里之路；精庐暂建，赢粮动有千百。其著名高义开门受徒者，编牒不下万人，皆专相传祖，莫相诡杂。"东汉一代，古文经学得到了长足的发展。

汉代是汉民族形成的重要时期。洛阳作为京师所在，礼乐文化中心，首先带动了河洛周围地区的文化进程。东汉时期洛阳周围的颍川、汝南、南阳成为文化最发达的区域，与其得京师风气密切相关。以洛阳及周边地区为核心，儒学广泛地传播至全国乃至周边国家。

二　吴越的文化进步

先秦时期，吴越人以"断发文身"的形象为中原所知。在两汉乃至魏晋之际，吴越仍被中原人视为蛮夷之地。《汉书·严助传》载淮南王刘安的上书，认为："越，方外之地，剪发文身之民也。不可以冠带之国法度理也。自三代之盛，胡越不与受正朔，非强弗能服，威弗能制也，以为不居之地，不牧之民，不足

①　《汉书》卷五六《董仲舒传》。

以烦中国也。……自汉初定以来七十二年，吴越人相攻击者不可胜数，然天子未尝举兵而入其地也。"这是西汉宫廷中一种有代表性的看法。实际上，汉代是吴越由夷越向汉民族转变的关键时期。除战乱及朝廷有意识的移民外，中央派往吴越的地方官极力宣扬中原文化，并设立学校，注重培养当地士人，《后汉书》卷七六《循吏列传》：永元中张霸为会稽太守，"表用郡人处士顾奉、公孙松等。奉后为颍川太守，松为司隶校尉，并有名称。其余有业行者，皆见擢用，郡中争厉志节，习经者以千数，道路但闻诵声"。汉文化强有力地辐射到吴越地区。

东汉时期吴越一带文化发展的标志，一是士人明显增多。西汉时期，武王刘濞欲举吴国之力以反叛汉朝廷，自立为帝，因而招致一帮文人谋士，吴国一度辞赋为盛。而吴楚七国之乱被平定后，吴国的文人便如鸟兽散。汉武帝时期，会稽的严助、朱买臣在朝中有一定影响，后来均曾要求回乡做会稽太守，属吴楚文人中较有名声者。东汉时期，吴越的士人多起来，儒家学说的影响日益扩大。东汉后期，会稽郡守王朗问虞翻江南贤俊时，虞翻分学者、官吏、修行等数类述其成就，王朗叹曰："贵郡虽士人纷纭，于此足矣。"可见会稽士人有相当的数量。甚至出现了如余姚虞翻家族那样的经学世家。二是吴越士人中著述之风盛行，出现重量级思想成果，典型如王充的《论衡》。王充在《论衡》中常为吴越一带擅长写文章而不以授徒传经为业的儒生讲话，称著书立说、以文传世的儒生为"文儒"，认为他们的文章可以名垂千古。王充所言之著作，指独具匠心的鸿篇巨制。他在《论衡》的《超奇篇》《佚文篇》《书解篇》《齐世篇》《自纪篇》中反复强调，著述者必须"作奇论，造新文"、"立义创意"、"兴论立说"、"眇思自出于胸中"、"卓绝不循"，有"独是之语"。归根结底，就是著述要有个性，或曰独创性。他还阐发道：文人或

"五经六艺为文，诸子传书为文，造论著说为文，上书奏记为文，文德之操为文"，能够成就五文当中的任何一种都应当受到称赞，而造论著说的文人最应该受到嘉奖："何则？发胸中之思，论世俗之事，非徒讽古经，续故文也。论发胸臆，文成手中，非说经艺之人所能为也。"① 这种著作迥异于人云亦云的经书注释，也绝非因循守旧的"世儒"即经师所能讲授，它是在广博知识基础之上形成的精深学问，是作者心血与智慧的结晶，因而鸿儒理所当然是儒生的最高层次，最高境界。从这样的思想高度出发，他对于鹦鹉学舌式的经学注释与经师讲经自然不屑一顾。由此亦可见吴越一带传授经书的风气显然远远赶不上中州，而另一方面，程式化的东西也少，正是比较自由的环境成就了《论衡》这样一部汉代绝无仅有的异端之书，它给中原士人以极大的震动。② 蔡邕为中原知名学者，一代全才，他曾到会稽访求文友，得知王充、赵晔为江南士人学术之冠。王充以著《论衡》知名，赵晔以著《诗细》见重。蔡邕遂在会稽认真研读两人的著作，"读《诗细》而叹息，以为长于《论衡》。邕还京师，传之，学者皆诵习焉"。

吴越人的断发文身，"吴王金戈越王剑"，吴越卧薪尝胆，以屈求伸的生存哲学等等，这些特色鲜明的文化，在汉代的史学中也是资源。《淮南子·道应训》往往用老子的观点去解释春秋战国时期各国的成败得失，其中关于吴越有两条记载。魏武侯问李克吴亡的原因，李克谓："数战而数胜，数战而民疲，数胜而

---

① 《论衡·佚文篇》。

② 《后汉书·王充传》注引《袁山松书》曰："充作《论衡》，中土未有传者，蔡邕入吴始得之，恒秘玩以为谈助。其后王朗为会稽太守，又得其书。及还许下，时人称其才进。或曰：'不见异人，当得异书。'问之，果以《论衡》之益，由是遂见传焉。"

主骄，以骄主而使疲民，君民均之极限，故亡。"另一条："越勾践与吴战而不胜，国破身亡，困于会稽，忿心张胆，气如涌泉。选练甲卒，赴火若灭，然而请身为臣，妻为妾，亲执戈为吴兵先马走，果禽之于干遂，故老子曰：'柔之胜刚也，弱之胜强也，天下莫不之知，而莫之能行。'越王亲之，故霸中国。"可见西汉前期越国以柔克刚的事迹已广泛传播。勾践的卧薪尝胆，雪耻报国是其传统，伍子胥的忠义慷慨也是其传统。这种传统经汉代的播扬，后世一直流传。吴越的文化环境中，人们很容易"以子胥自况"。① 黄尊素有绝命诗曰"钱江有浪胥门目，惟取忠魂泣属镂"，明末王思任强调会稽"乃报仇雪耻之地"，吴越文化的主要特色在汉代已得以彰显。

东汉时期，道家思想在吴越之地的影响亦不容忽视。王充的思想主要为儒家，晚年则道家思想倾向明显。魏伯阳专心研究炼丹术，写出第一部炼丹著作《周易参同契》。西晋葛洪家族世好仙道，据说从祖葛玄在会稽上虞山得《古灵宝经》，传与子孙，后代研道不绝，葛洪写成的《抱朴子》，讲炼丹成仙，被后世称为"葛仙翁"。这与吴越地理位置与政治的边缘化是一致的。

---

① 《越中杂识》。

第 三 章

分分合合中的文化消长

——从两晋到隋唐

第一节　南北文化的对立与融通

魏晋南北朝是一个分裂动乱的时代，也是一个文化融合的重要时期。近四百年的南北对立局面是空前的，而民族融合，南北文化以及东西文化传播与交流的力度也是空前的。

这个时期，中州的洛阳与吴越的建康分别是北方和南方的文化中心。在南方看来，汉民族政权南迁，"自晋、宋以来，号洛阳为荒土，此中谓长江以北，尽是夷狄"；而在北方，如北魏的统治者是典型的"夷狄"，但北魏君臣却认为自己占据洛阳，便继承了汉文化的正统，"移风易俗之典，与五帝而并迹；礼乐宪章之盛，凌百王而独高"。① 南北方有关汉文化正统所在的议论，自然是从政治统一的角度考虑，但它加强了对汉文化的认同，汉文化成为沟通民族融合与南北文化的桥梁。

一　"中州士大夫"与"东方人"

《三国志》卷五七《虞翻传》曾记载一件有趣的事：

---

① 《洛阳伽蓝记》卷二《城东》，第119页。

　　（孙）策既定豫章，引军还吴，飨赐将士，计功行赏谓（会稽余姚人虞翻）曰："孤昔再至寿春，见马日䃅，及与中州士大夫会，语我东方人多才耳，但恨学问不博，语议之间，有所不及耳。孤意犹谓未耳。卿博学洽闻，故前欲令卿一诣许，交见朝士，以折中国妄语儿。卿不原行，便使子纲；恐子纲不能结儿辈舌也。"翻曰："翻是明府家宝，而以示人，人倘留之，则去明府良佐，故前不行耳。"策笑曰："然。"因曰："孤有征讨事，未得还府，卿复以功曹为吾萧何，守会稽耳。"后三日，便遣翻还郡。

　　由此可知，汉魏之际吴越与中州士人各不相能。中州士人显然从汉代以来的思维定式出发，看不起吴越士人，他们引以为傲的"学问"应当指经学，而汉代的吴越士人在西汉时期以辞赋显者多，东汉时期的经学家与中州自然是不可同日而语，因此中州士人完全有资格鄙视吴越士人。但他们也承认吴越士人的才能，这里应包括辞赋之才，以及王充等人所展示的异端思想。虞翻是吴越一带著名的经学家，孙策想让他到许都去一折群雄，洗雪耻辱，他称中州士人是"妄语儿"，也有一些底气，而虞翻却借故推托，未敢应允，自然是有所顾虑。由此可窥见当时中州与吴越士人文化地位与文化心态之一斑。

　　此后，南北方之间风云变幻，政治舞台上演了一幕又一幕的悲喜剧，而南北文化也在此过程中自然而然地交融。

　　公元 280 年，晋灭吴。魏蜀吴三国归晋，蜀吴两国的君臣在北方备受凌辱。吴郡"二陆"即为典型。"二陆"即陆机（261—303）和其弟陆云（262—303），他们是吴郡吴县华亭

（今上海市松江区）人。陆氏为江东望族，① 与顾、朱、张并列为吴郡四大姓，其中陆、顾、张三姓世为婚姻，顾、张为诗书官宦人家。陆机兄弟的外祖父张承素有才学，其父张昭为著名书法家，精通《左氏春秋》。《世说新语·赏誉》引《吴四姓旧目》曰："张文，朱武，陆忠，顾厚"，各有特点，说明当时吴地对士人包括家族评价的风气较盛，也说明四大姓影响之大。作为这样的高门望族，国破家亡，一切都烟飞云散，心情之痛楚可想而知。吴被灭后，陆氏兄弟闭门读书十年。陆机《辨亡论》中有"邦家颠覆，宗庙为墟"、"忠臣孤愤，烈士死节"之语，《招隐诗》中又流露出"朝采南涧藻，夕息西山足"的"幽人"心境，② 可见其心情的极端苦闷。为延续家族政治优势，两兄弟十年后还是决定出山。恢复旧业，光宗耀祖是他们的理想，陆机在诗文中往往情不自禁地流露出"生亦何惜，功名所叹"的哀怨。他们从江南到洛阳，出仕西晋得以成功，名士张华起到了关键的作用。张华学识渊博，③ 在士林中是领袖人物。但陆氏兄弟终因入仕心切而卷入政治漩涡，不能自拔，两兄弟及其弟陆耽均被害，陆氏遂沉寂，顾荣等心灰意冷。吴越士人由此对西晋产生怨恨和对立是必然的。

转眼之间，形势发生了根本的逆转。北方少数民族大举南下，西晋灭亡，司马氏政权落难到了吴越。317年，东晋建立，

---

① 陆机八世族陆宏，于东汉初年为尚书令。叔曾祖陆绩，作《浑天图》《太玄经注》，注《周易》，同时政治上亦有作为，官至东吴郁林（今广西桂平西）太守。祖父陆逊，父陆抗均为东吴丞相。叔父陆凯于《太玄》颇有研究。

② 《昭明文选》卷二三。

③ 《晋书·张华传》记载：华"雅爱书籍，身死之日，家无余财，惟有文中溢于机箧。尝徙居，载书三十乘。秘书监挚虞撰定官书，皆资华之本以取正焉。天下奇秘，世所希有者，悉在华所。由是博物洽闻，世无与比"。

王导为笼络吴人不得不向吴越士族求婚，学说吴语。顾荣等吴越士族为保护自身的利益，与北方士族共同支撑起了东晋王朝。东晋是吴越文化史中的划时代的里程碑。六朝文化成就突出，以文学、书法为最，它是中原文化与吴越文化交流融会的成果。

此后的南北朝，南北对立分明。北魏时期的洛阳，城南的归正里，民间称为"吴人坊"，"南来投化者多居其内。近伊洛二水，任其习御。里三千余家，自立巷市，所卖口味，多是水族，时人谓为鱼鳖市也"。南朝出使北魏的陈庆之所受到的羞辱，很典型地说明了当时南北关于正统文化所在地的不同认识。

永安二年（529），梁武帝派陈庆之出使洛阳。会稽山阴人张景仁时在北魏任羽林监，与陈庆之在南方时有旧交，遂在家中设酒招待，并请萧彪、杨元慎等作陪。酒宴之间，陈庆之说："魏朝甚盛，犹曰五胡。正朔相承，当在江左，秦皇玉玺，今在梁朝。"陈庆之此语，无疑代表的是东晋南朝人的普遍看法。杨元慎为中原士族，他听后勃然大怒，马上回敬了一席话：

> 江左假息，僻居一隅。地多湿蛰，攒育虫蚁，疆土瘴疠，蛙黾共穴，人鸟同群。短发之君，无杅首之貌；文身之民，禀蕞陋之质。浮于三江，棹于五湖。礼乐所不沾，宪章弗能革。虽复秦余汉罪，杂以华音，复闽、楚难言，不可改变。虽立君臣，上慢下暴。是以刘劭杀父于前，休龙淫母于后，见逆人伦，禽兽不异。加以山阴请婿卖夫，朋淫于家，不顾讥笑。卿沐其遗风，未沾礼化，所谓阳翟之民，不知瘿之为丑。我魏膺箓受图，定鼎嵩洛，五山为镇，四海为家。移风易俗之典，与五帝而并迹；礼乐宪章之盛，凌百王而独高。宜卿鱼鳖之徒，慕义来朝，饮我池水，啄我稻粱；何为不逊，以至于此？

杨元慎此语，从吴越先民断发文身的特征，说到秦汉山阴的风俗，朝廷对吴越的政策，一直骂到南朝的刘劭，甚至诬之为"鱼鳖之徒"，殊为过分。几天后，陈庆之生病，"心上急痛，访人解治"，杨元慎说他"能解"，于是又借题发挥，口中含水，吐向陈庆之曰：

> 吴人之鬼，住居建康，小作冠帽，短制衣裳。自呼阿侬，语则阿傍。菰稗为饭，茗饮作浆。呷啜莼羹，唼嗍蟹黄。手把豆蔻，口嚼槟榔。乍至中土，思忆本乡。急手速去，还尔丹阳。……急手速去，还尔扬州。

陈庆之无地自容，伏枕自语曰："杨君，见辱深矣。"而陈庆之回南朝后，据说"钦重北人，特异于常"，认为"帝京翼翼，四方之则"，"衣冠士族，并在中原"。[①]《洛阳伽蓝记》出自北方，明显从中原的立场出发，对吴越所持观点基本上不出汉代窠臼。而洛阳作为汉文化的基地，确实在无声地传承着中原的礼乐文化。如洛阳开阳门御道东遗留下来的汉国子堂，堂前有石经二十五碑，"表里刻之，写《春秋》《尚书》二部，作篆、科斗、隶三种字，汉右中郎将蔡邕笔之遗迹也。犹有十八碑，余皆残毁。复有石碑四十八枚，亦表里隶书，写《周易》《尚书》《公羊》《礼记》四部。又《赞学》碑一所，并在堂前。魏文帝作《典论》六碑，至太和十七年，犹有四存，高祖题为劝学里"。[②] 中州文化的厚重便体现在这些随处可见的遗迹中，它无须渲染，自然而然地释放出古朴的气息。

---

① 《洛阳伽蓝记》卷二《城东》，第119页。

② 《洛阳伽蓝记》。

二　共同的道德标准

中国古代的文化交融是双向的、互动的过程，你中有我，我中有你。南北文化既有北学南下，亦有南学北输。在南北文化交流过程中，经学仍是基础。自汉代起，基本的道德标准已经形成，士人之间的评价自有其尺度。日本学者谷川道雄认为，六朝士族"不具有学问教养是得不到社会承认的"，构成南朝士族基本教养的是玄儒文史四门学问，并且天文、律历、卜相、阴阳等也是他们关心的对象，表明学问价值的多元化已得到社会的承认，也反映了士大夫对学问的各个领域所持的自由态度。① 梁武帝在为周社的悼文中称他"义该玄儒，博穷文史"，② 便是典型。同样，北朝士人亦以经学为重。邢晏"博涉经史，善谈释老，雅好文咏"。③《魏书》卷三三：太祖问（李）先曰："天下何书最善？可以益人心智？先曰：惟有经书，三皇五帝治化之典，可以补王者神智。"《颜氏家训》告诫子孙不可沉溺于书画、投壶等杂艺之中。可见，士人无论身在南北，仕宦还是隐居，儒家思想已经成为他们的行为准则。

"橘生淮南则为橘，生于淮北则为枳。"南北士人在不同的文化氛围中生活，北人到南方，南人到北方，有相互轻视的一面，归根结底是政治利益的冲突。但与此同时，在士林中，更有对学问、才能的承认与推重。

东汉末年，中州许人王朗到会稽做太守，曾对功曹虞翻说："闻玉出昆山，珠生南海，远方异域，各生珍宝。且曾闻士人叹美贵邦，旧多英俊，徒以远于京畿，含香未越耳。"让他列出当

---

① 北京大学中国传统文化研究中心编：《文化的馈赠：汉学研究国际会议论文集·哲学卷》，北京大学出版社 2000 年版，第 70—72 页。

② 《梁书》卷二五。

③ 《魏书》卷六五。

地名士。王朗此举当然有其用意，在动乱之世，从中州到会稽做官，首先要得到土著士人的支持。但也说明中州士人对吴越名士有所了解。

孔融是中州名士，曾为曹魏少府。虞翻给孔融写信，并附上他所著的《易注》。孔融回信曰："闻延陵之理乐，睹吾子之治易，乃知东南之美者，非徒会稽之竹箭也。又观象云物，察应寒温，原其祸福，与神合契，可谓探赜穷通者也。"会稽东部都尉张纮"好文学，又善楷篆，与孔融书，自书"。融遗纮书曰："前劳手笔，多篆书。每举篇见字，欣然独笑，如复睹其人也。"南北士人之间的书信往来，体现的是一种相互敬重的真挚的感情。陈琳仕于北方，吴越士人对他多有赞誉之辞，陈琳答曰："自仆在河北，与天下隔，此间率少于文章，易为雄伯，故使仆受此过差之谭，非其实也。"南北相隔，战争不断，但在文人的交往中仍是以道德与文章见重，谦谦君子仍是理想人格。

二陆到洛阳，曾以其诗文一鸣惊人。据说当时"二陆入洛，三张减价"。[①]　三张即张载、张协、张永三兄弟。晋"太康诗人"有"三张二陆二潘（潘岳、潘尼）一左（左思）"之说。初到洛阳时陆氏兄弟颇为自负。《晋书·张华传》载："初，陆机兄弟志气高爽，自以吴之名家，初入洛，不推中国人士。"《晋书·文苑·左思传》亦载：左思欲作《三都赋》，"陆机入洛，欲为此赋，闻思作之，抚掌而笑，与弟云书曰：'此间有伧父，欲作《三都赋》，须其成，当以覆酒瓮'"。左思是临淄人，在吴越人看来，是北方伧人，才学不行。而左思构思十年的《三都赋》一出，陈留人卫权为之序曰："余观《三都》之赋，言不苟华，必经典要，品物殊类，禀之图籍；辞义瑰玮，良可贵

---

① 《晋书》卷五五《史臣曰》。

也"，名士皇甫谧、张载、刘逵、张华极为赞赏，于是士人竞相传写，洛阳为之纸贵，陆机亦"绝叹服，以为不能加也，遂辍笔焉"。西晋时的洛阳仍是名士荟萃、人才济济的核心城市，左思《三都赋》能够得到南北名士的共同赞誉，说明士人对才学的推重突破了南北地域的限制。南北文化的交流，正是在此基础上进行的。

三　书籍流传与文化传播

读书人首先要有书，爱书藏书为士人习性。汉代的士人一般没有太多的藏书。南北朝时期，私人藏书已经形成风气，吴越一带较为明显。

蔡邕是汉代最大的私人藏书家。他的书籍，除了留给女儿蔡文姬的 4000 余册外，还赠与王粲数车书。这批书在汉晋时期辗转流徙，由中原到了江南。玄学家张湛特意在《列子序》中记述蔡邕赠书王粲之事以及《列子》等书的命运。[①] 王粲家因参与宫廷政治而败亡，"邕所与粲书悉入粲族子业"，[②] 王业即王弼的父亲。王弼兄弟"皆好集文籍"，[③] 这批书到王业家中应属必然。有学者认为，王弼少年成名，"当时名公巨卿，惊叹弗及……"便得益于蔡邕这批书，"渊源授受，有自来矣"。[④] 不止于此，王氏亲戚张氏、刘氏、傅氏子弟均在王家得其惠，阅览众书。永嘉

---

① 张湛《列子序》："湛闻之先父曰：'吾先君与刘正舆、傅颖根皆王氏之甥也，并少游外家。舅始周，始周从兄正宗、畏嗣皆好集文籍，先并得仲宣家书，几将万卷。傅氏亦世为学门。三君总角，竞录奇书。'……及至江南，仅有存者《列子》，惟余《杨朱》《说符》《目录》三卷。比乱，刘正舆为扬州刺史，先来过江，复在其家得四卷。寻从辅嗣女婿赵季子家得六卷，参校有无，始得全备。"

② 张华：《博物志》卷六。

③ 张湛：《列子序》。

④ 卢弼：《三国志集解》。

年间刘正舆为扬州刺史，王家后来也流落江南。刘家、王家与王家女婿赵家共同"参校有无，始得全备"，这批书应基本保存下来了。这是北方书籍南传的一个典型。

杜预（222—284），京兆杜陵（今西安东南）人。太康初年平吴，得吴地书甚多，知道他的儿子们"颇欲念学"，派车送回其家，嘱子"别置一宅中，勿复以借人"。① 辛术（500—599），狄道（今甘肃临洮）人，为北齐官吏，曾镇广陵，"术少爱文史，晚更修学，虽在戎旅，手不释卷。及定淮南，凡诸资物一毫无犯，唯大收典籍，多是宋、齐、梁时佳本，鸠集万余卷，并顾、陆之徒名画，二王已下法书，数亦不少，俱不上王府，唯入私门"。② 辛术后被视为"多书之家"，官府校书时借之。这是南方书籍字画的北传。其中的万余卷"宋、齐、梁时佳本"，"顾、陆之徒名画，二王已下法书"，均是无价之宝。

两晋南北朝的南北文化交流中，首先是北学南传，而后是南学北输。隋炀帝是南朝文风的崇拜者，他认为"自平陈之后，硕学通儒，文人才子，莫非彼至"，③ 这代表了当时一种普遍的认识，也说明南朝文化的进步与巨大影响。

六朝的吴越有丰富的私人藏书，而且书籍种类繁多，体现了这个时代思想活跃，精神天地开阔的特点。

吴郡钱塘人范平（215—284），吴时为临海太守，吴国被灭，太康年间屡征不起，"家世好学，有书七千余卷。远近来读者，恒有百余人。蔚为办衣食"。④ 范平不愿与新政权合作，不去做官，以自己家中藏书飨人，自得其乐。在文化传承中，土著

---

① 《全上古三代秦汉三国六朝文全晋文》卷四上《与子耽书》。
② 《北齐书·辛术传》。
③ 《全隋文》卷五。
④ 《晋书》卷九一《儒林传》。

士人的作用不可忽视。

葛洪（283—363）是道教著名代表人物，而他家藏书却很广博。葛洪在《抱朴子外篇·自叙》中云其祖父"学无不涉，究则精微"，其父亦"方册所载，罔不穷览。……累遭兵火，先人典籍荡尽"，葛洪为搜求众书，"日伐薪卖之，以给纸笔，就营田园处，以柴火写书。……但贪广览，于众书乃无不暗诵精持。曾所披涉，自正经诸史百家之言，下至短杂文章，近万卷"。葛洪在战乱中途经洛阳，"欲广寻异书。……又抄五经、七史、百家之言，兵事、方会、短杂奇要三百一十卷，别有目录"。葛家藏书不辍，所收典籍南北皆有，内容异常广泛。葛洪的《抱朴子》主要讲神仙道教系统，但他的学问来自诸家学说。

第二节　隋唐五代时期的文化交流

一　中州王者风范依旧

隋朝统一后，都城设在关中，但统治者不可能忽视中州。隋炀帝在洛阳营建东京，武则天则干脆将东京改为神都，隋唐时期中州可谓王者风范依旧。唐末五代时战乱频繁，中州居天下之中的地位优势更显重要，各大割据势力又纷纷逐鹿中原，在开封一带建立根据地，以巩固统治局面。

隋东京城位于汉魏洛阳城西十八里，跨洛河南北，瀍水东西。当时关中地狭人稠，朝廷百官甚至不得不"就食洛阳"。为充实东京，隋炀帝徙"天下富商大贾数万家"于洛阳，又"徙豫州郭下居人以实之"。[①]武则天时，改东都洛阳为神都。洛阳外郭城有三市，商业尤为发达。通远市"其内郡国舟船，舳舻

---

① 《隋书》卷二四《食货志》。

万计"，丰都市"周八里，通门十二，其内一百二十行，三千余肆。薨宇齐平，遥望如一，榆柳交阴，通渠相注，市四壁有四百余店，重楼延阁，互相临映，招致商旅，珍奇山积"。① 今洛阳龙门所存唐代石刻造像中，有题为"北市丝行"、"北市□行"、"北市彩帛行净土堂"的佛龛造像，应为唐代商人们组织开凿。当时约有100多个商行。② 40年来，考古工作者对隋唐东都遗址进行考古发掘，查清了城址布局，有众多重要发现。外郭城内由纵横街道组成里坊区。据钻探的情况并结合古文献记载，可大致复原出洛河南岸的81坊2市和洛河北岸的28坊1市，总计为109坊3市。③

洛阳皇城偏居城址的西北部，北有宫城，皇城与宫城的左右两墙之间形成180米宽的东西夹城。④ 洛阳在布局上有意下京城一等。皇城内列居有五省、三台、五监、九寺、十二卫、十六府等中央官署，此外还设有应宿四方来宾的馆舍。⑤ 皇城东面有东城，其北建含嘉仓城。含嘉仓城粮窖密集，存储来自河北、河南诸道的官粮。洛阳城的规模略小于京城长安城，但戒备的坚固严密，远在京城之上。

洛阳小于大兴，⑥ 设计上更有利于商业的发展。它比大兴多设了一个市，每个市均依傍在可以行船的河渠旁：通远市南沿洛

---

① 《大业杂记》。

② 程有为：《河南通史》第2卷，河南人民出版社2005年版，第467—468页。

③ 中国社会科学院考古研究所洛阳工作队：《"隋唐东都城址的勘查和发掘"续记》，《考古》1978年第6期。

④ 《1981年河南洛阳隋唐东都夹城发掘简报》，《中原文物》1983年第2期。

⑤ 夏应元：《洛阳史迹与中日交流》，《洛阳——丝绸之路的起点》，中州古籍出版社1992年版。

⑥ 《元河南志》卷一（洛阳）：罗郭城"周回五十二里"。《长安志》卷七："唐京城外郭城周六十七里"。

河，北傍漕渠；丰都市通运渠；大同市通通济、通津两渠，交通便利。洛阳城的形制在隋代已基本奠定，唐高宗时又修建上阳宫，上阳宫是东都的主要宫殿，地傍皇城，开门的方向以东为上，这显然是为继续使用洛阳皇城的设备，有意地和皇城组成一体，这是都城建设方面的一个创举。

洛阳还是一个重要的文化中心。以洛阳为中心，形成了一个国内国际交通网，最重要的商路有自洛阳往西域的丝绸之路和由岭南道过大庾岭至扬州入运河进洛阳的商路。交通的便利促进了洛阳城的商业发展，城内聚集了大量从事商业活动的人员，其中不少是外国商人。

开封在隋唐时期地位很重要。隋代大运河开凿后，汴河（通济渠）沟通了黄河和淮河，成为运河的主要河段，"北通涿郡之渔商，南运江都之转输"，① 漕运只有通过汴河才能到达洛阳和长安，特别是安史之乱后，北方经济崩溃，加重了对江南的依赖，开封显得尤为重要。

五代时期（907—960），相继统治黄河流域的梁、唐、晋、汉、周，除后唐建都洛阳之外，其余四个朝代国都基本上都在汴州（今开封）。后梁末帝朱友贞曾说："夷门（开封）太祖（朱温）创业之地，居天下之冲，北拒并、汾，东至淮海。国家藩镇，多在厥东，命将出师，利于便近。"② 从五代十国时期的军事形势着眼，开封较之洛阳更利于东方用兵。后晋石敬瑭也说："今以夷门重地，梁苑雄藩，北陆交通，舟车毕集"，③ 则是从经济、军事、政治诸方面的综合考虑。朱梁于开平元年（907）四

---

① 《元河南志》卷一（洛阳）：罗郭城"周回五十二里"。《长安志》卷七："唐京城外郭城周六十七里"。《汴京遗迹志》卷一八引唐皮日休《汴河铭》。

② 《旧五代史》卷八《末帝本纪上》。

③ 《旧五代史》卷七六《高祖纪二》。

月"制宫殿门及都门名额：正殿为崇元殿，东殿为元德殿，内殿为金祥殿，万岁堂为万岁殿"，[①] 开封具有了都城气象，为北宋定都开封奠定了基础。

二　吴越发展迅速

隋的统一结束了三国两晋南北朝近四百年长期分裂的局面。自三国至陈亡，在长期动乱中，南北两方在经济、政治、文化和民族融合方面均发生巨大变化。吴越地区农、林、工、商都有很大的发展，已经从贫穷落后的状态，变为财货富饶的地区，成为全国经济最发达的地区之一。

隋文帝杨坚即位后，迅速消灭了陈朝，得到了吴越这块丰饶之地，并且将新经济政治改革措施在吴越推行。尤其是均田制和户籍制，在一定程度上抑制了吴越士族和地方豪强对土地和荫户的占有。但是州、县两级地方政区制度，以及免除旧陈官员、由北人取而代之的举措，却激化了吴越士族和地方豪强的矛盾；《开皇律》中的一些条文也使他们无法适应。南北矛盾以苏威重作《五教》为导火线一触即发，导致了吴越豪强的反隋之战。"婺州汪文进、越州高智慧、苏州沈玄皆举兵反，自称天子。署置百官。乐安蔡道人、蒋山李凌、饶州吴世华、温州沈孝彻、泉州王国庆、杭州杨宝英、交州李春等皆自称大都督，攻陷州县。陈之故境，大抵皆反，大者有众数万，小者数千，共相影响。"[②] 其余还有京口朱莫问、晋陵顾世兴、无锡叶略、南沙陆孟孙及黟、歙沈雪、沈能等，皆举兵反隋。在隋文帝的坚决镇压下，这场暴乱被平定，隋朝才得以真正统一吴越，确立在吴越的统治地

---

① 《旧五代史》卷三《太祖纪三》。
② 司马光：《资治通鉴》第 12 册卷一七七《隋纪一》。

位。这场暴乱的直接原因，是吴越民间对苏威重作《五教》的误解，认为隋政府要将陈人迁徙入关，引起了人民的恐惧和不满。但究其内在原因，则是南北文化的差异。经历了南北朝漫长的分裂后，吴越文化与北方文化之间有了较大的差异，一个典型例子即是隋文帝与被俘的陈后主因语言的差异而无法交谈。这场暴乱，很大程度上是由于吴越与北方的长期隔离，不可能在短时间内达到融合，其文化、思想、习俗上的差异导致了双方之间激烈的碰撞。

隋朝统治者意识到吴越地区在整个国家发展中的重要作用，非常重视吴越的发展。隋炀帝比较推崇吴越文化，重用吴越士人。当时，朝中窦威等人写了《丹阳郡风俗》一书，称吴人为东夷，为炀帝所斥责，① 说明隋代统治者对吴越地区的重视。

隋唐时期，吴越迅速发展，成为财富之区。"鱼盐之殷，舳舻之富，海陵所入也。齿革羽毛，玄纁玑组，东南所育也。"② 浙东是"机杼耕稼，提封七州，其间茧税鱼盐，衣食半天下"，③ 浙西是"三吴之会，有盐井铜山，有豪门大贾。利之所聚"，④ 越州是"铜盐材竹之货殖，舟车包篚之委输，固已被四方而盈二都矣"，⑤ 湖州是"其贡桔柚纤缟茶纻。其英灵所诞，山泽所通，舟车所会，物土所产，雄于楚越。虽临淄之富不若也"。⑥ 中国的经济中心，开始从北方逐渐转移到南方。

吴越地区重视水利建设。永泰间疏浚了润州的丹阳练塘，使

---

① 《全隋文》卷五。
② 《文苑英华》卷七二〇，贾至《送蒋十九丈奏事毕正拜殿中归淮南幕府序》。
③ 《全唐文》卷七四八，杜牧《李讷除浙东观察使兼御史大夫制》。
④ 《全唐文》卷四一三，常衮《授李栖筠浙西观察使制》。
⑤ 《全唐文》卷五二三，崔元翰《判曹食堂壁记》。
⑥ 《全唐文》卷五二九，顾况《湖州刺史厅壁记》。

"幅员四十里，菰蒲菱芡之多，龟鱼鳖蜃之生，厌饫江淮，膏润数州。其傍大族强家，泄流为田，专利上腴，亩收倍钟，富剧淫衍"。① 《新唐书》卷四五载，常州武进"西四十里有孟渎，引江水南注通漕，溉田四千顷"；苏州海盐"有古泾三百"，"以御水旱"；湖州武康"有西湖，灌田三千顷，其后堙废，贞元十三年，刺史于頔复之，人赖其利"；安吉"北三十里有邸阁池，北十七里有石鼓堰，引天目山水溉田百顷"；余杭"北三里有北湖"，"溉田千余顷"；会稽"有防海塘，自上虞江抵山阴百余里，以畜水溉田"；诸暨"有湖塘，天宝中令郭密之筑，溉田二十余顷"；上虞"有任屿湖，宝历二年令金尧恭置，溉田二百顷"；明州"有小江湖，溉田八百顷，开元中令王元纬置，民立祠祀之。东二十五里有西湖，溉田五百顷，天宝二年令陆南金开广之。西十二里有广德湖，溉田四百顷，贞元九年，刺史任侗因故迹增修。西南四十里有仲夏堰，溉田数千顷，大和六年刺史于季友筑"。水利设施的修建，提高了农业的发展水平，对吴越整体经济发展起到了重要作用。

安史之乱前，唐代人口增长最快的地区是河南道，南北人口的比例为4：6，北方人口明显多于南方。② 安史之乱使北方经济遭到极大的破坏，北方人纷纷向南方移民，呈现出"三川北虏乱如麻，四海南奔似永嘉"③ 的情景，其中富庶安定的吴越地区是移民的首选。周振鹤认为，安史之乱引发的南下移民浪潮分三道波痕："第一道涌得最远，达到湘南、岭南、闽南等地，第二道集中于长江沿线的苏南浙北、皖南赣北、鄂南湘西北一带，第

---

① 李华：《润州丹阳县复练塘颂并序》，《全唐文》卷三一四。
② 严文明主编：《中华文明史》隋唐卷，北京大学出版社2006年版，第85页。
③ 李白：《永王东巡歌》，《李太白集校注》卷八。

三道则停留在淮南江北、鄂北和川中地区。”其中吴越地区集中了较多的移民。[①] 此次吴越地区移民主要集中在苏州、润州、常州、杭州、越州、金陵以及宣州、歙州、池州等地。李白《为宋中丞请都金陵表》称：“今自河以北，为胡所凌；自河之南，孤城四垒。……天下衣冠士庶，避地东吴，永嘉南迁，未盛于此。”[②] 梁肃《吴县令厅壁记》亦载：“国家当上元之际，中夏多难，衣冠南避，寓于兹土，参编户之一。”[③] 于邵《河南于氏家谱后序》也称：“洎天宝末……中原失守，族类逃难，不南驰吴越，则北走沙朔，或转死沟壑。”[④] 北方移民源源流入南方，不仅增加了南方人口数量，而且增强了开发的动力。唐朝虽仍以长安、洛阳为政治文化中心，但经济上全仰仗东南财赋。以元和年间的户口数与天宝年间相比，总下降幅度为 68%，而南方下降幅度比北方小得多，一些州还有大幅度增加。[⑤] 吴越一带逐渐成为人口密集区域，而人口的迅速增加带动了经济的快速提高。

同样的移民潮出现在中唐藩镇叛乱时。各藩镇挟兵自重，北方战乱不断，民不聊生，大批北方人流亡至南方。移民的主要去向是“山南东道、淮南道、吴越东西道、剑南道以及岭南道”，移民吴越东道的主要集中于润州、苏州、杭州和越州等地。[⑥]

而晚唐五代之际，发生了第三个移民高潮。唐末的黄巢起义再加上军阀混战，北方大部分地区常年战火不断，于是“四方豪杰与京都士族往往避地江湖”。[⑦] 五代杜氏家族“南渡至会稽，

---

①　周振鹤：《唐代安史之乱和北方人民的南迁》，《中华文史论丛》第 2 期。

②　《李太白集校注》卷二六。

③　《全唐文》卷五一九。

④　《文苑英华》卷七三七。

⑤　葛剑雄：《中国人口发展史》，福建人民出版社 1991 年版，第 343—344 页。

⑥　翁俊雄：《唐后期民户大迁徙与两税法》，《历史研究》1994 年第 3 期。

⑦　苏颂：《李公墓志铭》，《苏魏公集》卷二五九。

乐其风土，因居焉"。①

随着移民不断涌向吴越，带动了吴越经济迅速发展并呈现出超越中州的势头。北方人纷纷来吴越一带避难，不仅带来了劳动力，使吴越经济迅速增长。另外，北方人民生活的维持也需要依靠吴越地区，"天宝之后，中原释耒。輦越而衣，漕吴而食"。②唐朝的财政收入，也主要依靠南方，尤其是两税法施行后，几乎全落到南方人民身上。故《唐会要》卷八四《户口数杂录》说："每岁县赋入倚办，止于浙西、浙东、宣歙、淮南、江西、鄂岳、福建、湖南等道，合四十州，一百四十四万户。比量天宝供税之户，四分有一。"吴越一带更是赋税大户。《册府元龟》卷一六九《帝王都》载："天下贡赋根本既出江淮，时江淮人甚困而聚敛不息。"以太湖流域为例，代宗大历时，每年从吴越地区北调的粮食达110万石，其中太湖地区所提供的达20万—30万石，③数量是相当巨大的。安史之乱前，唐朝的财赋重心在北方，尤倚重河北、河南、河东三道。安史之乱后，河北全部、河南大部、河东一部，皆成为藩镇割据之地，唐朝的财赋重心便逐渐向南推移。吴越地区要担负数额如此巨大的赋税，也说明当时吴越地区是相当发达的。

经济的发展带来了城市的繁荣。

1. "天下第一"的扬州

扬州地居江淮要冲，是大运河与长江的交叉口，是南北往来、东西交错的水路交通的总枢纽，隋代运河的修建为扬州带来

---

① 李光：《杜府君墓志铭》，《庄简集》卷一八。

② 吕温：《故太子少保赠尚书右仆射京兆韦府君神道碑》，《全唐文》卷六三〇。

③ 严文明主编：《中华文明史》隋唐卷，北京大学出版社2006年版，第118页。

了经济发展的机遇。扬州是一个繁荣富庶、人物荟萃的历史文化名城之一。洪迈《容斋随笔》卷九《唐扬州之盛》曾说："唐世盐铁转运使在扬州，尽斡利权，判官多至数十人。商贾如织，故谚称扬一益二，谓天下之盛，扬为一而蜀次之也。""扬一益二"，说明了扬州的地位在当时首屈一指。

唐代的扬州是一个繁华的商业大都会。《新唐书》卷九一《李袭誉传》说："扬州，江吴都会，俗喜商贾，不事农。"《太平广记》卷三三一《杨溥》说："豫章诸县，尽出良材，求利者采之，将至广陵（今扬州市），利则数倍。"《唐会要》卷八六《市》中载："广陵当南北大冲，百货所集。"《唐国史补》卷中王生条曰："扬州有王生者，人呼为王四舅，匿迹货殖，厚自奉养，人不可见。扬州富商大贾，质库酒家，得王四舅一字，悉奔走之。"而《太平广记》卷二九○《吕用之》说："吕用之……父璜，以货茗为业，时四方无事，广陵为歌钟之地，富商大贾，动逾百数。璜明敏，善酒律，多与群商游。"这些都说明了当时扬州商业繁盛的景象。扬州不仅商贾云集，店铺栉比，而且手工业也很发达。当时扬州不但有发达的冶铜、铸钱、铸镜、制盐业，而且是全国著名的造船中心。特别是安史之乱以后，经济重心南移，工商户大批南下，扬州手工业达到有史以来的高峰，唐宫廷所需大型器件大多令扬州承造。中宗时扬州献方丈镜，"制造这种巨型铜镜不论是一次浇铸成型也好，分铸合成也好，都需要高度的冶铸水平，准确掌握合金比例，并要保证镜面的光洁度，没有娴熟的技艺是无法造成的"。[①]《唐国史补》卷下说："扬州旧贡江心镜，五月五日扬子江中所铸也。或言无有百炼者，或至六七十炼则已，

---

① 祖煜：《唐代扬州的手工业》，《扬州教育学院学报》2000 年第 1 期。

易破难成，往往有自鸣者。"白居易《百炼镜》诗云："百炼镜，熔范非常规，日辰所处灵且祗，江心波上舟中铸，五月五日日午时，琼粉金膏磨莹己，化为一片秋潭水。"在扬州市内出土了一批唐代金饰，计有金栉、戒指、耳坠、挂饰、串饰等20件，其中金栉一件，高12.5厘米，宽14.5厘米，似马蹄形，有栉齿39支。栉的上部满饰花纹。主纹为一对奏乐的飞天，身材纤巧，面部丰润，情态妍媚。一人吹笙，一人手持拍板，在空中衣带临风，飘飘如飞。飞天下方铺以如意云纹。主纹外周为蔓草纹、莲瓣纹。沿边又饰以各种形式的花纹，整个纹饰主次分明，疏密有致，富丽华贵。① 扬州城内，珠宝、珍玩、绫罗、绸缎应有尽有；酒馆、茶店、质库、娼楼一应俱全。城中除了中国商人，还有外国商人，如从波斯、大食过来的商人，因此扬州还是一个国际性的大都会。

2. 上有天堂，下有苏杭

苏州位于太湖之滨，大运河开通后，苏州成为吴越运河线上的中心城市。隋开皇九年（589）改为苏州。隋炀帝大业初复为吴州，又称吴郡，唐武德四年（621）又改为苏州。隋时苏州有人口一万八千多户，唐开元年间达六万八千九十三户，元和年间增至十万八千多户，一跃成为吴越大都会。苏州也是全国的财赋重心。白居易的《白香山集》卷五九《苏州刺史谢上表》中说："况当今国用多出江南，江南诸州，苏最为大，兵数不少，税额至多。"李翰的《苏州嘉兴屯田纪绩颂并序》中亦说：苏州"嘉禾一穰，江淮为之康；嘉禾一歉，江淮为之俭"。苏州风景佳丽，故有"上有天堂，下有苏杭"的佳话。白居易称"浙右列

---

① 徐良玉等：《扬州发现一批唐代金首饰》，《文物》1986年第5期。

郡，吴郡为大，地广人庶"；① 又云"杭土丽而康，苏民富且庶"；② 杜荀鹤的《送人游吴》说："君到姑苏见，人家尽枕河。古宫闲地少，水港小桥多。夜市卖菱藕，春船载绮罗，遥知未眠月，乡思在渔歌。"反映了苏州秀美而富庶的景象。苏州商业发达，城中有米行、丝行、鱼行、船行等几十种行，尤其是运河线上往来商船络绎不绝。范成大云："唐时，苏之繁雄固为浙右第一矣。"③ 龚明之亦云："风物雄丽，为东南之冠。"④

　　杭州是南北大运河的终点城市，地处钱塘江畔，沿江可通东南沿海。隋文帝罢郡置州，废钱唐郡改名为杭州，杭州之名就是从隋代开始的。南北大运河开通以后，杭州成为重要的商业城市和海外贸易港口。《隋书》卷三一《地理志》说：杭州"川泽沃衍，有海陆之饶，珍异所聚，故商贾并辏"。唐时，杭州已是"东南名郡，咽喉吴越，势雄江海，骈墙二十里，开肆三万室"。⑤ 杭州更是一个重要的港口城市，"当舟辐辏之会，是江湖冲要之津"。⑥ "东南郡邑，无不通水，故天下货利，舟楫居多。"⑦ 杭州还是造船业的基地。"苍舶"，长达20丈，可载六七百人。"俞大娘"，能载重万石。但是杭州在中唐以前是不及苏州、扬州等大城市的，《玉照新志》就认为："杭州在唐，繁雄不及姑苏、会稽二郡，因钱氏建国始盛。"经过中唐的发展，杭州更加繁荣，名声也越来越大，逐渐与苏州、扬州比肩。后五代时杭州为吴越国都城，在钱氏的保据下免遭战争的破坏，一跃成为江南最

---

① 《张正甫苏州刺史制》，《白居易全集》卷五五。

② 《和三月三十日四十韵》，《全唐诗》卷四四五。

③ 《吴郡志》卷五〇《杂志》。

④ 《中吴纪闻》卷六，四库全书文。

⑤ 李华：《杭州刺史厅壁记》，《全唐文》卷三一六。

⑥ 镇东军墙堭庙记，《今石萃编》卷一一九。

⑦ 王说：《唐语林》卷八《补遗》。

繁盛的城市，"轻清秀丽，东南为甲，富兼华夷，余杭又为甲，百事繁庶，地上天宫也"，成为名副其实的人间天堂。

三　特色鲜明的吴越国

（一）水利灌溉

日本学者西山武一认为，中国的灌溉事业，根据地形的不同，可分为三类：北方是渠，淮南是陂，江南是塘。[①] 所谓"渠"，也就是所谓的"沟洫"，以北方的高地或平原为典型。北方降雨量少，水资源相对缺乏，必须筑渠引水，以满足农业灌溉的需要。"陂"是适用于山地地形的灌溉方式，因为山地不易积水，水容易流失，且一旦遇上大雨，从高处顺坡而下的水流冲力极大，难免要毁坏农田。筑陂将水拦截在山坡上是一个相对安全实用的方法。而"塘"就是"堤"，是适合江南低洼沼泽地的一种水利设施。低洼沼泽地带往往排水不畅，容易积水成灾，需要修筑塘堤，把水拦在外面。

吴越地区多山地，又多低洼沼泽，因此在此地修筑水利工程主要是以"陂"和"塘"为主，和中州地区主要用渠灌溉不同。沈括说："江南大都皆山也，可耕之土皆下湿，厌水濒江，规其地以堤而艺其中，谓之圩。"[②] 这两种形式在隋唐时期已经成熟了。如苏州太湖流域的圩田和越州鉴湖的"陂"式水利设施。

圩田就是四周被堤围着的耕地，又叫"围田"。"江东水乡，堤河两涯而田其中谓之圩。农家云：圩者围也，内以围田，外以围水，盖河高而田反在水下，沿堤通斗门，每门疏港以灌田，故

---

① 西山武一：《中国水稻农业的发展》，《农业综合研究》1949 年第 3 卷第 1 期，转引自西嶋定生《中国经济史研究》，冯佐哲、邱茂、黎潮译本，农业出版社 1984 年版，第 153 页。

② 沈括：《长兴集》卷二《万春圩田记》。

有丰年而无水患。"① 太湖流域的圩田即是其中的典范。由于太湖流域地势四周高、中间低，开浚塘浦以保持水流畅通显得尤为重要。太湖流域低洼地的大规模开发在唐朝，李翰《苏州嘉兴屯田纪绩颂并序》云：嘉禾（唐时属苏州，位于太湖一带）"浩浩其流，乃与湖连。上则有途，中亦有船。旱则溉之，水则泄焉。曰雨曰霁，以沟为天"。②

鉴湖，《通典》卷一八二《州郡典·会稽郡》："顺帝永和五年马臻为太守，创立镜湖，在会稽、山阴两县界。筑塘蓄水，水高（田）丈余，田又高海丈余。若水少则泄湖灌田，如水多则闭湖泄田中水入海，浙以无凶年。其堤塘周回三百一十里，都灌田九千余顷。"越州多山地，是典型的吴越地区的地形地貌。马臻将山上分散的湖泊合二为一，形成一个巨大的蓄水库，这就是镜湖。在湖的北端筑堤蓄水，并设置斗门。耕地干涸，则放水入田；耕地水多，则放水入海。可见，鉴湖的修建虽也筑塘，而且越州的耕田都集中在下游的平原上，但"我们如果把'山—原—海'当作一个整体来看，鉴湖实际上是一种'陂'式的水利设施"。③

（二）越窑秘色瓷

"秘色瓷"一词最早见于唐陆龟蒙的《秘色越器》诗"九秋风露越窑开，夺得千峰翠色来"。

五代吴越国时期是吴越地区制瓷最繁荣的时期。宋人越德麟说："今之秘色瓷器，世言钱氏有国越州烧进，为供奉之物，臣庶不得用，故云秘色。"④ 可见吴越国是秘色瓷的主要产地。慈

① 杨万里：《诚斋集》卷三二《圩丁词十解·序》。
② 李翰：《苏州嘉兴屯田纪绩颂并序》，《全唐文》卷四三〇。
③ 何勇强：《钱氏吴越国史稿》，杭州大学出版社 2002 年版，第 298 页。
④ 《侯鲭录》卷六。

溪上林湖、上虞窑寺前是吴越国设置官窑的地方。窑寺前，明万历《上虞县志》称："广教寺，在县西南三十里，昔置官窑三十六所，有官院故址。宋开宝辛末有僧筑庵山下，为陶人所祷。吴越领华州节钺钱惟治创建为寺，名保安。治平丙午改今额，俗仍呼窑寺前。"①

几乎所有的吴越钱氏家族墓中都有青瓷出土。这些青瓷器形多样，包括方盒、瓜棱盖罐、碗、盘、执壶、托盘、水盂、粉盒、盆、盏托、唾盂、四系罐、瓶、洗、碟、器盖、缸等，施釉均匀，青中泛黄，滋润而不透明，显得十分浑厚稳定，胎釉结合非常紧密，都产自越窑。出土于文穆王钱元瓘墓中的一件青瓷龙瓶，造型浑厚，器身浮雕蟠龙，显得雍容端庄，龙身残附着三小片涂金，为五代越窑之精品。"吴越钱氏家族墓中出土的这些青瓷器，就是文献中记载的秘色瓷。"②

临安明堂山钱镠母亲水丘氏墓出土的越窑青瓷器中，有油灯、香炉、盖罂、葵口碗、双系罐、四系坛、粉盒、油盒等25件，制作精细，式样优美，青釉晶莹、润泽，大多青中泛黄，当为"秘色瓷"无疑。③苏州七子山五代钱氏贵族墓葬中，亦出土过越窑青瓷金扣边碗一只。④

（三）对中原王朝的贡奉

吴越国对中原王朝的贡奉不绝，是吴越与中州交流的一种方式。吴蜕在《镇东军监军使院记》中称钱镠"以国家经费为忧，勤修职贡，航深梯险，道路相望，史不绝书，府无虚月。当朝廷

---

①　清光绪《上虞县志》。

②　马时雍：《杭州的考古》，杭州出版社2004年版，第144页。

③　浙江省文物考古研究所编：《浙江考古精华》，文物出版社1999年版，第206页。

④　《苏州七子山五代墓发掘简报》，《文物》1981年第2期。

多事之际，无帑充给，实有赖焉"。① 欧阳修在《新五代史》中也说吴越国"当五代时，常贡奉中国不绝"。② 五代末期，钱俶更是"倾其国以事贡献"。③

不仅是对中原王朝，而且对朝中的王公大臣，吴越国也要上下打点，据《资治通鉴》卷二九四：西上阁门使灵寿曹彬使于吴越……彬事毕亟返，不受馈遗，吴越人以轻舟追与之，至于数四，彬曰："吾终不受，是窃名也。"尽籍其数，归而献之。司马光《涑水记闻》卷三亦云：太祖时，韩王普为相，车驾因出，忽幸其第。时两浙钱俶方遣使致书及海物十瓶于韩王，置在左庑下，会车驾至，仓促出迎，不及屏也。上顾见，问何物，韩王以实对，上曰："此海物必佳。"即命启之，皆满贮瓜子金也。又如苏辙《龙川别志》卷上载："初，沈伦家破，其子孙鬻银器，皆钱塘钱氏昔以遗中朝将相者，花篮火筒之类，非家人所有。"

（四）吴越国与道教

钱镠在《天柱观记》中自称"虔仰神灵，遵行大道"。④《十国春秋》卷七八《武肃王世家》：天宝元年（908），钱镠改吴山紫极宫为真圣观；宝大二年（925），建上清宫于秦望山。钱元瓘也奉道教。《吴越备史》载其妻吴汉月"颇尚黄老学，居常被道士服"。⑤ 在钱元瓘的诗作中也有道教的思想。如《题得铜香炉》诗："莫记年华隐水中，忽中此日睹灵踪。三天瑞气标金相，五色龙光俨圣容。节届初秋兴典教，时当千载庆遭逢。仙

---

① 吴蜕：《镇东军监军使院记》，《全唐文》卷八二一。
② 《新五代史》卷六七《吴越世家》第 3 册，第 843 页。
③ 同上书，第 844 页。
④ 钱镠：《天柱观记》，《全唐文》卷一三〇。
⑤ 钱元瓘：《题得铜香炉》，《吴越钱氏传芳集》。

冠羽服声清曲，共引金台入九重。"①

　　钱王室与道士交往密切。

　　间丘方远是当时最有名的道士，其与钱王室的交往已成一代佳话。②

　　钱朗，钱镠将他迎至杭州，在杭州住了二十年。③

　　郑元章，景福二年（893），钱镠将其与间丘方远迎至精思院。后来又命其入居开元宫，"启建坛箓，门下受度弟子一百三十余人"。④

　　朱霄外，钱俶赐其栖霞宫金银字经二百函及铜三清像。⑤

　　暨齐物，也曾受到钱俶的礼遇。⑥

　　吴越国的崇道活动还表现在钱王室的投龙祈福活动上。"道家有金龙玉简，学士院撰文，一岁中斋醮，投于名山洞府"，"金龙以铜制，玉简以阶石制"。⑦顺治元年（1644），太湖底曾获得一枚钱镠77岁的投龙简。1955年浙江人民银行收购到一枚钱俶21岁时的投龙简；同年在西湖浚湖工程中又发现四枚，分别是钱镠63岁、65岁和钱俶45岁时的投龙简，另有一枚未刻名字，其简首有"吴越国王臣□年一十五岁之语"，简末有"太岁壬寅三月乙卯二十二日丙子"之语，而壬寅乃是天福七年（942），推算起来，这枚龙简当是忠献王钱弘佐所投。⑧吴越著

　　①　《吴越备史》卷一《武肃王》天祐三年二月丁酉《间丘方远附传》。

　　②　《吴越备史》卷四《今大元帅吴越国王》广顺二年六月乙未《顺德太夫人附传》。

　　③　沈汾：《续仙传》卷上《钱朗传》。

　　④　邓牧：《洞霄图志》卷五《郑冲素先生》。

　　⑤　《嘉定赤城志》卷三〇《寺观门·宫观》。

　　⑥　《十国春秋》卷八九《暨齐物传》。

　　⑦　范缜：《东斋记事》卷一，中华书局点校本1980年版，第4—5页。

　　⑧　黄涌泉、王士伦：《五代吴越文物——钱券与投龙简》，《文物参考资料》1956年第12期。

名文人罗隐，虽没有正式成为道士，但也笃信道教，与闾丘方远有师徒之谊。闾丘方远一生的业绩主要有两件：一是整理《太平经》，一是整理《灵宝经》。中国道教有两个传统：一个传统着重于信徒自身的修炼，另一个传统以太平道为代表，以《太平经》为其经典，它较多地关注政治的、社会的、民生的一些东西。相比之下，前一个传统更多着眼于宗教层面上，而后一个传统是入世的。杜光庭与闾丘方远实际上就代表了中国道教的这两个传统。罗隐在《题玄同先生草堂三首》中曾说到"太平匡济术，流落在人间"，① 也把整理《太平经》作为闾丘方远一生的主要业绩。

罗隐的道教思想中同样体现着闾丘方远这种入世的精神。事实上，这种精神同其他的道派思想相比与儒家更有共通之处，自然更易引起罗隐这样的儒家士大夫的共鸣。

（五）吴越国与佛教

隋唐统治者兼容并包开放的气度，允许各宗各派自由发展，因而，佛教在两晋南北朝发展的基础上进入兴盛时期，形成了三论宗、天台宗、华严宗、法相宗、禅宗、密宗、律宗、净土宗各宗并立的局面。三论宗创始人吉藏（嘉祥大师）在绍兴嘉祥寺十多年，形成了三论宗的基本理论体系。智𫖮在天台山创立了我国第一个佛教宗派天台宗，成为当时最有影响的一个佛教宗派。中唐之后，禅宗、华严宗、律宗相继在吴越兴盛起来。五代晚期，清凉文益创立了法眼宗。文益本是杭州余杭人，后来学道福建，传道江西，到金陵后被南唐政府尊为国师。他的继承人天台德韶又成为吴越国的国师。当时南唐灭了楚国，又与吴越瓜分了

---

① 罗隐：《甲乙集》卷六《题玄同先生草堂》，《罗隐集校注》，第187—188页。

闽国，疆域达到极盛，法眼宗在南唐与吴越两国政府的保护与支持下在东南地区广为传播，迅速发展，成为禅宗传播的主流。在吴越国历代国王的倡导下，佛教在吴越国时进入鼎盛。仅在杭州就兴建佛寺 260 多座，[①] 四方高僧纷纷云集杭州，吴越国成为佛教的一大中心，有"东南佛国"之誉。

钱王室推崇佛教，往往诏令一些高僧居于都城佛寺，以便能经常与他们讨论佛学问题。僧文喜，"唐光启三年，武肃王请住龙泉寺，已又住圣果……光化二年，又徙居无著院……"[②] 僧希觉，"徙于杭大钱寺，文穆王造千佛伽蓝，召为寺主……四方学者聘骛而臻"。[③]

（六）墓葬中的天文图

在这些钱氏家族墓葬中，发现了彩绘壁画，有的同时还带有石刻。例如吴汉月墓、钱元玩墓、钱元瓘墓以及康陵这 4 座墓，后室室顶均有石刻天文图。康陵的天文图令人叹为观止，是钱氏家族墓中发现的星象图中最准确、最完整的一幅。天文图刻于后室顶部石板正中，用单线印刻紫微垣和二十八宿，并刻有 3 个同心圆，表现内规、外规和重规。在同心圆外缘有一道宽 4 厘米的白色条带穿过，颇似银河。星呈圆形，整个星象图共绘有 218 颗星，原均用金箔贴饰，现已部分脱落。星与星之间用单线相连，连线及 3 个同心圆原本都贴金箔，但也部分脱落。而星象图中标示银河的做法，不见于以往发现的钱氏家族墓。图中内规即天球北极，可见北极、勾陈、华盖、北斗七星。内规与外规之间刻有

---

① 陈荣富：《论浙江佛教在中国佛教史上的地位》，《杭州大学学报》1998 年第 4 期。

② 吴任臣：《吴越十三·僧文喜传》，《十国春秋》卷八九，中华书局 1983 年版。

③ 释赞宁：《希觉传》，《宋高僧传》卷一六，中华书局排印本 1987 年版。

二十八宿，所刻位置相当准确。整幅天文图所刻星象十分完整，甚于历年在钱氏王室墓中发现的天文图。这是"我国目前发现的最早的一幅石刻天文图"。①

四　中州与吴越的文学

隋唐是中国文学空前繁荣的时代，首先表现在诗歌创作上，中国诗歌最辉煌的巅峰出现了。有唐一代，仅《全唐诗》中，就有作品近 5 万首，且诗歌"无体不备，无体不善"，闻一多便说："一般人爱说唐诗，我欲要讲'诗唐'，诗唐者，诗的唐朝也。"② 除诗歌外，散文、传奇、词等文体在唐代也获得了巨大的发展。"而在这个文学的黄金时代，中州以其天时（封建社会繁荣昌盛时期）、地利（洛阳京都、天下之中）、人和（名人文士荟萃）成为文学家们生活与活动的主要舞台，并对中国文学发展作出了极其重要的贡献。"③

初唐时期有上官仪、杜审言、宋之问、沈佺期、刘希夷、上官婉儿、王梵志、岑文本、李延寿、玄奘等人，盛唐时期有祖咏、王湾、崔颢、李颀、元结、张巡、岑参、刘方平、孟云卿、张谓、杜甫、张说、姚崇、独孤及、贾至等人；中唐时期有韩云卿、武元衡、韩愈、张祜、刘禹锡、李贺、元稹、白居易、王建等人，晚唐五代时期有李商隐、聂夷中、姚和等人。他们的作品涉及各种文学领域，或善于诗，或长于文。为隋唐五代的文化发展作出了不同程度的贡献。

初唐时期，宫廷诗派中最著名的要推上官仪。上官仪是陕州

---

①　马时雍：《杭州的考古》，杭州出版社 2004 年版，第 148 页。

②　闻一多：《闻一多论古典文学》，重庆出版社 1984 年版，第 82 页。

③　张志孚、何平立：《中州文化》，辽宁教育出版社 1995 年版，第 152 页。

善县（今三门峡）人。擅写五言诗，格律工整，《旧唐书》本传称他的诗"好以绮错婉媚为本"，一时人多仿效，号为"上官体"。"上官体"承袭南朝诗风又有重大突破，代表了宫廷诗风由密丽到疏隽、由滞重到轻灵的流变趋势。后出现了主要活动于高宗、武后时期的"文章四友"和"沈、宋"等人。杜审言祖籍襄阳（今属湖北），迁居河南巩县，是大诗人杜甫的祖父，与李峤、崔融、苏味道齐名，是"文章四友"中成就最高的，也是唐代"近体诗"的奠基人之一。稍后的沈佺期和宋之问，大力从事近体诗的创作，对诗歌平仄粘对、声韵技巧等反复检验后，总结出了"回忌声病，约句准篇"的写作方法。洛阳才子刘希夷，文采飞扬，不拘常格，以"年年岁岁花相似，岁岁年年人不同"句为千古绝唱。还有一位女诗人上官婉儿，为上官仪孙女，天性聪秀，过目成诵，文采过人，下笔千言。武则天所下制诰，多出自她的手笔。其诗歌中有着宫廷诗少有的清新之气。另初唐诗坛上还活跃着一位富有传奇色彩的通俗诗人王梵志，其诗作不避俚俗，质朴明快，犀利泼辣，与雅正典丽的庙堂文学截然不同，代表着唐代白话诗歌的突出成就。直接启迪了寒山、拾得、顾况、白居易、杜荀鹤等通俗诗派的形成。

盛唐时期，河南文学以其在地域和文化方面得天独厚的优势，获得了长足的发展。张说为开元前期一代文宗，开启盛唐诗风的代表人物之一。《旧唐书·张说传》称其"前后秉大政，掌文学之任凡三十年"。其诗重"风骨"、尚"气势"，继承了初唐"四杰"文学革新之风，以文坛领军者的态势预示盛唐文学的发展趋势，有承前启后的作用。而盛唐时，河南最为顶尖的诗人，自然还是岑参、杜甫、元结等。岑参为邓州南阳（今属河南）人，著名的边塞诗人，与高适齐名，世称"高岑"。其诗雄健奔放，想象奇特，色彩瑰丽，尤长于七言古诗。杜确《岑嘉州诗集序》说他的诗"每一篇绝笔，则人人传写，虽间里士庶，戎夷蛮貃，莫不讽诵吟习焉"。可见他的诗当时流传之广。杜甫是河南巩县人。其诗歌沉郁顿挫，声律和谐，选字精练，多涉笔社会黑暗、民生疾苦，被誉为"诗史"；其人忧国忧民，人格高尚，被奉为"诗圣"，是新乐府诗体的开路人。元结是河南洛阳人。其诗多讽喻时政，反映人民疾苦。主张诗歌为政治教化服务，"极帝王理乱之道，系古人规讽之流"，能济世劝俗，补阙拾遗，"上感于上，下化于下"，开新乐府运动之先声。他的山水亭台游记散文，确立了以我之情体物之情、以情会景、景以情迁的山水艺术观。

中唐时期，韩孟、元白两大诗派独占鳌头，其中河南籍诗人为其首领。韩孟诗派在中唐诗体变革的潮流中，作出了积极的贡献。尤其是唐宋八大家之首的韩愈，更是确立了旗帜鲜明的文学主张。他注重诗歌的言情功能，强调"奇"，崇尚雄奇怪异之美，力求新奇，重气势，有独创之功。又以文为诗，把新的古文语言、章法、技巧引入诗坛，增强了诗的表达功能，扩大了诗的领域，纠正了大历以来的平庸诗风，其文学主张推及整个韩孟诗派，形成了以奇崛险怪为特征的共同审美取向。以白居易、元稹为代表的通俗诗派是与韩孟诗派截然不同而并峙于中唐诗坛的重要流派。新乐府运动的积极倡导者白居易，提出了"文章合为时而著，诗歌合为事而作"的主张，写下了不少感叹时世、反映人民疾苦的诗篇。元稹和白居易齐名，世称"元白"，同为新乐府运动的倡导者。此外，天才少年诗人李贺深受韩孟诗派影响，又能另辟蹊径，其诗想象丰富奇特，句锻字炼，色彩瑰丽，创造视觉、听觉与味觉互通的艺术效果，创造出凄艳奇诡的艺术风格，对晚唐乃至后世诗歌产生了深远的影响。刘禹锡也是中唐文坛上一位风格独特的诗人。他的民歌体乐府诗最具特色，将民歌的俚俗与文人诗的典雅融为一体，为新乐府诗体的创作寻求了另一条道路。

晚唐五代时期，河南乃至整个文坛上最杰出的诗人要数李商隐。其诗文辞清丽、意韵深微，好用典，在用典上有所独创，喜用各种象征、比兴手法，往往含义晦涩。善于描写和表现细微的感情。以无题诗著名。

隋唐五代时期，河南文学有如下特点：

1. 河南文人有强烈的革新意识，往往占据文坛主流位置。这与河南自古以来的政治、文化中心地位有密切的联系。其实秦汉以来，河南文学这个特征已经显露出来。如西汉时，四言诗呈衰弱之势的时候，张衡率先揭开了五言诗和七言诗的序幕。而魏晋南北朝时以谢灵运为代表的谢氏家族一改玄言诗的"淡乎寡味"，将秀丽灵动的山水诗引入了诗坛。到了隋唐五代时期更为典型。"上官体"改变了南朝"永明体"的绮丽奢靡，而"沈宋体"在其基础上将诗歌的格律化进程补写完整。以后的杜甫、韩愈、白居易、李贺均是开一代文风的代表人物。韩愈倡导的古文运动、白居易领军的新乐府运动，更是将文学改革进行到底。甚至在晚唐文坛低迷的时刻，也出现了像李商隐这样风格独树一帜的大家。这些都说明，地处政治、文学中心的河南士人，文化底蕴深厚、人文素质普遍较高，思想深刻，目光敏锐，能够清晰洞察文学的发展方向，并有敢为人先的精神和文化创造能力。

2. 河南文学的区域性特征逐渐减弱。相比于前代，隋唐时期，政治统一，南北文化不断交流沟通，文学的地方色彩则呈现逐渐减弱趋势，文风趋向统一。尤其是唐代士人盛行漫游之风，加之官吏的轮换制度等情况使文人见识广博、心胸开阔，褊狭的地区观念慢慢减弱。尤其是地处四方交会中心的河南文人，大都交游广泛，学无门户之见，心以四海为家，在他们的作品中极少显现地域特征。正因为如此，他们才能成为震古烁今的一代文学大师。

隋代短祚，吴越文人不多，仅有姚察、虞世基、虞茂、虞世南、虞绰、孔德绍、孔绍安等数人。姚察是吴兴武康（今德清）人。三国吴太常卿姚信九世孙。六岁能诵书，十二岁能属文。十三岁时入宣猷堂参与辩论，为儒家学者所称赞。入隋后奉命修《梁书》和《陈书》。善诗文。虞世基是会稽余姚（今余姚）人。博学有高才，兼善草隶。以诗文见长，曾以《讲武赋》一文获陈主嘉奖。

到唐五代，吴越地区成为文学创作的主要地区，出现了不少卓有成就的文学大家，是唐代文学中的重要力量。有学者统计，唐五代时期吴越籍诗人，包括润州、常州、苏州、湖州、杭州、睦州、越州、明州、衢州、括州、婺州、温州、台州等，共有诗人302人。① 这些诗人，对唐代诗歌的发展和演变产生了深远影响，在不同的时期对唐代文学作出了巨大的贡献。

唐初，虞世南、褚亮、许敬宗三人为吴越诗人中的佼佼者，他们是初唐宫廷诗人的代表。

虞世南以诗文与书法见长。少时曾受学于吴郡文学家顾野王，博学多才。其书法师承智永法师。智永为王羲之七世孙，虞世南因此尽得王书真髓。其登峰造极之作《孔子庙堂碑》被黄庭坚叹为"千两黄金哪购得"。褚亮博览图史，工属文。陈、隋时即以诗才显名。曾仕陈、隋及薛举。太宗为秦王时，以亮为王府文学。设文学馆，与杜如晦等并为学士，为阎立本画像作赞文，号十八学士。许敬宗少有文名，唐时太宗闻其名，召为文学

---

① 景遐东：《江南文化与唐代文学研究》，人民文学出版社2005年版，第103—113页。

馆学士。完成武德、贞观两朝《实录》，奉敕主编《文馆词林》一千卷，分类纂辑自先秦至唐代各体诗文，保存了大量文献。

从唐高宗到武后初年，骆宾王与王勃、杨炯、卢照邻四颗新星登上了唐代文坛，被称为"初唐四杰"。骆宾王七岁能诗，有"神童"之称，著名的《咏鹅诗》就是此时所作。武则天当政，骆多次上书讽刺，得罪入狱，写下著名的《在狱咏蝉》。嗣圣元年（684），武则天废中宗自立，徐敬业（即李敬业）在扬州起兵反对。骆宾王为徐府属，起草《讨武氏檄》（即《代李敬业传檄天下文》），慷慨激昂，气吞山河，武则天读此也感叹曰："宰相安得失此人？"四杰中骆宾王诗作最多，尤擅七言歌行，名作《帝京篇》为初唐罕有的长篇，为当时绝唱。五律也有不少佳作。

盛唐之际，吴越文人成就斐然。其中贺知章、包融、张旭与张若虚并称为"吴中四士"，名噪一时。贺知章自号四明狂客，常与李白、苏晋、张旭等饮酒赋诗，号称"醉八仙"。性格豪迈，为盛唐气象的代表。工诗文、善书法，其草隶尤为卓绝。《述书赋》称贺公的草书"落笔精绝，芳词寡俦，如春林之绚采，实一望而写就"。明代丰坊在《书诀》中称："张旭得法于贺季真，其笔如空中抛弹，壮伟奇怪，高视千古。"包融与孟浩然交厚。工为诗，与子何、佶，世称三包。张旭，其母陆氏为初唐书家陆柬之的侄女，即虞世南的外孙女，家学功底颇为深厚。张旭才华横溢，为人洒脱不羁，与李白、贺知章相善，为"饮中八仙"之一，其书法，始化于张芝、二王一路，以草书成就最高，是一位极具个性的书法大家，有"张颠"的雅称。当时，张旭的草书与李白的诗歌、裴旻的剑舞并为"三绝"。张若虚的《春江花月夜》是一篇脍炙人口的名作，张将陈隋乐府旧题改造成长篇七言歌行来抒写真挚感人的离别情绪和富有哲理意味的人生感慨，完全洗去宫体诗的浓脂艳粉味，将自身内在情感与诗的情韵意境淋漓酣畅地展示出来。语言清新优美，韵律婉转悠扬，被后人赞为"孤篇横绝，竟为大家"。

除"吴中四士"外，盛唐卓有成就的吴越诗人还有丘为、储光羲等人。丘为屡试不第，天宝初年，进士及第。与王维、刘长卿等相友善，互有唱和。诗工五言，为盛唐山水田园诗派的作者之一。储光羲一生仕宦不得意，隐居终南山的别业。后出山任太祝，世称储太祝。与王维交善，是盛唐山水田园诗人的重要代表，体裁多为五言古诗，格调高逸，意趣深远，以清幽之笔触发隐逸之趣。

中晚唐时期吴越诗人大量涌现，星光熠熠，在奠定唐诗的流派基础和理论根基上起了突出的作用。其代表有大历时期的钱起、戴叔伦、严维和"吴中诗派"的代表人物顾况、皎然；有贞元、元和时期元白新乐府运动的中坚力量张籍、李绅及奇古峭劲的"韩孟诗派"代表之一孟郊；还有风格独特的江南隐逸诗人张志和，等等。钱起自幼聪敏，能五言诗。天宝十年赐进士第一人，曾任考功郎中，翰林学士，与韩翃、李端、卢纶等号称大历十才子。又与郎士元齐名，时人云"前有沈宋，后有钱郎"。其诗风格清空闲雅、流丽纤秀，尤长于写景，为大历诗风的杰出代表。戴叔伦为大历、贞元间重要诗人。曾从萧颖士学。以乐府诗与写景寄怀诗为长。其诗清新典雅，不涉秾纤。主张"诗家之景，如兰田日暖，良玉生烟，可望而不可置于眉睫之前也"，对后来的"神韵"说有很大影响。严维，早年隐居桐庐。至德二年以词藻宏丽进士及第，官至秘书省校书郎。皎然，诗僧。俗姓谢，为南宋谢灵运十世孙。唐代著名诗僧，与陆羽友善，与韦应物及刘禹锡、李端等均有交往。其诗以山水、宗教为主要题材，清淡自然，多写幽境。也写过一些描写边塞和恋情的诗。其

《诗式》为当时诗格一类作品中较有价值的一部。张籍其诗或拟古乐府，或自创新乐府，注重风雅比兴，多写民生疾苦，是元白新乐府运动的积极支持者。与王建并称为"张王乐府"。李绅与李德裕、元稹齐名，时人称为"三俊"。他不仅是中唐时期新乐府运动的倡导者之一，而且是写新乐府诗的最早实践者。其中《悯农》一诗是家喻户晓、脍炙人口的佳作。孟郊早年生活贫困，曾周游湖北、湖南、广西等地，无所遇合，屡试不第。直至46岁始中进士。其诗作精思苦炼，雕刻奇险，多为句式短截的五言古体，用语刻琢而不尚华丽，擅长寓奇特于古拙，和贾岛齐名，皆以苦吟著称。唐人张为称他的诗"清奇僻苦主"，而苏轼则称"郊寒岛瘦"。张志和博学多才，歌、词、诗、画俱佳。长期在太湖一带的隐居生活，使其诗词创作带有浓厚的隐逸色彩，质朴、清新、淡泊而又寄意高远，以极其自然的手法把诗与画的美融为一体。朱景玄撰《唐朝名画录》，定逸品三人，张志和居其一。明董其昌《画旨》云："人以逸品置神品至上，历代唯张志和可无愧色。"

晚唐五代时期又出现了不少吴越诗人，有陆龟蒙、贯休、罗隐、方干、吴融等，均在不同领域对唐诗的发展作出了贡献。陆龟蒙曾任湖州、苏州刺史幕僚，后隐居松江甫里，编著有《甫里先生文集》等。陆龟蒙与皮日休为友，世称"皮陆"。其诗作如《新沙》《筑新词》等，讽刺官员剥削人民，慷慨激昂，与皮日休的乐府精神相近。其抒情诗情趣高雅、颇有神韵，深受清代神韵派诗人称道。贯休，诗僧，俗姓姜。多才多艺，诗书、画皆为擅长。《禅月集》25卷，补遗1卷。罗隐"龆年夙慧，稚龄能文"，因其恃才傲物，触怒权贵，以致十试不第，终不得志。工诗能文，与陆龟蒙、皮日休齐名，又与罗虬、罗邺并称"三罗"，誉满江左。一生怀才不遇，民间对其有"罗衣秀才"之誉。又善行书，《宣和书谱》中曾录御府所藏罗隐行书数种，称其有"唐人典型"。方干举进士不第，隐居镜湖。与郑仁规、李频、陶详为三益友。其诗冰莹霞绚，清润小巧，五律整紧，七律圆婉。

纵观整个隋唐五代吴越文学史，可以明显看出吴越文学深深根植于吴越大地上，有着与中州文学不同的特色。

特色一：灵性特质。吴越山川灵秀、气候温暖、水网密布，吴越人深受水文化的影响，性格上普遍聪颖灵秀、温柔细腻，在文学中也表现出灵性十足的一面。吴越的青山秀水，启迪了吴越诗人美好的情怀，徜徉在美妙醉人的山水之中，自然而然地抒发了内心的情感，所谓"山水寻吴越，风尘厌洛京"，吴越诗人的诗作中有很多一部分是描绘吴越的秀美风景的。如张若虚的《春江花月夜》，洗去了铅华，清新自然，细腻地描绘了"春江花月夜"的动人美景和独特韵味，一改以往宫体诗的脂粉味，开启了一代新诗风。其诗清新细致的风格自然与吴越山水的柔美分不开。张志和的《渔舟子》，描绘了二月春江水涨烟雨迷蒙的图景。雨中青山、江上渔舟、天空白鹭、两岸红桃，宁静中透出活力，在秀丽的水乡风光和理想化的渔人生活中，寄托了作者爱自由、爱自然的情怀与高远冲澹、悠然脱俗的生活意趣。张志和这位长期隐居吴越的诗人，发自内心地抒发了对吴越山水的热爱。

再者，吴越诗人中有很大部分都是诗、文、书、画兼长的，这也从一个侧面反映了"水文化"的灵性特质。虞世南不仅文才出众，而且是一位著名的书法家，唐太宗曾诏曰："世南一人，有出世之才，遂兼五绝。一曰忠谠，二曰友悌，三曰博文，四曰词藻，五曰书翰。"其书法笔势圆融遒劲，外柔而内刚，接魏晋之绪，启盛唐之作，与欧阳询、褚遂良、薛稷号称初唐四大书家。褚遂良，工于隶楷，其书古雅绝俗，瘦硬有余。《唐人书评》中道："字里金生，行间玉润，法则温雅，美丽多方。"其佳作《雁塔圣教序》，最有自家之法，将虞、欧法融为一体，既有虞世南书法典雅宽舒的结体，又有欧阳询书法刚健险劲的运笔，且波势自然流畅。贺知章，善草隶，《述书赋》赞其"落笔精绝"、"与造化相争，非人工即到"。李白在《送贺宾客归越》诗中将其喻为王羲之"镜湖流水漾清波，狂客归舟逸兴多。山阴道士如相见，应写《黄庭》换白鹅。"给予了极高的评价。张旭更是晓精楷法，以草书最为知名，号称"草圣"。好饮酒，醉后研墨挥毫，笔走龙蛇，正如杜甫在《饮中八仙歌》中写道："张旭三杯草圣传，脱帽露顶王公前，挥毫落纸如云烟。"他将书法艺术升华到用抽象的点线去表现思想情感的高度。其他诗人如张志和、顾况、罗隐、贯休等，皆以诗书画兼长闻名于世。魏征在《隋书·文学传序》中论南北朝文学的差别，说"江左宫商发越，贵于清绮；河朔词义贞刚，重乎气质。气质则理胜其词，清绮则文过其意。理深者便于时用，文华者宜于咏歌。此其南北词人得失之较也"。吴越的文学作品，以崇尚清秀俊逸与自然婉丽为风格，集中显示了吴越文化中"水文化"的灵性特质。

特性二：士人气质。吴越地处东南沿海，远离中原，面临大海，全境多为草泽丘陵，山洪、潮汐、虫蛇、野兽威胁着吴越人的生存安全。古时气温较今日高，吴越属亚热带，气候温热，疫病时作，《汉书·地理志》（卷八下）称："江南卑湿，丈夫多夭。"人口稀少，环境恶劣，洪灾时起，在长期征服自然的过程中，吴越自古有尚武习性，民性刚烈，敢于复仇，将谋求种族生存置于至高无上的地位。"不同于燕赵之地慷慨悲歌式的侠义之

风，越人看重的是国难乡仇家邦陷于危亡之际于民族的
'忠'",① 因此吴越人性格中又有刚毅尚武的一面，豪迈勇猛、
旷达坚韧。吴越地区经过魏晋南北朝的经营，到了隋唐五代时
期，尚文柔媚的个性已经占了主导地位，但是刚毅尚武的风气还
保留着。李绅便说吴越地区"旧风犹越鼓，余俗尚吴钩"。② 白
居易也写道"勾践遗风霸"。③ 隋唐五代的吴越文人更多地表现
出士人气质，即清狂豪迈、奔放洒脱之风。贺知章性情放旷，晚
尤纵诞，自号四明狂客。杜甫的《饮中八仙歌》对其的描绘是
"知章骑马似乘船，眼花落井水底眠"，一个洒脱不羁、放荡诙
谐的老顽童形象呼之欲出。据说贺知章常与张旭出入民间，见有
好墙壁或屏障，一时兴发，即随手挥毫题字。著名的"金龟换
酒"的故事更是显示了贺知章狂放的个性特征。张旭性嗜酒，
常喝得酩酊大醉，醉后呼叫狂奔，然后挥笔写字，有时竟用头发
蘸着墨汁疾书，酒醒后观赏自己的书法，龙飞凤舞，飘逸万态，
以为有神力相助。李颀描写道："张公性嗜酒，豁达无所营。皓
首穷草隶，时称太湖精。露顶据胡床，长叫三两声。兴来洒素
笔，挥笔如流星。"④

　　罗隐生当变乱的时代，大半生又处在流落不偶的境地，养成
愤世嫉俗的思想性格，好为谐谑讽刺。《唐才子传》说他"恃才
忽睨，众颇憎忌"，"诗文凡以讥刺为主，虽荒祠木偶，莫能免
者"。总体而言，罗隐的讽刺散文的成就比他的诗要高。收在
《谗书》里的讽刺小品又都是他的"愤懑不平之言，不遇于当世

---

　　① 顾琅川：《古越文化性格考略》，《中国传统文化与越文化研究》，人民出版
社 2004 年版，第 211 页。

　　② 《过吴门二十四韵》，《全唐诗》卷四八一。

　　③ 《和元微之春日投简阳明洞天五十韵》，《全唐诗》卷四四九。

　　④ 《赠张旭》，《全唐诗》卷一三二。

而无所以泄其怒之所作"。① 这些都反映了隋唐五代时吴越文人的士人气质。

特点三：诗僧、隐逸诗人多。刘禹锡言"世之言诗僧，多出江左"。② 这可以从佛教在吴越地区的传播中寻找原因。佛教作为一种异国文化，自汉代传入中土后，在吴越一带的传播十分迅速。到东晋南朝时，吴越佛教流传更广、影响力更大，"南朝四百八十寺，多少楼台风雨中"。吴越名寺众多，到唐代时，禅宗迅速传播，"据《续高僧传》《宋高僧传》《大唐西域求法高僧传》等典籍载，唐代能具体确定籍贯的高僧有 664 人，其中属于江南道的 195 人，占总数的 29.4%"。吴越国时由于统治者的极力推崇，对佛教采取扶植政策，佛教更为兴旺。而诗僧多更是一大特色。主要是与吴越日益浓郁的文化氛围分不开的。其中最为著名的诗僧有皎然、灵澈、清江、贯休等，也是隋唐五代时期最为出色的诗僧代表。③ 另外就是有相当数量的隐逸诗人，大多是一些怀才不遇的人，空有一腔抱负，却报国无门，仕途不顺。孟郊 46 岁才中进士，属大器晚成之辈；而罗隐更是十试不第。这两人虽然没有选择隐逸，却与隐逸诗人们有相同的命运。而真正隐逸的诗人更多，著名的有储光羲、张志和、严维、方干等等。吴越隐逸诗人多，与其人文环境有关，当时虽然南北交流频繁，但吴越之地尚处偏远，与中原的政治文化大环境还是有很大区别。尽管吴越经济发展迅速，但是在中原人看来，吴越在文化上依然是"南蛮"，吴越文人也往往被他们看不起。尤其是晚唐至五代时，南北方还是泾渭分明，吴越文人甚至无法去北方考

---

① 方回《谗书》跋。
② 《刘宾客文集》卷一九。
③ 详见《宋高僧传》卷一五，第368—370页。

科举，导致大批文人无法实现抱负而选择归隐。吴越秀丽而富饶的山水，也是诗人们选择隐逸的理想之地，客观上也促进了大量优秀山水诗歌作品的涌现。

第 四 章

交相辉映：两宋的南北文化传播与交流

　　宋钦宗赵恒靖康二年（1127），金军攻入北宋首都汴京（今河南开封），宋徽宗、宋钦宗二帝被掳，宣告了北宋王朝的灭亡。同年，赵构即位于南京应天府（今河南商丘），为宋高宗。随着金军的南下，宋高宗被迫南迁，后定都临安（今浙江杭州）。随着北方、中州民众的大量南迁，江南经济文化重心地位确立。宋室南迁后，长江文化尤其是江浙地区的文化成就全面超过中州文化。据《长江文化史》所统计南宋各类人才地理分布表显示，南宋中州在《宋史》列传中的人物有 37 人，江苏、浙江则分别有 49 人、136 人，共 185 人；中州出宰相 4 人，江苏、浙江共 25 人；中州词人 28 人，江苏、浙江共 181 人；中州画家 25 人，江苏、浙江共118 人，儒者河南、河北、山东共 42 人，而浙江即有 421 人。[①] 数量是衡量各地人才的最直接标准。由此，我们不难发现南宋确实已是南方人的天下。这种情况也为时人所论及："大江以南，号多公卿"，[②] "公卿将相大抵多江、浙、闽、蜀之人"。[③] 南宋时期，江南文化终于确立起了它的中心地位。

---

　　① 李学勤主编：《长江文化史》，江西教育出版社 1995 年版，第 728 页。
　　② 袁桷：《清容居士集》卷三四《萧御史家传》。
　　③ 陈亮：《陈亮文集》卷一《上孝宗皇帝第一书》。

第一节 园林艺术

宋代是中国园林发展的重要时期，最显著的标志就是园林的普及。文人、商贾的宅园以及公共园林、寺观园林等大量涌现，甚至形成园林之城。北宋汴京除皇家园林外，也有不少皇亲国戚与权臣的私家园林；洛阳近都城，多士大夫私家园林，据北宋李格非的《洛阳名园记》记载，仅作者亲历的名园即有19处。

江南风景得天独厚，园林更多。杭州自宋室南渡以来，地有湖山美，自然环境好，有许多自然郊野园林，首都有不少皇家园林，也有私家园林。湖州，宋人倪思的《经鉏堂杂记》载私家园林有20多个，宋末周密的《吴兴园林记》则载有36个私家园林。杭州城内和西湖之滨除宫苑外，亦曾兴建为数众多的宅园。至于文人士大夫宅第，甚至一般市民住宅中，大大小小乃至窗景式的微观园林更是不计其数。

宋代园林中，中州的汴京、洛阳和江南的杭州、苏州、湖州等地均各有特色。

一　中州园林

（一）汴京的皇家园林

北宋首都开封仅皇家贵族园圃即有百余处之多。皇家园林中有代表性的是"东京五苑"——琼林苑、玉津园、金明池、宜春苑和艮岳，最著名的是宋徽宗时建的艮岳。其他还有德寿宫、集芳园、玉壶园等。皇家园林在人力、物力、财力、技术诸方面可倾国为之，园林占地较广，园内装饰上往往能集全国各地园林精粹于一体，体现出南北文化风格的交融。

1. 琼林苑

琼林苑俗称西青城，在京城顺天门（新郑门）外道南，太祖乾德二年（964）置。金明池在顺天门外道北，与琼林苑南北相对。琼林苑是举行宴饯和宴庆进士之所。《朝野类要》记载："在京，则赐及第进士宴于琼林苑。"《宋稗类钞》记载，凡大官员外出为官，往往在此宴饯。

琼林苑园林风格兼有南方园林特色。据《东京梦华录》卷七《驾幸琼林苑》记载："大门牙道，皆古松怪柏。两旁有石榴园、樱桃园之类，衙有亭榭，多是酒家所占。苑之东南隅，政和间创筑华觜冈，高数十丈，上有横观层楼，金碧相射，下有锦石缠道，宝彻池塘，柳锁虹桥，花萦凤舸，其花绵素馨、茉莉、山丹、瑞香、含笑、麝香等闽、广、二浙所进南花。有月池、梅亭牡丹之类，诸亭不可悉数。"政和间（1119—1125）新增的南花，给这座园林增添了南方园林的特色。

2. 艮岳

始建于政和七年（1117），历时六年建造完毕。艮岳位于汴京（今河南开封）景龙门以东，封丘门（安远门）以西，东华门以北，景龙江以南，周长约6里，面积约为750亩。这座园林其主峰初为土筑，模拟杭州凤凰山，取名万寿山，后取名艮岳，取"夫艮者，八卦之列位；岳者，众山之总名"。[①] 西畔山间，青松密布，号万松岭。宋徽宗曾夸称："夫天台、雁荡、凤凰、庐阜之奇伟，二川、三峡、云梦之旷荡，四方之远且异，徒各擅其一美，未若此山并所罗列，又兼盛绝。"[②] 可见艮岳兼有各地之绝胜。曾游过华阳宫的僧人祖秀赞美道："凡天下之美，古今

① 王明清：《挥麈录》卷二，中华书局1985年版。
② 宋徽宗：《艮岳记》。

之胜在焉。"① 从《艮岳记》中可知，宋徽宗曾派人到全国各地考察园林风格及名山大川的奇景异趣，作为建设艮岳的设计素材，因而能兼众美于一体。

艮岳内的山石从各地精选而来，经过匠人加工，其美观又超过自然之石。石料多为太湖石、灵璧石，还有衢州常山石。艮岳内的各种珍木、奇花、异草、药草等，大部分来自南方各地，"江南数十郡，深山幽谷，搜剔殆遍，或有奇石在江湖不测深渊，百计取之，必得乃止"。② 吴中一带，"凡林园亭馆以至坟墓间，所有一花一木之奇怪者，悉用黄纸封识，不问其家径取之"。③

艮岳代表北宋皇家宫苑的最高成就，艮岳重理石，理石多奇峰，开叠石之先河。宋代园林叠石喜用太湖石，追求奇峰怪石的效果。周密《癸辛杂识·假山》曰："前世叠石为山，未见显著者。至宣和，艮岳始兴大役……其大峰特秀者，不特侯封，或赐金带，且各图为谱。然工人特出于吴兴，谓之山匠，或亦朱勔之遗风。盖吴兴北连洞庭，多产花石，而卞山所出，类亦奇秀，故四方一之为山者，皆于此中取之。"其后，宋代园林不论皇家宫苑，私家园林都竞相以叠太湖石为山，至明清更大兴其风。

艮岳突破秦汉以来宫苑"一池三山"的规范，移诗情画意入园林，全景式地表现山水、植物和建筑之胜，称为写意山水宫苑。全园以山石奇秀、洞空幽深的艮岳为园内各景的中心。艮岳的缀山，雄壮敦厚，是整个山岭中高而大的主峰，而万松岭和寿山逶迤起伏，形成主从关系，这就是我国造园艺术中"山贵有

---

① 祖秀：《华阳宫记》。
② 杨仲良：《续资治通鉴长编纪事本末》卷一二八《花石纲》，北京图书馆出版社 2003 年版。
③ 龚明之：《中吴纪闻》卷六。

脉"、"岗阜拱状"、"主山始尊"的造园手法。艮岳以山、池作为园林的骨干，艮岳中的宫殿已不是成群或成组为主的布置，而是因势因景点的需要而建，与唐以前的宫苑有很大的不同。艮岳的营建是我国园林史上的一大创举，它不仅有全用太湖石叠砌而成的园林假山之最，更有众多反映我国南北山水特色的景点；既有山水之妙，又有众多的亭、台、楼、阁，是一个典型的山水宫苑。

开封还有其他皇家园林，但规模较小，有玉津园、宜春园等。

（二）洛阳的文人园林

宋人邵雍说过："人间佳节惟寒食，天下名园重洛阳。"[①] 苏辙亦云："洛阳遗俗，居家治园池，筑台榭，植草木，以为岁时游观之予。……贵家巨室，园囿亭观之盛，实甲天下。"[②] 邵博则说："洛阳名公卿园林，为天下第一。"洛阳园林在宋代占有重要的地位。

宋代洛阳为西京，许多王公贵戚与文武大官多在洛阳兴建宅第，把住宅与园林融合在一起，称为"宅园"，形成了文人士大夫风格的园林。北宋大臣李格非（李清照之父）专门写了《洛阳名园记》，记录了他亲见的重要园林 19 处。这些园林的特点是：园景与住宅分开，园林单独存在，专供官僚富豪休息、游赏或宴会娱乐之用；规模小，仅供私家游赏；园中多种竹、各种花，形成花园园林的特色。

洛阳园林主人多为文人士大夫。宋都开封，洛阳为西京；故云洛阳是"帝王东西宅"。地近都城又非政治中心，就成为当时

---

① 邵博：《邵氏闻见后录》卷二，中华书局 1983 年版。
② 同上。

失势官僚权贵被闲置或退避的地方。北宋洛阳19所名园的主人，做过宰相，位至公侯的就有六七人。独乐园是司马光因反对改革而移居洛阳时建立的，富郑公园是仁宗、神宗两朝宰相富弼罢相后回西京洛阳养病时所建的。园林成为士大夫修身养性、著述立说的好去处，是知识分子追求"有书有酒，有歌有弦"的所谓与世无争的生活环境。基于对这种生活态度与思想情调的共识，士大夫云集洛阳，纷纷建立自己的园林。

士大夫园林规模往往较小，讲究典雅幽静、小巧玲珑。如白居易晚年买故散骑侍郎杨凭宅院17亩，建筑小园林，后又分为大字寺园，则更小了。司马光的独乐园包括住宅仅20亩，但曲折变换、满目青翠，"引水环绕，绿树成荫，新竹参差，遍植牡丹"。苏轼有诗描述其园："青山在屋上，流水在屋下；中有五亩园，花竹秀而野。"

园林中种竹十分普遍，而且大面积栽植。《洛阳名园记》所记19处园林中绝大多数都提到以竹成景的情况，有"三分水，二分竹，一分屋"的说法，竹者，虚心有节，象征人品的高尚、节操，比喻主人治学和为人处世的谦恭态度。苏轼甚至说过这样的话："可使食无肉，不可居无竹，无肉令人瘦，无竹令人俗。"如苏舜钦的沧浪亭"前竹后水，水之阳，又竹无穷极"。[1] 苗帅园则有"竹万余竿，皆大满二三围，疏筠琅玕如碧玉椽"。[2]

洛阳园林遍种各样花木，具有花园园林的特点。洛阳"自来文人为记，每详于山池楼阁，而略于花丛树阴，独《洛阳名园记》描写花木，不厌其烦"。[3]《洛阳名园记》所载，木有栝、

---

① 苏舜钦：《沧浪亭记》，中华书局1992年版。
② 李格非：《洛阳名园记·苗帅园》，（台湾）商务印书馆1983年版。
③ 童隽：《江南园林志》，中国建筑工业出版社1984年版，第10页。

松、桐、梓、桧、柏之属，兼有竹、葛及藤，花则至千种。又记李氏仁丰园云："李卫公有平泉花木记，百余种耳。牡丹、芍药至百余种。今洛阳良工巧匠，批红判白，接以它木，与造化争妙，故岁岁益奇。且广桃、李、梅、杏、莲、菊各数十种。牡丹、芍药至百余种。而又远方奇卉，如紫兰、茉莉、玖花、山茶之侪，号为难植，独植之洛阳，辄与土产无异。故洛中园圃花木，有至千种者。"洛阳真可谓花园之城。

二 江南园林

吴越地区山川映发、水木精华、千岩竞秀、万壑争流的湖光山色，启迪了许多文人画家的才思，充满诗情画意的园林不计其数。

童隽在论述江南的私家园林时，勾画了宋代以后江南园林的发展脉络：宋时江南园林，萃于吴兴（今湖州）；南宋以来，园林之盛，首推四州，即湖、杭、苏、扬。

（一）杭州园林

江南优越的自然条件为园林的发展提供了条件，施谔说："中兴以来，名园闲馆多在西湖。"① 吴自牧也说："杭郡系南渡驻跸于此地依山林，抱江湖，多有溪潭涧浦，缭绕郡境，实难描其佳处。"②

杭州西湖景色幽美，园林建筑历史悠久。南宋定都后，杭州经济发达，文化繁荣，为园林建设提供了物质条件。宋金绍兴议和后，皇亲贵戚、官僚地主、富商豪贾争相兴建庭园。加上北方大批建筑工匠、园林技师迁入杭州，南北园艺的交流与融合促进

---

① 潜说友：《咸淳临安志》卷六《园馆·湖曲园》，大化书局1983年版。
② 吴自牧：《梦梁录》卷一一，浙江人民出版社1980年版。

了杭州园林的发展。杭州城内，西湖四周，园囿林立，超过同时代的苏州，成为南宋一代园林最发达的城市。

杭州皇家园林往往以景分区，模仿西湖山水，规模较小，建筑风格淡雅、朴素。布局自由，结构不拘定式，清新洒脱，小巧细腻，幽雅美丽。皇宫后苑方圆仅三四里，以西湖山水为楷模，精心设置与布景。当中凿一个很大的水池，时称龙池或小西湖，池中有水月、境界、洽碧三亭及芙蓉阁。以春夏秋冬分四景区。德寿宫后苑原是南宋初年奸相秦桧府，大门在今望仙桥直街以北。绍兴三十二年（1162）宋高宗退居于此，并进行了扩建，规模略与皇宫相当，布局亦和皇宫相似，园内以人工开凿的占地十余亩的小西湖为核心，亦分四区。东区以赏花为主；西区以山水景色为主体，模仿飞来峰和冷泉亭建筑，假山亭榭，小溪流水，环绕其间；南区以文体娱乐为主；北区亭榭较多，以观松为主。

西湖四周更是名园汇集，有真珠园、延祥观、玉壶园、玉津园、贾似道第、南屏园、下竺寺、御园等皇亲国戚私家园林。

杭州皇家园林规模总体不如汴京大，但构造更加精巧、工致。北宋艮岳为汴京十里范围内的人间奇迹，南宋皇宫后苑，仅方圆三四里。北宋艮岳的构造模仿杭州凤凰城，宋徽宗派遣使者遍访各地园林，大量种植南方花果树木，艮岳的园林艺术集中国南北方园林之大成。杭州御园则四时景色各异，苑囿凿池，多模仿西湖，叠山模拟飞来峰。自西汉武帝的建章宫成为第一座完整的仙苑式皇家园林以来，"一池三山"的景观设计模式便成为历代皇家园林的主要模式，宋高宗的德寿宫，宋孝宗诗誉之为"壶中天地"，即"圣心仁智情幽闲，壶中天地非人间，蓬莱方丈渺空阔，岂若坐对三神山"。同时南宋皇家园林也吸取北宋汴京园林的构造模式，如玉津园，不仅名字相同，园林布局也仿东京南薰门外玉津园。

官僚贵族的园林风格较为朴素，如规模与精巧可与御花园相媲美的南园"因其自然，辅以雅趣"，园中布置了一个有"竹篱茅舍"的山野村庄区，"宛然田家气象"。多分布在西湖周围，往往借景西湖。西湖四周择胜园、小水禾园、赵冀王园、谢太后府园、万花小隐园、杨太后梅坡园、水月园等十几个名园，均为借景西湖，各具特色。

（二）苏州园林

苏州山川园林之盛，名闻江南。《吴郡志》卷一四《园亭》说："晋辟疆园，自西晋以来传之。池馆林泉之盛，号吴中第一。"

苏州园林近 20 处之多，其中以沧浪亭、隐圃、中隐堂、乐圃等最为有名。

沧浪亭。在郡学之南，此处积水弥数十亩，傍有小山，高下曲折，与水相萦绕。庆历间，苏舜钦贬官到苏州，出钱四万购得，创建新园林。傍水作亭"沧浪"。北宋大臣欧阳修曾游此地，后来梅尧臣等曾赋诗赞美，沧浪之名，日益远扬。苏舜钦死后，此园屡易其主。建炎间被金兵毁坏，后归南宋大将韩世忠，经修葺后仍为名园。

苏州园林可谓模拟写意山水的典范，善于以小见大，以虚写实，以小放大。这些造园者有很高的文化修养，能诗善画，造园多以画为本，以诗为题，通过凿池堆山，栽花种树，表现出他们的梦想。皇家园林以宏大、严整、堂皇、秾丽称胜，而苏州园林以小巧、自由、精致、典雅、写意见长。苏州园林往往宅园合一，像中国山水画一样给人以可赏、可游、可居的感觉。

另外，从苏州园林名称可以看出，这些园林更多体现了园主的隐逸意识，"沧浪亭"，原本唐五代孙承祐池馆，至宋庆历年间，苏舜钦"以罪废，无所归。扁舟南游，旅于吴中"，一日，过郡学东，看到此地"草树郁然、崇阜广水，予爱而徘徊，遂以钱四万得之"。此后，苏氏"时傍小舟，幅巾以往。至则洒然忘归，觞而浩歌，踞而仰笑……返思向之汩汩荣辱之场，日与锱铢厉害相磨戛，隔此真趣，不亦鄙哉"。①"沧浪亭"之名，正是苏氏取"沧浪之水清兮，可以濯吾缨；沧浪之水浊兮，可以濯吾足"②之意来表白清高洒脱的心境。其他如"中隐堂"、"隐圃"从名称本身即可反映园主的隐逸意识。朱长文自撰《乐圃记》曰："虽三事之位，万钟之禄，不足以易吾乐也。"士大夫园林多与隐逸有关，苏州园林最能体现这一点。

（三）湖州园林

宋代吴兴（今湖州）园林发展很快，成为江南园林的重要组成部分。曾居住在吴兴的南宋学者周密写的《吴兴园林记》，详细记载了吴兴的 36 处著名园林。

南沈尚书院，南宋大臣沈介的家园，位于吴兴城南，因官至尚书故名。他的私园面积较大，有一百亩，其中果树很多。院内有聚芝堂、藏书室，堂前凿有一个十几亩大的池子，中央有小山，称"蓬莱"岛。大池之南，竖立三大块太湖石，各高数丈，秀润奇峭，蔚为壮观，为吴兴之最。北沈尚书园，是南宋大臣沈作宾的私园，因地处城北，又官至户部尚书，故名。此园周围约 30 余亩，园中凿有五个水池，三面皆水，极有野趣。主要有灵寿书院、怡老堂、溪山亭、对湖台等亭堂建筑。这些亭榭规模较小，如怡老堂不过三楹，太湖石，高不过一丈，叶适登台望后

① 苏舜钦：《沧浪亭记》。
② 屈原：《楚辞·渔父》。

说，天下山水之美，吴兴为第一。章参政嘉林园，是周密的外祖父章良能的家园，园林占地数十亩，园内有嘉林堂、怀苏书院，传苏轼做太守时多游于此。

湖州的情况与北宋洛阳的情况相似，近京都，却非政治中心，这里有很多王公大臣的私家园林。然而与洛阳园林少有叠山、假山不同的是，湖州私园以叠石著者，首推吴兴叶梦得家园，其园居卞山之阳，万石环之，名石林。吴中卫清叔园，假山最大；吴兴俞子清园，假山最奇。周密说："浙右假山最大者，莫如卫清叔吴中之园。一山连亘二十亩，位置四十余亭，其大可知矣。然余生平所见秀拔有趣者，皆莫如俞子清侍郎家为奇绝。盖子清胸中自有丘壑，又善画，故能出匠心之巧。"①

总之，宋代园林总体上是向日益精微的"壶中天地"方向发展，绘画与园林间的相互影响和渗透更明显地体现在江南园林中，不论是艺术情趣、空间方法、内容题材，都比以前深入、自觉。其实山水绘画与山水园林之结合在宋徽宗建造艮岳时就已开始。艮岳的施工就是以徽宗的山水绘画为指导，在构图立意、远近景区的布局安排等方面都符合山水画理。

江南园林崇尚自然，追求自然，实际上并不在于对自然形式美本身的模仿，而是在于对潜在自然之中"道"与"理"的探求，这打破了"小自然"与"大自然"的界限，构筑了江南古典园林中以小见大、咫尺山林的园林空间。与北方园林相比，充满情趣的江南园林立意于小，小中见大，多显露出以小为尚、以淡为尚的倾向。与北方园林相比，江南园林更能体现中国古典园林"化天下为庭院，揽万物于掌中"的特征。

---

① 周密：《癸辛杂识·假山》，中华书局1988年版。

第二节　绘画艺术

宋代绘画是中国绘画史上的鼎盛时期。南北画家的交流，南北画风的交融是绘画发展的重要推动因素。北宋在中州形成以首都开封和洛阳为首的绘画中心；南宋形成杭州绘画中心。同时两宋山水、花鸟、院体画都取得了很高的成就。

一　北宋中州绘画艺术

（一）京师及洛阳绘画中心

北宋京师开封是全国最重要的绘画艺术基地和中心，涌现出许多开封籍画家。据《图绘宝鉴》一书统计，北宋一代，被著录的画家有 400 余人，其中直接标明为东京、京师、开封、汴梁等籍贯的画家达 50 余人，还有未标明籍贯而实际上应为开封人的诸皇亲、诸王子。北宋不少皇帝热爱绘画，宋徽宗即是京师画坛高手，皇帝的提倡影响至皇室成员，《宣和画谱》记载了许多善花鸟、山水或人物画的宗室画家。其中对后世影响较大的有吴元瑜、王诜、赵令穰等。其中吴元瑜在花鸟画方面突破了画院中黄体的约束，"大变唐五代、宋国初之法，自成一家"，为花鸟画的发展作出了重要贡献；王诜的山水画颇有成就，师法唐代李思训及宋初的李成、文同，将各派画法熔铸一炉，集于一身，"不古不今，自成一家"，[①] 体现了京师文化综合性的特点。

北宋初设立"翰林图画院"，在画院供职的是来自全国各地的画家。宋初相继消灭西蜀、南唐诸国，将各地的画家名手，搜罗进画院，著名的有黄筌、黄居寀、周文矩、董源、徐崇嗣、郭

---

① 夏文彦：《图绘宝鉴》卷三《宋》，中华书局 1985 年版。

忠恕等。北宋画院自建立之初，聚集南北画坛高手，实力雄厚。这些画家引领了北宋画坛风格，代表了北宋花鸟、山水画的最高成就。并对南宋山水、花鸟画产生重大影响。随从父亲黄筌从西蜀来到京师画院的黄居寀，是北宋初最有名的宫廷花鸟画家。黄派具有富贵气息的花鸟画风格成为当时院体画的标准，独领北宋花鸟画坛近一个世纪，直到崔白的出现，才打破黄派工致富丽的花鸟体制。

而从南唐来到京师的董源在宋初山水画坛上与北方的李成、范宽鼎足而立。董源以平淡幽雅之笔描写江南秀丽之景，山水学王维，着色学李思训。他的画"宜远观，其用笔甚草草，近视之几不类物象，远观则景物璨然，幽情远思，如睹异境。如源画《落照图》，近视无功，远观村落杳然深远，悉是晚景，远峰之顶，宛有反照之色，此妙处也"。① 董源的画法对后代影响很大。继承董源画法的首推巨然，世以董巨并称。巨然再传为释惠崇。南宋衢州人江参也师法董源而豪放过之。米芾父子也颇受董源影响，这一画派至元明而不衰。还有吴兴人燕文贵，初在开封天门道上卖画，后被太宗朝画院待诏高益发现，举荐他绘制相国寺壁画中的树石，深得太宗赏识，遂入画院。他的山水画被称为"燕家景致"。

洛阳也有一大批著名画家。首推郭忠恕，他书画俱佳，"尤善画，所图屋室重复之状，颇极精妙……得藏以为宝"，② 他的界画为画史上一绝。他所画的楼台殿阁，被木工测量"无一不合规矩，增而倍之，可以建为宫室"。③ 武宗元，洛阳人，

---

① 沈括：《梦溪笔谈》卷一七，中华书局 1985 年版。
② 脱脱：《宋史》卷四四二《郭忠恕传》，中华书局 1912 年版。
③ 余剑方：《中国绘画史》，（台湾）商务印书馆 1927 年版，第 121 页。

善宗教画，入画院。宋代画院录用画家需经过严格考试，宋真宗景德年间（1004—1007）兴建玉清昭应宫，招募天下画工，应募者 3000 多人，经考试合格者 100 余人，洛阳人武宗元被选为左部之长。① 可见他的画艺之高超。武宗元现存作品《朝元仙杖图》，生动而优美地描绘了道教神话，图中画南极天帝和东华天帝君同去朝觐元始天尊的行列，显然是民间画家入院中的佼佼者。洛阳人宋道、宋迪兄弟，均善山水画，"情致闲雅，体象雍容"，② 驰名于北宋中期。河阳温县（今河南孟县南，古属洛阳）人郭熙，长于山水寒林的描绘，著有《林泉高致》，是对绘画理论的重要贡献。两宋之际的孟州人李唐，上承北宋画院之余绪，下开南宋画院之风气，善画山水、人物，南渡后受到宋高宗的高度称赞。

（二）宫廷花鸟画

继黄派富贵花鸟画后，宫廷花鸟画出现了变革的趋势。最著名的是崔白兄弟和吴元瑜。

崔白、崔悫，濠梁（今安徽凤阳）人。画风除了继承"黄体"画的工细勾勒，忠实于对物象的工细缜密的刻画方式外，出现了用笔纵逸的变革。崔白画法的后继者吴元瑜，他的画法又影响了徽宗，徽宗把北宋宫廷花鸟画派推向高峰。

宋徽宗本人曾从京师人吴元瑜学画花鸟画。这样，北宋的宫廷花鸟画从黄筌画派演变为崔白画派，再进一步发展为赵佶画派。徽宗时，传统黄体画中的珍禽、瑞鸟、奇花、异草、怪石等题材刻画精工、用笔遒美、设色艳丽、神态生动，淋漓尽致地表达出所谓"富贵"意蕴。

---

① 刘道醇：《圣朝名画评》卷一《人物门》。

② 郭若虚：《图画见闻志》卷三《纪艺中》，中华书局 1985 年版。

（三）院外山水画

北宋初，取得巨大成就的大都是院外山水画家，他们均不在画院供职。其中影响最大的为李成、范宽、董源三家。这三家分别代表了北方山水派和南方山水派。北方山水派的代表人物是京兆府长安（今陕西西安）人关仝，青州（今山东青州）人李成，耀州（今陕西耀县）人范宽；南方山水派的代表人物是江宁府（今江苏南京）人董源及其传人僧巨然。

北宋初，南北方相对隔绝，画家所绘山水画深受生活环境的影响。"生于吴越者，写东南之耸瘦；居咸秦者，貌关陇之壮阔。"① 长期生活在南方的画家，描绘不出北国风光的真正意味；反之，长期生活在北方的画家，也表现不出南方风物的妙处。北方画家长期面对北方真实山水，形成了"雄健劲拔"的绘画风格。居住在南方的画家自然多涂写南方山水。南宋两浙明州（今浙江宁波）人楼钥在观赏范宽作品《春山图》时表示：虽然景物"茂树乔山春烂漫"，但仍能一眼看出"此图不是江南山，寒空青嶂疑商颜"。② 可见南北画地域特色明显。

董源是南唐官员，他熟悉那个地域的自然风貌，如《潇湘图》，画中没有奇峰异石，空气朦胧，平淡幽深，苍茫清远。用细小触皴点出的山石平缓，平淡幽深。"董源平淡天真多……峰峦出没，云雾显晦，不装巧趣，皆得天真。岚色郁苍，枝干劲挺，咸有生意，溪桥渔浦，洲渚掩映，一片江南。"③ 然而，董源也有描写巨大山石的全景式画面，《溪岸图》画中重峦叠嶂的高山峻岭，应该是受北方画家擅长描绘雄伟峻峭山川影响的

① 郭熙：《林泉高致·山水训》。
② 楼钥：《攻媿集》卷五，上海书店1989年版。
③ 米芾：《画史》，中华书局1985年版。

结果。

巨然祖述董源，都是承北启南的画家。巨然的绘画生涯主要在宋初，米芾《画史》记载巨然"岚气清润，布景得天真多。巨然少年时多作矾头，老年平淡趣高"。巨然早年的画近北方派山水画格，到老年则平淡、远逸。《宣和画谱》甚至说"气质柔弱"、"爽气袭人"，这体现了江南派山水的风格，居然将南北山水融于一体。

（四）画院山水画

直到宋代中晚期，画院才出现一位杰出的山水画家郭熙。他的画风以雄壮峭拔见长，《图画见闻志》说他："巨障高壁，多多益壮"，这是北方山水的特色。但也有"云烟变灭"的画格，从这方面讲，他是米芾的先驱，是北方山水派向南方山水派过渡的另一位人物。

郭熙画艺超绝，其画风遂成为当时画院中山水画的主流，皇室又委以"考校天下画生"，更增加了郭熙画派的社会影响和地位。当时，效学郭熙画格的人极多。

郭熙有很高的绘画理论成就，经他儿子郭思的整理，成书《林泉高致集》，为程式化山水的画法提供理论。他在理论和实践中均强调了山水画的"写实"要求，通过观察体会出"东南之山多奇秀"，"西北之山多浑厚"。"嵩山好多溪，华山好多峰，衡山好多别岫，常山好多列岫，泰山特好主峰……天地宝藏所出，仙圣窟宅多隐，奇崛神秀，莫可穷其要妙，欲夺其造化，则莫神于好，莫精于勤，莫大于饱游沃看，历历罗列于胸中。"[①]他强调山水画要给人"可行走、可举望、可游历、可居住"的感觉，并提出了"高远、平远、深远"三远法，为后世学习山

---

① 郭熙：《林泉高致·序》。

水画提供了程式标准。这时的很多宫廷画家不再像五代、宋初隐士那样一生居住在山林，不需通过游荡山林，只凭临摹历代名画和学习山水画技巧及理论的著作就可以画出山水画来。郭熙的山水画理论对后世产生了深远影响，直到今天中国的山水画仍沿着郭熙的理论发展下去。

（五）画院绘画特点

画院的兴盛始于五代。南唐、西蜀都从翰林院中分设出图画院。宋太宗雍熙元年（984）正式成立翰林书画院，简称画院。画院内按画家的技艺高下授予相应职务，有待诏、艺学、画学正、供奉、画学生等。宋初统一全国，来自全国各地的画家高手云集画院。北宋前期画院中释道人物和花鸟画最受重视，山水画家主要是院外画家，不太受重视。到中期神宗时，郭熙入画院，山水画家逐渐增多。宋徽宗政和、宣和时，画院达到鼎盛，并于崇宁三年（1104）成立画学，专门培养绘画人才。经严格考试录取的画学生入学后，分为佛道、人物、山水、鸟兽、花竹、屋木六科，专业化很强。画院以考试录取画家，设官六等并给院画家以优厚的待遇。他们除绘画外，还学习儒家经典。①

北宋院体画具有高度写实、以诗入画的特点。

第一，画院绘画不论人物、山水、花鸟画，都追求严整的写实风格。宋初最有名的界画家是郭忠恕，《圣朝名画录》和《画品》都说其画楼阁和真的完全一样，只不过尺寸缩小而已。其代表作《雪霁江行图》，画中船的复杂结构与透视尽可能准确——"折算无差"。邓椿《画继》载："画院界作最工，专以新意相尚。尝间一轴甚可爱，画一殿廊，金碧辉耀，朱门半开，一宫女露半身于户外，以箕贮果皮作弃掷状，如鸭脚（银杏）、荔

---

① 脱脱：《宋史》卷一五七《选举》3，中华书局1912年版。

枝、胡桃、榧、栗、榛、芡之属，一一可辨，各不相同。笔墨精致，有如此者。”《清明上河图》共绘制各类人物810多个，牲畜94头，树170多棵，从汴京的郊区到城内市区，汴河上繁忙的交通运输，街头市寺的买卖盛况，画面中大小船只、车辆、轿子、骆驼尽入眼底。其刻画之精细逼真，令人叹为观止。由此我们可以想象邓椿所记的宫女倒杂物图中的各种果壳什物的精微描绘能力。

宋徽宗观察事物更仔细，他能区分月季花在四季、朝暮的不同，孔雀升高必先抬左脚。皇帝如此提倡，院画追求细节的描写之风自然大盛。在宫廷写实标准的衡量下，院体画成为当时绘画的主流。

第二，以诗入画。北宋中期苏轼就明确提出“诗画本一体，天工与清新”，评王维之作为“诗中有画，画中有诗”。画院考试画工，画题多为古诗，所画多含诗意，使中国绘画中充满文学气息。

二 南宋江南绘画艺术

（一）杭州绘画中心

浙江绘画是在吴越绘画基础上发展起来的。吴越是五代时期的十国之一。在当时战乱不已的情况下，这个地方比较安定，经济较富庶。在北宋之际，开封人便称“余杭百事繁庶”，“地上天宫”。在艺术上，除了前蜀与南唐外，便算上吴越了。

钱镠统治时期，特别重视绘画。其他地区的画家，入吴越者很多。据《鲁山峄书典》记载，由于“钱镠王所召”，山东画家王道求、高唐画家李群“同时入越”。王道求是人物画家，善画鬼神及畜兽，宋初曾去开封，在大相国寺作壁画，观者如堵，名重一时。李群也是人物画家，画过《醉客图》等。张质是一位风俗画家，据《图画见闻志》载，画有《村田鼓笛》《村社醉散》及《踏歌》等。他原是定州（今河北定县）人，之所以来到吴越，与钱镠重视书画艺术，喜招远方画家有一定关系。

当时吴越国内画家云集，贯休、唐希雅、钟隐、罗塞翁、王耕、蕴能等本地画家是画坛主力。

靖康之难，宋室迁移，高宗绍兴间（1131—1162）重设画院。流寓四方的北宋画院画家纷纷回到画院，宣和画院的大多数画家，如李唐、萧昭、李迪、朱锐、苏汉臣、刘宗古、李从训、李安忠等，成为绍兴画院的中坚力量。后来画院设于杭州，客观上为浙江画家提供了相对便利的入院条件。《南宋院画录》记载的98位院画家中，浙江籍的画家就有38人，其中又以杭州籍的画家占多数。①

南宋山水四大家李唐、刘松年、马圭、夏远。除李唐外，其余三家均为杭州人。其他杭州籍山水画家有：江参，衢（今浙江衢县）人，学董源而豪放过之。现存《千里江山图》，江河纵横，草木葱郁。刘思义，钱塘人，高宗绍兴时画院待诏，专工青绿山水，论者谓"善于敷色，拙于布景"。史显祖，仁和（今杭州）人，端平间画院待诏，善青绿山水。若芬，婺州（今金华）人，曾居临安天竺寺，又遍游诸方，摹写云山以寓意，善画墨梅墨竹，后专意山水。孙可元，好画吴越山水，气韵高古，喜绘高人幽士、岩居渔隐之趣。

人物画方面，最有名的为马和之、刘宗古、苏汉臣、李从训及其养子李嵩、梁楷等。其中马和之、李从训、李嵩为钱塘人。马和之，钱塘人，善画山水、佛道、人物，"笔法飘逸，务去华藻，自成一家"。宋高宗对他极其赏识，"每书《毛诗》三百篇，

---

① 陈野：《浙江绘画史》，杭州出版社2005年版，第107页。

令和之图写"。① 李嵩，钱塘人，历任光宗、宁宗、理宗三朝画院待诏，和从北宋画院南渡的苏汉臣一样善画风俗画，画有《货郎图》，这类画面成为当时一种较为特别的专门画题。楼璹，鄞县（今浙江宁波鄞州区）人。绍兴间任县令，绘成《耕织图》。将农业生产的各个环节一一入画，《耕织图》不仅手法写实，通俗易懂，具有实用价值，而且图文并茂，诗画合一，因此受到政府的重视和群众的喜爱，南宋时期，几乎各州、县府中，都绘有《耕织图》。

浙江画坛上有名的花鸟画家有李迪、李安忠、林椿、法常等，其中李安忠和林椿为杭州人，他们基本沿续北宋花鸟画法，稍有改变。李安忠学黄派富贵体，李迪学徐派野逸体，林椿学赵昌注重写生。花鸟画在布局上和山水画一致，出现边角小景，更加富有诗情画意。

（二）山水画

南宋虽偏安一隅，国事衰微，但画院之盛不减北宋。北宋绘画大家多出自院外，南宋则多出自院内。号称南宋山水四大家的刘、李、马、夏无不出于画院，院外画家不能与之抗衡。继北宋李成、范宽、董源和郭熙之后，山水画到南宋发生了重大变化，即所谓的"刘、李、马、夏又一变也"。② 这种变化的开端始于李唐，"山水：大小李（李思训、李昭道）一变也；荆、关、董、巨（荆浩、关仝、董源、巨然）又一变也；李、范（李成、范宽）又一变也；刘、李、马、夏（刘松年、李唐、马远、夏圭）又一变也；大痴、黄鹤（王蒙、黄公望）又一变也"。"刘、李、马、夏"的一变是明显的，表现在取材、结构、笔墨等

---

① 夏文彦：《图绘宝鉴》卷四，中华书局 1985 年版。
② 王世贞：《艺苑卮言》。

方面。

以李唐、刘松年、马远、夏圭为代表的水墨山水画，在布局取材上，摆脱了全景式的布局，对半壁江山进行富有感情色彩和浓郁诗意的描绘。在技巧上，以真实细致的刻画加上淋漓的笔墨和皴擦，形成"水墨苍劲"的鲜明风格，构图布局疏朗，富有诗意的小品山水景，成为人们喜爱的风格。

李唐是北宋山水画风格向南宋山水画风格转变的过渡者。李唐，河阳（今河南孟县）人。宋徽宗时画院待诏，当年画院以"竹锁桥边卖酒家"为画题考试时，李唐因构思巧妙正合皇帝意，遂为榜首。他南渡前的作品《万壑松风图》，峭壁悬崖，飞瀑白云，都是北方山水的特征。李唐初到临安时，有诗云："雪里烟村雨里滩，看之容易作之难。早知不入时人眼，多买胭脂画牡丹。"[①] 可见他的山水画并未为时人所重，也说明了南宋山水画风格的变化。于是李唐改变描写北方全景式山水的画风，并引导南宋画院山水画构图向"边"、"角"方向发展。在《清溪渔隐图》中，李唐改变了北宋山水"上留天"、"下留地"的构图模式，将目光移向自然的一隅，被称之为"一角"的景致出现了。李唐的影响是深远的，"事实上，整个南宋时期，李唐在山水画领域的影响超过了任何一位之前的大家"。[②] 刘松年、马远、夏圭实际上都师从李唐，马远"画师李唐，工山水、人物、花鸟，独步画院"。[③] 夏圭"师李唐、米友仁拖泥带水皴"。[④] 刘松年"从其绘画作品来看，画人物树石仿顾恺之、陆探微，山水

①　宋杞跋李唐《采薇图》。
②　吕澎：《溪山清远》，中国人民大学出版社 2004 年版，第 134 页。
③　朱谋垔：《画史会要》，（台湾）商务印书馆 1983 年版。
④　俞剑方：《中国绘画史》，（台湾）商务印书馆 1927 年版，第 202 页。

则师承李唐……他画山石的斧劈皴，明显是李唐一派"。① 南宋以李唐为首的画家形成了一个具有持续影响力的派系。

这个派系的特点就是融合南北方的绘画风格。山水画自唐李思训、王维开始分为青绿和水墨二派，五代至北宋水墨派占优势，李成、范宽、董源三家、二米均属于水墨派，青绿山水在北宋仅王希孟、郭忠恕。南宋青绿山水复兴，有赵伯驹兄弟、李唐、刘松年、萧昭等，师法水墨一派人数也不少，但终不抵青绿之盛。青绿山水发展到马远、夏圭时发生变化，他们虽以李唐为师，但却融会青绿、水墨为一体，"格局脱胎于青绿山水，而乃用水墨大笔，一变其拘谨精致之态。可谓调和南北两宋之作家"。② 其实，早在李唐已经开始将水墨和青绿结合起来。李唐初师李思训，作青绿山水，后来喜欢作长图大障，用大斧劈，从画面的笔法和效果来看，范宽的影响很重。受到宋高宗高度赞扬并题"李唐可比唐李思训"的《长夏江寺图》，即是李唐对这种结合的尝试：大斧劈结合了青绿，画面效果凝重，笔墨服从山石皴法。随着南宋山水画风的变革，李唐不再关注雄伟坚硬的山岩，而注重一个局部的景致。开始出现以小景命名的小幅山水。李唐发现的这一描绘半边、一角之景的奇观，受到皇帝的欣赏，以李唐在南宋画院的地位和影响，他的这种画法很快成为一代画家学习的楷模。于是形成了南宋山水画追求边角之趣的新形式，北宋全景式构图的方法被抛弃。

（三）西湖图

值得一提的是，南宋出现了大量以西湖为专门题材的画作。南宋画院坐落在风景秀丽的西湖边上，画院画家们流连于西湖的

---

① 陈野：《浙江绘画史》，杭州出版社 2005 年版，第 123 页。
② 俞剑方：《中国绘画史》，（台湾）商务印书馆 1927 年版，第 199 页。

美景，他们以诗意的眼光尽情描绘西湖风光。许多著名画家都画过西湖，如夏圭《西湖柳艇图》，马远也常画西湖景色，其子马麟曾画《西湖十景图》。陈清波"多作西湖全景"，笔致清秀妩媚，画有"断桥残雪图三、三潭印月图一、雷峰夕照图一、曲院风荷图一、苏堤春晓图二、南屏晚钟图二、石屋烟霞图二"等。① 现存《湖山春晓》即是其中的一幅。刘松年善画西湖，"西湖风景松年写，秀色至今尚可餐"，是南宋西湖图中较有影响的一位画家。李嵩《西湖图》最有名，是现存最完整的一幅描写西湖全景的名作。西湖十景的名称即来自当时画作的题名。

第三节　宋代儒学复兴与洛学南传

北宋是理学形成及初步发展阶段。理学的奠基者是周敦颐和张载，理学体系形成于程颢和程颐。南宋是理学进一步发展和朱学统治地位确立的阶段。著名的理学家有吕祖谦、朱熹、张栻、陆九渊等。南宋初年，杨时传二程理学，经罗从彦、李侗而至朱熹。朱熹的《伊洛渊源录》首冠"伊洛"，标明理学之正宗；次曰"渊源"，确立理学之流绪，成为理学的集大成者。

北宋时，理学以洛学为代表。二程在洛阳讲学，提出天理论，程颐的《伊川易传》奠定了理学的理论基础。南方的吴越之地，早在二程洛学兴起前即有胡瑗在苏州和湖州讲学，他总结的"苏湖教法"，为天下仿效。北宋浙江学术起步较早，以浙东学术为代表。早在周敦颐、二程、张载、邵雍之前已有明州地区（今浙江宁波）的杨适、杜醇等五位学者；永嘉地区（今浙江温州）的儒志、经行二学者；杭州的吴师仁。最早将洛学带入浙

---

① 厉鹗：《南宋院画录》卷八引《绘事备考》。

东地区的学者是神宗元丰年间的"永嘉九先生"。

南宋时，中州沦陷，理学自北向南转移和传播。吕氏家族的"中原文献学"最为典型，传到浙江演变为"婺学"，是中原和浙江两地区之间学术演变与流传的典型。江西的朱熹在徽州婺源讲学，其学说又称为"闽学"，与二程洛学合称为程朱理学。在南宋的理学阵营中，与吕祖谦、朱熹同时的还有江西陆九渊的心学。当时全国学派中影响最大者是朱学、陆学和浙东事功学。事功学按地域分布大体上有三派：一是以薛季宣、陈傅良、叶适为代表的永嘉学派；一是以陈亮为代表的永康学派；一是以吕祖谦为代表的金华学派。事功学成为南宋浙东地区的代表，与北宋中州地区的洛学主张不同。南宋理学改变了以洛学为代表的北宋理学专言义理性命，讲道德修行之学的传统，注重功利和实用。这是中州理学与以浙东为代表的吴越理学的最大区别。

浙江地区在陆九渊心学建立之前已经有张九成创立的"横浦心学"，陆九渊心学在浙江传播最有力者为明州四先生。宋末元初，在浙江地区传播朱学的为黄震和北山四先生。

一　伊洛之先的江浙学者

（一）安定的湖学

宋代理学，首推安定（胡瑗，祖籍陇西安定，被尊为安定先生）、泰山（孙复，退居泰山，学者称泰山先生）、徂徕（石介，退居徂徕山下，鲁人称徂徕先生）三先生，他们的活动被称为是"开伊洛之先"。南宋末年学者黄震对三先生评价道："本朝理学，虽至伊洛而精，实自三先生始。"[①] 胡瑗（993—1059），以经术教授吴中（今苏州），范仲淹聘他为苏州府教授，

---

① 黄震：《黄氏日钞》卷四五，（台湾）商务印书馆 1983 年版。

后又做湖州教授；还曾被范仲淹推荐至朝廷修定雅乐，后主持太学之事。

胡瑗十分重视对《易》的研究。在《周易口义》中，他认为将《周易》主旨归纳为"三义"——"简易"、"不易"、"变易"，是不正确的。他提出"《易》之作，专取变易之义，盖变易之道，天人之理也。以天道言之，则阴阳变易而成万物，寒暑交易而成四时，日月变易而成昼夜；以人事言之，则得失变易而成吉凶，情伪变易而成利害，君子小人变易而成混乱"。[①] 他的说理通俗易懂，富于"六经注我"式的发挥精神。作为宋代以"义理"说《易》的开创者，胡瑗对程颐的《伊川易传》影响很大。

胡瑗在教育方面贡献突出。他主张分科教学，立"经义"、"治事"两斋，"经义"斋学习六经，"治事"斋研究致用之学，治事包括讲武、水利、算术、历法等。前者重理论，后者重实行，表现了他重视经世治用的特点。当时著名的钱藻、孙觉、范纯仁（范仲淹之子）都是他的学生。胡瑗为吴越地区培养了一批人才。欧阳修描述胡瑗与当时学风关系称，湖州弟子来去常数百人，其教学之法最备，行之数年，东南之士莫不以仁义礼乐为学，因此"有司请湖州取先生之法以为太学法，至今为著令"。[②] "先生之法"即苏湖教法，从此苏湖教法为天下学校之规。

胡瑗在宋代学术由北到南的传播过程中起到了重要的作用。他生在南方，青年时到北方求学，学成后，又回南方讲学，实际上是将北方经学传播到南方的第一人。在苏、湖两地教学长达十年之久，其学生遍及整个东南地区，思想学说在这一地区广泛流

---

① 胡瑗：《周易口义·发题》，文渊阁《四库全书》本。
② 欧阳修：《欧阳文忠集》卷二五《胡先生墓表》。

传。同时对北方士人亦有广泛影响。程颐幼时曾在胡瑗处受启蒙教育，青年时又往太学听其讲学。先生问学生问题，程颐替学生们作了回答，先生对他的回答非常满意，从此对他很器重。《宋元学案》卷一《安定学案》中提到胡瑗和程颐两人不同寻常的关系："知契独深，伊川之敬礼先生亦至；于濂溪虽尝从学，往往字之曰茂叔，于先生非安定先生不称也。"从学术渊源上看，程颐师从周敦颐，但胡瑗对他的影响却大于周敦颐。程颐的《易传》不取周敦颐的《太极图易说》，而取胡瑗的《周易口义》。程颐的《易传》序文开篇即强调："易，变易也，随时变易以从道也"，① 这与胡瑗的"变易之道"乃"天人之理"的思想有很大关联。

（二）与安定湖学桴鼓相应的浙东学术

庆历年间，"杨、杜五子"、"儒志、经行二子"与安定之湖学桴鼓相应。② 江浙地区，在苏州和湖州的理学代表为胡瑗，在浙东地区则有庆历年间"杨、杜五子"、"儒志、经行二子"。全祖望说："庆历之际，学统四起，齐、鲁有士建中、刘颜夹辅泰山（孙复）而兴，浙东则有明州杨、杜五子，永嘉之儒志、经行二子，浙西则有杭之吴存仁，皆与安定（胡瑗）湖学相应。"③

"儒志、经行二子"即是仁宗庆历之际（1041—1048）活动于永嘉（今浙江温州）地区的两位学者王开祖和丁昌期，他们与胡瑗是学术上的好朋友。王开祖为皇祐初进士，却不入仕途，杜门著书，从学者常数百人。南宋永嘉学者陈谦说："当庆历、皇祐间（1040—1053），宋兴未百年，经术道微，伊洛先生未

---

　　① 程颢、程颐：《周易程氏传·传序》，《二程集》，中华书局1981年版。

　　② 吕思勉：《理学纲要》，东方出版社1996年版，第26页。

　　③ 黄宗羲、全祖望：《宋元学案》卷六《士刘诸儒学案》，中华书局1986年版。

作，景山（指王开祖）独能研精覃思，发明经蕴，倡鸣'道学'二字，著之话言。此永嘉理学开山祖也。不幸有则亡之叹。后四十余年，伊洛儒宗始出，从游诸公还乡，转相授受，理学益行，而滥觞亦有自焉。"① 丁昌期筑醉经堂以讲学，"尤斥去浮屠之说，丧祭无不本古礼"。《宋元学案》评论二人学术说："永嘉后来学问之盛，盖始基之（指王开祖）"，"永嘉师道之立，始于儒志先生王氏，继之者为塘奥先生林氏，安定、古灵之再传也，而先生参之"。② 这里说的正是两先生开永嘉学术风气之先的功劳。

杨、杜五子指北宋庆历年间的慈溪（今宁波慈溪）杨适、杜醇，鄞县（今浙江宁波鄞州区）王致、王说，奉化（今浙江奉化）楼郁五人。五位学者均在宁波一带，都以教学为主，著述多不传。他们的学术思想和教育思想与胡瑗的湖学思想颇为契合。杨适"治经不守章句，黜浮屠、老子之说"，先与钱塘林和靖、后与同郡的王致、杜醇结交，后来的学者都以他为师。楼郁"志操高厉，学以穷理为先"，在郡县教学 30 余年，弟子众多。杜醇"经明行修，学者以为楷模"。王致与王安石有书信往来，王安石很敬重他。王说为王致从子，他同王致、杨适、杜醇等在妙因院立孔子像，讲学经史，提倡有用之学，许多学子跟从他学习。杨、杜五子与胡瑗的湖学遥相呼应，具有明显的经世致用特点。

庆历前后的儒学复兴，呈现一种满天星斗的状况，杨适等五学者都在郡县或民间教学，开创一方学风，培养一方人才。浙东地区学者的突出特点是经学不专守章句，对经义展开独立思考，

① 王开祖：《儒志编·附录·儒志先生学业传》，文渊阁《四库全书》本。
② 黄宗羲、全祖望：《宋元学案》卷六《士刘诸儒学案》，中华书局 1986 年版。

关注治世之道。杨适"善言治道，究历代治乱之原"，有横空出世的气概，王开祖倡道统之说，宣称"由孟子以来，道学不明，今将述尧舜之道，论文武之治，杜淫邪之路，开皇极之门"，大有平治天下舍我其谁的气魄。他的格言警句"君子有天下之私，小人有一身之公"对明清时期的公私之辩富于启发意义。

二　伊洛之学与"永嘉九先生"的思想

河南理学的代表为二程的伊洛之学。如果说胡瑗仅开地域学术变迁之先例，尚未系统将北方学术传入东南地区的话（因胡瑗生于南方受南方学术影响），神宗元丰年间（1078—1085）的"永嘉九先生"则是比较彻底地将中原洛学传入江浙地区，实启洛学南传之先。

（一）伊洛之学

程颢、程颐兄弟所开创的"洛学"奠定了理学的基础，自他们的高祖到父辈程氏世代书香、四代官宦，因而得以结交名流。周敦颐、邵雍、张载与二程兄弟合称北宋五子。而周敦颐是二程的老师，邵雍与二程私交甚笃，张载与程氏是姻亲。因此，二程之学可谓左右逢源，融会吸纳了当时北方主要思想流派的成果。程氏兄弟为洛阳（今属河南）人，长期在洛阳讲学，后来程颐又居伊川，二人讲学于伊河洛水之间，因而其学被称为"伊洛之学"，也叫"洛学"。

"天理"论即发展了周敦颐"无极而太极"的本体论，认为"万物皆只是一个天理"，对于"天理"，二程有名言曰："吾学虽有所授受，'天理'二字，却是自家体贴出来的。"其实"天理"的概念先秦已有之，那时讲自然之性，二程所谓的"天理"即礼仪规范。在他们看来，天理是唯一的绝对，"天下只有一个理"，"万物皆只有一个理"，"天理"本身被赋予了道德律令的意义。专制集权的统治秩序被论证为天经地义的存在。但他们也提出了事物"有对"的朴素辩证法思想。

"格物致知"论也是二程的新提法。二程尊崇《大学》，重新编订《大学》章次。《大学》讲明明德、亲民、止于至善的三纲和格物、致知、诚意、正心、齐家、治国、平天下的八条目；从个人修养到治国平天下有一套完整的理论和实行的方法。二程认为："学莫大于知本末始终。致知格物，所谓本也，始也；治天下国家，所谓末也，终也。治天下国家，必本诸身。格犹穷也，物犹理也，若曰穷其理云尔。穷理然后足以致知，不穷则不能致也。"① 在二程看来，格物致知始起点、开端，通过它达到治国平天下的目的。"格物致知"即去除物欲之弊，穷至事物之理。这个"理"，实质上便是"天理"。

二程的"天理"论和"格物致知"论是相辅相成的。二程的学说产生于五代十国之后的宋朝，朝廷欲重建政治纲常，因而其学说备受统治者重视。同时，二程的理学也发挥了儒家重视人格修养的学说，为士人所欣赏，因而，二程学说得以广泛流行。

（二）"永嘉九先生"的思想

全祖望说："洛学之入秦以三吕，其入楚也以上蔡司教荆南，其入蜀也以谢湜、马涓，其入浙也以永嘉周、刘、许、鲍数君，而其入吴也以王信伯。信伯极为龟山所许，而晦翁最贬之，其后阳明又最称之。……象山之学，本无所承，东发以为遥出于上蔡，予以为兼出于信伯。"② 可见将洛学传入吴地的是王信伯。将洛学传入浙江永嘉地区（今浙江温州）的最早学者为周行己、许景衡、

---

① 程颢、程颐：《河南程氏粹言》卷一《论学篇》，《二程集》，中华书局1981年版。

② 黄宗羲、全祖望：《宋元学案》卷二九《震泽学案》，中华书局1986年版。

沈躬行、刘安节、刘安上、戴述、赵霄、张辉、蒋元中九位学者。周行己说："元丰新作太学，四方游士，岁常数千人，温海郡去京师阻远，居太学不满十人。"① 所谓不满十人者，即指上述九位学者。九先生均为神宗元丰年间朝廷新设太学时游学于程门的学者。永嘉九先生在传洛学之外，亦传关学。《宋元学案》指出，周行己、沈躬行从蓝田吕氏游学，是张载的再传，"世知永嘉之传洛学，不知其兼传关学，所谓九先生者，其六人及程门，其三人则私淑也"。② 可见永嘉九先生的学术渊源之广博。

　　九先生中最具代表性的是周行己。周行己受程颐《易学》影响较大，也曾向张载弟子吕大临问学，因而其思想同时受张载的学说影响。这主要表现在他关于阴阳运动"统之在道"、"散之万殊"的理解上。周行己曾在温州做教授学子，又曾建浮沚书院，在此讲学九年，在洛学南传过程中起到了比较重要的作用。他还强调知识的实用价值，主张"知之则必用"，反对空言性命，是对洛学专言义理性命的某种批判，也是浙东理学向注重实际功利转变的一个重要环节。

三　南宋理学的变迁

　　二程兄弟的弟子遍及当时的中原、河东、关中、吴越、湘湖等地。洛学成为当时唯一能与王安石新学相抗衡的一大学派。北宋时二程的学生已经将洛学散播于四方。程门子弟直接孕育和促成了南渡以后的儒学发展。

　　南宋理学总体上说是二程后学。在二程众多弟子中，以谢良

---

　　① 周行己：《赵彦昭墓志铭》，《浮沚集》卷七，中华书局1985年版。
　　② 黄宗羲、全祖望：《宋元学案》卷三二《周许诸儒学案》，中华书局1986年版。

佐、吕大临、杨时、游酢最为有名，被称为"程门四大弟子"。四弟子以杨时为"传道"最有功，他传洛学于东南，南宋理学诸派几乎都与他的传授有或多或少的联系。南宋理学的高峰是淳熙年间（1165—1189），代表是朱熹。与朱熹同时或稍后，陆九渊、陈亮、叶适各以其学与朱熹鼎足而立，形成了一个丰富多彩的思想格局。溯本求源，这些学派都与程门特别是杨时有关。朱学号称嫡脉，秉承杨时道南一派；陆学虽称本乎孟子，但王蘋、张九成诸人已开其端，而张九成也是杨时的弟子。叶适永嘉学思想宗旨近于王学，与洛学可以说是截然对立，溯其学术渊源也有永嘉自身的传统，即庆历以来王开祖所开创的学统，但元丰年间以周行己、许景衡为代表的永嘉九先生所传洛学也是其渊源之一，南渡后永嘉学术更由郑伯熊首倡洛学开始。总之，南宋以后，二程门人将洛学传播到全国各地，促成南宋理学的发展。

　　虽然是继承北宋，但理学发展到南宋已经发生很大转变。北宋兴起的理学主要讲修己及人的心性修养，理学家往往坐而论道，讲修身养性。到南宋理学发生重大变迁，从专言心性义理到颇言事功，"与朱熹同时友善之吕祖谦，讲理学而兼治史学，教人必以致用为事。其同受程门之陈亮、叶适，则颇诋理学而倡言事功。金履祥固传朱子之学者，而有海道图燕之建议。是南宋学者之思想，一变北宋理学之面目，而趋于事功，盖因金人之逼，士大夫皆志切恢复，有以使之然也。吕祖谦、陈亮、叶适皆浙东人，故后人谓之浙学或永嘉学"。[①] 浙东学术，与北宋以洛学为代表的理学形成鲜明对比。

　　同时洛学也出现向心学发展的趋势，特别在江浙地区。同为二程门人杨时的弟子，朱熹号称洛学嫡系，且由于其影响巨大，

---

① 邓之诚：《中华二千年史》，中华书局1983年版，第476页。

与洛学合称为程朱理学；而在浙西杭州的张九成和在苏州的王蘋却使洛学向心学方向发展，并直接孕育了陆九渊的心学。浙东学派颇言事功，也在很大程度上偏离了洛学。

（一）浙东事功学派

朱学讲格物致知，陆学讲明心，二者皆注重于心行义理研究；而浙东事功学则在言性命义理的同时，更强调实事实功，注重经世致用，这是一股具有反传统经学与理学的学术思潮。

事功学起于浙东，大体上有三派。金华学派尚史学，提倡经史以致用，为浙东学派的先驱；永嘉、永康两学派提倡事功之学，反对理学家空谈心、性、命、理，强调事功之学的重要性，确立了浙东学派的地位。这三派由于地域邻近，都深受以周行己为代表的早期永嘉之学的影响。全祖望在《宋元学案·说斋学案》中说："乾淳之际，婺学最盛。东莱兄弟以性命之学起，同甫以事功之学起，而说斋则为经制之学。"东莱兄弟为吕祖谦和吕祖俭，同甫为陈亮，说斋为唐仲友。因为学术观点各异，因此后人把永康的陈亮一派称为"永康学派"，而把金华的吕祖谦学派称为"婺学"，又称"金华学派"。

1. 叶适的经世致用学说与永嘉学派

北宋元丰年间，"永嘉九先生"最早将二程学说传播至永嘉等地。南宋初期，周行己的弟子郑伯熊、郑伯友兄弟首刻程氏之书在闽中。这样周行己所开创的永嘉学派，重又几经"衰歇"，在乾道、淳熙年间恢复起来。可见郑伯熊所传之学是承接二程的"统纪"而来。然而"永嘉之学从承接二程统纪，发展到与伊洛之学相对立的事功之学，这个转变，应该说自薛季宣始"。[①]

---

① 侯外庐、邱汉生、张岂之：《宋明理学史》上册，人民出版社1984年版，第450页。

薛季宣"教人就事上理会"，强调实事实功，使永嘉之学开始从传授二程学说转向讲求事功。薛季宣（1134—1173），永嘉（今浙江温州）人，自幼承继家学，并从二程弟子袁溉学《六经》。黄百家在《艮斋学案》按语中说："季宣既得道洁（袁溉，字道洁）之传，加以考订千载，凡夫礼乐兵农莫不该通委曲，真可施之实用。"[①] 为学主张实事实功，主张所学要有"用处"，反对空谈义理性命。他们特别注重研究田赋、兵制、地形、水利等世务，被称为"功利之学"。

薛季宣的弟子陈傅良进一步发展了"实事实功"的思想。陈傅良（1137—1203），温州瑞安人。他对朱、陆"理在事先"提出疑问，认为"道"（理）存在于事物本身之中，离开具体的客观事物就不可能有抽象的"道"存在。他提倡经世致用，"为考亭（朱熹）之徒所不喜，目之为功利之学"。[②] 朱熹等正统儒学不喜，反映了理学所发生的深刻变化。

叶适为永嘉学派的集大成者。叶适（1150—1223），永嘉人，晚年著述、讲学于永嘉城外的水心村，远近学者闻名而来，络绎不绝，形成了自己的学说。他将"图善"、"立义"的思想与重视事功的务实精神联系起来，建立起与朱熹"理学"、陆九渊"心学"鼎足而立的学说体系。他提出"古之人未有不善理财而为圣君贤臣者"，主张"通商惠工，以国家之力扶持商贾，流通货币"，反对传统的"重本抑末"思想；认识论方面，强调"以物为本"，有物则有道，所谓"道不可须臾离物"。叶适尖锐批评当时理学家把"义理"和"功利"对立起来的思想弊端，主张"以利合义"，"义利并立"，这一点与陈亮思想相近。其学

---

① 黄宗羲、全祖望：《宋元学案》卷五二《艮斋学案》，中华书局 1986 年版。
② 同上。

说强调经世致用、主张事功，提倡"务实而不务虚"，反对理学家空谈义理，认为"仁"、"义"必须表现于功利，"既无功利，则道义者，乃无用之虚语耳"！①

2. 陈亮的事功学说与永康学派

陈亮（1143—1194），永康人，青年时即有大志，好"伯王大略，兵机厉害，慨然有经略四方之志"。曾写《中兴五论》，极论二千年英雄人物，盛赞汉高祖和唐太宗的功业。又有《上孝宗皇帝》四书，极力主张中兴、复仇，反对性命之学。陈亮这种"谈王说霸"、"专言事功"的学说，显然与朱熹的理学不同。

陈亮与朱熹有过激烈的关于义理与王霸之争。陈亮强调知识的现实性与实践性，主张学者应该积极过问天下国家大事，参加社会实践，做"才德双行，智勇、仁义交出而并见的人"，反对朱熹之学者终身研究义理做"醇儒"的主张。朱熹认为谈王霸、言事功，是舍本逐末，势必要"驰骛功名之心"，陷入利欲"窠臼"，背离圣人立教本旨。陈亮则提出"义利双行、王霸并用"的观点，驳斥了朱熹"三代专以义理行，汉唐专以人欲行"的谬论。陈亮由对社会功利的肯定进一步提出对人的利益和欲望的肯定，响亮地提出了"王霸可以杂用，则天理人欲可以并行"的口号。②

3. 吕祖谦的致用学说与金华学派

吕祖谦（1137—1181），婺州（今浙江金华）人。全祖望在《宋元学案》中说："宋乾、淳以后，学派分而为三：朱学也，吕学也，陆学也。三家同时，皆不相合。朱学以格物致知，陆学

---

① 黄宗羲、全祖望：《宋元学案》卷五四《水心学案》，中华书局 1986 年版。

② 陈亮：《陈亮集》卷二○《又丙午秋书》，中华书局 1987 年版。

以明心，吕学则兼取其长，而复以中原文献之统润色之，门庭径路虽别，要归宿于圣人，则一也。"① 可见吕学更多带有折中朱、陆思想的色彩。吕祖谦兄弟居明招山讲学，创丽泽书院，"四方之士争趋之"。

　　吕祖谦的思想除了有深厚的家学渊源外，更多的受二程学说的影响。吕希哲曾与程颐一起事师胡瑗，其后因"心服伊川学问"，又拜程颐为师。他的儿子吕好问、吕切问也曾学于程氏门人尹焞，吕本中求教于程氏门人杨时、游酢、尹焞。吕祖谦尤其推崇《伊川易传》，赞它"精深稳实"，"不可不朝夕讽阅"。② 他曾在婺州刊印《伊川易传》，传播程颐的学说。

　　吕祖谦的思想主要为天理论、心说和致用学说。吕祖谦继承了二程的理学思想，认为"理"或"天理"无所不在，天地万物同得此实物之理；天理不仅是自然界的最高原则，也是人类社会的最高原则；是天地万物均须遵循而不可违反的普遍原则。他还认为天理即天命，"命者，正理也。禀于天而正理不可易者，所谓命也"。③ "理"被蒙上了"天命"的神秘面纱。

　　关于"理"与"气"的关系，他认为："物得气之偏，故其理亦偏，人得气之全，故其理亦全。"把理之"偏"与"全"看作是由气来决定的。关于"理"与"心"的关系，他说："人言之发，即天理之发也；人心之悔，即天意之悔也；人事之修，即天道之修也。"④ 这种主张心与理的同一，其实是对朱熹的"理"为主宰和陆九渊的"心"为根本的思想的折中。

　　然而，吕祖谦最重要的思想还是经史致用学说。其家学以研

① 黄宗羲、全祖望：《宋元学案》卷五一《东莱学案》，中华书局1986年版。
② 吕祖谦：《吕东莱先生遗集》卷五《与学者及诸弟》。
③ 时澜：《增修东莱书说》卷七，中华书局1985年版。
④ 吕祖谦：《东莱左氏博议》卷三。

究历史文献为主，为学"不主一门"、"不私一说"，兼容并蓄，既学兼朱陆，又充分吸收永嘉和永康事功经世致用之学，在学术本质上与整个浙东事功学相一致。全祖望说："乾、淳之际，婺学最盛。东莱兄弟以性命之学起，同甫（陈亮）以事功之学起，而说斋（唐仲友）则为经制之学。考当时之为经制者，无若永嘉诸子，其于东莱、同甫，皆互相讨论，臭味契合。东莱尤能并包一切，而说斋独不与诸子接，孤行其教。"① 吕祖谦的思想的确并包事功、经制之学。正因为如此，朱熹批评他"博杂极害事"，② 认为破坏了理学思想的纯正。其实吕祖谦强调"明理躬行"，究义理之本，注重道德的践履，出发点和朱子的"理学"是一致的。

宋代学术地域演变过程中最重要的环节即是由北宋中州"洛学"到南宋的朱熹"闽学"；由中州的"中原文献学"到浙东的"金华学"。其中后者在中州文化与吴越文化交流融合中起到了重要作用。吕祖谦的金华学派不仅传承中原文献学，更融会贯通了浙东事功学派的思想。

（二）洛学向心学的转化

南宋理学除了向事功派转变，还有向心学的转变。

1. 苏州的心学

王蘋是两宋之际苏州传洛学的著名学者，字信伯，曾居吴中（今江苏苏州）。王蘋是伊川学派程颐的门人，与杨时等同师事程颐，其学识为前辈师长赞许，认为"师门后来成就者，惟信伯（王蘋）也"。主要传播二程学说，对程颢"心"、"性"学说有所发展。他认为"人心广大无垠，万美皆备"，提倡"尽心

---

① 黄宗羲、全祖望：《宋元学案》卷六〇《说斋学案》，中华书局1986年版。

② 黎靖德：《朱子语类》卷一二二，中华书局1986年版。

知性以知天"，"存心养性以容天"，所谓传圣人之道者"非传圣人之道也，传其心也；非传圣人之心也，传己之心也。己之心无异圣人之心，完善皆备"。① "人之心，扩而充之，可以参天地，可以赞化育。"② 后来的心学以"心为理、心外无理"的精神，在王蘋思想中其实已经非常明确。二程历来重视心的工夫，王蘋将这种心的工夫确定在喜怒哀乐未发之时的体认，其中最重要的是使人心归诚，真实无伪。他把禅学引入儒学，后人谓其学说"近禅"。全祖望认为在洛学南传的过程中，王蘋"师弟之渊源力量似稍浅狭"，但把二程学说传入吴地，继承胡瑗在东南传学，使吴人"得重接学统"，还是有功的。其实王蘋思想的最大特点还是使洛学从义理性命之学向心学的转变，此学派"颇启象山（陆九渊）之萌芽"。③

2. 杭州的心学

张九成（1092—1159），杭州人。张九成师事杨时，为程门再传。主张"心即理"，即理不在心外，事不在心外，理、事皆来自一心，并会归于一心。主张格物在于"穷一心之理"，"理即心，心即理"，故格物致知只须向内求索，穷心中之理。既然"心即理"，则"圣贤之道"、"义理之学"，皆在人心，求道、求学即在于"求心"。他不赞成学者整日沉迷于经典之中，从故纸堆里寻找道理。张九成已经初步阐明了心学的精义，其思想是二程理学与陆九渊心学的中间环节。

总之，南宋洛学在向江浙传播时出现两个方向：一个是事功学派，一个是心学。事功派贴近社会现实，与迂阔陈腐的理学形

---

① 黄宗羲、全祖望：《宋元学案》卷二九《震泽学案》，中华书局1986年版。
② 王蘋：《王著作集》卷二，（台湾）商务印书馆1983年版。
③ 黄宗羲、全祖望：《宋元学案》卷二九《震泽学案》，中华书局1986年版。

成鲜明的对比，在当时乃至后世都产生了积极的影响。

四 宋末元初的浙东朱子学

南宋理学阵营中，朱熹的思想影响最大并取得统治地位。宋末元初，浙江地区传朱子之学的为金华四先生，又称北山四先生。除了金华四先生，还有慈溪的黄震。全祖望在《宋元学案》中说："晦翁生平不喜浙学，而端平之后，闽中、江右诸弟子支离、舛戾、固陋，无不有之，其能振之者，北山师弟为一支，东发为一支，皆浙产也"，① 其中"东发"即为黄震。与北山四先生和黄震同时的还有王应麟，思想也深受朱熹影响。

（一）金华四先生

何基（1188—1269），专门研究朱熹遗书，对朱熹学说传播起了重要作用。王柏（1197—1274），从杨时受《易》《论语》，与朱熹、张栻、吕祖谦相往还。他经朱熹门人推荐从学于何基，提出"富国强兵，必以理财为本"。在学术上对儒家的经典质疑甚多。作《书疑》和《诗疑》，对《尚书》和《诗经》公然发出质疑，甚至对朱熹的《四书集注》也表示怀疑。

金履祥（1232—1303），治学有质朴的一面。清人陆心源说："其学以由博返约为主，不为性理之空谈。经史皆有所撰述，《尚书》则用功尤深。"② 但金履祥并没有摆脱空谈理性的习气。所著《大学疏义》《论孟集注考证》等大都依据朱熹传注而略有发挥，"其学以由博返约为主"贯彻了朱熹分殊而理一的思想。

许谦（1270—1337），学于金履祥，金履祥去世后，专事讲

---

① 黄宗羲、全祖望：《宋元学案》卷八六《东发学案》，中华书局1986年版。
② 陆心源：《重刊金仁山先生〈尚书注〉》。

学，屡荐不至，门生之众胜过何基、王柏、金履祥三先生。时人
王绪说："出于三先生之乡，克任其承传之重，三先生之学，卒
以大显于世。然则程子之道得朱子而复明，朱子之大至许公而益
尊。"① 他与当时北方著名理学家许衡齐名，并称南北二许。许
谦于天文地理、典章制度、食货、刑法、术学无不究及。他对于
理学的传承，则据守家法，重习经史，尤重"四书"。在诠释传
经方面，许谦却没有真正继承王、金二氏的疑经精神，缺乏创
造性。

与陆学只重发明本心而忽视读书的空疏学风相反，金华朱学
特别强调读书。自其开创人何基开始，即以发挥朱熹对儒家经典
的注释为旨趣。王柏、金履祥大体上沿着何基的路径对朱熹的经
典加以笺注。传至许谦，朱学已被元朝统治者奉为儒家正宗，以
许谦为代表的金华朱学更加显露出它的正宗面貌和保守习气。许
谦提出"由传以求经，由经以知道"，即把由"传"到"经"
再到"道"看作认识的阶梯。

（二）黄震及其思想

黄震（1213—1280），慈溪（今浙江慈溪）人，继承朱熹天
理论，对程朱理学的"道"进行了修正。他认为"道即理"、
"道即日用常行之理"。② 进一步强调"道"不在天地人事之外。
朱熹的"道"与"理"是等同的范畴，认为"理在事先"，而
黄震认为"理在事中"，这是对朱熹"理本无所不包"思想的补
充，表明他对"理"、"事"关系持"理事合一"的观点。

在认识论方面，黄震继承了朱熹的"格物致知"说。他批

①　许谦：《许白云先生文集》卷首《行实》后语，商务印书馆《四部丛刊续
编》本。

②　黄震：《黄氏日钞》卷九五《读抱朴子》，（台湾）商务印书馆 1983 年版。

评程朱的"先知"说，不同意二程"静坐"主张，认为人不可能生而知之，只能学而知之，强调后天的学习，并力图纠正朱熹后学"不知躬行"，空谈义理的流弊。作为朱子后学，他的思想并不死守朱学，而是有所发展并进行修正。从中不难看出吕祖谦乃至整个浙东事功派注重力行和强调学以致用的学风对他的影响。

（三）王应麟

王应麟（1223—1296），原籍开封府，宋室南渡后，孝宗乾道间始定居于鄞县（今浙江宁波鄞州区）。虽"独得吕学大成"，但实际上与晚宋的大多数学者一样，思想是在朱熹时代的影响下形成的。受吕学博学、不私一家学说的传统影响，他的思想反映出调和朱、陆的倾向，且受浙东事功派影响。吕氏的"婺学"，在当时是和朱学、陆学以及陈亮、叶适的事功学并立的学派，影响十分广泛。但王应麟的家学处在四明（宁波），当时该地陆学兴盛，有"四明之学多陆氏"之称。因此在王应麟的家学渊源中，既有吕祖谦的"婺学"，又有陆九渊的陆学。

南宋学术思想虽朱学、陆学与浙东事功派并立，但其影响却不及浙东事功派。追本溯源，元明清乃至近现代的浙东精神就是在宋代尤其是南宋奠定的。

第 五 章

明清工商业浪潮中的中州与吴越文化

明清时期是中国古代工商业发展的高峰。明代降低商业税率，规定"三十取一，过者以违令论"，①清代对商业也屡有优惠措施。而不同地域中，工商业发展的程度、规模、影响有明显不同。吴越商业文化之繁荣，文人学士之众多，艺术氛围之浓郁，为其他地区所不及。中州文化则呈衰落趋势。此期的经济水平与文化特色，直接影响着近现代两区域的文化进程。

第一节　中州文化的式微

一　工商业相对落后

明清时期，工商业的迅猛发展给社会带来了很大的变化，区域文化不平衡的现象日益突出。中州在清朝乾隆时期全国工商业蓬勃发展之时，也呈现出一派繁荣景象。开封、洛阳有传统的工商业和消费人口，有专业性的市场。地方的朱仙镇、周家口、赊旗店、北舞渡是河南四大镇，均以水陆道路通畅而商业兴盛。但这些商镇一般是外省商人唱主角，本地商人居于附属地位。而且水路一旦有阻，商业马上就衰退。河南境内的黄

---

① 《明史》卷八一《食货五》。

河、淮河等自然河道不便通航，陆路通商成本要高出很多，从根本上受到制约，不可能像吴越那样，依据四通八达的自然水路形成诸多市镇轻松贩运货物。中州广大的乡村更是传统农业的格局，农民满足于自给自足的小农经济，如光州，在中州也属于商品经济比较发达的地方，集市上却是"日出入市，日中而退"，附近居民交易的不过是粮食、布匹、牛驴、菜果之属，"以其所有，易其所无，各遂其求而后退"。①光州的集镇典型代表了中州的集镇交易水平。

本来，中国古代商业的最早兴盛地在中州，甚至"商人"的名称便来自中州。《尚书·酒诰》说：商族"肇牵车牛远服贾，用孝养厥父母"，商族的祖先王亥已开始赶着牛车去贩运货物。据研究，安阳殷都至少有六条通往各地的大道：东南渡过黄河经今郑州通往徐淮的大道；东北通过今河北的卢龙到今辽宁朝阳等地的干道；东行有水陆两路，水路行黄河而东，陆路自殷都到今山东益都的古蒲姑有大道；南边与今湖北、湖南、江西的部族之间有干道相通；西行沿渭水可达周邑丰镐以及其他方国；西北越太行到土方诸部落。②商代已经用海贝作为货币。洛阳的商业文化更为兴盛。《隋书·地理志》云："洛阳得土之中，赋贡所均，故周公作洛，此焉攸在。其俗尚商贾，机巧成俗。故《汉志》云'周人之失，巧伪趋利，贱义贵财'，此亦自古然矣。"洛阳"天下之中"的得天独厚的地理优势使其商业一直保持着发展的势头。商人从其本质上与循规蹈矩的统治秩序相背离。商鞅变法早已限制商人虽富贵不得荣华，国家的爵位必须靠军功获得，说明当时的商人之富已经冲击到正常的政治秩序。汉

---

① 《光州志》卷二九《市集志》，乾隆三十五年刊本。
② 彭邦炯：《商史探微》，重庆出版社1988年版，第269页。

代以重租税困辱商人，规定商人不得穿华贵的丝织衣服，不能乘漂亮的车子，但工商业是致富的捷径，人们看得很清楚，司马迁所录当时流传的民谣"以贫求富，农不如工，工不如商，刺绣文不如倚市门"，说明民众对农工商的特性以及自身生存之道有约定俗成的看法，瞅准时机贱买贵卖最易致富，已是汉代形成的共识。战国秦汉南北朝时期，洛阳既是北方的文化中心，也是商业中心。隋唐时期，横贯南北的大运河给洛阳商业注入了旺盛的生命力。但另一方面，中州自古为兵家必争之地，自魏晋至明清，饱受战争蹂躏，黄河水患也屡屡发生，经济发展的进程往往被阻断。如元朝，其他行省一般都是用汉语，由于蒙古族移民到河南的人数特别多，至元二十九年元朝廷给河南行省下诏令，一律用蒙古语。① 宋元以后，河南的政治中心地位丧失，作为北方内陆省份，工商业发展缓慢，无法与山陕和江浙相提并论。

二 "理学名区"的得与失

明清的河南也有一些藏书家，但无论是藏书家的数量，藏书的规模，或藏书的种类，与吴越均不可同日而语。明代开州（今河南濮阳）人晁瑮以藏书宏富著称。他是嘉靖二十年（1541）进士，官至国子监司业。晁瑮次子东吴，字叔权，嘉靖三十二年（1553）进士，选翰林院庶吉士。父子皆喜藏书，有宝文堂藏书楼，晁瑮著有《宝文堂分类书目》，以上、中、下分之。上卷以御制为首，有总经、五经、四书、性理、史、子、文集、诗词等12目；中卷分类书、子杂、乐府、四六、经济、举止等6目；下卷分韵书、政书、兵书、刑书、阴阳、医书、农圃、艺谱、算法、图志、年谱、姓氏、佛藏、道藏、法帖等15

---

① 《元史》卷一七《世族纪》，第358页。

目。宝文堂还藏有小说、戏曲之类的书籍。

晁瑮有藏书铭曰："曹诚广舍，真庙赐名。丁颙聚书，子孙
縣兴。匪学胡成，非《诗》胡学？蓄斯贻后，珍如浑璞。龟蒙
缉借，张公却鬻。咨我同志，遵此轨躅。鬻为不孝，借亦一痴。
咨我后昆，戒之敬之"，由此可见他对自己的藏书是很珍惜的，
他对子孙兴旺的期盼正寄寓于此。这是中原传统的诗书传家的士
大夫典型。李开先《寄题晁春陵读书屋》有 "读书莫凿匡衡壁，
自有窗前明月光"，可见晁氏书屋在当时颇有名气。但如晁氏藏
书，在中州的私人藏书中为数很少。

地方书院藏书颇丰。万历三十八年，商丘范文正书院创建藏
书楼三楹，与讲堂、文昌楼、文正公祠并峙。辉县百泉书院建立
较早，在当地有较大的影响，吸引了众多学子。

万历六年（1578），辉县知县聂良杞重修百泉书院院舍，购
书 26 部，275 册，置于藏书阁中。26 部书中，除史书 18 部外，
其余为《四书大全》《五经大全》《性理大全》《文章正宗》《大
学衍义》《文章正宗钞》《大学衍义补》《六子》，从一个侧面体
现出北方学术的特色。

中州的书院讲授仍以理学为主。清代初年孙奇逢在辉县百泉
书院讲学授徒，听者甚众，新安魏一鳌、登封耿介都前往学习。
耿介后来又与襄城的李来章、中牟的冉觐祖到嵩阳学院讲学。

中州人仍以理学为自豪。河南李绿园的《歧路灯》堪为典
型。李绿园的祖父李玉琳 "长于春秋"，著有《春秋文汇》，能
作诗。李绿园秉承家学，屡屡提到 "我中州乃理学名区"，《歧
路灯》是将中州作为理学圣地进行描写的。书中第九十五回写
道，谭绍衣从江南丹徒到开封做官，久仰中州人文，到任即寻求
中州文献，赞扬 "中州有名著述很多，如郾城许慎之《说文》，
荥阳服虔所注《麟经》。考城江文通、孟县韩昌黎、河内李义

山，都是有板行世的。至于邺下韩魏公《安阳集》，流寓洛阳邵尧夫《击壤集》，只是名相传，却不曾见过，这是一定要搜罗到手，也不枉在中州做一场官，为子孙留一个好宦囊"。这里流露出的是李绿园发自内心的文化优越感。康熙皇帝曾派河南睢州人汤斌做江宁巡抚，让他以理学的纲常伦理去治理浮华奢侈的江浙，似乎是一个隐喻。中州是传统的中州，而吴越已具有新的生机与活力了。

第二节　吴越文化的辉煌

今日备受瞩目的长江三角洲地区，其历史文脉的主体是吴越文化。中国古代没有"长三角"一词，文人笔下的"江南"往往指的就是长江下游的江浙，亦即先秦的吴越之地。

明清时期的江浙是全国范围内经济、文化最为发达的区域。主要表现在以下几个方面。

一　工商业繁荣

明清时期，江浙的手工业生产和商业发展规模均居全国前列。沿杭嘉湖一带，市镇林立，清中期达 200 多个。① 这些市镇有其特色产品，呈现出专业化生产的特点。乾隆年间市镇最为繁盛，道光年间清朝已开始政治动荡，但江浙市镇依然兴盛。典型如太湖边的盛泽镇，仍是"凡江浙两省之以蚕织为业者，俱萃于是，商贾辐辏，虽弹丸地而繁华过它郡邑"。② 它们成为联结

---

① 陈学文：《明清时期杭嘉湖市镇史研究》附录《宋元明清杭嘉湖市镇沿革表》，北京群言出版社 1993 年版。

② 《江苏省明清以来碑刻资料选集》，三联书店 1959 年版。

农村经济和城市经济的强有力的纽带。中心城市如苏州，晚唐诗人罗隐已有"蜀桑万亩，吴蚕万机"之语，乾隆年间更被称为"东南第一大都会"，① 上自京师，下及各地市场，乃至海外，商贾云集于此。各中心城市自有优势，各得其所。美国学者林达·约翰逊在《帝国晚期的江南城市》一书中说：江南地区最大的城市是苏州、杭州和南京，"在长江下游地区繁荣的背景下，没有哪一个城市能长期居于支配地位，而且没有一座城市能压倒其他城市，即使在它鼎盛时期也做不到这一点"。这是一个比较宽松的经济环境。

　　江浙工商业的繁盛与江浙人头脑灵活、商业意识强是相辅相成，互为因果的。江苏有"钻天洞庭"，浙江有"遍地龙游"，体现的即是民间勤于经商、精于经商的特点。

　　明清时期吴越一带由于工商业的发达，享乐欲望越来越强烈，享乐思潮越来越普及，波及官员、商人、士人、市民乃至乡村，商人可以说是享乐主义最直接、最基本的驱动力。

二　科举昌盛

　　明清两代，吴越地区所出状元与进士在全国遥遥领先。仅以状元为例，明清时期江浙两省中状元的人数占全国的一半以上。在明清政治舞台上唱主角的是江浙人。

　　这自然与社会文化环境密切相关。吴越地区自六朝以后，经济稳步发展，教育氛围浓厚。这种良好的教育生态环境形成之后，成为一种巨大的惯性力量，引导与驱动着区域文化向纵深发展。吴越虽然商业文化发达，但家庭教育与学校教育中毫无例外以科举为中心。

---

　　① 《明清苏州工商业碑刻集》，江苏人民出版社1981年版。

如清代著名的金石学家陆增祥，青少年时，其父卒于京师，在母亲钱夫人的教诲下，继续刻苦攻读，于道光二十四年与其兄陆增福同举于乡，时人以"二陆"尊称。不久，陆增祥的哥哥去世，家道中落，"至是益不支，事母奉寡嫂无进取意"，道光三十年又将会试，他无心赴试，钱夫人严厉斥责道："尔父尔兄皆赍志以殁，今所指唯汝矣！余与汝嫂持十指不至饿死，汝奈何不往?!"陆增祥羞愧满面，即北上京师，终以殿试第一大魁天下。

再如清代昆山徐氏三兄弟（徐乾学、徐秉义和徐元义），自小即得其母顾氏的严厉督课。顾氏是顾炎武的妹妹。据《徐氏家乘》记载，顾氏"性明敏，有远识，夫游学在外，综理家政，条理具备，训子极严"；"所读之书，必令背诵，师或他出，即亲为训读，常潜至书室听子谈论"，听到儿子们讲经史则喜，听见他们谈到博戏之事，即斥责之。徐氏三兄弟不负母望，"课诵恒至午夜不辍，早年即以文才闻名乡里"，后以"同胞三鼎甲"声震全国。

家庭的选婿当然亦以科举之士为首选。宜兴周延儒好学，12岁时，某一乡绅看中了他的才学，就把女儿嫁给他，并请名师教授。19岁果然状元及第。①

这样的人物往往被作为成功者的典范传颂不已。当然，实际的科举道路也很艰难。从家庭长期的经济负担，学子的多年苦读，到考试的各个环节，士人们备受煎熬。②科举制度对士人的精神摧残是有目共睹的。而科举废除后，吴越之地重视文教、重

---

① 《丹午笔记》卷七〇《绅试周延儒作文》。

② 《丹午笔记》卷六九《会元属陶》记载：华亭人董思白参加会试，自负可得会元，考试出场即到关帝庙求签。却早有一人在那里默祷，"问可中会元否"，原来是山阴的陶望龄。发榜后，陶为会元，董列第二。

视启蒙教育的风气却延续下来，近现代吴越出现灿如群星的人才，与吴越之地深厚的文化底蕴密不可分。

三　艺术灿烂

明清时期的江浙地区，工商业发达，文人思想活跃，视野开阔，名闻天下的画家、文学家、戏剧家、书法家、收藏家很多。他们从政治的狭隘圈子里走出来，走进社会，走向下层，贴近生活，回归自身情感，呈现出世俗化、理性化的色彩。

明清时期吴越地区的园林艺术独具特色。私人园林非常盛行，苏州有"城里半园亭"之说，① 标志着这一地域的艺术情趣与审美特点。文人们流连于园林之中，诗酒唱和，蔚为风气。南京结社风气之盛，钱谦益《列朝诗集小传》记述甚详。吴郡顾德辉读书好士，富甲江左。筑园池于西偏，号曰"玉山佳处"，与一帮文人游乐其中，"酌酒赋诗无虚日"。②

苏州戏剧盛行也是当时的一大景观。其中有众多原因，而富商、文人的鼓动无疑是重要因素之一。富商有娱乐的需要，文人有生存的压力，两者很容易结合。明朝以来，文人善于作传奇，"而贵家子弟，豪华自喜，每一篇成，辄自召倡乐，即家开演。计自江以南，达于越郡，家乐之盛，甲于一时"。③ 吴越富贵人家多，家乐的盛行，为文人谋生提供了更多的可能。市民社会的需求也是推动文学创作的巨大动力。明清时期的话本作家基本上是科举不顺的文人，吴越地区发达的教育，不仅为朝廷培养了一批官吏，也培养了一批作家。他们不再埋头于儒家经典的注释，

---

① 顾禄《清嘉录》卷二。
② 《丹午笔记》卷四五《金粟道人》。
③ 陈去病：《五石脂》。

认为历史上众多的人物和事件并不为普通市民所熟知，文人有责任做这种普及工作。湖海士《西湖二集序》云："况重以吴越王之雄霸百年，宋朝之南渡百五十载，风流遗韵，古迹奇闻，史不胜书。而独未有译为俚语，以为劝世人者。"典型如三言、二拍的作者冯梦龙（1574—1646），认为"村夫稚子，里妇贾儿，以甲是乙非为喜怒，以前因后果为劝惩，以道听途说为学问，而通俗演义一种，遂足以佐经书史传之穷"。① 三言是中国古代白话小说的经典作品，由旧本汇辑和新作构成。二拍则基本是他的个人创作，"取古今来杂碎事可新听睹、佐谈谐者，演而畅之"。② 冯梦龙对于商人的看法，对于男女之情的看法，对于民歌的评价，均与传统道德观念明显不同，因而三言流传于世后，在社会上引起强烈的反响，仿其体制创作者云起。明末，人们认为三言、二拍"卷帙浩繁，观览难周"，③ 于是有署名"姑苏抱瓮老人"者（应为苏州人）从中选取四十种，成《今古奇观》。此后，它成为流传最广的白话短篇小说选本。

在这种相对自由闲适的环境中，士人交游广泛，以文会友，思想活跃，放荡不羁。不少"狂士"、"怪杰"出自这一地区，并非偶然。吴县人金圣叹是一位怪才，他"下笔益机辨澜翻，常有神助，然多不轨于正，好评解稗官词曲，手眼独出。初批《水浒传》行世，昆山归元恭（庄）见之曰：'此倡乱之书也！'继又批《西厢记》行世，元恭见之又曰：'此诲淫之书也！'顾一时学者，爱读圣叹书，几于家置一编。而圣叹亦自负其才，益肆言无忌"。④ 金圣叹以文采惊世，在当时有很大的影响。"尝谓

---

① 《冯梦龙全集》第三卷，江苏古籍出版社1993年版。
② 《二刻拍案惊奇小引》。
③ 笑花主人：《今古奇观序》。
④ 《柳南随笔》卷三。

世有才子书六，盖《离骚》《庄子》《史记》《杜诗》，及施耐庵《水浒传》、王实甫《西厢记》也。遍加评语，议论透辟，识见精到，谓为金批。盛行吴下。"① 金圣叹的所作所为以及文人对他毁誉参半的评价，"金批"的"盛行吴下"，都表现了吴越之地浓郁的艺术氛围。

江浙的高濂、唐寅、王宠、何良俊、陈束、屠隆、沈明臣、汪道昆等人都出身商家。他们大多依恋城市氛围，熟悉商家生活，毫不掩饰对美色和金钱的追求，主张在世俗中寻求人生的乐趣。他们创作的小说和戏曲，广泛而深刻地表现了江南的市井生活，塑造了众多工商业者的形象。其作品多追求人的本真状态，追求赏心悦目，如冯梦龙在《挂枝儿·别部》中所说，他欣赏的是"最浅最俚亦最真"的民歌。此时艺术创作已经商品化，不可避免地出现一些迎合市民低级趣味的书画。但大多数恃书画诗文为生的文人有一身正气和傲骨，流淌于他们笔下的仍是对社会、对民生疾苦的深切关注。

四 收藏之风盛行

盛行江浙的收藏之风，是经济和文化发展到一定程度的产物。收藏之风源自宋代，为南渡遗风，而此后的苏州收藏之风最盛，引领当时风气。顾亭林在《肇域志》中提到："苏人以为雅者，则四方随而雅之；俗者，则随而俗之。其赏识品第本精，故物莫能违。"当时著名的收藏家吴宽（1435—1504），明成化八年（1472）会状连捷，以藏古名砚、藏宋元古书画名满收藏界。慕名请其题跋古书画者络绎不绝，仅在《匏庵家藏集》中有记录的即有近百幅。吴宽父亲吴孟融是苏州有名的商人，经商发家

---

① 《新世说》卷六。

后，将在明初兵燹中毁坏的吴氏老宅房屋修缮一新，名之曰"东庄"，此宅乃五代吴越国钱元璙、钱文奉父子别业遗址，可见吴家财力之雄厚。根据现藏南京博物院的沈周所绘《东庄图》册页可知，内有振衣岗、耕息轩、朱樱径、知乐亭、全真馆、艇子浜、鹤洞、拙修庵、折桂桥等24景。吴宽正是在父辈家富饶财的基础上得以读书、仕进，并大量收藏古物。

实力雄厚的徽商在吴越之地的收藏中也起到了重要作用。时有"独有徽人偏笃爱，重金无吝购娱珍"之语。① 苏州画家多，画作自然水平不一。明末范允临曾在《输蓼馆集》中说："今吴人目不识一丁，不见一古人真迹，而辄师心自创。惟涂抹一山一水，一草一木，即悬之市中，以易斗米，画那得佳耶！"② 这是平庸之作。即使大家之作，人们也有一个认可的过程。精明的徽商眼力过人，从书画中获利颇丰。安徽休宁人詹景凤在《东图玄览》附编中写道："太史（指文征明）短幅小长条，实为本朝第一，然太史初下世时，吴人不能知也，而予独酷好。所过偶有太史画无不购者，见者掩口胡卢，谓购此乌用，是时价平平，一幅多未逾一金（即一两银子），少则但三、四、五钱耳。予好十余年后，吴人乃好，又后三年，而吾新安人好，又二年而越人好，价埒悬黎矣。"

裱画亦以苏州最精。明周嘉胄在《装潢志》中称："装演能事，普天之下，独逊吴中。"苏州裱画以选料精良、配色素雅、装制熨帖、经久不脱为特色，因而被称为"苏裱"，正如明代胡应麟在《少室山房笔丛》中所说的那样："吴装最善，

---

① 方承训：《复初集》卷一四。
② 张继馨、戴云良：《吴门画派的绘画艺术》，北京燕山出版社2000年版，第198页。

他处无及。"

五　私人藏书楼众多

书籍的大量刻印与流传，是明清时期江浙文化发达的显著标志。文化发展，读书人多，所以书业兴盛，书市兴盛。明中期，苏州印刷的书籍质量最好。时人谓："当今刻本，苏常为上，金陵次之，杭又次之。"[1] 明代"凡刻之地有三：吴也、越也、闽也。蜀本宋最称善，近世甚稀。燕、粤、秦、楚，今皆有刻，类自可观，而不若三方之盛"。[2] 三处即苏州、杭州和建阳，而苏州为首。明代书市集中在四个地方："今海内书，凡聚之地有四：燕市也，金陵也，阊阖也，临安也。"[3] 吴越一带有不少商人世代以刻书、贩书为业。

藏书是一种文化现象，与一个地区的经济发展、人文传统密切相关。明清时期的私人藏书以吴越为最。据学者统计，明代除藩王藏书外，知名藏书家有 358 人，其分布地域大致如下：

江苏　　142 家；

浙江　　114 家；

福建　　22 家；

江西　　20 家；

上海　　19 家（华亭，今松江统计在内）；

山东　　7 家；

安徽　　7 家；

河南　　6 家；

---

① 胡应麟：《少室山房笔丛》甲部《经籍会通》四。
② 胡应麟：《少室山房笔丛》卷四，上海书店 2001 年版。
③ 同上。

广东　　4 家；

山西　　4 家；

陕西　　2 家；

广西　　2 家；

湖北　　2 家；

四川　　2 家；

河北　　2 家；

云南　　1 家；

海南　　1 家；

甘肃　　1 家。①

据统计，吴越有 275 位知名藏书家，全国其他各省的藏书家总共 58 位。

清代吴越藏书更多。乾隆三十八年三月二十九日上谕："遗籍珍藏，固随地俱有，而浙江人文渊薮，其流传较别省更多……联东南从前藏书最富之家，如昆山徐氏之传是楼，常熟钱氏之述古堂，嘉兴贡氏之天籁阁、朱氏之曝书亭，杭州赵氏之小山堂，宁波范氏之天一阁，皆其著名者。余亦指不胜屈，并有原藏书目至今尚为人传录者。"② 就乾隆修书时征集图书的情况，大致可看出各省藏书之家的悬殊。据黄爱平所作《各省进呈书籍总数统计表》，《四库全书》修书期间，百种以下者不计，江苏进呈书籍达 4804 种、浙江 4600 种、江西 1042 种，安徽 516 种、山东 366 种、直隶 238 种、福建 213 种、河南 113 种、山西 103 种。

江浙书院众多，其中的藏书颇丰。如浙江慈溪慈湖书院为宋

---

① 王河主编：《中国历代藏书家辞典》，同济大学出版社 1991 年版。

② 见《纂修四库全书档案》，上海古籍出版社 1997 年版，第 70 页。

元旧院，嘉靖年间重修时建有横经阁，专门用于藏书；杭州虎林书院有藏书楼，与明贤堂、友仁堂、博士孝廉厅、会馔延宾所等建筑并峙；绍兴稽山书院有尊经阁。

万历年间，东林书院藏书五部四套三十四册，五部书为《文公家礼》《朱子册议》《朱子年谱》《朱子说楚词》《朱子注释韩文全集》，全部与朱熹有关。

江浙的私人藏书也是一大文化景观。

宋濂（1310—1381），浙江金华人，朱元璋的股肱重臣，明初礼乐制度的制定多出其手。宋濂从少年时代的借书以读到成为明初著名的藏书家，经历了不少艰辛。他在《送东阳马生序》中称："余幼时即嗜学。家贫，无从致书以观，每假借于藏书之家，手自笔录，记日以还。天大寒，砚冰坚，手指不可屈伸，弗之怠。录毕，走送之，不敢稍逾约。以是，人多以书假余，余因得遍观群书。"① 后受经浦江义门郑氏，"以其家九叶同居，乃愿卜邻焉"，毅然从金华迁居浦江，"相地于仁义里孝门桥之上"，在青萝山上筑青萝山房。② 据祁承《澹生堂藏书约·藏书训略》称："宋文宪公读书青萝山中，便已聚书万卷。"或说宋濂"始自潜溪徙浦江，得郑氏藏书八万卷，居青萝山中，日讲明而切究之"。③ 一般认为，明初私人藏书，可与朱氏诸藩王府比肩者，首推宋濂。

不幸的是，后来宋濂长孙宋臣被列入胡惟庸案，全家被流放四川茂州，书亦散失。清人戴殿泗《风希堂诗集》卷四《风希堂图后歌》有注云："宋潜溪自金华迁居浦邑，所居曰青萝山

---

① 《宋文宪公全集》卷三二，《四部备要》本。
② 《萝山迁居志》。
③ 吴晗：《江浙藏书家史略》，引戴殿泗《风希堂文集》卷二《宋文宪公全集序》。

房，与义门郑氏邻，藏书最富。余尝至其地，平冈蔓草，片瓦无存，盖自公西徙，宅已全毁矣。"

叶盛（1420—1474），昆山人。喜抄书，藏书。25 岁中进士，官至吏部左侍郎。钱大昕《江雨轩集跋》称，叶盛"藏书之富甲于海内，服官数十年，未尝一日辍书，虽持节边徼，必携钞胥自随。每钞一书成，辄用官印识于卷端，其风流好事如此"。叶盛生前欲建藏书楼，并取名菉竹堂，未成，其玄孙叶恭焕建成，王世贞为之作《菉竹堂记》，称叶盛"生平无他嗜好，顾独笃于书，手自抄雠，至数万卷"。诸家记载与叶盛手订《菉竹堂书目》相合。叶盛有《书橱铭》遗训曰："读必谨，锁必牢，收必审，阁必高"，严厉告诫子孙"借非其人亦不孝"。

私人藏书的种类因主人的喜好而各具特点。钱同爱（1475—1549），字孔周，号野亭，长洲（今江苏苏州）人。家富有，有园林之胜，常常宾朋满座聚会，肆陈图籍。钱同爱"性喜蓄书，每饼金悬购，所积甚富。诸经子史之外，山经地志、稗官小说，无所不有，而亦无所不窥。尤喜左氏、司马、班、扬；至所不喜，虽世指以为切要，而君未始一注目也"。[①]家族藏书的特点与家族文化的特征有重要关联。

以家有藏书而自豪，甚至放弃仕途以诗书自娱的人，在江浙大有人在。如何良俊（1506—1573），华亭（今上海市松江县）人。他由贡谒选授南京翰林院孔目，此官职与其性格不合，他好谈兵，以经世自负，浮沉冗长，郁郁不得志，每喟然叹曰："'吾有清森阁在东海上，藏书四万卷，名画百签、古法帖鼎彝数十种。弃此不居，而仆仆牛马走，不亦愚而可笑乎？'居三

---

① 文征明：《甫田集》卷三三《钱孔周墓志铭》，影印文渊阁《四库全书》本。

年，遂移疾免归。"① 何良俊收藏戏曲亦富，自称家藏杂剧本凡三百种。明代因避倭寇之难而到吴地，藏书随之遗失。

晚清时期江苏常熟瞿氏的铁琴铜剑藏书楼经历五代传人，在江南被传为佳话。瞿氏所藏书均为宋元旧本，尤以经书为精。瞿镛（1794—1846）是铁琴铜剑楼发展中的关键人物。他继承先世遗志，竭力搜集书籍，曾得到铁琴一、铜剑一，所以定藏书楼名曰铁琴铜剑楼。嘉庆道光年间，明朝及清朝建国以来各家收藏之书出卖者很多，他出重价购买，藏于楼中。② 后来他的儿子敬之、睿之请人住在家中校雠，最后编成《铁琴铜剑楼书目》，著录图书 1300 余种。

1860 年战乱之时，瞿氏子孙"抱书出亡，散失宋元本卷以千计，如宋刊《前、后汉书》《晋书》《通典》《丽泽论说集录》《邓析子》《窦氏联珠集》等"，另外还有明刊本及钞本、校本，以及当时未入书目的明清人著述，书籍损失了十分之三，所幸大部分得以流传。

私人藏书需要雄厚的财力和大量的时间，藏书家自然以富有者居多，他们有一定的经济实力。家族世代传书靠的是传统道德，孝道的力量。但吴越之地也有不少家境贫寒，而以藏书为乐的家族。

吴越藏书楼众多，读书人多，藏书的人家之间互相交流书籍，世代相传，耳濡目染，士人的知识面广，学问根基扎实，造就了一批又一批的大家。如全祖望"性好聚书，弱冠时登范氏天一阁、谢氏天赐阁、陈氏云在楼，遇希有之本辄借钞"，到京师后仍抄书不辍，后来回乡，"重登天一阁借钞不辍，家益贫，

---

① 钱谦益：《列朝诗集小传》丁集上《何孔目良俊》。
② 叶昌炽：《藏书记事诗》卷六《瞿绍基荫棠》，上海古籍出版社 1989 年版。

饔飧或不给，冬衣袷衣，唯韩江马氏稍周济之"。① 全祖望的饱学源自吴越之地私人藏书的丰富与他本人坚强的毅力。

　　从工商业发达，到文人的诗酒唱和，科举入仕；从民间的读书、刻书、藏书，到收藏古玩，戏剧为盛，这便是明清时期活跃的吴越文化。重量级的文学家、画家、收藏家以及经学家、史学家、思想家大多出于这一区域，既得益于这种相对自由宽松的文化氛围，又给文化以深刻的影响。吴越文化至明清时期展示了它最为光辉的一面。

---

　　① 《铁桥漫稿》卷七。

下　编
文　化　比　较

　　中州文化博大精深，源远流长。它具有根源性、辐射性、延续性的特点。"天下之中"的独特地理优势带来了它早期的辉煌。从商都宫殿的大屋顶，甲骨文自右至左的书写习惯开始，到汉代中州确立的礼乐制度，铸就的自强不息、积极进取的民族文化精神，中州从物质文化到精神文化，其内涵是厚重的，其影响是深远的。它具有鲜明的政治文化特色。

　　吴越之地早在远古便与中州并驾齐驱，创造了辉煌的史前文化。伍子胥的忠义，勾践的卧薪尝胆，尚剑之风，在吴越之地一直流传。一直到鲁迅、秋瑾，固然有其个人独特的艺术气质，但不可否认地域文化的基因。"以柔弱胜刚强"是勾践的制胜秘诀，是老庄道家哲学在政治上的成功运用。《三国志》本传评价孙权曰："屈身忍辱，任材尚计，有勾践之奇，英人之杰。"后世长期沿袭的钱江弄潮显示的仍是吴越人"以船为车，以楫为马，往若飘风"的英武形象。

　　中州文化质朴刚劲、政治色彩鲜明，是汉民族的本原文化。吴越文化柔韧优雅，富于艺术情趣，是南北文化的结晶。多元一体，互动互补，此消彼长，生生不息，这就是中华文化的生存与发展之道。

第 六 章

移民与文化传播

人口流动是古代文化交流最重要、最便捷的方式。移民是区域文化发展变化的重要因素。移民的定义，学术界较严格的界定是指"具有一定数量，一定距离，在迁入地居住了一定时间的迁移人口"，[①] 较宽泛的表述则为"除灾荒及政府因政治、经济、军事原因而组织的移民外，还应包括居官、经商、戍守、避难而卜居他乡的人口"。[②] 从文化交流和融合的角度而言，后一种情况显然更能够包容和反映中国历史的常态。特定时期的大批移民可以对某一地区的制度和风俗带来决定性的影响，足以改变原有的区域文化风貌。而出于各种原因形成的人口迁徙，可以说无时不有。这些移民如涓涓细流，在融入异乡文化的同时，其原有习俗也给当地带来潜移默化的影响。

中国古代的南北文化交流中，中州和吴越是两大重要区域。西晋到东晋，北宋到南宋，朝廷搬家，衣冠南渡，百姓迁徙，这两次意义重大的南迁是中州与吴越的对接，中州文化从宫室制度到民间风俗整个移植到吴越。永嘉南渡促成了中国文

---

① 葛健雄等：《简明中国移民史》，福建人民出版社1993年版，第1页。
② 任崇岳：《中原移民简史》，河南人民出版社2006年版，绪论。

化重心第一次由北向南的大转移，宋室南迁则使吴越逐渐成为全国范围内经济、文化的中心。而南人的北上，则以西晋、北魏、隋唐、北宋初年的贵族、文人、商人、艺人为最著。除此之外的北人南下，南人北上，人数之众，次数之多，难以统计。移民强有力地促进了中华文化的整体发展，推动了社会的前进。

第一节　"南人多是北人来"：北人南下

宋人韩淲有诗曰："太湖渺渺侵苏台，云白天青万里开。莫到吴中非乐土，南人多是北人来。"①"南人"、"北人"，是南北朝时期随着南北长期对峙才广泛使用的称呼。所谓"南人"、"北人"，一般以长江为界。北人南下与南人北上，实际上早在先秦便已经开始了。

中州因地处九州之中而得名。它是华夏族重要的发源地与核心地区。从春秋战国群雄逐鹿中原起到唐宋时期，中州往往是主战场。中州人南下成为经常的现象。

吴越地处长江下游，远离中原战火，自然条件比较优越，因而成为北人的避难所。吴越地区移民之众，在古代中国是令人瞩目的。明清时期吴越一带成为工商业最发达、思想最活跃的地区，与移民之众多有密切的关系。

一　太伯奔吴与范蠡奔越

太伯奔吴在江南文化史中应当说具有开创性的意义。这是中原文化与江南文化的首次整合。

---

① 韩淲：《涧泉集》卷一七，（台湾）商务印书馆1983年版。

关于太伯奔吴，《史记·吴太伯世家》记载曰：

> 吴太伯、太伯弟仲雍，皆周太王之子，而王季历之兄也。季历贤，而有圣子昌；大王欲立季历以及昌，于是太伯、仲雍二人乃奔荆蛮，文身断发，示不可用，以避季历。季历果立，是为王季，而昌为文王。太伯之奔荆蛮，自号句吴。荆蛮义之，从而归之千余家，立为吴太伯。太伯卒，无子，弟仲雍立，是为吴仲雍。

太伯、仲雍奔吴，有同化于吴地习俗的一面，与此同时，北方文化也强有力地影响到东南地区。中原的筑城技术便推动了吴地城堡的出现乃至日后城市的发展。据《吴越春秋·吴太伯传》记载：太、仲奔至江南，"数年之间，民人殷富。遭殷之末世衰，中国侯王数用兵，恐及于荆蛮，故太伯起城，周三里二百步，外郭三百余里，在西北隅，名曰故吴，人民皆耕田其中"。太伯所建之城规模不大，但有此基础，才会有日后的吴大城、吴小城。筑城守卫之术本是中原地区战争频繁的产物。北方草原游牧民族逐水草而居，不擅此术，汉朝初年的晁错曾比较游牧部落与农耕民族的不同曰：胡人"非有城郭田宅之归居，如飞鸟走兽于广野……往来转徙，时来时去，此胡人之生业，而中国之所以离南亩也"。[①] 是否拥有"城郭田宅"是区分北方游牧部落与中原农业民族的重要标准。而东南的吴越水乡与中原对于"城郭田宅"的依赖性是一致的，因而中原的筑城技术及政治、军事理念得以在吴越生根与发展。此后，楚人申公巫臣、伍子胥，齐人孙武，在吴国均发挥了无可替代

---

① 《汉书·晁错传》。

的作用。

越国大夫范蠡是中原宛（今河南南阳）人，他在越国强盛过程中的重要作用是人所熟知的。在越王勾践国破家亡之际，他倾尽全力为之谋划，帮助勾践实现了复国之梦。他与勾践的对话中，屡次论及德、天、阴阳等概念，强调"因阴阳之衡，顺天地之长，柔而不曲，强而不刚"，① 将中原以及楚地的政治与军事理论成功地运用于越国的实践之中。

计然也是越国著名的谋士，据说他是葵丘濮上（今河南兰考一带）人。计然在经济理论上有其独特的一套。他认识到商品"贵上极则反贱，贱上极则反贵"的价值规律，主张"贵出如粪土，贱取如珠玉"，② 使货币迅速周转，获取更多的利润；还主张"农末俱利，平粜齐物"，使农业与商业正常发展，农民和商人共同得益。据《史记·货殖列传》记载，计然的理论在越国推行十年，国家大富，为争霸中原奠定了基础。

太伯奔吴与范蠡、计然、文种等奔越带来了中原的礼乐文化与政治谋略、军事理论。这是北方政治文化的结晶，是当时的东南地区所缺乏的。吴国、越国的发展与强盛，中原士人功不可没。

同样，东汉末年中原著名学者蔡邕到会稽等地避难十余年，将中原的经学、音乐传到这里，而在返回洛阳时，又将当地学者王充的《论衡》带回去，在中原学者中引起了强烈的反响。《后汉书·王充传》注引《袁山松书》曰："充所作《论衡》，中土未有传者，蔡邕入吴始得之，恒秘玩以为谈助。其后王朗为会稽太守，又得其书，及还许下，时人称其才进。或曰：不见异人，

---

① 《国语·越语下》。
② 《史记·货殖列传》。

当得异书。问之，果以《论衡》之益。由是遂见传焉。"这种学术的传播与交流更是值得重视的文化现象。

二 北人的三次大规模迁徙

西晋末年永嘉之乱，唐朝中期安史之乱，北宋末年靖康之难，黄河流域备受蹂躏，北方人民纷纷南迁，形成了三次大的移民浪潮。其中永嘉南渡与宋室南渡对吴越文化影响最大。

永嘉南渡 西晋末永嘉（307—313）年间，北方少数民族如潮水般涌入内地，战乱频仍，导致中原民众大规模南迁。《晋书·王导传》所谓"洛京倾覆，中州士女避难江左者十六七"，并非虚言。仅西晋末年南迁的中州士族，可考者即有 30 余家，主要有陈郡、颍川、陈留、荥阳、汝南、南阳、河内等郡的士族，其中陈郡有王、谢、袁、陈、殷、邓六姓，颍川有庾、钟、荀、韩四姓，陈留有蔡、江、范、阮四姓，荥阳有郑、毛两姓，汝南有周、应、李三姓，南阳有范、乐、刘、张、庾、宗六姓，新蔡有干、毕二姓，河内有郭、王、山三姓，洛阳有褚氏一姓，濮阳有吴氏一姓。[1] 其中陈郡谢氏、颍川庾氏迁往会稽，陈留阮氏迁往剡县，河内山氏到余姚，濮阳吴氏到吴兴。有的家族以平安为主，就近迁徙，聚族而居。如"世居江陵"的有南阳淯阳（今河南南阳市宛城区甫）乐氏（东晋乐广之后），[2] 南阳涅阳（今河南邓州市东北）宗氏，[3] 南阳涅阳刘氏等。[4] 有的人家则

---

① 王大良：《宁化石壁与客家民系渊源》，《宁化石壁与客家文化学术讨论会论文集》，中国华侨出版社 1998 年版，第 147 页。

② 《梁书》卷一九《乐蔼传》。

③ 《宋书》卷九三《隐逸传·宗炳》、《南齐书》卷五四《高逸传·宗测》、《梁书》卷一九《宗夬传》。

④ 《南齐书》卷五四《高逸传·刘虬》。

长途跋涉，辗转迁往今安徽、江西、福建一带。[1]

值得注意的是，从洛阳到陈留、梁地以及颖川、南阳这一带正是东汉全国范围内士人聚集、士风异常活跃、文化最为发达的地区。洛阳毁于战火，中州士族流离本土，文化资源自然削弱。而江南的吴越此时则成为北方士族最为集中的地区。

吴越一带迁入的北方各地士族，以琅琊王氏、陈郡谢氏最为著名。北方王、谢等高门士族有敏锐的政治眼光，他们随王室迁移，与晋王朝共命运，时刻图谋新的发展，延续其家族的政治地位和文化优势。他们显然在政治上要风光许多。王导在东晋王朝建立过程中发挥了特殊的作用，"王与马共天下"的政治格局为王氏子孙的仕途奠定了坚实的根基。寓居建康的琅琊王氏中，王昙首、王僧虔、王志三代"世居建康禁中里马蕃巷"，[2] 马蕃巷和乌衣巷诸王又有区分，乌衣贱而马蕃贵。[3] 吴县有王钦、王华父子。[4] 王伟之于东晋末为乌程（今浙江湖州市）令，儿子王韶之"因居县境"。[5] 余杭县（今杭州市余杭区西南）有王氏的另一支王敬弘。[6] 王随之（祖籍琅琊临沂）及子镇之、弘之，家都在上虞县（今浙江上虞市），王弘之后来又筑室于始宁（今上虞市西南）。[7] 从建康到乌程、余杭、上虞、会稽，王氏子孙为数甚众。

陈郡阳夏（今河南太康县）人谢衡于西晋末率谢姓宗族迁往江南后，谢氏家族名人辈出。唐代谢肇所写《谢氏宗支避地

---

① 任崇岳：《中原移民简史》，河南人民出版社 2006 年版，第 53—56 页。
② 《梁书》卷二一《王志传》。
③ 《南齐书》卷三三《王僧虔传》。
④ 《宋书》卷六三《王华传》。
⑤ 《宋书》卷六〇《王韶之传》。
⑥ 《宋书》卷六五《王敬弘传》。
⑦ 《宋书》卷九二《王镇之传》，卷九三《王弘之传》。

会稽序》曰："西晋祭酒公衡，又本于阳夏。永嘉不靖，来寓于始宁（今浙江上虞）至太傅安石，大元帅万石，诚为江左望族。"谢氏的代表人物谢安"寓居会稽"，到40余岁，看到谢氏家族不振时才出山。① 谢氏的另一支谢冲"家在会稽"，其子方明后任会稽太守，并卒于此任，② 自然还是住在会稽。谢灵运亦居住在会稽。谢家以政治家、军事家、文学家为多，谢安、谢混（谢安的孙子）、谢晦（谢安之兄谢据的曾孙）均为宰相，谢玄、谢石、谢尚、谢万是军事家，谢道蕴、谢灵运是著名的文学家。

如琅琊王氏、陈郡谢氏一样，许多北方人流落到江南后，世代居住于此。南朝陈高祖之祖父为颍川（今河南禹州市）人，永嘉时南渡，至陈达山为长城（今浙江长兴县东）令，"悦其山水，遂家焉"。③ 江总祖籍济阳考城（今河南民权县东北），其七世祖于东晋时卜居山阴（今浙江绍兴市）都阳里，"贻厥子孙，有终焉之志"。④ 太原中都（今山西平遥市西南）人孙统、孙绰兄弟南渡后定居于会稽。⑤ 鲁郡鲁（今山东曲阜市）人孔淳之也住在会稽。⑥

有的家族迁徙更早。如山阴孔氏的由来，据《晋书·孔愉传》载："孔愉字敬康，会稽山阴人也。其先世居梁国。曾祖潜，太子少傅，汉末避地会稽，因家焉。祖竺，吴豫章太守。父恬，湘东太守。从兄侃，大司农。俱有名江左。"孔氏自东汉末年便避难会稽，此后逐渐显赫。据学者统计，孔氏任侍中者有：

---

① 《晋书》卷七九《谢安记》。
② 《宋书》卷五三《谢方明记》。
③ 《陈书》卷一《高祖记》。
④ 《陈书》卷二七《江总记》。
⑤ 《晋书》卷五八《孙楚传》。
⑥ 《宋书》卷九三《隐逸传》。

孔愉、孔坦、孔汪、孔安国、孔琳之、孔靖（季恭）；任仆射者3人；任吴兴太守者5人；任会稽内史者3人。①

较之这些官宦之家或比较殷实的中等人家，普通民众的南下更是艰辛。魏晋南北朝时期的江南，较之白骨遍野的中原自然是乐土，而北方南下的普通百姓缺乏家族势力与财力的支撑，迁徙过程中饱受颠沛流离之苦，一些平民甚至被晋朝边将当作俘虏，掠至江南作为奴隶买卖。有人曾向镇守京口（今江苏镇江）的谢玄进言："胡亡之后，中原子女鬻于江东者不可胜数，骨肉星离，荼毒终年……顷闻抄掠所得，多皆相饥人。"②

安史之乱及唐宋之际 中州是唐代"安史之乱"的重要战场之一，兵火所及，百姓纷纷逃难。"三川北虏乱如麻，四海南奔似永嘉"，③李白的诗句形象地反映了安史之乱后中原生灵涂炭、民众四散逃奔的情景。在《为宋中丞请都金陵表》中，李白又写道："今自河之北，为胡所凌；自河之南，孤城四垒。……天下衣冠士庶，避地东吴。永嘉南迁，未盛于此。"前边是"似永嘉"，这里简直是"过永嘉"了。从李白的诗文可知，中州是"孤城四垒"，民众留居者必据城拼死以守，而多数士民则相继逃命。于邵《河南于氏家谱后序》称："自天宝末……中原失守，族类逃难，不南驰吴越，则北走沙朔，或转死沟壑。"吴越再次成为北方移民的聚居区。《旧唐书·权德舆传》载：两京危急，"士君子多以家渡江东"。

安史之乱中，苏州治所吴县移民众多。时人言"衣冠南避，寓于兹土，三编户之一，由是人侨杂，号为难治"。④北方移

---

① 张承宗、孙中旺：《会稽孔氏与晋宋政治》，《浙江学刊》2000 年第 5 期。
② 《晋书》卷八四《殷仲堪传》。
③ 《永王东巡歌》。
④ 《吴县令厅壁记》，载《全唐文》卷五一九，第 2335 页。

民竟占当地人口的三分之一，可见移民数量之多。天宝时苏州有人口 63 万余，[①] 若此语可信，那么移民当有 20 万左右。这些移民中有的家族家业相继，有迹可寻，如郑戬祖先于唐末自北方定居吴下，以后世代为吴县人。[②] 更多的家族从此一蹶不振，"唐末五代之乱，衣冠旧族多离去乡里，或爵命中绝"，后世不显。[③]

除战乱导致的大规模移民外，还有种种特殊情况下的移民。如弘农（今河南灵宝县境）人杨承休、杨岩父子在天佑时出使江南，道阻不得归，留居杭州。[④] 杜氏的祖先五代时"南渡至会稽，乐其风土，因居焉"。[⑤] 襄阳人皮日休和其子光业也在此期间迁入越州。[⑥]

五代人史虚白认为，"江南称为文物最盛处"的原因，在于"天下瓜裂，中国衣冠多依齐台（指南唐创立者李果)"。[⑦] 当时有"好向吴朝（指吴国）看，衣冠尽汉庭"[⑧] 的诗句，可见中原移民人数之多，对吴越文化影响之深。

靖康之难　宋靖康元年（1126）正月，金兵大举南下，攻至黄河北岸，沿途官吏多弃城而逃，百姓纷纷携家南下，"士庶携老提幼，适汝（州，治今河南汝州市）、颍（州，治今河南许昌市）、襄（阳府，治今湖北襄樊市）、邓（州，治今河南邓县）逃避者莫知其数"。[⑨] 庄绰曾记载当时的凄凉情景："建炎元年

---

① 《新唐书》卷四一《地理志》，第 1058 页。
② 胡宿：《文恭集》卷三六《郑公墓志铭》，四库全书本。
③ 李焘：《续资治通鉴长编》卷一〇三，任宗天圣三年四月，浙江书局本。
④ 《十国春秋》卷八五《吴越九·杨岩传》，第 1240 页。
⑤ 李光：《庄简集》卷一八《杜府君墓志铭》，四库全书本。
⑥ 王象之：《舆地纪胜》卷一〇。
⑦ 史虚白：《钓矶立谈》，知不足斋丛书本。
⑧ 齐己：《送徐秀才游吴国》，《全唐诗》卷八四一，第 9500 页。
⑨ 《三朝北盟会编》卷六四，靖康中帙三九。

秋，余自穰下（指今河南南阳市邓州穰东）由许昌以趋宋城（今河南商丘县），几千里无复鸡犬。"① 由于朝野混乱，人心惶惶，大臣吕颐浩、张浚甚至商议将中原人民尽徙于东南。② 这当然是一种不切实际的想法，但由此可见当时形势之严峻，及开封一带南下民众之多。还有大批民众被金军驱掠入今东北等地，仅在开封一地，"华人男女，驱而北者，无虑十余万"。③ 中州实多灾多难之地，屡受重创，屡伤元气。

江浙再度成为移民聚居的地区。建康府（今南京），南宋初年曾一度作为高宗驻跸地，定都临安后又以其为留都并在此驻重兵，许多老百姓亦寄寓于此。嘉定五年（1212）黄度奏文说："留都繁会之地，四方失所流徙之民往往多聚于此。"④ 平江府外来人口极多，甚至超过本地人口。

临安经农民起义和金兵烧杀掠夺后，人口锐减，"户口所存裁十二三，而西北人以驻跸之地，辐辏骈集，数倍土著"。⑤ 临安一时成为北方人的天下。

南宋时期，朝廷对于北方移民采取保护措施，给予他们一些土地，鼓励垦荒。"荆湖、江南与两浙上腴之田，弥亘数千里，无人以耕，则地有遗利，中原士民扶携南渡，不知其几千万人，则人有余力。"⑥ 南迁的北方人开垦荒田，促进了农业经济的发展。

北方人定居于南方，除战乱的因素外，南北经济生活的差异

---

① 《鸡肋编》卷上，第21页。
② 《建炎以来系年要录》卷二三，建炎三年五月戊寅朔，第481页。
③ 《建炎以来系年要录》卷四，建炎元年四月辛酉，第92页。
④ 《景定建康志》卷二三。
⑤ 《建炎以来系年要录》卷一七三。
⑥ 《建炎以来系年要录》卷八六，绍兴五年闰二月壬戌。

也是一个原因。有的人在吴越地区做官后，携家定居于此，不再北返。北宋人王禹偁指出"于时宦游之士，率以东南为善地，每刺一郡，殿一邦，必留其宗属子孙，占籍于治所"，所以"吴越士人多唐之旧族耳"。① 如太原杨遗直定居苏州，以"讲学为事"，其子杨发、杨假、杨收、杨严均进士及第，有名于世。② 这样的家族很多。宋元间人郑思肖曾在其《集大义略叙》中评论南北经济差异曰："杭、湖、苏、秀，不与贼战，虏掠之后，民虽虚空，幸丁丑至壬午，岁岁薄捻……北地有安定府最为繁华富庶，有南人北游，归而言曰：'曾不及吴城十之一二。'他州城郭，更荒凉不可取。宜乎北人来南，遇有所见，率私欢喜磋讶……所以挞人仰望江南如在天上，互乎谋居江南之人，贸贸然来。"当时的碑文载曰："凡游富于江南者，无曰岁久与否，往往利其庶饶，辄恋谬忘归。"③ 北方民众基于生存与发展的需要留在江南，官吏亦留恋江南。元朝至元二十三年（1286）四月，朝廷的诏令中明确提到"从官南方者秩满多不还"，下令"遣使尽促北还"。④ 明清时期苏州城中多外来商人，康熙曾说："朕行历吴越州郡，察其市肆贸迁，多晋省之人，而土著者益寡。"⑤ 北方人到吴越者几乎社会各阶层都有。

第二节　南人北上

南人北上一般为贵族或文人，大多出于政治上的原因。较之

① 《小畜集》卷三〇《柳府君墓碣铭》。
② 《旧唐书》卷一七七《杨收传》。
③ 《归田类稿》卷一一《章邱杨氏先茔碑铭》。
④ 《元史》卷一四《世祖纪》，第289页。
⑤ 《清圣祖实录》康熙二十八年二月。

北人南下，人数远远为少，但也给北方文化带来了新的因素。

一 两晋南北朝时期

经过西晋末年的连年战乱，洛阳成为一片废墟。晋义熙十二年（415），刘裕率晋军进入洛阳，所到之处"城阙为墟……廛里萧条，鸡犬罕音"。① 洛阳成为北魏首都后，不断修建，南朝有不少逃亡宗室、贵族和官员定居于洛阳。《洛阳伽蓝记》记洛阳移民曰：

> 永桥以南，圜丘以北，伊、洛之间，夹御道东有四夷馆，一曰金陵，二曰燕然，三曰扶桑，四曰龟兹。道西有四夷里：一曰归正，二曰归德，三曰慕化，四曰慕义。吴人投国者处金陵馆，三年以后，赐宅归正里。……北夷来附者处燕然馆，三年以后，赐宅归德里。……东夷来附者处扶桑馆，赐宅慕化里。西夷来附者处龟兹馆，赐宅慕义里。自葱岭以西，至于大秦……商胡贩客，日奔塞下……因而宅者，不可胜数。②

洛阳城南的归正里，民间称为"吴人坊"，这里居住的伊洛三千余家，"自立巷市，所卖口味，多是水族"，将南方的生活方式带到了北方。

南北朝时期流徙者众多，民族矛盾突出，士族之间的关系比较微妙。永嘉之乱，大族南迁者众，但北方毕竟为故土，也有一些家族留居北方。其中不少人仕于少数民族政权，但他们内心有

---

① 傅季友：《为宋公至洛阳谒五陵表》，《昭明文选》卷三八。
② 《洛阳伽蓝记》卷三，第 160 页。

浓重的汉民族情结，北上的南人很容易和他们产生感情上的共鸣。北方士族清河崔浩将女儿嫁给南朝来的慧龙，称赞慧龙的酒糟鼻"真贵种也"，引起鲜卑大臣和皇帝的不满，他不得不"免冠陈谢"。当时的制度，归降者死后须葬于魏都平城附近的桑干（今山西山阴县东南），王慧龙临终时却要求葬于任所河内州县东乡，被魏帝破例批准。崔浩与王慧龙之言行，体现的都是对民族和中原的眷恋。①

二　隋唐时期

隋仁寿四年（604）十一月，炀帝东巡，宣布于伊、洛水滨营建东京城。次年三月开始兴建东京城，为在短时期内恢复洛阳的面貌和生机，首先迁民以立人气，"徙豫州（治今洛阳市境）郭下居人以实之"，郭下指洛阳附近郊县。不久，又"徙天下富商大贾数万家于东京"。隋大业（605—617）年间，衣冠士族，"多有迁移"，②如郭寿是太原人，"祖元象，父贵，本韶微嗣美，令绪收钟，望重当时，声驰绝代"，"因慕九鼎而迁居"，定居在洛州郾师县。③居民、商贾的安居，是洛阳作为城市的基本前提。其次是乐户。洛阳是作为陪都建设的，因而需要大批的乐户。炀帝下令括天下周、齐、梁、陈乐家子弟皆为乐户，拨其六品以下至庶人善

---

①　《魏书·王慧龙传》：慧龙自以遭难流离，常怀忧悴，乃作《祭伍子胥文》以寄意焉。……临没，谓功曹郑晔曰："吾羁旅南人，恩非旧结，蒙圣朝殊特之慈，得在疆场效命。誓愿鞭尸吴市，戮坟江阴。不谓婴此重疾，有心莫遂。非唯仰愧国灵，实亦俯惭后土。修短命也，夫复何言？身殁后，乞葬河内州县之东乡，依古墓而不坟，足藏发齿而已。庶魂而有知，犹希结草之报。"时制，南人入国者皆葬桑乾，晔等申遗意，诏许之。

②　阙名：《段夫人之志铭并序》，《唐代墓志汇编》，第134页。

③　阙名：《故郭处士墓志铭》，《唐代墓志汇编》，第348页。

音乐者诣太常，"于是四方散乐，大集东京"。各地迁入的乐户达 3000 余家，朝廷专门在洛水南岸建立了 12 个坊（即居民区）供他们居住。① 并为各乐户置博士弟子，以相传授，乐工达到 3 万余人。② 这是南北音乐的交流。再次，招徕僧人。炀帝在东洛阳建四个道场，广招天下名僧居其中。洛阳再度成为佛教的中心。

与上述的居民、乐户、僧人应东都营建所需不同，士人任何时候都是朝廷所需要的人才。长安宫廷中的南人不少。来自陈国的虞绰与另三位陈国和后梁移民虞世南、蔡允恭、庚白自等四人均在炀帝身边"以文翰侍记"。③

唐朝前期的中州受此前战乱的影响，一些地区地多人少。如唐高宗李治巡视河南中部许（今河南许昌）一带时，曾说"此间田地极宽，百姓太少"。武则天当国时，也曾鼓励四方民户迁往洛阳。但此类迁徙，南人北上者很少。

三 北宋时期

北宋建立，荆南、后蜀、南唐、北汉等割据政权的君臣相继被迁入汴京。李后主与随从的南唐名臣一行于 976 年押船北上到汴京，李氏家族与迁汴的南唐大臣 45 人及其眷属，此次约有 1500 人左右。④ 吴越国纳土归宋，宋太祖令官吏及钱俶五服以内的族人全部迁到开封，运送船只达到千余艘。

从江南北上的士人以其文才为时人赞服。北宋初年，晁说

---

① 《资治通鉴》卷一八〇，炀帝大业二年十二月，第 5626 页；大业三年十月，第 5634 页。
② 《资治通鉴》卷一八一，炀帝大业六年，第 5650 页。
③ 《隋书》卷七六《虞绰传》。
④ 任崇岳：《中原移民简史》，河南人民出版社 2006 年版，第 105 页。

之曾说："本朝文物之盛，自国初至昭陵（仁宗）时，并从江南来。二徐兄弟（指徐铉和徐锴）以儒学显，二杨叔侄（指杨微之、杨亿）以词章进，刁衎、杜镐以明典故。而晏丞相（殊）、欧阳少师（修）巍乎为一代龙门，纪纲法度，号令文章灿然具备，有三代之风度。庆历间人才彬彬，号称众多，不减武、宣者，盖诸公实有力焉，然皆出于大江之南。"① 徐铉徐锴兄弟之才，李穆赞叹曰"二陆不能及也"。徐铉长期主持南唐文坛，到开封后"儒笔履素，为中朝士大夫所重"，② "王溥、王佑与之交款，李至、苏易简咸师资之"。③ 宋太祖见徐铉、汤悦、张洎等江南著名文臣时，曾说："联平金陵，止得卿辈尔！"④ 来自南唐的花鸟画家徐熙、巨然更是北宋初期山水画派的领军人物。

　　吴越国钱氏子孙在政治上颇为活跃，一直到北宋中期，"钱氏之有籍于朝廷者殆不可胜数，而以才称于一世尝任事者比比出焉"。⑤ 南唐的张洎、潘慎修、舒雅、吴淑、乐史，吴越的赞宁、黄彝简，北迁后均得到北方士大夫的尊重。张洎官至参知政事，潘慎修任翰林侍读学士，舒雅任秘阁校理，吴淑任大理评事，来自吴越的黄彝简任检校秘书监，赞宁任翰林史馆编修。宋初编辑《太平御览》《太平广记》《文苑英华》和《册府元龟》等类书者多为归降的南方文臣。南方文士通过科举进入仕途，不少人便举家迁居到开封和洛阳一带。

---

① 载朱弁《曲洧旧闻》卷一，四库全书本。
② 田况：《儒林公议》卷下，丛书集成初编本。
③ 《宋史》卷四四一《徐铉传》。
④ 田况：《儒林公议》卷上，丛书集成初编本。
⑤ 王安石：《临川集》卷九四《钱君墓碣》，第32—33页。

第三节　移民与两地域文化交流与互动

一　矛盾与冲突

北人南下与南人北上所导致的某些对立与矛盾是必然的，因为它是对原有利益和秩序的一种改变。南方侨置郡县的设置即是为缓和土著与移民的矛盾。南方人称北方人为"伧"，北方人称南方人为"蛮"，一定程度上折射出南北从官方到民间的排他性心态。

魏晋南北朝时期，南北长期对峙，涉及战胜国与降臣，华夷之辨，正统与非正统等异常敏感的问题，南人与北人的对立格外明显。

首先看降君。末代君主的命运总是凄惨的。西晋王朝建立，京师洛阳从君主到大臣，对南方吴国常有鄙视之意，东吴的最后一位君主孙皓便受到晋武帝的羞辱。《世说新语·排调》载："晋武帝问孙皓：'闻南人好作《尔汝歌》，颇能为不？'皓正饮酒，因举觞劝帝而言曰：'昔与汝为邻，今与汝为臣。上汝一杯酒，令汝万年春。'帝悔之。"孙皓作为亡国之君，在受到晋武帝以伶优视之的羞辱时，能不卑不亢，借机以同等身份说话，算是维护了自己的尊严，尽管他实际上还是奉命作了《尔汝歌》。

其次看降臣。《晋书·华谭传》：

（广陵人华谭）素以才学为东土所推。同郡刘颂时为廷尉，见之叹息曰："不悟乡里乃有如此才也！"博士王济于众中嘲之曰："五府初开，群公辟命，采英奇于仄陋，拔贤俊于岩穴。君吴、楚之人，亡国之余，有何秀异而应斯举?"谭答曰："秀异固产于方外，不出于中域也。是以明珠文贝，生于江、郁之滨；夜光之璞，出乎荆、蓝之下。故以人求之，文王生于东夷，大禹生于西羌。子弗闻乎？昔武王克商，迁殷顽民于洛邑，诸君得非其苗裔乎?"济又曰："夫危而不持，颠而不扶，至于君臣失位，国亡无主，凡在冠带，将何所取哉!"答曰："吁！存亡有运，兴衰有期，天之所废，人不能支。徐偃修仁义而失国，仲尼逐鲁而逼齐，段干偃息而成名，谅否泰有时，曷人力之所能哉!"济甚礼之。

《世说新语·言语》记有基本相同的一段话，不过换成了吴郡人蔡洪和不明姓名的"洛中人"，"文王生于东夷，大禹生于西羌"改为"大禹生于东夷，文王生于西羌"。

这其实是南北文人之间在官场角逐的潜台词。在北方文人看来，"吴、楚之人，亡国之余"没有资格与他们抗争。所以当吴地的二陆兄弟图谋在政治上发展，去洛阳拜会中州名流时屡受羞辱。《世说新语》载有典型的几件事情：

> 二陆初入洛，咨张公所宜诣，刘道真是其一。陆既往，刘尚在哀制中。性嗜酒，礼毕，初无他言，唯问："东吴有长柄壶卢，卿得种来不?"陆兄弟殊失望，乃悔往。①

> 陆机诣王武子（济），武子前置数斛羊酪，指以示陆曰："卿江东何以敌此?"陆云："有千里莼羹，但未下盐豉

---

① 《世说新语·简傲》。

耳！"①（意为千里湖的莼菜若下盐豉，则非羊酪可比。）

> 卢志于众坐，问陆士衡："陆逊、陆抗，是君何物？"答曰："如君于卢毓、卢廷。"士龙失色，既出户，谓兄曰："何至如此，彼容不相知也。"士衡正色曰："我父祖名播海内，宁有不知，鬼子敢尔！"②

南北地理环境不同，风俗习惯不同，本来很正常，在《史记·货殖列传》和《汉书·地理志》中，"周人之失"与江南"无千金之家，亦无冻饿之人"均以平和的笔调写出，叙述是客观的。而南北朝时期由于特殊的政治背景，南北士人言及家乡风俗时，往往话含机锋，剑拔弩张。南人为仕途发展计，一般情况下是忍气吞声。而出自江东望族的陆机，本为振兴家族而到北方，开始尚能屈己下人。姜亮夫先生在《陆平原年谱》太康十年条的案语中指出："中原人士，素轻吴、楚之士，以为亡国之余……道真放肆，为时流之习，故于机兄弟不免于歧视，故兄弟悔此一往也。"陆氏兄弟受到刘道真不冷不热的奚落时尚能忍受，仅后悔而已。但长期受歧视必然要反击。特别是卢志在公开场合提名道姓辱及父族门第时，正所谓"是可忍孰不可忍"！陆机的爆发是必然的。余嘉锡先生《世说新语笺疏》此条的案语中说："晋、六朝人极重避讳，卢志面斥士衡祖、父之名，是为无礼。此虽生今世，亦所不许。揆当时人情，更不容忍受。"但卢志为此耿耿于怀，终于在关键时刻落井下石，陆氏兄弟及家族北上者几乎全部被杀。

---

① 《世说新语·言语》。
② 《世说新语·方正》。

　　南北不同地域带来的权力之争中，南人明显处于劣势。《三国志》卷五八《陆逊传》注引《机云别传》载："机吴人，羁旅单宦，顿居群士之右，多不厌服。"《太平御览》卷四二〇引崔鸿《三十国春秋》也说："机吴人，而在宠族之上，人多恶之。"陆机的同乡孙惠载"忧其致祸，劝机让都督于王粹"，[1] 顾荣亦曾劝陆机还乡，说明南北文人之间对立之尖锐。

　　南北方长期对峙所带来的隔阂随处可见。北人称南人为"貉子"、"貉奴"，南人则称北人为"伧人"、"伧父"。王肃在北方已久，仍被称为"吴子"，[2] 其实他本来是北方琅琊人，只是曾寓居吴越而已。他因"父非理受祸，常有子胥报楚之意"，太和十八年到北方，刚开始不习惯吃羊肉及酪浆等物，他的口味已是南方式的，常吃鲫鱼羹，渴饮茗汁。但数年以后，也开始吃羊肉酪粥。魏高祖问他："卿中国之味也。羊肉何如鱼羹？茗饮何如酪浆？"王肃对曰："羊者是陆产之最，鱼者乃水族之长。所好不同，并各称珍。以味言之，甚是优劣。羊比齐、鲁大邦，鱼比邾、莒小国。唯茗不中，与酪作奴。"王肃的回答不卑不亢，南北食物各有优劣。而给事中刘缟学王肃的饮茶之习，便被彭城王元重讥笑道："卿不慕王侯八珍，好苍头水厄。海上有逐臭之夫，里内有学颦之妇，以卿言之，即是也。"据说"自是朝贵宴会，虽设茗饮，皆耻不复食，唯江表残民远来降者好之"。[3]

　　在这种胡汉对立、南北对立的大背景下，鲜卑贵族以及北方士族与南方北上士族的权利之争更为激烈，这是问题的实质所在。《魏书·王慧龙传》记载："世祖初即位，咸谓南人不宜委

---

　　[1]　《晋书·孙惠传》。

　　[2]　《魏书·祖莹传》：彭城王勰听王肃吟诗，受其奚落，祖莹帮其解围，勰谓祖莹曰："今日若不得卿，几为吴子所屈。"

　　[3]　《洛阳伽蓝记》。

以师旅之任，遂停前授。"南人自然占不了上风。

《洛阳伽蓝记》所记洛阳城中的道西四里，一曰归正，二曰归德，三曰慕化，四曰慕义。吴人北上投国者处金陵馆，三年以后，赐宅归正里。从其名称即可见其凌辱之意。景明年间，南齐的建安王萧宝寅到北方，被封为会稽公，筑宅于归正里。萧宝寅"耻与夷人同列"，后赐宅于永安里。

南人北上与北人南下所导致的矛盾与政治斗争到宋代更为激烈。朝廷中的南人与北人之争实质上是权利之争，但蒙上了地域色彩，争斗明显而持久，并不断变换手法。北方权臣用北人，一些南方籍权臣重用乡党，均势出必然。如"赵雄多用蜀人，王淮多用浙人，选才而偏于乡旧"。自北宋中期起，南方士人中举人数不断增加，"及至熙宁间，荆公罢词赋、帖经、墨义，并归进士一科。齐、鲁、河朔之士，往往守先儒训诂，质厚不能为文辞，所以自进士科一进之后，榜出多是南人预选，北人预者极少"。① 北宋后期南方人已在政治舞台上异常活跃，"北方士大夫复有沉抑之叹"。② 北方人张嵲赋诗感叹说："惟晋东渡，始披荆棘。衣冠踵来，异士亦出。王庚贺顾，同赞王室。我宋用人，亦杂南北。维南多士，栉比周行。北客凋零，晓星相望。"③ 表达了北方士大夫的无奈心情。孝宗时，陆游在上奏中以陈懽"重南轻北，分裂有萌"之言为告诫。④

南方民众对北方政权也存在强烈的逆反心理。隋朝统一天下后，欲在江南推行《五教》，结果引起南方大规模的民众叛乱，即是典型一例。《资治通鉴》卷一七七《隋纪一》载："江表自

① 《文献统考》卷三二。
② 陆游：《陆放翁全集·渭南文集》卷三《论选用西北士大夫札子》。
③ 《陈与义集》附《祭陈参政去非文》。
④ 陆游：《陆放翁全集·渭南文集》卷三《论选用西北士大夫札子》。

东晋以来，刑法疏缓，世族陵架寒门；平陈之后，牧民者尽更变之。苏威复作《五教》，使民无长幼悉诵之，士民嗟怨。"在民怨沸腾之时，社会矛盾一触即发，"民间复讹言隋欲徙之入关，远近惊骇"，于是婺州、越州、苏州、温州、杭州乃至饶州、泉州、交州数地民众造反，有的自称天子，署置百官；有的自称大都督，攻陷州城。当时"陈之故境，大抵皆反，大者有众数万，小者数千，共相影响，执县令，或抽其肠，或脔其肉食之，曰：'更能使侬诵《五教》邪！'"这场暴乱虽然被平定了，但它深刻地反映了南北长期分裂所造成的文化隔阂。民间流传的这个"讹言"，很可能是有意为之。也只有这个"讹言"才能激发起江南民众的普遍反抗。东晋至南朝的"刑法疏缓"与世家大族发展、南北对峙的局势密切相关。南方政权与强盛的秦汉大一统政权不可同日而语，统治者必须实行绥靖政策，稳妥地保住半壁河山。所以当隋朝再度一统天下，像秦朝要求"行同伦"一样颁布《五教》时，便激起了轩然大波。这场暴乱的导火索是隋将迁南人入关的传言，而深层的原因则是南北方从生活习俗到政治文化的差异。

二　交流与融合

然而，南北的交流与融合是必然的。首先，最高统治者出于家天下的需要，倡导天下一统，客观上促进了南北的文化交流。如隋炀帝在称帝前曾任扬州总管"前后十年，以北方朴俭之资，熏染于吴越奢靡之俗"，比较熟悉吴越风情，所以当窦威等人写《丹阳郡风俗》一书，对吴越士人不屑一顾时，炀帝说："昔汉末三方鼎立，大吴之国，以称人物。故晋武帝云，江东之有吴、会，犹江西之有汝、颍。衣冠人物，千载一时。及永嘉之末，华夏衣缨，尽过江表。此乃天下之名郡。自平陈之后，硕学通儒，

文人才子，莫非彼至。"① 隋炀帝重申晋武帝之语，将"江东之
吴、会"与"中州之汝（南）、颍（川）"相提并论，正说明了
统治者整合天下的政治意图。隋炀帝不仅倡导吴越文化，还亲自
实践，《资治通鉴》云其"好为吴语"，并效仿南朝诸帝致力于
文学创作，其诗歌无论内容风格都与南朝文学一脉相承。其次，
南北文人之间有基本的评价标准，亦即儒家的立身处世之道。再
次，民间通过经济交往、宗教、通婚等形式，必然趋于融合。

　　而从中州与吴越两地移民的重要阶段及大致发展趋势来看，
显然，中州人南下吴越之地者，具有数量大、阶层多、波及地区
广、延续时间长的特点。而吴越人北上中州者，除去正常仕进的
士大夫之外，多为被强制迁徙的降君、降臣、乐户。两相比较，
正可看出吴越之土日渐开放昌盛，中州日渐停滞衰弱的关键
所在。

　　自汉末以后，黄河中下游屡受北方游牧民族侵扰，中州饱受
蹂躏，从宫室、贵族、士人到百姓的大规模南迁，对于中州来说
是巨大的劫难，对吴越则是难得的发展机遇。中州从政治制度、
学术思想到劳动力和生产技术，从精英文化到民风民俗均被带到
了吴越之地，南北文化于此融合、生根开花，结出了丰硕的
果实。

　　政治观念　北方的三次大规模移民，以及不计其数的迁徙，
使汉民族的政治制度与政治文化得以在江南延续。而这种制度已
不是天下一统时专制君主强有力的统治，东晋"王与马，共天
下"的政治格局，对吴越土著大姓作了不少让步。如侨置州郡
在北方侨人集中的地方均有设置，而在风景秀丽、经济富庶的吴
郡、吴兴、会稽三郡却没有设置。其主要原因，一是北方高门在

---

① 《全隋文》卷五。

此居住者较多，二是此地的土著势力较强。东晋南朝乃至南宋的政治，在制度上沿袭北方，而在政治观念方面由于面临形势不同，已有悄然的改变。

学术思想　西晋与北宋末年北方文人的南迁对促进南方思想文化发展和我国文化重心南移的重要性是不言而喻的。

东晋时期玄学的发展，以及玄释合流而生发的新风尚，南朝的佛教发展，均在南北文化融通的基础上进行。

理学起源于中原，发展于南方。而中州是理学重要的发源地，吴越是理学向南方传播的核心地区。杨时是程门弟子，将理学传至南方的一个重要人物，东林书院是其重要基地。

南宋初年，中原南下的士大夫多在杭州及其周围，如河南府人郭维于建炎年间迁居明州昌国县（今浙江舟山市），"以北学教授诸生，从者如云"。[①] 此后北人分布渐广，"平江、常、润、湖、杭、明、越，号为士大夫渊薮，天下贤俊多避地于此"。[②] 他们将北方理学传至吴越，理学中心遂由北方移至江南。[③]

南宋以前的婺州（治今浙江金华市）"地偏俗古，文物未振"，北方大族巩氏和吕氏迁入后在此办学。吕氏在北宋时以家学渊源和三代宰相（吕蒙正、吕夷简、吕公著）闻名。吕祖谦继承家学传统，"其学本于累世家庭之所传，博诣四方师友之所讲"，[④] 他创办的丽泽书院在孝宗时"四方来者至千余人"。《宋史·吕祖谦传》："祖谦之学本之家庭，有中原文献之传。长从

---

① 《大德昌国州图志》卷六。

② 《建炎以来系年要录》。

③ 倪朴：《倪石陵书》附吴莱《石陵先生倪氏杂著序》："自东都文献之余，天下士大夫之学日趋于南。或推皇帝王霸之略，或谈道德性命之理，彬彬然一时人才学术之盛，不可胜纪。"

④ 刘时举：《续宋编年资治通鉴》卷十。

林之奇、汪应辰、胡宪游，复又友张栻、朱熹，讲索益精。"吕祖谦办的学校声名远著，"四方学子云合而影从，虽儒宗文师磊落相望，亦莫不折官位抑辈行，愿就弟子列"。① 金华在南宋中期遂成为理学的兴盛之地。

永嘉事功学派的先驱薛季宣，少年时"从（伯父）弼宦游，及见渡江诸老，闻中兴经理大略"，得闻岳飞、韩世忠诸将兵事。17 岁时从袁溉学。袁溉是汝阴（今安徽阜阳市）人程颐的弟子，"季宣既得溉学，于古封建、井田、乡遂、司马法之制，靡不研究讲画，皆可行于时"。②

朱熹之父朱松曾从杨时学《大学》和《中庸》，③ 朱熹也曾从延平（今福建南平市）人李侗学，李侗尝学于罗从彦，而罗从彦为杨时的高足，故《宋史·杨时传》说：朱熹"之学得程氏之正，其源委脉络皆出于时"。

韩淲说："渡江南来，晁詹事以道、吕舍人居仁，议论文章，字字皆是中原诸老一二百年酝酿相传而得者，不可不讽。崔德符、陈权易皆许昌先贤，俱从伊、洛诸公游，有文章盛名，节行亦正当。"④

容州自"渡江以来，中原士大夫避地留家者众，俗化一变。今衣冠礼度并同中州"。⑤

建炎南渡随迁的开封僧侣道士亦在临安建寺立庙。据《咸淳临安志》记载建立的佛寺有太平兴国仁王寺、开宝仁王寺、演教院、千佛阁安福院、崇宁万寿教寺、慧林寺、净胜寺、大德

---

① 王柏：《鲁斋集》卷一二《跋丽泽诸友帖》。
② 《宋史》卷四三四《薛季宣传》，第 12883 页。
③ 朱熹：《晦庵籍》卷九四《朱府君迁墓记》。
④ 《涧泉日记》卷下。
⑤ 《舆地纪胜》卷一〇四，引《容州志》。

尼寺、永隆院等，道观有四圣延祥观、宁寿观等。开封人在此还建有皮场庙、显应观等。其中不少庙宇仍以开封时所居的庙宇名字命名，例如太平兴国传法寺、开宝仁王寺、宁寿观等。

杨时讲学授道之地在万历年间由顾宪成、高攀龙重建，号曰道南祠。"岁集文士为会，至者常千人。海内清修之士，闻风慕义，以东林为归。"①

生活与艺术情趣　南北方的主要经济作物由于区域地理、气候的原因，不可能改变。而南北方交流过程中，也会出现一些新的东西。如南宋有一种名曰车船的船只，在船舷两侧安装翼轮，以轴贯之，人以双脚踩踏轮轴，使翼轮激水而行，大船可载二三百人，两边有护板，"但见船行如龙，观者以为神异"。这种车船，由原开封都水监工匠高宣设计制造，随程昌寓迁入鼎州，在程昌寓军中大显神威。② 绍兴五年，朝廷下令江东、浙东各仿此制造车船，共25艘。③ 有的以脚踏车轮而行，④ 也许便是仿车船而造。

苏州城的移民很多，移民中各种身份的人都有。如医生，明代苏州的一些名医多是南宋北方移民的后裔，明代任太医院御医的沈氏，其祖先本汴京人，南渡后迁苏州。⑤ 明人顾渭说："吴中自宋来多名医，至国朝尤盛。"⑥

花卉的种植也随着人们的迁徙而流播。唐后期，牡丹自北向南传播，美化了吴越人的生活。《唐语林》卷三记载：白居易初

---

① 《丹午笔记》卷九六《东林书院》。
② 岳珂：《金陀续编》卷二五《鼎澧逸民叙述扬么事迹》。
③ 《建炎以来系年要录》卷八六，绍兴五年闰二月丙寅，第1425页。
④ 《梦梁录》卷一二《湖船》，浙江人民出版社标点本。
⑤ 《东江家藏集》卷二九《故谕德东溪沈先生墓表》。
⑥ 《东江家藏集》卷二九《慎庵钱君配徐孺人合葬墓表》。

到钱塘为官时，令人访求牡丹。得知独开元寺僧人惠澄"近于京得此花，始栽植于庭，栏围甚密，他亦未知有也"。白居易于穆宗长庆二年到敬宗宝历初（822—826）任杭州刺史，慧澄将长安牡丹南移杭州的时间应在长庆元年前后。而北宋时平江（今苏州市）城中权臣朱勔的花园中牡丹已极盛，品种繁多。朱勔败后，牡丹花被拔起作为薪柴。南宋时，平江府人家重新接种牡丹花，"有传洛阳花种至吴中者，肉红则观音、崇宁、寿安、王、希、叠罗等，淡红则凤娇（又名胜西施）、一捻红，深红则朝霞红（又名富一家）、鞓红、云叶，及茵金球、紫中贵、牛家黄等"。① 徐照赋诗咏温州一种著名的菊花："邓州兵革外，流种遍江乡"，② 也是从中州传来的。

北方艺术的南传更值得关注。唐代开元、天宝年间，韦青和许永新因善于歌唱而闻名长安，李谟的笛子演奏得很出色。玄宗曾让许永新歌唱，李谟笛子伴奏。安史之乱后，韦青避地广陵，许永新嫁一士人随其南下，李谟流落江东越州一带。③

靖康之难后，艺人流落南方的更多。如开封艺人孙花翁善歌舞，南迁后活动在苏、杭一带。④ 元代人刘凛《水云村稿》卷四《词人吴用章传》载：南宋初年，"去南渡未远，汴都正音教坊遗曲流播江南"。吴用章依流传到江南的开封正音和教坊遗曲谱词，在江西一带流传百余年之久。

南唐工于楼台人物的画家卫贤是长安人。⑤ 南唐著名画家唐

---

① 《吴郡志》卷三〇。
② 《芳兰轩诗集》卷上《菊》载《永嘉四灵诗集》，浙江古籍出版社点校本，第 18 页。
③ 段安节：《乐府杂录》"歌"、"笛"。
④ 刘克庄：《后村集》卷一五〇《孙花翁墓志铭》。
⑤ 《图绘宝鉴》卷二。

希雅是河北移民后裔，定居嘉兴，画艺甚精，"人称江南绝笔，徐（熙）、唐（希雅）二人而已"。[①]

据研究，南宋时期东南沿海地区的南戏，"是北宋时期流行在广大北方地区的杂剧艺术传播到南方以后，和当地的民间艺术结合而发展起来的一种戏剧艺术"。[②] 浙派琴谱等新的艺术形式也是在南北文化交流中形成的。

吸引北方人到南方的因素很多，艺术家似乎更注重发展的空间。北方戏曲家曾瑞"来南，喜江浙人才之多，羡钱塘景物之盛，因而家焉"。戏曲家白朴原居真定，后迁金陵（今南京市）。[③] 元朝末年战乱，北方剧作家纷纷南下，据钟嗣成《录鬼簿》所载，杭州籍作家约20人，原籍北方而迁居杭州的占了一半。以苏州、杭州为中心的江浙地区，文学成就突出，戏剧盛行，与北方移民有密切的关系。

临安的不少戏曲、舞蹈直接来自开封。《梦粱录》卷二〇《妓乐》条载："说唱诸宫调，昨汴京有孔三传编成传奇灵怪，入曲说唱，今杭城有女流熊保保及后辈女童皆效此，说唱亦精，于上鼓板天二也。"杭州男女瞽者，"多学琵琶，唱古今小说、平话，以觅衣食"，[④] 他们大抵说宋时事，盖汴京遗俗也。从音乐的内容到形式，杭州与汴京都很相似。

民间风俗　宋室南渡后，给杭州风俗带来了明显的影响。张家驹先生说："我们试将吴自牧《梦粱录》所载南宋杭州地主阶级社会风俗，与孟元老《东京梦华录》所记北宋汴京的情况作一比较，几乎看不出这两者有什么大的区别。说明经过长期的糅

---

① 刘道醇：《宋朝名画评》卷三。
② 刘念兹：《南戏新证》，中华书局1986年版，第16、4页。
③ 见钟嗣成《录鬼簿》和苏明仁《白仁甫年谱》，载《文学年报》第10期。
④ 田汝成：《西湖游览志余》卷二〇。

杂以后，南北风俗已趋于融合。"① 南北食物差别本来很明显，但大量北方人南下，带来了北方的饮食习惯与风俗。

《世说新语·排调》：苻朗（苻坚从兄）降东晋，王羲之第四子王肃之"问中国人物及风土所生，终无极已"。士人或出于政治的敏感或出于扩充知识、开阔眼界的需要，对其他地域的"人物"（当然是士人）、风俗民情，在南北相隔的情况下，希望了解。

汲郡人都隆仕吴为征西参军，"七月七日出日中仰卧，人问其故，答曰：'我晒书'"。自负满腹诗书。《太平御览》卷三一引东汉崔寔《四民月令》："七月七日曝经书及衣裳。"士人有意无意的言谈举止中，已把北方习俗带至南方。

而北宋开封文化之所以对南宋杭州文化产生如此广泛而深远的影响，是因为杭州并非真正的或正式的首都。南宋人认为杭州只是皇帝临时驻跸之地，国家的首都是东京开封，他们一直想要恢复开封的首都地位，东京称号的存在，是南宋人的精神支柱，是一面旗帜。② 因此汴京风俗尽在杭州。《梦粱录》卷一六说：以往汴京有不同风味的饭店，"以备江南往来士夫，谓其不便北食故耳。南渡以来，几二百余年，则水土既惯，饮食混淆，无南北之分矣"。北方人在杭州开饮食店，将北方食物与吃法原汁原味搬至吴越。《嘉泰会稽志》卷一七载：北方原"以雍酥为冠。今南方亦皆作，而会稽者尤佳。会稽诸邑又推诸暨为冠，盖吴中酥虽绝多，大抵味淡，不可与会稽班也"。西晋时南方似无此类食物。《嘉泰吴兴志》卷一八载："大抵乡间畜牛之家，例能为酥及乳。"酪和酥以牛乳、羊乳为原料。从"今南方亦皆作"一

---

① 张家驹：《两宋经济重心的南迁》，第 60 页。
② 程民生：《宋代地域文化》，河南大学出版社 1997 年版，第 384 页。

语来看，应是北方移民迁入吴越后导致的当地饮食习惯的改变。

冬天取窖冰、夏天喝冰水消暑，本是北方人的生活习惯，南宋初年也传入南方。《鸡肋编》卷中载："二浙旧少冰雪，绍兴壬子，车驾在钱塘，是冬大寒屡雪，冰厚数寸。北人遂窖藏之，烧地作荫，皆如京师之法。临安府委诸县皆藏，率请北人教其制度。明年五月天中节日，天适晴暑，供奉行宫，有司大获犒赏。其后钱塘无冰可收，时韩世忠在镇江，率以舟载至行在，兼昼夜牵挽疾驰，谓之'进冰船'。"此后临安市场到炎夏便有卖冰者。杨万里诗说："北人冰雪作生涯，冰雪一窖活一家。帝城六月日卓午，市人如炊汗如雨。卖冰一声隔水来，行人未吃心眼开。甘霜甜雪如压蔗，年年窖于南山下。"① 临安之外，建康也有官府设立的藏冰所。②

妇女的打扮也受到移民的影响，如瘦金莲方、莹面丸、遍体香等"皆自北传南者"。③

临安一年四季的节日风俗，与北宋开封也有不少相似之处。

立春日，有鞭春的习俗。《东京梦华录》卷六载："立春前一日，开封府禁中鞭春。"杭州亦于立春前一日，以鼓乐引春牛到临安府，百姓争掷百谷。次日，郡守率僚佐用彩杖鞭春牛。④

元宵节夜晚，街道上游人极多，往往有女子首饰坠落闹市，"至夜阑，则有持小灯照路拾遗者，谓之扫街，遗钿坠珥，往往得之，亦东都遗风也"。⑤

七月七日，称为七夕节。"市井儿童，手执新荷叶，效摩喉

---

①　《诚斋集》卷一八《荔枝歌》。

②　《至大金陵新志》卷九。

③　袁褧：《枫窗小牍》卷上。

④　《梦粱录》卷一《立春》。

⑤　周密：《武林旧事》卷二《元夕》，浙江人民出版社点校本。

罗之状。此东都流传，至今不改。"①

九月九重阳节，人们以五色米粉塑成狮子蛮王的形状，放在熟栗子和麝香、蜂蜜拌和的糕上，称为"狮蛮栗糕"。② 与开封风俗相同。③

十二月二十四日为小节夜，三十日为大节夜，宫中举行驱傩仪式，"大率如《梦华》所载"。④

由于临安（今杭州市）、平江（今苏州市）、建康（今南京市）等地北方移民众多，成为当地人口的主体部分，因此这一带北方方言长期盛行。

当然，故土难舍，唐后期北方战乱较少时，不少寓居南方的文人便又回到北方（如卢纶、萧颖士），还有一些北方移民的后裔在南方出生，成人后又再回到北方（如柳宗元）。但大多数民众则定居下来。中原移民对吴越经济文化的发展起到了巨大的促进作用，中国古代经济中心的南移在南宋时期终于完成。

---

① 《梦粱录》卷四《七夕》。
② 《梦粱录》卷五《九月重九附》，第30页。
③ 见孟元老《东京梦华录》卷八《重阳》，中华书局点校本。
④ 《武林旧事》卷三《岁除》。

第 七 章

士 林 风 尚

　　中国古代的文化成果往往集中体现在一些精英人物或优秀分子身上，他们是文化的缩影，文化的亮点。作为思想文化的载体，文化传承与扩散中最重要、最活跃的因素，士人在区域文化发展过程中具有举足轻重的作用。

　　中州士人与吴越士人在中国古代社会先后留下了不同的足迹。早在先秦两汉时期，中州士人已成为中国政治舞台和思想文化领域的重要角色，他们叱咤风云，引领天下舆论。吴越之地在春秋时期致身通显且影响久远的是伍子胥、范蠡等外来士人，土著士人到汉代才开始崭露头角。魏晋南北朝时期南北文化交融的结果，使吴越与中州逐渐形成抗衡之势，且吴越地区的文学、艺术成就超过北方。隋唐到北宋，政治中心在北方，中州士人依然是主角，吴越士人更有长足发展，科举取士方面占据明显优势。屡见于史籍的北人南人之争，反映出此期南北士人实力的较量与变化。南宋至明清，吴越士人无论在科举、学术、艺术诸方面均在全国遥遥领先，中州士人与吴越士人已不可同日而语。

　　中州士人与吴越士人的发展变化脉络与两区域文化互动与消长的轨迹是吻合的。中国古代社会前期，统一的政治中心在北方，孕育和培植了一批又一批的士人；古代社会中后期，江南经济的迅猛发展带来了文化面貌的根本改观。吴越士人作为后起之秀，具有较高的文化起点，他们是在南下的北方士族与吴越士人、江南风物融通的基础上发展起来的。东晋为其开端，南朝长足发展，南宋适逢机遇而异常兴盛，明清则是吴越士人个性得以充分展示，开花结果的繁荣期。

中国古代南北地域有差别，文人旨趣有不同，价值取向亦有不同，如汉代中州的古文经学，浙东的经世致用之学，便具有鲜明的地域文化特点。但汉代以后儒家思想广被天下，文人莫不受其熏陶，万变不离其宗，政治、伦理的原则是一致的，修齐治平的宗旨一以贯之。

第一节　士人、士族、士族门阀
——中州士人与士大夫精神的形成

一　先秦两汉的中州士人特点

中州士人具有起点高，成熟早，进取意识强等特点。所谓起点高，成熟早，主要体现在先秦两汉时期；进取意识强，也许应当说是中国知识分子自古至今的特点，它植根于家族文化的深壤厚土，那是一种源自光宗耀祖心态的政治情结，但这种积极的进取意识亦有其发生发展的过程，它在先秦两汉的中州士人身上体现得异常鲜明，东汉时期的党人为其典型代表，并由此奠定了中国士大夫精神的基调。

（一）"中华民族的第一代文化人"

商朝的中州士人在当时政治生活中已发挥了无可替代的作用。标志性的现象，便是文字的运用与巫史的出现。

中国古代文字的起源有种种说法，殷墟甲骨文无疑是最早在社会政治生活中发挥重要作用的文字。它是我国目前所见到的最早的系统汉字，"不仅联字成句，而且联句成文，联文成篇，是我们已知的能够自由运用的系统文字"。① 当时文字的运用，实用功能是记录卜辞，而同时其书法已成为艺术。郭沫若先生在为《殷契萃编》所作的序中高度评价殷墟甲骨文曰："卜辞契于甲骨，其契之精而字之美，每令吾辈数千载后人神往。文字作风且因人因地而异。大抵武丁之世，字多雄伟。帝乙之世，文咸秀丽。细者于方寸之片，刻文数十；壮者其一字之大，径可运寸。而行之疏密，字之结构，回环照应，井井有条。"商代卜辞从形式到内容均对中国文化影响极大。它自右而左，自上而下的刻法，字行的排列，语法的运用，均为后世继承。王力先生在《中国文法初探》中曾将汉语词序总结为九种规律，其中八种在商代卜辞中已经出现。

商王室的巫史被称为"中华民族的第一代文化人"，② 是有道理的。殷墟甲骨文中关于日食、月食、气象观测的记载，以及商代制定的阴阳合历，都出自这批文化人之手。作为"一代"人而不是个别的人，巫史们在观天象、卜筮、祭祀、记史等多种文化活动中，逐渐形成了一种固定的思维模式和专门术语，亦即巫史文化。占卜和记录的内容如此广泛，包括王室政治生活和军事、经济、文化、社会生活等诸多方面，因此商代的巫史是从一种高层次的政治视野，从王朝的角度去观察与思索问题的。作为职业化的角色，他们沟通神人，最早将知识运用于政治。巫史文化在中国社会有极其深远的影响，天人合一学说追根溯源便来自商周。

河图洛书的出现也在中州。相传伏羲时有龙马从黄河跃出，背负《河图》，伏羲依此而画成八卦，这就是《周易》的来源。

---

① 郑慧生：《中国文字的发展》，河南人民出版社 1996 年版，第 23 页。
② 冯天瑜等：《中国文化史》，上海人民出版社 1990 年版，第 303 页。

禹时，有龟从洛水出现，背负《洛书》，大禹依据上天赐予的"洪范九畴（即治理天下的九种大法）"完成了大业。《易经·系辞上》有"河出图，洛出书，圣人则之"的说法，西汉学者刘歆解释曰："伏羲继天而王，受河图，则而画之，八卦是也。禹治洪水，赐洛书，法而陈之，洪范是也。"河图洛书之说充满神话色彩，历史上对于河图洛书又有种种解释，但河图洛书可以视为中国思想文化之源，它与河洛一带有密切关系是可以肯定的。

中州士人似乎天生具有政治文化的素养，他们生活在中国政治文化的发源地，具有强烈的进取意识几乎是必然的。中州文明的起点便是国家的诞生，夏商王朝的建立者必须从政治的角度去统一当时那纷纷扰扰的"天下"，自然锻炼了中州士人的政治意识。

（二）思想的多元化与兼容性

进入春秋战国，士人大盛。列国林立的局面造就了中国古代士人的黄金时代，中州士人尤为活跃。他们凭借中州天下之中的地理优势，眼观六路，耳听八方，洞悉各国形势，纵横驰骋于政治舞台之上。其中以法家、纵横家最为突出。

法家的著名代表人物均出自中州。[①] 吴起、商鞅、韩非、李斯等人都是博学之士。商鞅"少好刑名之学"，初次见秦孝公时却先后说之以"帝道（帝王之道）"、"王道（儒家仁义之道）"、"霸道（法家富国强兵之术）"，[②] 可见其熟读百家之书。韩非"喜刑名法术之学"，又曾与李斯一同受教于荀子。[③] 韩非是先秦法家学说的集大成者，李斯是秦朝法家政治的推行者。商鞅、韩

---

① 吴起，卫国（今河南濮阳）人；商鞅，卫国人；申不害，郑国京（今河南荥阳）人；韩非，韩（今禹州市）人；李斯，上蔡（今河南上蔡）人。

② 《史记》卷六八《商君列传》。

③ 《史记》卷六三《老子韩非列传》。

非、李斯的法家理论均来源于中州的政治实践。韩、赵、魏的前身晋国是法家的发祥地，晋国最早灭公族，奖军功，开春秋诸国变革政治之先河。战国初期魏国李悝变法，其《法经》集当时法律之大成。中州出现如此众多的法家代表人物，与三晋浓厚的法学氛围密切相关。

道家的两位代表人物——老子、庄子，也出自中州，基本上在中州生活。老子，陈国厉乡曲仁里（今河南鹿邑县）人。《史记·老子韩非列传》谓老子为"楚苦县厉乡曲仁里人"，其实老子之时，苦县属陈，未服楚国。老子是在洛邑东周王室管理藏书的官吏，"居周久之"。庄子，宋国蒙（今河南民权）人，在家乡做过管理漆园的官，曾去梁（今开封）见梁惠王。若从地域文化的角度考虑，老子"小国寡民"的政治理想，"以柔弱制刚强"的辩证法思想，庄子辛辣批判现实，热情歌颂"至德之世"，也许体现的是中州陈、蔡、郑、卫包括周王室在内的小国贵族与民众对现实的无奈，以及对改变现状的企盼。老子、庄子的学说不产于勃勃有为的齐、秦、晋、楚诸大国，而出自陈、周、宋积贫积弱之地，并非偶然。

纵横学的著名人物为张仪、苏秦。张仪是魏人，苏秦是洛阳人。张仪、苏秦据说俱事鬼谷先生。鬼谷大约生活于韩地。[①] 中州为四战之地，故策士云起。有学者曾对《战国策》所载策士国籍作了统计，其结果表明：魏策士最多，达29人；赵次之，15人；周、韩又次之，分别为13人与11人。[②] 魏在当时被称为

---

① 东汉应劭的《风俗通义》中曰："鬼谷先生，六国时纵横家。"《史记·苏秦列传》引《集解》徐广曰："颍川阳城有鬼谷，盖是其人所居，因为号。"《索隐》谓："鬼谷，地名也。扶风池阳、颍川阳城并有鬼谷墟，盖是其人所居，因为号。"颍川即今河南禹州市一带，张仪、苏秦事鬼谷先生是可能的。

② 卢云：《汉晋文化地理》，陕西人民教育出版社1991年版，第43页。

"多变之国"，① 应当与魏策士之众有关。这些策士活跃于各国的政治舞台之中，充分运用他们的知识与智能游说君主，左右形势。所谓"一怒而诸侯惧，安居而天下息"，② 张仪、苏秦正是其中的典型代表。

名家的惠施，宋国人。其人博学多才，《庄子·天下》谓"惠施多方，其书五车"。他的自然科学知识很丰富，人有问及天地风雨雷霆形成之原因，他能"不辞而应，不虑而对，遍为万物说"。他"以反人之实而欲以胜人为名，是以与众不适也"。③ 惠施屡有标新立异之说，不受传统束缚。他提出的"至大无外，谓之大一；至小无内，谓之小一"等十个命题，看似荒诞不经，实则是对"非此即彼"简单思维方式的冲击，在思想方法上给人以耳目一新的感觉。

兵家的尉缭，大梁（今河南开封）人，有《尉缭子》兵书传世。

墨子，或说为宋国人，或说为鲁国人。据孙诒让先生的考证，他"生于鲁而仕宋，其生平足迹所及，则尝北之齐，西使卫，又屡游楚，前至邹，后客鲁阳"，④ 与中州有密切的关系。

儒家的孔子、孟子也曾游历中州。孔子本为宋国贵族后代，先祖迁居于鲁。他于公元前 497 年，55 岁时带领数十名弟子西行诸国，曾到卫、陈、曹、宋、郑、蔡 6 个国家，在中州停留时间长达 10 年，在陈 4 年。据《史记·孔子世家》及《孔子家语》等史籍记载，孔子还曾到洛阳问礼于老子，并考究周公在洛邑制礼作乐之事。孟子先后到齐、宋、滕、魏等国，公元前

---

① 《战国策·秦策三》。
② 《孟子·梁惠王下》。
③ 《庄子·天下》。
④ 《墨子闲诂·附录·墨子传略》。

326 年到宋国，公元前 320 年到魏国，均极力宣传他的仁政主张。孔子、孟子从齐鲁儒学之乡率领弟子到中州游历，丰富了中州的文化内涵。

周游列国本是春秋战国时期士人风尚，游士随处可见，而中州是东西南北的枢纽，士人出游必经之地，因而思想碰撞和交流的机会明显较其他地域为多，商周时期较单一的思维模式为多元的思想交锋所取代，中州可谓得百家争鸣风气之先。

（三）奋发有为的政治文化

西汉时期的中州，可以说是连接经学之乡齐鲁与京都长安的一条文化长廊。梁国、洛阳是中心点。

清代赵翼称汉初为"布衣将相之局"，而布衣群中亦有读书人。赵翼所列"汉初诸臣"中以两个地区的人士最为集中。一是刘邦的老乡，随刘邦从丰沛起兵者，二是中州人。[①] 若以这些沛人与中州人两相比较，可以看出，沛人以武将居多，中州人则以知识分子为多。沛人除萧何粗通文墨外，其他人均厚重少文；中州人则除灌婴为贩缯者、申屠嘉为材官外，其他人一般为知识分子，张良、陈平、张苍是当时文化素养最高的知识分子。如果说，沛地为官者除了其军功、谋略之外，与刘邦的旧感情占有重要成分的话（张良曾直言刘邦所封"皆萧、曹等故人所亲爱"），那么，中州士人则无此凭借，他们主要靠的是自身的知识、才能与谋略，其中最典型者自然要数张良、陈平。

张良是韩国贵族的后代。他是一个博学多才、果敢干练的

---

① 赵翼共列举 19 人，除娄敬为齐人，叔孙通为薛人，陆贾为楚人外，其余的 16 人，沛地 8 人：萧何、曹参、任敖、周苛、王陵、樊哙、周勃、夏侯婴。中州 8 人：张良，韩人，居阳翟（今河南禹州市）；陈平、张苍均为阳武（今河南原阳县）人；郦食其、郦商兄弟，陈留高阳（今河南杞县西）人；灌婴，睢阳（今河南商丘南）人；博宽，魏人；申屠嘉，梁（今河南商丘南）人。

人。他曾"学礼淮阳",应是儒生。他"悉以家财求客刺秦王"时,颇有任侠之风。当刺杀秦王失败,逃学下邳(今江苏邳县南)时,又诵习太公兵法,有兵家之威。在下邳隐居近十年(公元前218—前209),楚国贵族项伯犯杀人罪,他竟能藏匿项伯,使之躲过官府的追捕。可见其文韬武略非常人所能比拟。陈平年轻时常游学在外,好黄帝、老子之术,老谋深算,虑事周密。张良、陈平作为刘邦最重要的谋士,不仅在楚汉战争的关键时刻往往出奇制胜,更为重要的是他们从战略的高度为刘邦规划了夺取天下的大业。

西汉王朝建立后,张良仍屡有重要建议,且往往被付诸实施。① 《史记·律书》曰:"高祖有天下,三边外畔,大国之臣虽称蕃辅,臣节未备。会高祖厌苦军事,亦有萧、张之谋,故偃武一休息,羁縻不备。"这里的"萧、张"便是萧何、张良。一位是在朝执政的宰相,一位是德高望重的顾问。对匈奴的羁縻政策虽然有屈辱性质,但汉初以恢复经济、发展生产为要务,避免战争,少生事,少扰民是明智的选择。总之,在巩固汉王朝这个根本问题上,张良仍发挥了重要的作用,不减战争时期"运筹帷幄之中,决胜千里之外"的威力。他不在其位,实谋其政,既在汉初政局中发挥积极作用,又不卷入政治利害的漩涡,可谓大智大勇。

与张良不同,陈平在西汉王朝建立后仍很活跃。其主要功德,一是在刘邦平定异姓诸侯王及对付匈奴方面,屡出奇计,智

---

① 他提醒刘邦封"平生所憎"者雍齿为侯,从而消除了未封功臣之疑虑,杜绝了可能发生的叛乱。当娄敬建议都关中时,刘邦的左右大臣都不愿远离丰沛,均劝刘邦都洛阳,惟独张良从守天下的高度比较关中与洛阳的优劣,力主定都关中。结果一言定鼎,刘邦即日迁都关中。张良为吕后出计保住太子刘盈的位置,也是从汉王朝的稳定出发。

擒韩信，解刘邦白登之围，平定陈狶、英布之乱。二是与太尉周勃结成联盟，灭掉吕氏，迎立文帝，在刘氏王朝岌岌可危之时，起到了关键作用。三是推行黄老政治。较之汉初的几任丞相萧何、曹参、周勃，陈平既保持了他们开创的黄老政治格局，同时又发挥了他作为知识分子明达国家大事的聪明才智，他对于宰相职能的论述，充分显示了一个文人政治家的眼光与智慧。

张苍是汉初布衣将相群中一个很有学问的人物。他"本好书，无所不观，无所不通，而尤善律历"。① 汉文帝四年（公元前176），灌婴卒，他代之为相。其主要功绩是为汉王朝订正历法。还曾"著书十八篇，言阴阳律历事"。张苍坚持汉为水德，尚黑如秦制，似与黄老政治的格局有关。西汉前期的年轻学者贾谊极力倡导改正朔易服色，标志着儒学的崛起，一种新思维的出现，要求改变表面清净无为实质因循秦制的黄老政治局面。但张苍恪守清静无为之制，不主张对政治制度作大的变革，代表的应是汉初老臣的看法。

张良、陈平、张苍等中州士人在汉初政治中发挥了重要的作用。他们以知识而受到重用，成为开国功臣后，又因其特殊的政治身份而发挥了一般知识分子所难以发挥的作用，给布衣将相之局注入了文化因素。但就张良、陈平等人的政治生涯而言，他们的聪明才智主要表现在楚汉战争阶段。在西汉王朝建立后，他们的基本政治主张与萧何等人一致，不生事，不扰民，休养生息，维持政权稳定即可，未能对汉王朝的长远统治构筑思想体系。这个任务历史性地落在新一代知识分子的身上。西汉前、中期，政治上最根本的问题是如何加强中央集权制，巩固和完善统一的政权。在这个重大问题上，中州士人贾谊、晁错、桑弘羊都作出了

---

① 《史记·张丞相世家》。

杰出的贡献。他们是当时出类拔萃的思想家、政治家。

贾谊（公元前201—前168），洛阳人。他是汉初最具学者气质的人，刘歆曾赞叹"在汉朝之儒，惟贾生而已"。① 贾谊初为太中大夫时，即提出了他的一系列变革措施。他认为汉朝建立已20余年，天下基本稳定，应当"改正朔，易服色，法制度，定官名，兴礼乐"，并"悉草具其事仪法，色尚黄，数用五，为官名，悉更秦之法"。对于诸侯王问题、匈奴问题、世道风俗问题，他都有高人一筹的见解，其《过秦论》更是大气磅礴，雄辩滔滔。他反复强调的主题是："民者，万世之本也，不可欺。……夫民者大族也，民不可不畏也，故夫民者多力而不可敌也。呜呼，戒之哉！戒之哉！与民为敌者，民必胜之！"如此明确而深刻地揭示民本的内涵，是贾谊对中国政治文化的重要贡献。民本思想早在西周时已萌芽，孟子对民本思想有所论述，荀子"民则载舟，民则覆舟"更成为千古名言。但先秦的思想家们未亲见民众"覆舟"之威，没有也不可能从根本上认识民众的力量。秦末民众的壮举，使汉初的思想家和政治家开始正视民众。而贾谊对秦亡教训的总结较之同时代的陆贾、贾山等人要深刻得多。在民本思想的基础上，贾谊第一个明确而系统地提出了以礼治国的政治主张。

晁错（公元前200—前154），颍川人。晁错主张硬性削藩，削藩后将诸侯国的封地收归郡县。晁错是从法家的立场总结秦亡教训的。他认为统治者立法应安民而不应害民："其立法也，非以苦民伤众而为之机陷也，以之兴利除害，尊主安民而救暴乱。"从这种认识出发，他提出了"贵粟"的主张。他的《论贵粟疏》大概是中国历史上第一篇描写农民艰辛生活的文章。在

---

① 《汉书》卷三六《刘歆传》。

军事政策方面，他建议募民迁边以对付北方匈奴，从而避免大规模的兴师动众。而对于徙边之民众，其生产、生活乃至婚丧嫁娶他都有详尽的考虑。晁错的这些主张，较之贾谊的民本思想，更为具体而实在，在当时不同程度地实行过，是文景之治得以实现的重要因素之一。

桑弘羊（公元前152—前80），洛阳人，在西汉中期的政治舞台上是个重要人物。他自武帝元狩三年（公元前120）起，终武帝之世，历任大司农中丞、大司农、搜粟都尉、御史大夫等重要职务。武帝死，他与霍光、金日磾等同受遗诏辅佐昭帝，公元前80年因涉嫌谋反被处死。40年的政治生涯中，他主持制定和推行了一系列经济政策——盐铁官营、平准、均输、算缗、告缗、统一钱币，并组织60万人屯田戍边。昭帝始元六年（公元前80）的盐铁会议上，来自全国各地的60多位贤良文学对桑弘羊全面发难，桑弘羊针锋相对，毫不退让。他强调"世殊而事异"，"善言古者考之今"，讥笑贤良文学"抱枯竹，守空言"，"重怀古道，枕籍诗书，危不能安，乱不能治"。他认为"理国之道，除秽锄暴，然后为百姓均平，各安其宁"。他盛赞秦的商鞅，汉的张汤，认为他们"明法以绳天下，诛奸猾，绝并兼之徒，而强不凌弱，众不暴寡"，收到了很好的政治效果。这实际上关系到汉代治国的指导思想和施政方针，是西汉王朝"霸王道杂之"理念的明确表述。

贾谊、晁错、桑弘羊属于锐意仕进、奋发有为的士人。他们在有限的政治生涯中，为汉王朝的长治久安竭其所能，理论上卓有建树，在现实政治中起到了积极的作用。而他们的下场都很悲惨。晁错的父亲听说晁错因建议削夺封地而引起宗室切齿愤怨，从颍川赶至长安劝说时，晁错的回答是："固也，不如此，天子不尊，宗室不安。"其父怒曰："刘氏安矣，而晁氏危矣，吾去公归矣！"遂饮药而死。① 贾谊的忧患意识，晁错的献身精神，桑弘羊大刀阔斧的改革勇气，均体现了一种蓬勃向上的朝气和高亢激越的风格，与齐鲁儒生研习儒经的风格有明显的不同，与西汉前期聚集于梁国忘忧馆中吟诗作赋的一帮文人也不同，他们是干练的政治家，秉承的是中州奋发有为的政治文化。

二　"清白吏子孙"：东汉士族门阀的尊严

随着士人与士族的发展，东汉时期出现了士族门阀这一特殊的阶层。士族即世代通经的家族。世代通经而又世代高官即为士族门阀。当时名扬天下的士族门阀首推中州的弘农杨氏、汝南袁氏。弘农杨氏四世三公，汝南袁氏四世五公。两大家族对东汉士风产生了重要影响。

西汉前期的中州著名士人，子孙传学成为士族的较少，以诗书传家历两汉之世的大概只有贾谊的后代。贾逵是这个家族中的骄傲。两汉之际，中州士族逐渐形成。如"家世衣冠"的南阳朱氏，朱岑西汉之际为太学生，子朱晖是南阳著名"节士"，后为太山太守。孙朱颉修儒术，安帝时至陈相。重孙朱穆锐意经典，顺帝时为侍御史，桓帝初为冀州刺史。玄孙朱野，少有名节，为河南尹。颍川李膺，祖父李修于安帝时为太尉；父李益，赵国相。李膺辟司徒府不久，即迁青州刺史。汝南陈蕃祖河东太守。河内杜乔"累祖吏二千石"。士族门阀传经授业，仕宦为官年长日久，门生故吏不计其数。如汝南袁氏"树恩四世，门生故吏遍于天下"。② 以士族门阀为核心，士大夫阶层迅速发展壮大起来。他们在朝廷中占有明显优势，在地方上也有着优越的政

---

① 《汉书》卷一〇一《晁错传》。
② 《后汉书》卷七四《袁绍传》。

治地位和社会地位。东汉党人即在此基础上形成。

弘农杨氏较之汝南袁氏声誉更高。杨氏是汉代"清流"的代表，士林的表率。杨震作为东汉早期反外戚、宦官的著名代表人物，刚直不阿，最后受宦官谗言而被免官，愤而自杀，在社会上震动很大。在杨震身上，清正廉洁、不受私谒、不图私利的特点很突出。杨震、杨秉父子的"四知"、"三不惑"为时人所叹服。①体现的是个人道德修养的一种境界。杨震深夜拒金、杨秉困窘之至而坚决拒绝故吏馈赠，儒家"慎独"精神于此得到淋漓尽致的表现。尤其是杨震不以家业传子，而以"清白吏子孙"作为留给后代的丰厚遗产，并以此为豪，体现了典型的儒生安贫乐道，重义轻利的特色。弘农杨氏被誉为"四世清德"，在东汉后期享有很高的声誉。

弘农杨氏所代表的士族门阀，与此前的中州士人有较明显的区别。战国至西汉的中州游士获取利禄的意图很明显，他们毫不掩饰地宣称，自己要以知识为资本去谋取功名。苏秦谓士人"屈首受书"的目的即是"以取尊荣"，②李斯认为："诟莫大于卑贱，而悲莫甚于穷困，久处卑贱之位，困苦之地，非世而恶利，自托于无为，此非士之情也。"③宁成说："仕不至二千石，

① 《后汉书》卷五四《杨震传》：杨震赴东莱任太守时，路经昌邑（今山东巨野南），"故所举荆州茂才王密为昌邑令，谒见，至夜怀金十斤以遗震。震曰：'故人知君，君不知故人，何也？'密曰：'暮夜无知者。'震曰：'天知，神知，我知，子知。何谓无知！'密愧而出"。杨震为地方太守数年，未聚私财，"性公廉，不受私谒。子孙常蔬食步行，故旧长者或欲令为开产业，震不肯，曰：'使后世称为清白吏子孙，以此遗之，不亦厚乎！'"杨震的所作所为对他的子孙后代影响很大。其子杨秉"雅素清俭"，受宦官排挤免官还乡期间，"家至贫窭，并日而食"，他过去所举孝廉景虑馈钱百余万，杨秉闭门不受。杨秉一生恬淡："性不饮酒，又早丧夫人，遂不复娶。所在以淳白称，尝从容言曰：'我有三不惑：酒、色、财也。'"

② 《史记》卷六九《苏秦列传》。

③ 《史记》卷二七《李斯列传》。

贾不至千万，安可比人乎。"① 反映的是士人出自生存本能对功名利禄的强烈渴求。商鞅与苏秦的学术芜杂，涉猎多种学派，以实用为目的。秦汉致力于统一思想的建构，儒家思想以齐鲁文化为核心融合了种种学说。汉代的士族是在儒学逐渐普及以后形成的，它们以诗书传家，士族门阀以世代传经而世代为高官，有一种庄重和尊严，体现的是儒学普及后儒生群体的一种价值追求。

三　东汉党人与士大夫精神的形成

东汉中后期盛行于士林的清议，是指士人"激扬名声，互相题拂，品核公卿，裁量执政"的风气。此风首先是在洛阳附近的颍川、汝南、南阳三郡兴起，而后在京师大盛。②

颍川、汝南、南阳在西汉时多豪强与游侠，东汉时期随着毗邻洛阳的地理位置，儒学迅速发展，一跃成为全国范围内文化最为发达的地区，公卿、学者、士人之众，著述之多，均居诸郡国的前列。③

颍川的荀淑、李膺、荀爽、贾彪、韩融等名士都曾从本郡的陈寔受学。在这个文人圈子里，核心的价值观就是儒家的德行。名士李膺非常推崇荀淑、钟皓，赞之曰"荀君清识难尚，钟君至德可师"。荀淑因不愿依附外戚而返乡教授；钟皓"父、祖至德著名。皓高风承世，除林虑长，不之官"，李膺仰慕的是他们的德行。士人之间互相品评德行，甚至一个家族之内也不例外。如陈寔的两个孙子"各论其父功德，争之不能决"。荀淑有八子，并有名称，时人谓之"八龙"。其中荀爽经学明习，12岁通

---

① 《汉书》卷九○《酷吏传》。
② 参见黄宛峰等《河南汉代文化研究》，河南人民出版社 2000 年版。
③ 卢云：《汉晋文化地理》，陕西人民教育出版社 1991 年版，第 67 页。

《春秋》《论语》，成人后"耽思经书"，颍川为之语曰："荀氏八龙，慈明（荀爽的字）无双。"

汝南的"月旦评"在东汉的人物品评之风中最具特点。它是由许靖、许劭兄弟自动发起的。许靖、许劭，"俱有高名，好共核论乡党人物，每月辄更其品题，故汝南俗有'月旦评'焉"。评论乡党人物，其标准自然就是儒家思想。它对于被品评者是一种约束，同时对品评者本身也提出了很高的道德要求。许劭"少峻名节，好人伦，多所赏识"。他很注重礼仪，被誉为"山峙渊停，行应规表"，他的从兄许相家三世三公，但许相的太尉之职以能谄媚宦官而来，所以许劭"恶其薄行，终不候之"。他曾为郡功曹，"抗忠举义，进善黜恶……所称如龙之升，所贬如坠于渊，清论风行，所吹草偃"。他以评论人物、"简别清浊为务"，在汝南造成很大影响，"府中闻子将为吏，莫不改操饰行"。袁绍为濮阳长，回汝南时，"副车从骑，将入郡界，乃叹曰'许子将秉持清格，岂可以吾舆服见之邪？'遂单马而归"。

许劭品评别人，他自身也被汝南士人所品评。谢甄是汝南士人中又一位品评人物的专家。他称许劭兄弟为平舆之渊的"二龙"。说许劭"正色忠謇，则陈仲举（陈蕃）之匹；伐恶退不肖，范孟博（范滂）之风"。但许劭与同邑的李逵起初交好，后有矛盾，与其从兄许靖亦有隙，因而又受到人们的讥讽。

汝南士人中，一直享有盛誉的是陈蕃、范滂、黄宪等人。正如李膺是颍川士人的骄傲一样，陈蕃、范滂是汝南士人的骄傲、为官的楷模。他们在政治上奋发有为，不惜以生命为代价，是修齐治平的典型。与他们不同，黄宪是一位处士。他"家世贫贱，为牛医"，但学识渊博，屡辞征辟，因而被汝南士人视为超越于功名利禄之上的高士。荀子有言曰，士人应"在朝则美政，在野则美俗"，陈蕃与黄宪在颍川士人的眼中，无疑是美政与美俗的典范。而陈蕃等官员并不因黄宪的平民身份而瞧不起他，陈蕃、周举常说："时日之间不见黄生，则鄙吝之萌复存于心。"大名士郭林宗游汝南，谓黄宪"汪汪若千顷陂，澄之不清，淆之不浊，不可量也"。他们是从士人人格、儒学修养的角度去衡量与评价黄宪的。作为在朝与在野的不同代表，陈蕃、范滂、黄宪等人对汝南士风有很大的影响。汝南安城人周乘"天姿聪朗，高峙岳立，非陈仲举、黄叔度（黄宪）之俦则不交"。他曾为侍御史、公车司马令，不畏强势，"以是见怨于幸臣"，后为交州刺史，"上言愿为圣朝扫清一方，太守闻乘之威，即上疾乞骸，属县解印，四十余城"。周乘的为人又得到陈蕃的肯定，曰"若周子居者，真治国之器，比如宝剑，则世之干将"。汝南的这批名士，自陈蕃、范滂、黄宪、周乘到许劭兄弟，明显不同于一般汲汲于名利的俗士。他们在品评人物的过程中，激浊扬清，敦促士人砥砺名节，以道德相尚。此风俗后来传至京师而成"清议"，遂风动天下。

南阳士人亦重义行。郡治"宛为大都，士之渊薮"，士人很活跃。新野（今南阳新野县）人邓彪，是邓禹的宗亲，"少励志，修孝行"，"与同郡宗武伯、翟敬伯、陈绥伯、张弟伯同志好，南阳号曰'五伯'"。与邓彪"同志好"的宗武伯诸人，自然也是道德方面比较杰出的人。南阳安众（今南阳县西南）人宗慈，屡辞征辟，后为修武令，因看不惯太守收受贿赂而弃官还乡，"南阳群士皆重其义行"。他未出仕时已是宾客满门，均为其志同道合之人。宗慈的儿子宗承，"少而修德雅正，确然不群，征聘不就，闻德而至者如林"。据说曹操年少时，"屡造其门，值宾客猥积，不能得言"，等到宗承空闲之机，"往要之，提手请交，承拒而不纳"。《世说新语·方正》记此事道："南阳宗世林，魏武同时，而甚薄其为人，不与之交。及魏武做司空，总朝政，从容问宗曰：'可以交未？'答曰：'松柏之志犹存。'"

颖川、汝南、南阳之间，士人也经常来往。如汝南许劭曾至颖川，"多长者之游"。颖川荀淑到汝南访黄宪等人，对黄宪的德行、学识大加赞扬。士人中有门生故吏的关系，又交织着一些婚姻关系（如荀彧之女为陈群之妻；李膺的姑母为钟皓之嫂，妹妹又嫁与钟皓之侄；李膺与袁绍两家又联姻），世交关系（如陈群"所善皆父党"。）这些文人之间的交往过程即是儒家道德观念的传播过程。东汉的清议便是在颖川、汝南、南阳士人品评人物的基础上形成的。

东汉中后期，宦官势力甚嚣尘上，洛阳太学自然而然成为清议的主要阵地。在朝的公卿奋不顾身，搏击宦官；太学生们积极声援，呐喊助威，从而鼓动起了震撼全国的政治风潮。然而，党人最终以莫须有的罪名被宦官借皇权残酷镇压。汉代士大夫满怀政治热情，遵循经明行修的为官正途走进官场，却遭到了政治的无情愚弄。这是中国古代知识分子遭受的第一次大劫难。在朝廷的高压政策下，有的士人沉寂了，有的士人在肃杀之气中仍冒着生命危险发泄对朝廷的愤懑。党人被赦免后，被宣布禁锢终身不得为官，但他们的声望更高了，李膺回颖川，"居阳城山中，天下士大夫皆高尚其道，而污秽朝廷"。范滂出狱返乡，"始发京师，汝南、南阳士大夫迎之者数千辆。同囚乡人殷陶、黄穆，亦免俱归，并卫侍于滂，应对宾客"。[①] 在特殊政治背景下特殊形式的士人大聚合，数千辆车的盛大场面，其气氛之悲壮可想而知。它实际是南阳、汝南士大夫对宦官集团的又一次规模宏大的示威，标志着反宦官运动的继续与深入。不久，士人便"共相

---

① 《后汉书》卷六七《党锢列传》。

标榜，指天下名士，为之称号"，推出了三君、八俊、八顾、八及、八厨等 35 位名士。这份由士人议定的"名士谱"，以中州及今山东境内山阳一带的人士最为集中，而中州士人为其栋梁。

东汉党人集团以中州士族为核心、骨干。东汉党人领袖最著名的是李膺、陈蕃、杜密、范滂诸中州士人。当时能为李膺礼遇接见者，士人视为"登龙门"。陈蕃在第一次党锢之祸既成的肃杀之气中，上书直斥桓帝拘捕党人无异秦之焚书坑儒，极言李膺等人为"死心社稷"之臣，不可囚禁，并自申其志曰："臣位列台司，忧责深重，不敢尸禄惜生，坐观成败。如蒙采录，使身首分裂，异门而出，所不恨也。"陈蕃之言，与晁错之语如出一辙，体现的是中州士人果敢激切的特点。他后与外戚窦武合谋欲尽诛宦官，事泄，情急之下，陈蕃竟以 70 余岁之身，仅率下属、门生 80 余人拔刃入宫，与宦官理论，即日为宦官所害。

中州士人之所以成为东汉党人的中坚，除了一些特殊的政治因素（如东汉初有人曾劝刘秀"不宜专用南阳人"）外，与中州士人的众多，激浊扬清的士风密切相关。中州士风激越自秦汉以来，一直很突出，东汉尤甚。汝南许子伯"与友人论其世俗将坏，因夜起举声号哭"。[1] 杜密认为"知善不荐，闻恶无言，隐情惜己，自同寒蝉，此罪人也"。[2] 范滂在狱中被审问何以"共造部党"时，答曰："臣闻仲尼之言'见善若不及，见恶若探汤'，欲使善善同其清，恶恶同其污"。[3] 李膺"欲以天下名教是非为己任"，岑晊"慨然有董正天下之志"，[4] 陈蕃年 15 即出

---

① 严可均《全后汉文》卷八三，中华书局 1958 年版。
② 《后汉书》卷六七《党锢列传》。
③ 同上。
④ 同上。

"大丈夫处世，当扫除天下"之豪言，① 出仕为官更"言为士则，行为士范，登车揽，有澄清天下之志"，② 范滂案查冀州，亦"慨然有澄清天下之志"。③ 所有这些，都说明了士人有着共同的思想基础。"澄清天下"之壮志，将他们联结在一起。

"同志"一词盛行于东汉，正是这种政治背景的产物。"同志"源自古语"同德则同心，同心则同志"。④《后汉书·刘陶传》说："（刘）陶为人居简，不修小节，所与交友，必也同志。好尚或殊，富贵不求合，情趣苟同，贫贱不易意。"当朱穆、李膺与宦官斗争而身陷囹圄时，刘陶率太学生到皇宫讼冤，确为同志。《三国志·魏志·荀彧传》注引张璠《汉纪》曰荀淑"博学，有高行，与李固、李膺同志友善"。第一次党锢之祸，贾彪至长安救李膺等人，彪"谓同志'吾不西行，大祸不解'"。⑤灵帝初，窦武执政，立即"引同志尹勋为尚书令"，⑥ 同时重用的李膺、杜密等均为其"同志"。士人的"不交非类"，"同志"的流行，确切地说明了中州士人对儒家道德的认同。

"同志"在当时的共同志愿便是诛灭宦官集团，为达此目的，中州士人在与宦官抗争的过程中，常有激愤之语。如汝南黄浮杀宦官子弟徐宣，面对下属的苦苦劝阻，慨言曰"徐宣国贼，今日杀之，明日坐死，足以瞑目矣！"他不仅杀了徐宣，而且"暴其尸以示百姓"。⑦ 党人并不矫情，他们确实是将生死置之度外的。前有秦的焚书坑儒之祸，近有杨震、李固、杜乔等三公与

---

① 《后汉书》卷六六《陈蕃传》。
② 《世说新语·德行》。
③ 《后汉书》卷六七《党锢列传》。
④ 《国语·晋语四》。
⑤ 《后汉书》卷六七《党锢列传》。
⑥ 《后汉书》卷六九《窦武传》。
⑦ 《后汉书》卷七八《宦者列传》。

外戚、宦官抗争而最终惨死的事实，明哲保身的士人早已看出李膺等人必将"生行死归"，重罹坑儒之祸，因而不肯出仕，或入仕"耽禄畏害"而不敢直言。李膺等人对政治形势的严酷，以及自己可能遭到的迫害是清楚的。但他们认为与宦官的斗争是势在必行，义不容辞的。李膺批评不肯出仕的妹夫钟瑾曰："孟子以为'人无是非之心，非人也'，弟何期不与孟轲同邪？"① 驱使他们勇往直前的内在动力是"澄清天下之志"，"以天下是非名教为己任"的责任感与使命感。

正因为有"澄清天下之志"，有愤世嫉俗、刚直不阿之性，所以党人虽一再受挫而不改其志。李膺、陈蕃、杨秉、范滂、杜密均曾因打击权贵被免官或被排挤，有的几进几出，但他们每次复出，一如既往打击权贵，且激愤之情更甚，"虽湛宗灭族，有不顾焉"。② 陈留考城（今河南兰考）人史弼任河东太守，断然拒绝宦官侯览的请托之事，并杀了侯览派来的爪牙，结果被侯览诬陷下狱，"吏人莫敢近者"，唯有他以前所举孝廉裴瑜为之送行，裴瑜激励他道："如其获罪，足以垂名竹帛，愿不忧不惧。"史弼以"昔人刎颈，九死不恨"之语相答，③ 足见其视死如归之志。李膺在诛灭张朔而受桓帝责问时，唯一的要求是再给他5天时间，"剋殄元恶，退就鼎镬，始生之愿也"。第二次党锢之祸起，乡人劝李膺逃亡，李膺谓"事不辞难，罪不逃刑，臣之节也，吾年已六十，死生有命，去将安之"？便自诣诏狱。范滂在入狱之际，与家人诀别，其母曰："汝今得与李杜（李膺、杜密）齐名，死亦何恨？既有令名，复求寿考，可兼得乎？"刚直

---

① 《后汉书》卷六二《钟皓传》。
② 《廿二史札记·汉末诸臣劾治宦官》。
③ 《后汉书》卷六四《史弼传》。

不阿，威武不屈，这就是党人的风采。

东汉党人是中国古代政治舞台上首次以毫不妥协于邪恶势力面目出现的知识分子群体形象，是以中州士人为核心的官僚士大夫集团。党人不是个别人的行为，也不是一时一地的行为，而是士大夫集团的整体行为。儒家倡导的"士志于道"，"士不可以不弘毅"，在他们身上得到了集中的表现。中国古代士人"富贵不能淫，贫贱不能移，威武不能屈"的精神，以天下为己任的责任感、使命感，经东汉党人的昭示与弘扬，成为中国古代士大夫的特质，一种万劫不灭的永恒追求。

东汉的颍川、汝南士人在党锢中是领袖，在汉末割据势力蜂起之时，颍川、汝南士人仍是天下瞩目的风云人物。"颍、汝多奇士"的说法一直到宋代还在流传。① 建安文学风格之苍凉雄健在一定程度上正反映了汉代中州士风昂扬进取的特点。

第二节　魏晋南北朝时期南北士风的激荡

一　吴越士人的崛起与机遇

两汉时期的吴越，在中原人眼中还是一片荒凉之地。司马迁在《史记·货殖列传》中说："江南卑湿，丈夫早夭"，《汉书·地理志》讲到吴、豫章时，仍沿用此语，改为"丈夫多夭"。

西汉时期，吴越一带知名的文人很少，唯严助、朱买臣在朝中小有名气。吴人朱买臣家贫，好读书，不治产业，常艾薪樵，卖以给食，担束薪，行且诵书。后得严助的推荐，得以接近汉武

---

① 《宋史》列传第六十一《王臻传》：王臻，字及之，颍州汝阴人。始就学，能文辞。曾致尧知寿州，有时名，臻以文数十篇往见，致尧览之，叹曰："颍、汝固多奇士。"

帝，"说《春秋》，言《楚辞》，帝甚说之，拜买臣为中大夫，与严助俱为侍中"。①

吴王刘濞时期是一个特殊时期。《汉书·地理志》载吴王刘濞"招致天下之娱游子弟，枚乘、邹阳、严夫子之徒兴于文、景之际"。《史记·吴王濞列传》："吴太子师傅皆楚人。"楚辞诗赋在吴国一度兴盛。

"楚辞"的名称，最早见于《史记·酷吏列传》："（朱）买臣以'楚辞'与（严）助俱幸。"《汉书·地理志》："吴有严助、朱买臣贵显汉朝，文辞并发茂，故世传楚辞。"楚辞源于楚国民歌，具有浓郁的地方色彩。吴楚两国相距不远，当时楚辞在吴越之地的流传是毫无疑问的。但朱买臣以诵经出名却能以"楚辞显于朝廷"，楚国的文学形式何以首先由吴越士人传于汉宫廷之中，值得探究。

两汉战乱之际，不少北方士人到江南避难。《后汉书·循吏列传·任延传》云：东汉初年，"天下新定，道路未通，避乱江南者皆未还中土，会稽颇称多士"。《晋书·儒林列传》载：范平，吴郡钱塘人，其先人"避王莽之乱适吴，因家焉"。《后汉书·逸民列传》载：扶风平陵人梁鸿，"受业太学"，"博览无不通"，后适吴，作诗曰："逝旧邦兮远征，将遥集兮东南。"

与此同时，东汉会稽地方官吏注意寻求郡中士人，并发挥他们的作用。任延任会稽太守，在郡中"聘请高行如董子仪、严子陵等，敬待以师友之礼"，对"志不降辱"的吴地士人龙丘苌，则精心奉侍，终使其出仕，"是以郡中士大夫争往宦焉"。②又如永元中张霸为会稽太守，"表用郡人处士顾奉、公孙松等。

---

① 《汉书·朱买臣传》。
② 《后汉书》卷七六《循吏列传》。

奉后为颍川太守，松为司隶校尉，并有名称。其余有业行者，皆见擢用，郡中争厉志节，习经者以千数，道路但闻诵声"。①

东汉时吴越士人游学习经者明显增多。如王充到洛阳读经。魏朗习"五经"，通《春秋图纬》，"京师长者李膺之徒争从之"。② 会稽人顾奉到豫章南昌读经。③ 会稽人赵晔远赴（犍）为资中，"诣杜抚受《韩诗》，究竟其术。积二十年，绝问不还，家为发丧制服。抚卒乃归"。④

余姚虞翻的家族是汉代吴越之地少有的世代经学之家。虞翻述其家世曰："臣高祖父故零陵太守光，少治《孟氏易》。曾祖父故平舆令成，述其业。至臣祖父凤为之最密。臣亡考故日南太守，受本于凤，最有阳书，世传其业，至臣五世。"⑤ 虞翻家族世传《周易》，与中原士族同。

东汉后期的会稽是吴越士人较为集中的地方。会稽郡守王朗问虞翻江南贤俊时，虞翻分学者、官吏、修行等数类述其成就，王朗叹曰："贵郡虽士人纷纭，于此足矣。"可见会稽士人有相当的数量。同时吴越士人也逐渐为中原士人所知。山阴（今浙江绍兴）人韩说博通五经，亦与蔡邕交往甚密。会稽盛宪与名士孔融相善，孔融曾上书曹操，称誉盛宪"实丈夫之雄也，天下谈士依以扬声"。⑥ 虞翻与孔融也有交谊，尝与少府孔融书，并示所著《易注》，融答曰："闻延陵之理乐，睹吾子之治《易》，乃知东南之美者，非徒会稽之竹箭也。"⑦

---

① 《后汉书》卷三六《张霸传》。
② 《后汉书》卷六七《党锢列传》。
③ 《后汉书·儒林列传》。
④ 《后汉书》卷七九《儒林·赵晔传》。
⑤ 《三国志》卷五七《吴书·虞翻传》注引《翻别传》。
⑥ 《三国志》卷五一《吴书·孙韶传》注引《会稽典录》。
⑦ 《三国志》卷五七《吴书·虞翻传》。

东汉时期，道家思想在吴越之地的影响似乎更为广泛。东汉初年严光坚辞刘秀之征召，垂钓泽中，被后世传为佳话。王充的思想主要为儒家，晚年则道家思想倾向明显。魏伯阳专心研究炼丹术，写出第一部炼丹著作《周易参同契》。西晋葛洪家族世好仙道，据说从祖葛玄在会稽上虞山得《古灵宝经》，传与子孙，后代研道不绝，葛洪写成《抱朴子》，讲炼丹成仙，被后世称为"葛仙翁"。

儒学在吴越传播的途径并不广泛，这在王充的《论衡》一书中可以得到反映。王充在书中常常情不自禁地提及与他同命运的在野儒生，他特别为吴越一带擅长写文章而不以授徒传经为业的儒生鸣不平。由此可以看出，吴越一带传授经书的风气与中州显然不同。王充盛誉著书立说、以文传世的"文儒"，菲薄以授徒传经为业的儒生。他称其同乡周长生为鸿儒、"文士之雄"，并说："会稽文才，岂独周长生哉！所以未论列者，长生尤逾出也。"他慨叹："文王之文在孔子，孔子之文在仲舒，仲舒既死，岂在长生之徒欤！"[1]"这长生之徒"自然包括王充以及他所熟知的一帮文人在内。如作《越绝书》的吴君高等。另外，还有东蕃的邹伯奇（作《元思》），临淮的袁太伯（作《易章句》）、袁文术（作《咸铭》）。他认为这些人均为鸿儒，皆刘向、扬雄所不及。[2]但因为地方上"文轨不尊"，著书为文的这些学者不为地方官所重视，所以他们难以为朝廷所知。而从会稽官吏兴学之举见于记载看，亦可知吴越之地文风不盛。因而王充呼吁汉朝重视"幽辽之地"的人才，延揽四方鸿儒，以成汉家圣德。实际上，正是比较自由的环境成就了《论衡》这样一部汉代绝无仅

---

① 《论衡·超奇篇》。

② 《论衡·案书篇》。

有的异端之书，给中原士人以极大的震动。①

二　两晋士人的心境

魏晋动荡之世，士人从汉代大一统的思想禁锢中解脱出来，呈现出一种离经叛道、怡情自适的倾向，玄学应运而生。罗宗强先生在其名著《玄学与魏晋士人心态》一书中，曾从正始玄学、西晋玄学新义、东晋士人心态变化与玄释合三个递进的阶段，精辟分析了玄学由北而南的发展演变轨迹及其成因。魏晋玄学，在北方以洛阳为中心，在吴越以建业为中心。唐长孺先生曾指出："永嘉乱后，大批名士南渡，本来盛行于京洛的玄学和一些新的理论，从此随着这些名士传播到江南。以琅琊王氏、陈郡谢氏、殷氏为首的侨姓高门在江左大畅玄风固不必论，一向偏于保守的江南学门，如吴郡陆氏、会稽虞氏、贺氏等，虽然大体上仍传授汉代以来累世相承的家学，但也不免逐渐为侨人风尚所移，开始重视玄理。"② 而东晋南朝的新的思想文化，正是在北方士族为主的引领下，南北士人包括僧人在内交流切磋的结果。

魏晋士人可以说经历了一个"反求诸己"的过程。汉代士大夫质朴的政治热情和积极进取的人生追求到汉晋之际发生了明显的变化。党锢之祸的惨烈，汉王朝的灭亡，魏晋频繁改朝换代的残酷，这一连串的政治变局使儒家的道德规范失去了原有的神圣感和约束力，士人追求一种符合自然性情的生活。"越名教而任自然"是玄学的要义，也是魏晋名士的主要特征。而当时的

---

① 《后汉书·王充传》注引《袁山松书》曰："充作《论衡》，中土未有传者，蔡邕入吴始得之，恒秘玩以为谈助。其后王朗为会稽太守，又得其书。及还许下，时人称其才进。或曰：'不见异人，当得异书。'问之，果以《论衡》之益，由是遂见传焉。"

② 唐长孺：《魏晋南北朝隋唐史三论》，武汉大学出版社1993年版，第212页。

所谓自然，一个是人心的自然，即真性情；一个是山水的自然，即士人用心灵去感受的自然界的神韵。西晋的玄学家主要体现的是前者，东晋的南渡名士主要品味的是后者。

　　兹以魏晋之间的玄学家阮籍及阮氏家族为例。魏晋时期险恶的政治形势，造就了一代士风的特点，而阮籍便是开一代玄风的重要代表人物，"阮籍嗜酒狂放，露头散发，裸袒箕踞。其后贵游子弟阮瞻、王澄、谢鲲、胡毋辅之徒，皆祖述于籍，谓得士道之本"。① 阮籍的家族本是典型的儒学世家。《世说新语·任诞》篇注引《竹林七贤论》说："诸阮前世皆儒学。"阮籍的父亲曾受学于大学者蔡邕。阮籍曾得阮氏家族中阮武的教育，阮武为"阔达博通，渊雅之士"。② 阮籍在《咏怀诗》中说："昔年十四五，志尚好《书》《诗》。被褐怀珠玉，颜闵相与期。"出身于这样的家庭环境，阮籍很自然具有"济世志"，他曾到广武观看楚汉战争战场，感叹曰："时无英雄，使竖子成名"，③ 可见其抱负。然而他生活的时代却是杀机四伏，动辄得咎，因而只能回归内心世界，从幻想的逍遥游中去寻求精神慰藉。阮籍《咏怀诗》中有大量的仙、隐意象，体现了诗人极端苦闷的思想，如"布衣可终身，宠禄岂足赖？""渔父知世患，乘流泛轻舟"，"愿登太华山，上与松子游"等等。但现实政治难以逃避，阮籍只能"发言玄远，口不臧否人物"、"喜怒不形于色"，④ 以此韬晦之术保身。

　　阮氏是文学家族，多才子，多诗人。阮籍的弟弟阮放、阮裕，侄子阮咸，侄孙阮瞻、阮孚，重孙阮修均以诗文出名。阮咸

---

① 余嘉锡：《世说新语笺注》，北京中华书局 1983 年版，第 24 页。
② 《三国志·魏书·杜畿传》注引《杜氏新书》。
③ 《晋书·阮籍等传》。
④ （唐）房玄龄：《晋书》，北京中华书局 1974 年版，第 1360—1366 页。

"贞素寡欲，深识清浊，万物不能移也"。阮修则以《逍遥游》中的大鹏体象他傲然独处的理想。[①] 思想的极度苦闷导致了行为的怪诞。《晋书·阮籍传》中记载"诸阮皆饮酒，咸至宗人间共集，不复用杯觞斟酌，以大盆盛酒圆坐相向大酌，更饮时有群豕来饮其酒，咸直接去其上便共饮之"。阮氏家族中的嗜酒到了不顾礼法的地步：阮孚"蓬发饮酒，不以王务缨心"，他曾经以金貂换酒，为有司所弹劾。阮修"以百钱挂伏头，至酒店，便独酣畅，虽当世富贵而不肯顾"。

重个人真情的抒发，乃至纵情声色，是自负甚高的士人阶层在政治理想幻灭后对社会反抗的表现形式之一，所谓"情之所钟正在我辈"，"我辈"特指士人。西晋玄学之士的狂放与东汉士人的激越显然不同，但其思想实质有相同之处。如鲁迅所言，玄学家的骨子里还是名教。"越名教而任自然"其实还是太在乎名教，他们的种种怪诞行为是痛恨虚伪名教的过激之举。他们的思想根基仍是儒家学说。

东晋士人的心态却是从容平和的。《世说新语》中对士人风度有诸多生动的描述。北方士族从连年战乱的中原来到山清水秀的吴越之地，江南优美的自然风物使他们疲惫的身心得以滋养，偏安局面消磨了他们收复中原的壮志，这似乎偏离了中国传统士人的人生轨道，但却回归到人的自然审美本身。山阴道上"千岩竞秀，万壑争流"、"山川自相映发"的自然景色，唤醒了他们作为生物人而非政治工具的自然情感。东晋士人的"以玄对山水"，是士人生命意识与个性觉醒的产物。王羲之出任会稽内史，"初渡浙江，便有终焉之志。会稽有佳山水，名士多居之，谢安未仕时亦居焉。孙绰、李充、许询、支遁等皆

---

① （唐）房玄龄：《晋书》，北京中华书局 1974 年版，第 1360—1366 页。

以文义冠世，并筑室东土，与羲之同好"。他去官后，"与东土
之士尽山水之游，戈钓为娱"，① 会稽成为他们修身养性的天
地。此期的士人气定神闲，进退裕如，生活有了较多的选择。
山清水绿的自然环境激发出他们无限的灵感，东晋乃至南朝的
山水诗、山水画、书法，这些浸润着吴越水乡灵秀的艺术作
品，体现的是中原士族与江南山水融为一体后的艺术化人生。
这是此前的士人从来没有体验过的意境和天地。而山阴道上
"山川自相映发"则成为一个美好的影像，辉映在吴越士人的
心中，屡屡被后人提及。因此可以说，东晋时期产生于吴越的
山水审美意识是中国古代士人由政治化到艺术化转变的一个明
显标志，甚至可以说是一个分水岭。

　　法国学者泰纳在《艺术哲学》中把艺术家的创造比作植物
的生长，艺术家在一定的社会环境中生活，如同植物在相应的自
然中一样。书法世家王氏，文学世家谢氏，史学世家裴氏（裴
松之子裴因注《史记》，曾孙裴子野撰《宋略》），便是在吴越大
地孕育而出，枝繁叶茂，给后世以深远的影响。

第三节　明清文化氛围与士风

一　中州士人的衰落

　　明清时期的中州士人只有个别著名人物。如明代黄河流域的
"前七子"中有李梦阳（1473—1530），祖籍甘肃，迁居开封；
何景明（1483—1521），信阳人。两人的共同点，是关心国计民
生，主张文章要务实。李梦阳为官刚正，其诗作亦直斥时政弊
端，抨击"窃钩者诛窃国者侯"的反常现象。何景明的诗风深

---

① 《晋书·王羲之传》。

刻地反映了民生疾苦，清人沈德潜编《明诗别裁》，收录何景明的诗49首，可见有一定的影响。又有散文《何子十二篇》，继承韩非法、术、势的思想，并进行阐释与发挥，依稀可见战国秦汉中州士风之踪影。

另如沁阳人何瑭（1474—1543），安阳人崔铣（1477—1541），洛阳人尤时熙（1502—1580），新安人孟化鲤（1545—1597），均是中进士后一度为官，后归乡建书院或书屋，聚徒讲学。他们多信奉并传播王阳明的心学。其中尤时熙曾在河北、山东等地做县里的学喻，户部浙江司主事等。嘉靖二十六年（1547）辞官回乡，聚徒讲学30余年，陕洛之间从其学者甚众。

侯方域（1618—1654），字朝宗，河南商丘人，清初"论古文，率推侯朝宗第一，远近无异辞"。[①] 其父侯恂曾为户部尚书，为著名的东林党人。侯方域幼年随父寓居北京，为文古雅淡泊。22岁就试金陵时，登金山曾"有极目神州，舍我谁济之叹"，[②] 性豪爽，曾创建雪苑社，以侠义著称，"侯社或倪荡任侠使气，好大言，遇人不肯平面视，然一语合，辄吐出肝肺，誉之不容口中"。[③] 侯方域其人其风在中州学人中大概难遇知音，中州士人此时已湮没不闻，很难崭露头角了。

李绿园（1707—1790），宝丰县人。所著《歧路灯》洋洋60余万言，其目的在于"劝世"，所以强调德行昌茂之人必然"自幼家教严谨，往来的亲戚，结伴的学徒，都是些正经人家，徇谨子弟"，成人后又有社会的正面教育和影响。李绿园在书中着意突出中州为"理学名区"，并以此自豪；而另一方面，作为一个

---

①　王士祯：《西山唱和集序》。

②　《田半芳撰传》，见李春光《清代名人轶事辑览》，中国社会科学出版社2005年版，第2240—2241页。

③　《青门剩稿》卷六、《国朝耆献类征初编》卷四二三、《碑》卷一三六亦载。

现实主义作家，他又激烈抨击中州"理学嘴，银钱心"一类的伪君子。中州文化何去何从？《歧路灯》似乎是一曲深沉凄怆的挽歌，反映了中州士人对本地域文化无限依恋而又无力回天的痛楚心境。

二　"士志于道"：从东汉党人到东林党人

与中州士人形成鲜明的对比，明清时期的江浙士人异常活跃。在从中央到地方的各级政治舞台上，他们是主角，因为他们是科举取士最主要的来源；在江浙诗酒唱和的文人社团中，在随处可见的园林里，在民间文化场所，到处都有他们的身影。

明代的东林党人是江浙文人的楷模，从东林党人的言行我们可以体味到汉代以来正统的士大夫精神。

儒家思想脱胎于三代礼文化，西汉中期儒家学说被尊奉为正统学说后，中国古代无人不受其熏陶。因而，从先秦到明清，各种名目的殉道者代不乏人。而作为士大夫集团与宦官邪恶势力抗争并最终集体殉道之举，在中国古代社会则仅有东汉党人、明末东林党人两例。

明代东林党人与东汉党人有不少相似之处。首先，他们的知识结构与政治抱负相同。中国古代社会最重要的学问是经学与史学，明代书院与东汉太学、私学的讲学形式有所不同，但以儒家经典为教材是一致的，修齐治平的理想教育一致。其次，他们所处的政治环境相似，均以抨击炙手可热的宦官集团为特色。再次，他们的结局同样悲壮。缪昌期《槛车》诗中曰："尝读（李）膺（范）滂传，潸然涕不禁，而今车槛里，始悟夙根深。"[1]"夙根深"三字传神地道出了两者在思想深处的契合。高

---

[1] 《碧血录》。

攀龙、缪昌期均以"与李膺、范滂同游地下"为荣。① 这一切，都根源于他们共同的儒学理念。

不同的是，东汉党人是以朝廷高官为领袖，以京师为中心，太学为基地，靠清议鼓动而起。东林党人则是以地方书院为基础风动天下，显然实力强，后劲足。东林书院、明道书院等在当时影响巨大，士人习学者很多。② 书院讲学之风，使士人心心相印。但明代后期的士林分化远较东汉为分明。同为王朝末世，同为士大夫与宦官的斗争，东林党人面临的政治势力比东汉党人更险恶。这种险恶不仅来自于对手的强大，更来自于士大夫本身的世俗化。魏忠贤集团的专权暴虐空前绝后，士大夫不修士行，投靠魏忠贤门下者不计其数。故有学者认为此期是"士无特操"，在从众心理的驱使下，"士人的人格普遍泯灭"。③ 而恪守儒家道统的东林党人大力倡导"学者以天下为任"，④"慨然以整齐天下为任"，⑤ 正是有感而发，是针对士风日下之势而为之。

较之东汉党人，明末东林党人思辨色彩较浓。东汉党人少有著述，东林党人中的不少人长期在书院讲学，著述较多，得以慎思明辨，从容论道。东林诸君中，顾宪成曾在《小心斋札记》中阐述其思想曰：人有无形生死、有形生死："人身之生死，有形者也；人心之生死，无形者也。"人若仅以形体之生死为念，则生为徒生，死为徒死，"情欲胜而道义微，不过行尸走肉而

---

① 《碧血录》。

② 《东林列传·钱一本传》："时宜兴有明道书院，史孟麟主之；无锡有东林书院，顾宪成主之。三人往来讲习，四方士大夫兴起者众。"

③ 周明初：《晚明士人心态与文学个案》，东方出版社 1997 年版，第 109、115 页。

④ 《高子遗书·与李肖甫》。

⑤ 《明史·赵南星传》。

已。……道义胜而情义微……固已超然与造物者游矣！"① 道义
在身，即可超越肉体之生死，追求有价值的道德化的人生。② 高
攀龙评论顾宪成的学问曰："先生之学，性学也。远宗孔圣，不
参二氏（指佛、道），近契元公（周敦颐），恪遵洛闽之学。尝
曰：'语本体只是性善二字，语功夫只是小心二字。'"③ 黄宗羲
也认为顾宪成"于（王）阳明无善无恶一语辨难不遗余力，以
为坏天下教法自斯言始"。④ 顾宪成称"无善无恶"为"报险
语"，⑤ 激烈抨击"无善无恶"说，认为此说将导致善恶不辨，
是"以学术杀天下万世"。⑥ 东林党人认为，要真正成为有德之
人，需要长期的道德磨炼。高攀龙曰："学者神短气浮，须得数
十年静力，方可变化气质，培养德性。而其最受病处，又在自幼
以干禄为学，先文艺而后德行，俗根入髓，非顷刻可拔。必埋头
读书，使义理浃洽，变易其俗肠俗骨，澄神默坐，使尘妄消散，
坚凝其正心正气乃可耳。"⑦ 这些话听来与宋明理学家所讲没有
什么不同，但东林诸君是切实奉行了这种理念。

　　天启五年（1625），杨涟、左光斗等六人下狱。杨涟在东林
士人中以刚直峻烈著称。魏忠贤派人刺杀而未成，所以杨涟早已
知不免于难，但仍义无反顾地与之抗争。他坚信"人生梦幻，
忠义千秋不朽"，⑧《狱中绝笔》谓"不悔直节，不惧酷刑，不

---

①《小心斋札记》卷六。

②《东林书院志·高景毅先生东林论学语上》。

③《东林书院志·顾泾阳先生行状》。

④《明儒学案·东林学案》。

⑤《证性编·罪言上》。

⑥《小心斋札记》卷一八。

⑦《东林书院志·高攀龙行状》。

⑧《杨忠烈公文集·狱中寄子书》。

悲惨死，但令此心毫无奸欺。白日冥冥，于我何有哉！"①

　　杨涟等六君子受尽酷刑死于狱中后，次年，又捕高攀龙、周宗建、周顺昌、缪昌期、黄尊素、李应升、周起元七人。高攀龙听到周顺昌已被逮，笑曰："吾视死如归，今果然矣。"遂投水自尽。缪昌期等人均惨死狱中。高攀龙留下遗书两封，其一为《别友柬》："仆得从李元礼、范孟博游矣。一生学力到此亦得少力。心如太虚，本无生死，何幻质之足恋乎？"②生死之际，自比于东汉党人领袖李膺、范滂，他所谓"幻质"与杨涟"人生梦幻"意同。而"心如太虚，本无生死"，刘宗周解释为："先生之心与道一。尽其道而生，尽其道而死，非佛氏所谓无生死也。"③这是符合高攀龙原意的。他是从"一生学问"即儒学中寻求精神动力，而不是从佛教教义中得到解脱。高攀龙力挽晚明王学末流颓败士风，认为"人生只有一个念头最可畏"，"此个念头即是天理"，它"只在兢业中行"。④道义与生命两相比较时，他们选择的是前者，正是杨涟所谓"求仁得仁"。

　　然而，人非草木，孰能无情。在酷刑与死亡的威逼下，东林党人与凡人一样，对亲朋至友有着无限的依恋，同时对自己终生信奉的道义也不可避免地产生了一些怀疑。尽管史籍中此类史料较少，但我们仍可从中捕捉到党人微妙而复杂的心态。东汉党人范滂在狱中与母亲、儿子诀别时，母亲以豪言为之壮行，但他内心仍不自安，回头对儿子说："吾欲使汝为恶，则恶不可为；使汝为善，则我不为恶。"范滂在第一次入狱时面对宦官"何以结党"的诘问，答复即是"闻仲尼之言'见善若不及，见恶如探

①　《杨大洪先生文集·狱中绝笔》。
②　《碧血录》。
③　《明儒学案》卷六二。
④　黄宗羲：《明儒学案》卷五八。

汤'，欲使善善同其清，恶恶同其污"，表现出他对儒家道义的执著追求。而此次劫难必死无疑，33 岁的范滂面对幼子，既不愿其弃善从恶，但自己终生向善，下场又如何？万千心绪，难以言说。范滂这种凄楚无奈的心态，在 1400 余年后的东林党人那里，以诗文的方式表现出来："世事浑如梦，贻经累后生"，"寄语儿曹焚笔砚，好教犁耧听黄鹂"，"却怪登车揽辔者，为予洒泪问苍穹"！① "登车揽辔者"即是指范滂，他在担任清诏使案查地方时，"登车揽辔，慨然有澄清天下之志"。② 当时是何等的踌躇满志，最终却命丧囹圄。儒家倡导修齐治平，而笃行此道的士大夫却往往以悲剧结尾，这不能不使东林诸君困惑：自己付出了如此惨重的代价，是否还要教育后代走这条路？刚烈如杨涟者，在受尽酷刑后，亦曾呼唤其家人至身边曰：回乡后"分付各位相公不要读书"。③ 这些号称"血性男子"的"刚肠铁石人"也有难以割舍的亲情，家中父老妻儿，无一不令他们牵肠挂肚："君怜幼子呱呱泣，我为高堂步步思。最是临风凄切处，壁间俱是断肠诗！"④ 缪昌期有《就逮诗》八首，七首分别以《痛亲》《痛弟妹》《慰妻》《示儿》《慰女》《慰妾》题名，足见其生死关头最为牵挂的仍是亲人。他们是血肉之躯，对生的渴望乃人之常情。东汉党人在狱中牵引出宦官子弟以自保，东林党人暂时承认魏忠贤集团强加于他们头上的受贿之事以图保住性命后再找申辩之机，都表现出了他们对生命的珍惜。但当他们明白难逃此劫时，便慷慨赴死。他们有凡人情怀，但骨子里是君子人格、大丈夫气概，所以，最终面对死亡时是"大笑大笑还大笑，刀砍东

---

① 《碧血录》。
② 《后汉书·党锢列传》。
③ 《碧血录》。
④ 同上。

风，于我何有哉！"正如顾宪成所言，以无形生死超越了有形生死。他们坚信"他日清朝应秉笔，党人碑后勒遗文"。① 青史留名，忠义永存，"常留日月照人心"，② 他们便死而无憾了。

在中国古代良莠不齐的儒生群体中，东汉党人、明末东林党人无疑是铁骨铮铮的正面形象。作为中国古代社会两次震撼朝野的士大夫集体殉道，他们与宦官集团势不两立，用鲜血与生命书写了中国士人史上异常悲壮的篇章，铸就与锻造了中国的士大夫精神。他们是士人中的佼佼者。"人生识字忧患始"，中国古代的士人不能忘情于政治，它植根于光宗耀祖的家族文化需要和士人修齐治平的价值观，但由于学养与秉性以及环境的不同，每个人所表现出的道德境界也不同。东汉党人、东林党人所彰示的正是先秦以来儒家所极力倡导的道统。赵南星言："天下将乱，则人鲜节义。然天地之正气不绝，必有一二佼佼者出焉。"③ 邹元标强调："人生天地间，只是一副真骨头，真精神"，④ "吾辈所恃一生千生，此真精神耳。"⑤ 他所说的"真精神"乃指儒家坚定不移的道德追求。高攀龙曾说："我辈处常胜之局。小人败，我辈胜。我辈败，青史上毕竟我辈胜。"⑥ 他相信东林精神会传承不绝，所以天启五年八月朝廷下令"毁天下东林讲学书院"时，他作诗凭吊曰："蓑尔东林万古心，道南祠畔白云深。纵令伐尽林间木，一片平芜也号林！"

高攀龙的预言是准确的。东林党人的后代以其前辈为荣，与

① 《碧血录》。
② 同上。
③ 《赵忠毅公文集·终慕录序》。
④ 《愿学集·答钱肇阳明府》。
⑤ 《愿学集·答史纬占宪副》。
⑥ 《从野堂存稿·文贞公年谱》。

宦官集团势不两立。黄宗羲为复仇之典型。他常以东林党人后裔自勉，灵岩集会时以"同是前朝党锢人"相激励。东林党人之后，明末江南地区相继出现了一些文人团体。崇祯初年，太仓人张溥、张采等发起的复社，松江人陈子龙、夏允彝、徐孚远等创建的几社，在当时均有较大的影响。张溥死后，陈子龙（1608—1647）成为复社与几社文人的重要代表。陈子龙的作品中常有苍凉悲壮之气，显然是有感而发。如《岁暮作》："黄云蔽晏岁，壮士多愁颜。终年无奇策，落拓井臼间。已迟青帝驾，而悲白日闲。胡我常汲汲，天路难追攀。蕙兰不多采，将无忧草菅。茫然一俯仰，徒见云雨还。美人在层霄，春风鸣佩环。望之不盈眍，就之阻重关。西驰太行险，东上梁父艰。握中瑶华草，三顾泪潺潺！"

复社成员以同志相称，义不辞难，千里必应，与东汉党人相似。崇祯二年到五年间，复社在南京和苏州虎丘举办过三次大会，到会者见于《复会姓氏录》者有 2025 人。崇祯十一年，复社成员聚于南京，为驱逐宦官余孽阮大铖，公推东林子弟顾皋、黄宗羲为首，贴出"留都防乱公揭"，列名的有好几省的人士，有极大的影响力与号召力。

清初的秘密结社也是在这种背景下形成的。苏州有惊隐诗社，宁波有六狂生组成的两湖八子、南湖九子等社。据杨凤苞《秋室集》卷一《书南山草堂遗集后》所记，当时"相率结为诗社者，以抒其旧国旧君之感，大江以南，无地无之。其最盛者，东越则甬上，三吴则松陵。然甬上僻处海滨，多其乡之遗老，闲参一二寓公；松陵为东南舟车之都会，四方雄俊君子之走集，故尤盛于越中。而惊隐诗社又为吴社之冠，汾湖叶桓奏社中之领袖也"。松陵为吴江县的别称。叶继武，字桓奏，居唐湖北的古风庄，此村有烟水竹木之盛，叶继武因与同邑吴宗潜、吴兴沈祖孝、范风仁等人结社，"为岁寒交，一时三吴高士莫不指唐湖为武陵、柴桑焉。四方宾至无虚日，继武顷赀结纳，人皆以孟尝君称之"。[1]"时同社之来唐湖，岁率数至。至必宾主联吟，为望海潮词，先后凡百篇。"此后社中有罹祸者，叶继武遂杜门谢客，自号为"懒道人"，栽桃种菊，著书自娱而已，年59卒。其长子叶敷夏，受学于吴宗潜兄弟，笔力雄健，但"不妄交一人，答慎交社诸子一篇"，自号"唐湖渔隐"，被认为"父子间绝不相肖也"。[2] 在清代的高压政策下，大概是不得已而为之，42岁即去世。

在明末清初汉民族危亡的情况下，吴越士人的故国遗民情结较浓，与东林党人的忠义壮举及其在江南的广泛影响有一定的关系。顾杲"度天下兵马钱粮及扼要地图"，崇祯皇帝自缢后，他"日夜号泣奔走，号召四方忠勇"，欲援江阴而未成，后率宾客百余人至沙山，被当地人误杀。[3] 陈子龙在抗清兵败后避居吴中，其诗作《秋日杂感》中曰："满目山川极望哀，周原禾黍重徘徊。……雨夜荆榛连茂苑，夕阳麋鹿下胥台。振衣独上要离墓，痛哭新亭一举杯。"极尽凄怆之情。

江南士人出于民族感情，对于那些投靠清朝者往往以鄙夷的目光视之，嘲弄他们的势利。江苏太仓人吴伟业，曾入清为国子监祭酒，顺治年间"初召，三吴士大夫皆集虎丘会饯。忽有少年投一函，启之，得绝句云：'千人石上坐千人，一半清朝一半明。寄语娄东吴学士，两朝天子一朝臣。'举座为之默然"。[4] 钱谦益"才名满天下"，在士林中备受推崇，但因一度投清而备受

---

① 《松陵文录》卷一七《高蹈先生传》。
② 《国朝松陵诗徵》。
③ 《丹午笔记》卷二六《顾子方传》。
④ 《广阳杂记》卷一。

江南士人奚落。他到虎丘游玩时，"衣一小领大袖之服。一士前揖问：此何服？牧翁对曰：小领者遵时王之制；大袖者乃不忘先朝耳。士谬为改容曰：公真可谓两朝领袖矣。"① 钱谦益当时肯定是羞愧难当，无地自容。嘉庆二十年间，钱塘人陈云伯为常熟令，访得柳如是的墓在拂手岩下，特意为之清理立石。而钱谦益的墓冢就在其西边，"竟无有人为之表者"。②

东林党人的兴起有其政治背景与文化氛围。俞樾《丛荟编》引《朱笥河集》记有明熹宗天启六年（1626）杭州士人的一场反宦官斗争。应与东林党人遥相呼应。熹宗朝，诸郡争为魏忠贤建生祠，而杭州之祠巍然与紫阳书院相逼处。魏忠贤的党羽欲谋取书院地，拓展祠堂地盘。徽商吴宪听说后，令长子瑗招同学诸生数百人会祠下，瑗慷慨曰："鸾凤不与鸥鹕同巢，麒麟不与狐狸同野，今日是矣！"诸生皆恸哭，既发愤，争门而入，守者不得御。则更指忠贤像大骂，骂已则共击碎之。投混中，尽撤其祠，书院赖以不动。宦官逮吴宪至京师，其少子吴炎从行，"将以身殉父也"。幸而次年魏忠贤被诛，吴宪得归。

东林党人确立起了自己的正面形象，在江浙乃至全国产生了深远的影响。清初江阴人陈鼎撰《东林列传》24 卷，谓："东林讲学之意，原以发明人心道心，纲常伦理；出则致君泽民，斥邪扶正，以刚介节烈为重，以礼义廉耻为贵，故胥天下而化焉。每罢官归里者，若破车罢马，残书数篓，乡党卒以为贤，愿与约婚姻，结金兰，相与往还不倦。若归有余赀，买田宅，高栋宇，即亲弟侄亦鄙以为贪夫。至于亲戚朋友，老死不相往来，宗族父老之严者，拒不令入家庙，曰：恐辱吾祖宗也。曰：吾祖宗亦羞

---

① 《牧斋遗事》。
② 《履园丛话》卷二四。

见汝此等贪夫也。由是深山穷谷，虽黄童白叟，妇人女子，皆知东林为贤。贩夫竖子，或相诮让，辄曰：汝东林贤者耶？何其清白如是耶？至今农夫野老相传，以为口实，犹喋喋不休焉。"东林党人如宋代的包拯一样，已成为清官的典范，成为民众讴歌的对象。

　　然而，东汉党人、明末东林党人为之献身的"道"，其实际内容是什么呢？孔子曾言"吾道一以贯之"，是讲"忠恕"即仁。汉以后的"道"，则指儒家所倡导的政治理想和道德原则，其核心内容是君臣等级制度。顾宪成讲得最简明："道者何？纲常伦理是也。"① 党人之所以与宦官展开殊死搏斗，即是因为宦官以卑贱奴仆之身执掌国家权柄，妨碍了皇权的正常运作，有悖于纲常伦理。自然，宦官的专权阻塞了士大夫正常的仕进之路，也违背纲常伦理，因为士大夫作为儒家文化的传承者与实践者，理所当然是国家官僚队伍的主体。归根结底，党人以死与宦官抗争，主要是捍卫君主的尊严与国家统治秩序的稳定。这种忠君情怀在东林党人身上表现得淋漓尽致。杨涟在受尽酷刑之后，痛恨的是奸佞迫害，使皇帝蒙枉杀臣子之名。因而他对范滂的一席话不以为然："范滂临刑，欲汝为善，则我不为恶，父子相诀。涟谓何不更勉以忠义，而作此激愤之语！"② 他认为自己是死而无怨的："涟即身无完肉，尸供蛆蚁，原所甘心。不敢言求仁得仁，终不作一怨尤字也。然守吾师致身明训，先哲尽忠典型，自当成败利害不计，乃朝廷不虚养士也。"杨涟此言乃肺腑之语。循此我们可以了解他守师训、效先哲的特点。这也是东林党人的共同特征。这不能不说是他们的局限所在。他们认为孔子之道是

---

①　《小心斋》卷九。
②　《杨大洪先生文集·狱中绝笔》。

"万世无弊"的真理，儒生只须精研义理，力行其道即可，儒家经典本身不容怀疑，儒学原理不可改变："述而不作，不是圣人谦词。后世天下不治，道理不明，正坐一作字。不遵守祖宗法度，只作聪明以自用，天下安得治！不表章圣贤经传，只好异论以自高，道理安得明！"① 对儒经无条件的崇拜，使得他们在儒学传承中缺乏创新，行为上循规蹈矩，难以越出传统道德的雷池。冯从吾道："宋儒云：天不生仲尼，万古如长夜。余亦云：人不学仲尼，万古如长夜。"② 高攀龙认为"夫学者，学为孔子而已"。一种思想若长期流传，那可能是思想家的幸运，却是社会的大不幸。孔子之道于中国社会正可作如是观。东林党人批评千余年前东汉党人忠义不足，他们以更正宗的儒生出现，且坚定不移地相信儒学永远是真理，能够万古流传，应当说是士大夫的悲哀。

　　以对待李贽的态度为例，可以从一个侧面看出东林党人思想的局限性。李贽出生于著名的商业港口泉州，家族中有不少人与伊斯兰教徒通婚，李贽的思想信仰和处世观念明显不同于出身于儒学世家者。他曾说："余自幼倔强难化，不信学，不信道，不信仙、释。故见道人则恶，见僧则恶，见道学先生则尤恶。"③ 实际上，李贽批判的是假道学，坚持的是真道学，与魏晋嵇康、阮籍的思想实质并无二致。然而，他的非圣叛道之说，狂诞越礼之举，却受到东林党人的激烈抨击。顾宪成曾公开谴责李贽；位居御史的一位东林名士请求朝廷逮捕李贽，焚烧其书；李贽被捕入狱后，时任礼部尚书的东林党人冯琦又上书，要求在全国范围

---

① 《冯少墟集·疑思录》。
② 《冯少墟集·宝庆语录》。
③ 《阳明先生年谱后语》。

内批判李贽，肃清其思想流毒。由此可见东林党人的思维定式。与专制皇权的唯我独尊一样，他们在思想文化领域以正宗孔氏嫡传的面目出现，要求的是一元化的纯粹的儒家思想统治，不容任何异端他说。

汉代是汉民族形成的初期，明朝是中国古代社会汉民族建立的最后一个政权。东汉党人与东林党人作为文化精英，在汉民族发展的早期与晚期，在道德领域树立了两座巍巍的丰碑，充分彰显了士大夫所特有的高尚气节和道德境界，对塑造汉民族文化精神起到了重要的作用。东汉党人"以天下是非风教为己任"的胸襟，东林书院"风声、雨声、读书声，声声入耳；家事、国事、天下事，事事关心"的豪情，一直激励着所有读书人的心弦。但作为知识的传承者与创造者，民族的文化精英，国家政治事务的主要担当者，士大夫的道德追求与精神风貌千年不变，甚至愈来愈思想僵化，行为保守，不能不说是中华民族与中国社会的莫大悲哀。

西方著名学者汤因比在他影响久远的《历史研究》一书中曾指出：一个文明的衰落不是从它解体的那天算起，事实上当文明的创造者失去创造力时，文明即使还保持着社会结构的完整，在没有进取只有模仿的情况下，文明实际上已经衰落了。以此观照中国历史上的士人阶层，春秋战国为其思想的原创阶段，各家各派的创造力得以充分展现，可谓中国古代士人的黄金时代。汉唐时期随着国力的强盛，儒佛道并存的相对宽松的社会氛围中，士人极富雄视天下的抱负和建功立业的豪情，一统的专制体制与帝王难以羁绊他们的志向，他们有一种发自内心的恢弘气象，有宽阔的胸襟。而宋代理学的深入人心与科举取士的程式化，明清时期文字狱的盛行，则从根本上遏制了士人的创造力，禁锢了他们的思想，使他们日趋保守琐碎。从东汉党人到明代东林党人的心路历程，体现的是中国正统士大夫的思想轨迹与发展趋势。中国古代社会的长期停滞乃至中国现代化进程的举步维艰，均与此密切相关。

三 江浙士人的生活理念与精神追求

（一）士人生计的多样化

东汉党人、东林党人代表的是传统士大夫的形象，或者说，是按照统治者意愿和士人政治理想所塑造出来的正面形象。实际上，士人的生活是丰富多彩的，他们的追求也是多元化的。明清时期，随着江浙一带城镇的普遍发展，商品经济的活跃，生计多样化，士人在一定程度上能够自食其力，依靠自己的知识或一技之长生活。教书，做幕僚，写墓志，卖画，卖诗文等，都是他们在政治不得意时的选择，或者是他们不愿入仕时的生存方式。

教书是士人维持生计最普遍的一条路。但教私塾既辛苦，收入亦低。河南有一则流传已久的民谣曰："家有五斗粮，不做孩子王"，江浙远较河南富庶，但私塾先生的生活也很清苦。如郑板桥出生于江苏兴化，父亲以教馆为生，家中虽"富书史"，生活却十分贫寒。郑板桥早年亦曾教私塾，仅勉强糊口而已，况且"傍人门户过春秋"的日子难免要看人脸色，所以他才开始"十载扬州做画师"的卖画生涯。

游幕较之教书的收入要高出不少，"为童子师，岁修不过数十金；幕修所入，或数倍焉，或十数倍焉"。① 而且幕主若仕途通达，幕友便有提携之望，因此幕府兴盛。游幕者多为家境贫寒或科场受挫、政治失意者。而游幕学人最集中的地方就是京师与江浙一带。京师是天子脚下，信息灵通，达官显贵多，自然具有

---

① 汪辉祖：《佐治药言》"自处宜洁"条。

其他地方所不可替代的政治优势。江浙虽经济富庶，但明末清初受洗劫最重，"士子无不破家失业，衣食无仰"，① 文人中难以果腹者并不少。时人认为"丈夫具有血气，游客万不可为。入幕虽卑，犹自食其力"。② 做幕僚不失为文人的一条出路。"自食其力"似是明清时期江浙文人的一种潜意识。

苏州昆山人徐乾学的幕府，是清代第一个重要的学人幕府。③ 徐乾学（1631—1694），曾任礼部侍郎、刑部尚书、《大清一统志》《明史》副总裁，他在京师任职时，已是幕僚众多，"京师邸第，客至恒满不能容，多僦别院居之，登公之门者甚众"。④ 著名者有万斯同（浙江鄞县人）、阎若璩（山左人）、胡渭（浙江德清人）、黄百家（黄宗羲之子）等人，均为极一时之选的人物。康熙二十九年（1690），徐乾学因事被劾奏，遂上书告假还乡，获准后，奉旨携书局继续编修，在苏州开书局，继续编纂《大清一统志》和《资治通鉴后编》。阎若璩、胡渭、顾祖禹（无锡人）等仍应聘到徐府修书，徐又"延访四方耆儒名宿……皆大国词人之选"，聚集了太仓、常熟、钱塘、仁和、慈溪的一批学者。其性质是官方修书，所以在严禁文人结社的政治氛围中，它得以存在。而实际上，它是半官方半民间，依托的是徐家雄厚的财力。徐家在当地名望很高，又有传是楼丰富的藏书，有财力，有胜景，"一日之耗，动逾中产，公犹必以尽善切属多士，而不务求速成塞责。……校辑之暇，间与诸君子凭眺湖

---

① 曹溶：《条陈学政大事》，《皇清奏议》。
② 李因笃：《复顾先生》，《受祺堂文集》。
③ 据《清代学人幕府》一书统计，清代重要的学人幕府，顺治、康熙、雍正时期有徐乾学幕府、李光地、张伯行幕府，乾嘉时期有卢见曾、朱筠、谢启昆、曾燠、阮元幕府，道光到宣统时期有曾国藩、张之洞幕府。
④ 《有怀堂文稿》卷一八。

山，寄情鱼鸟，作为诗歌，共相唱和"。① 徐府是难得的自由的文人天地。

学者型官吏卢见曾、曾燠在扬州任官期间，也以其不凡的诗才与优厚的待遇吸引了众多士人。卢见曾善写诗，幕中聚集的有金农等诗人、程延祚等经学家、金兆燕等剧作家、全祖望等史学家，惠栋、戴震等汉学家。曾燠"性尤嗜诗"，② 特意筑题襟馆，在公务之暇与幕僚们琴歌酒宴，"海内名流归之如流水之赴壑"。③ 留下的一部酬唱集——《邗上题襟集》反映的是当时文人在其影响下的创作。

写墓志或作书序，也有广阔的市场。江浙富商云集，市民众多，商业化气息浓厚，文人为书作序或为人作墓铭均需润笔。出于名士之手的序文或墓铭，价格明显高出许多。俞弁《山樵暇记》记载：明代正德（1506—1520）年间，"江南富族著姓，求翰林名士为墓铭或序记，润笔银动数二十两，甚至四五十两"。④ 文人为富商写墓志者尤多，而墓文自然是褒扬甚至阿谀逢迎之辞。清人赵翼诗中多诙谐之语，《后园居诗》记一则趣事曰："有客忽叩门，来送润笔需。乞我作墓志，要我工为谀。言政必龚黄，言学必程朱。吾聊以为戏，如其意必须。补缀成一篇，居然君子徒。核诸其素行，十钧无一铢。此文倘传后，谁复知贤愚。或且引为据，竟入史册摹。乃知青史上，大半亦属诬。"⑤ 墓志中"工为谀"者看来不少，买主需要褒奖之辞，卖方自然会妙笔生花。东汉后期的中州学者蔡邕文辞优美，字写得漂亮，

① 裘琏：《纂修书局同人题名私记》，《横山文集》卷七。
② 叶衍兰：《曾燠》，《清代学者像传》第一集。
③ 《曾燠》，《国朝耆献类征初编》卷一九二。
④ 俞弁：《山樵暇记》。
⑤ 《眲庵杂识》卷三。

为不少人写过碑文。他为名士郭太撰写碑文后，对名儒卢植说："吾为碑铭多矣，皆有惭德，唯郭有道（郭太的字），无愧色耳。"[1] 可见谀墓之辞由来已久，但蔡邕之时，撰写碑文主要还是文人雅事，尚未成为专门职业。明清江浙一带则多有恃以为生者。

写剧本，填词，均可得到酬金。冯梦龙、凌濛初均曾以卖文、编书、刻书为生。嘉靖年间，昆山人郑若庸妙擅乐府，曾写《玉玦词》，与妓院中流行的剧本抗衡，"一时白门杨柳，少年无系马者。群妓患之，乃醵金数百，行薛生近兖，作《绣襦记》以雪之，秦淮秋月，顿复旧观矣"。[2] 戏剧的盛行与文人的生计竟有如此密切的关系。

相对于上述的生计，卖书画更为灵活。郑板桥明码标价其"润格"，便是典型的例子。艺术作品已成为有利可图而且获利颇丰的商品。扬州有民谣曰："金脸银花卉，要讨饭画山水。"说明扬州画派的"谐俗"做法，也反映出花卉画火爆的市场销售情况。扬州园林艺术发达，从种花造园、欣赏花木，到喜爱富贵吉祥的花卉画，是一个自然而然的过程。山水画格调高雅，一般情况下的市场销售看来远不及花鸟画，但达官贵人与富商为显示其身份，或附庸风雅，必定有高层次的需求。因而不同的书画作品在江浙均有广阔的市场。有的富人巨商本身即是文人或具有文人素养，他们为文人提供生存的基本条件，使文人和艺术家得到发展才能的机会。民间资助文人进行艺术创作，形式灵活，题材多样，风格各异，对繁荣文化产生了积极的意义。

---

① 《后汉书》卷六八《郭太传》。
② 《丹午笔记》卷五四《玉玦词》与《绣襦记》。

（二）人生艺术化

士人靠"润笔"、"润格"生活成为常见之事，他们的人格与尊严便有所依附，在一定程度上显示出真实的自我。徐复观先生曾指出：传统知识分子最关键的问题是将政治作为唯一的出路，缺乏社会的立足点。游士、养士，只能限于政治，"于是中国的知识分子，一开始便是政治的寄生虫，便是统治阶级的乞丐。"① 但这种状况在东晋以后便有所改变，士人有了艺术世界的依托，在明清商品经济发展的情况下，科举与功名之外，文人的艺术天地更为广阔，他们在这里得以维持自己的温饱，更重要的是身心得以自由，可以笑傲王侯，他们将人生艺术化了。

如明末遗民南京濮仲谦善刻竹，张岱《梦忆》称他"古貌古心，粥粥然若无能者然。其技艺之巧夺天工，所作器物，一帚一刷，以不事刀斧为奇。然意偶不属，虽势劫之，利唻之，终不可得"。濮仲谦从表面上看恬淡无为，内心却有其艺术追求，有高超的技艺，有知识分子的清高与孤傲。竹子高节虚心，风骨凛然，濮仲谦以刻竹出名，自身言行当然不能玷污这种君子形象。

最典型的是洒脱放任的唐伯虎（1470—1524）。他出生于苏州阊门内皋桥南吴趋里。阊门一带是当时苏州最繁华的商业区，阊门吊桥上人们熙熙攘攘，"来千去万"。② 唐伯虎在《阊门即事》一诗中写道："世间乐土是吴中，中有阊门更擅雄。翠袖三千楼上下，黄金百万水西东。五更市卖何曾绝，四远方言总不同。若使画师描作画，画师应道画难工。"③ 充满感情的描述中，可见市井生活对唐伯虎潜移默化的影响。但他毕竟是文人，家中

---

① 徐复观：《中国知识分子的历史性格及其历史的命运》，《民主评论》5 卷 8 期，1954 年 4 月。

② 《丹午笔记》卷二四一《方伯朝断案》。

③ 《六如居士全集》卷二。

藏书甚多，在人声嘈杂的市井声中，保留着他的一方净土，文征明赠诗曰："君家在皋桥，喧阗市井区。何以掩市声，充楼古今书。"他赴京赶考，蒙冤败归后，在吴以读书卖画为生，自刻一枚"江南第一风流才子"印章，并于阊门外筑桃花庵，"轩前庭半亩，多种牡丹。花开时，邀文征明、祝枝山赋诗浮白其下，弥朝浃夕。有时大叫恸哭。至花落，遣小伴一一细拾，盛以锦囊，葬于药栏东畔，作《落花诗》送之"。① 看来林黛玉"冷月葬花魂"是蹈其后了。

唐寅的生活是闲适而自由的。倾听一下他出自胸臆的诗作：

言志

不炼金丹不坐禅，
不为商贾不耕田。
日来写就青山卖，
不使人间造孽钱。

进酒歌

劝君一饮尽百斗，
富贵文章我何有？
空使今人羡古人，
总得浮名不如酒。

桃花庵歌

桃花坞里桃花庵，
桃花庵里桃花仙。

---

① 《六如居士外集》卷三。

桃花仙人种桃树，
又摘桃花换酒钱。
酒醒只在花前坐，
酒醉还来花下眠。
半醒半醉日复日，
花开花落年复年。
但愿老死花酒间，
不愿鞠躬车马前。
车尘马足贵者趣，
酒盏花枝贫者缘。

五十生日时言怀

笑舞狂歌五十年，
花中行乐月中眠。
漫劳海内传名字，
谁论腰间缺酒钱。

绝笔诗

生在阳间有散场，
死归地府也何妨。
阳间地府皆相似，
只当漂流在异乡。

　　这就是恃才傲物、放浪形骸的唐寅。功名利禄，身后名声，为中国古代士人所极为看重的这些东西，在唐寅看来，都是过眼烟云，不屑一顾。当然，唐寅并非天生绝意仕途，他是在科举蒙冤、投宁王府失意的情况下，走向游戏人生的道路的。他仰慕嵇康、阮籍、李白等狂放不羁的名士，但他更为超脱，他彻底摆脱了对统治者的依附，依靠自己的才艺，自由自在地生活。在《把酒对月歌》中，他说："我也不登天子船，我也不上长安眠。姑苏城外一茅屋，万树桃花月满天。"这是有所指的。李白虽有"天子呼来不上船"的大言，但他偏偏在"长安市上酒家眠"而不是在其他城市，目的自然是希冀得到皇帝的重用。他是在上了天子船三年之后，明白自己的身份不过是宫廷中的优伶玩物，才彻底对朝廷失望，开始漫游天下的。唐寅则比较清醒而理智，他的"坐对黄花举一觞，醒时还忆醉时狂"，"一日兼他两日狂"的诗句，尽显其狂狷之气，实际上是对人生的顿悟。他经常与祝希哲、文征仲等名士诗酒相狎，他们"踏雪野寺，联句高山，纵游平康妓家，或坐临街小楼，写画易酒，醉则举帧高歌"，[①]何等潇洒！

　　唐寅的"狂"在文人圈中有很大影响。王宠称唐寅为"江东落落伟丈夫，千年嵇阮不可呼"；[②]徐祯卿、王世贞、阎秀卿等评其"放浪不羁"；与唐寅相交最深的祝允明对他的评价是："漫负狂名，举业之余，益任放诞。托情诗酒，寄兴绘事，务去尘俗，冥契古人。"[③]仍用他自己的话来说，那就是："此生甘分老吴阊，宠辱皆无剩有狂。"唐寅的狂，不是矫揉造作，不是沽名钓誉，而是出于自然，率性而为。唐寅是幸运的，"最是文人不自由"的话对他无效。

　　山阴人徐渭（1521—1593），也是江浙文人狂士中的一个典型。他一生坎坷，备尝艰辛。20岁时，曾写下一首《池中歌》：

---

① 曹天亮：《唐伯虎全集序》。
② 《九日过唐伯虎饮赠歌》。
③ 《漫兴》注：《跋六如仿宋郭河阳手卷》。

"某生今年年二十，读书下笔万均力。明秋研水盛波涛，定知不作寒鳞蛰。" 踌躇之志，跃然纸上。但世事难料，他后来"举于乡者八而不一售"，① 入幕府不利，后又因杀妻罪坐牢七年，万历元年（1573）出狱，已是 50 多岁的年纪了。徐渭人生的最后 20 年，穷困潦倒，生活异常窘迫，却成为他艺术创作的黄金时期，他的叛逆性格在其诗文、书画中得到了酣畅淋漓的表现。

袁宏道年少时在里肆中初次见到徐渭的书画作品，即受到强烈的震撼，谓其"强心铁骨，与夫一种磊块不平之气，字画中宛宛可见"。② 徐渭写诗，有"不可磨灭之气、英雄末路托足无门之悲"。③ 徐渭作杂剧合集《四声猿》，取自"巴东三峡巫峡长，猿鸣三声泪沾裳"这首凄楚悲凉的古老民谣，清人评论曰"猿丧子，啼四声而肠断。文长有感而发焉，皆不得意于时之所为也"。④ 其中的《狂鼓史渔阳三弄》写祢衡在阴间重演裸衣击鼓骂曹的情节，狂傲之气被表现得淋漓尽致，正是作者叛逆情怀的写真。

率真、本色、气势纵横狂放，是徐渭的特色。他仰慕著名画家文征明"却唐王黄金数笏"而"将书易雪糕"的品德，身体力行。他晚年的书法绘画精品，许多富人求之难得，普通百姓却可轻易而得。他"不喜富贵人"，高兴时，不论是屠贩田夫，"衰童遏妓"，"操腥热一盛，螺蟹一提，敲门乞火，叫拍要挟，征诗得诗，征文得文，征字得字"，他看不起的人，重金难买其画。王思任在《徐文长先生佚稿序》中称徐渭"不爱钱，贫即鬻自所书画，得饮食便止，终不蓄余钱"。自食其力的文人便有

---

① 《自为墓志铭》。
② 袁宏道：《徐文长传》，《徐渭集》附录，第 1342 页。
③ 同上书，第 1343 页。
④ 顾公燮：《四声猿·歌代啸（附）》，上海古籍出版社 1984 年版，第 219 页。

一身傲骨，不必为五斗米折腰了。

徐渭所交多为浙东一带名士，如陈鹤、谢时臣、刘世儒、沈仕、沈明臣等，号称"越中十子"。陈鹤诗书画皆佳，且兴趣极广，"吴歈越曲……穷态极调"，[①] 徐渭与陈鹤等人唱和对应，艺术氛围极浓。

1569年徐渭因杀妻狱居期间，注释《周易考同契》十几日完稿，此书被誉为"万古丹经王"。徐渭信内丹之术，并在不少书信中反复与人探讨内丹术的有关问题，由此可见内心之苦闷。他在青藤书屋上自题曰"几间东倒西歪屋，一个南腔北调人"，著名的《墨葡萄图》，枯藤之中一枝葡萄，画上题诗："半生落魄已成翁，独立书斋啸晚风。笔底明珠无处卖，闲抛闲掷野藤中。"徐渭才高绝人，却一生贫困。以其书画之成就与影响，他完全可以出入于王侯之门，过锦衣玉食的生活，但他一不愿意仰人鼻息，二不愿意做书画匠，这不是他的目的和兴趣所在。他不是世俗之人，利禄之徒，他的清贫几乎是命中注定的。

钱塘人袁枚（1716—1797）则过的是另一种闲适潇洒的生活。他在江南做过几任知县后，深感"为大官做奴"之苦，认为与自己"好味，好色"，喜爱游玩交友，花竹泉石，名人字画，读书吟诗的志趣不投，因而在35岁时乞病归，在金陵购得随园，园中有"二十四景，窗牖皆用五色琉璃，游人阗集。时吴越凋谢，子才来往江湖，从者如市"。[②] 江南文人的好游玩是出名的，袁枚以其诗才与家财引来许多文人，随园常有"四方客至，坐花醉月，樽俎联欢殆无虚日"。客人多时有500余人，

---

① 徐渭：《陈山人墓表》。
② 《湖海诗人小传》卷七。

皆为名士。① 但几年后，积蓄用尽，袁枚只得又去做官，不到一年即又辞职，此后就靠卖诗文为生，不得已时靠官吏的馈赠接济生活。袁枚为人比较乖巧，时人已有评论。《慧因室杂缀》曰："随园生前，才名遍海内外，高丽琉球，争购其诗。其实借名诗话，以结纳公卿，招致权贵，颇有一种狡猾手段。当时同辈，如赵瓯北等，已多诋谟之。至其身后，诟之者尤众。袁之门生某，尝刻私印曰：随园门下士。后受舆论攻击，乃复刻印曰：悔作随园门下士。"② 而袁枚的"借名诗话，以结纳公卿，招致权贵"，大概也是生活所迫的英雄气短吧。袁枚曾自称："吾之官，不择日；葬亲徙宅，不用形家言，而未尝遇患；不学仙佞佛，而年登大耋；不丐贷求索，而馈诒者四方不绝；不讲学，而神解超然。"又自为诗云："自叹匡时好才调，被天强派作诗人。"③ 可见"匡时"仍为其内心深处挥之不去的政治情结。

上述吴越士人的言行，并不矫情，在江南相对宽松自由的社会氛围中，似乎是清水出芙蓉，自然而然。宋代朱熹认为，"永嘉（陈傅良、叶适），永康（陈亮）之说，大不成学问"。④ 又说：江西的陆氏心学"只是禅，浙学却专言功利。禅学，后来学者摸索一上，无可摸索，自会转去。若功利，则学者习之便可见效，此意甚可忧"。⑤ 顾炎武《日知录》"南北风化之失"："江南之士，轻薄奢侈，梁陈诸帝之遗风也。"这是从传统的意义上去审视。实则士人的率性而为，不循礼法，自有他们的道理。对于传统文人，他们往往有微词。吴越学问上的通人或专

---

① 《清稗类钞·师友类》。
② 《慧因室杂缀》。
③ 《碑传集》卷一〇七。
④ 《朱子语类》卷一二二《吕伯恭》。
⑤ 《朱子语类》卷一二三《陈君举》。

家，除其学问博大精深外，还追求经世务实。宋代刘挚"教子孙，先行实后文艺。每曰：士当以器识为先，一号为文人，无足观矣"。① 顾炎武对此极为赞同，自称"仆自读此一言，便绝应酬文字，所以养其器识，而不堕于文人也"。因此，关中名儒李颙请顾炎武为他母亲作传，恳求再三，顾炎武始终未应允，他认为那是"一人一家之事，而无益于经术、政理之大，则不作也"。他赞扬韩愈谢绝一切铭状，以"起八代之衰"，作《原道》《原毁》《争臣论》等，"则诚近代泰山北斗矣"，② 认定那才是大手笔，大作为。可见顾炎武的远大志向。在《日知录》卷一九"文人之多"中他还说道："唐宋以下，何文人之多也！固有不识经术，不通古今，而自命为文人者矣。"

不识经术，不通古今，却以经师自命，是王充所极力批判的。经术容易导致迂腐，文学容易导致轻浮。欧阳修曾认为，东南之俗好文，故进士多而经学少；西北之人尚质，故进士少而经学多。而经学对士人思想的束缚不言自明。经世致用是吴越文人的特点，其实也是秉承了中州文化传统。

江浙宽松的文化氛围，在一定程度上也得力于地方官员中有识之士的营造。阮元对浙江文化的贡献可谓典型。

阮元本人学识渊博，才华横溢，文笔极好，为士人们所推崇。嘉庆初年，值浙江乡试，他在贡院题联云："下笔千言，正桂子香时，槐花黄后；出门一笑，看西湖月上，东浙潮生。"又题吴山吕祖殿澄心阁云："仙佛缘中，湖山胜处；楼台影里，云水闲时。"③ 其诗句被时人广为传颂。他为浙江巡抚后，立"诂

①　《宋史》卷三〇四《刘挚传》。
②　《亭林文集》卷四《与人书》。
③　《冷庐杂识》卷七。

经精舍"，祭祀东汉的许慎、郑玄两位经学家，倡导踏踏实实作学问。选儒生中经学修明通于一艺者，习业其中，人们读经习文、议论风生，"有不相能者，辄吵嚷面赤"，从诂经学成者有洪颐煊等30余人，为一时之盛。学生中文章出色者可收入《诂经精舍集》，数年后，"上舍生致身通显，及撰述成一家言者，不可殚数。东南人才，称极盛焉"。① 苏州书商说学生购书颇多，"许氏《说文》贩脱，皆向浙江去矣"。阮元听说后，高兴地对他的幕僚说，这是好消息。

在立诂经精舍，重点培养经学人才的同时，阮元还注重社会人才的培养。为激励人学习，他用杭州新出的一种非常雅致漂亮的团扇为赏，诗佳者许以扇赠，奖励那些文采出众的士人。钱塘人陈文杰赋诗最佳，即以扇与之，称陈团扇。② 在士林中便是一种荣誉。阮元后来调离杭州，"及先生还朝，诸生皆散去，或仕或不仕，近且凋落做古人者，又不一其人矣"。③ 学生们散去了，诂经精舍不复往日之盛。

萧山的毛西河、德清胡月明等人所著之书，起初无人过问，"自阮文达来督浙学，为作序推重之，坊间遂多流传"。④ 他还出资修复名人书亭，⑤ 延续文脉。江南文化氛围的营造来自多方面的合力。

江浙士人有其共同点。首先，他们基本上有自己的立足之地，一定程度上可以不依赖于官场。当他们沉浸在自己的艺术世界和

---

① 《新世说》卷二。
② 《郎潜纪闻二笔》卷一六。
③ 《履园丛话》卷二三。
④ 《郎潜纪闻二笔》卷一六。
⑤ 秀水朱氏曝书亭，久废为桑田，南北种桑皆满，亭址无片甓荐，独严藕渔太史所书匾无恙。嘉庆间，阮仪征视学按临，醵赏重建。

精神天地时，利禄不足道，形骸礼法一切都忘，找回了真实的自我。他们强调"人性各有适"，"我自适吾适"，不管别人如何评说。所谓"名利场里无傲骨"，反过来讲，不入名利场，即可笑傲王侯。京江画派的领袖人物张崟曾写道："平生从未入官衙，道院僧房处处家。纵赖雕虫为小技，不将厚颜生作涯。"① 士人有多元追求后，一定程度上会淡化政治意识。蒲松龄曾说"痴者艺必精"，痴迷于艺术世界的人不可能钻营政治。明太祖四处搜罗人才时，钱塘人施耐庵正在埋头写《水浒传》，其友人刘青田向明太祖推荐施耐庵，明太祖便让刘青田去访求。但刘青田到施家看到施耐庵的写作状态后，便闭口不提推荐为官的话了，回京"报太祖曰：'此人心思才力已耗尽于一部小说矣，用之何益！'"施耐庵当时必是痴心写作的状态，刘青田才有如此话语。与不肯折节下人的唐寅、徐渭一样，以布衣自重的万斯同，在史局"周旋诸贵人间，不肯稍自贬抑"，"其会坐则摄登首席，岸然以宾师自居"。② 权贵们持重金求为祖先在史书美言者，均被他严词拒绝。明清江浙的富庶，可以使士人进退裕如。万斯同等人以学问与道德自立，唐寅、徐渭、金圣叹、龚自珍等人以才艺傲世，③ 江浙士人在科举与功名之外寻求到了较为自由的空间。其次，如阮元式的学者型官吏极力扶植当地的学术与艺术，为士人营造了良好的文化环境，积极推进了文化建设。再次，明清的江浙文人已形成群体力量，有众多的文人圈子，有浓郁的学术与艺术氛围，而不是南北朝时

① 《以史为鉴，洗尽浮华》，《美术报》2006 年。
② 《郎潜纪闻初笔》卷一二。
③ 龚自珍（1792—1841），浙江仁和（今杭州）人。道光进士。道光十八年辞官，曾兼杭州紫阳书院讲习。生平放荡不羁，嗜冶游。晚岁学佛，平居无事时，非访伎，即访僧。遇达官贵人，辄加以白眼。曾作《干禄新书》，以刺执政。生平所得金，皆随手尽，京师人以怪物目之，夷然不顾也。

期吴越的个别人或家族，因而文人个性更得以凸显与张扬。此期盛行的"江南才子"应是一种带有鲜明地域色彩的群体称呼，其内涵是丰富而耐人寻味的。

四　文化专制与江浙士风

中国历来强调大一统，统治者总是希望天下均为忠臣顺民，明清时期的帝王对江浙一带的奢侈之风屡有训诫之语，对江浙士人也多有微词。杭世骏、洪亮吉便是典型例子。

杭世骏是杭州人，博学多识，家中藏书极多。乾隆年间，他在史馆修三礼时，上书建议"朝廷用人，宜泯满汉之见"，当日便被交付刑部，拟以死罪处置。有侍郎为之求情，说他本是"狂生，当其为诸生时，放言高论久矣"，这才免于一死，赦归田里。此事对杭世骏的打击是沉重的，沈德潜送他有诗云："邻翁既雨谈墙筑，新妇初婚议灶炊"，[①] 叹惜他未看准时机，言事过早。实际上，放言高论在江浙文人中是很常见的现象，而在天子脚下，便是不可思议的事情了。

洪亮吉是江苏阳湖（今常州）人，正如江浙许多个性鲜明的士人一样，他也以"负才傲物"闻名。[②] 当"朝廷诏求直言极谏之士"时，洪亮吉当了真，"自闻诏后，累月不知寝食。一日奋曰：'吾宁谔谔而死，不能默默而生！'"[③] 于是上书直谏，不料招致横祸。嘉庆皇帝诏书斥其罪曰："（嘉庆四年八月癸丑），本年正月朕亲政之初，即特颁谕旨，广开言路，原欲内外臣工各抒所见，指陈利弊，以收兼听并观之效……

---

① 《湖海诗人小传》卷五。
② 《榆巢杂识》卷上。
③ 《碑传集》卷五一。

洪亮吉以小臣妄测高深，意存轩轾，狂谬已极……

洪亮吉平日耽酒狂纵，放荡礼法之外，儒风士品扫地无余……

唯近日风气往往好为议论，造作无根之谈，或见诸诗文自负通品，此则人心士习所系，不可不示以惩戒，岂可以本朝极盛之时，而辄蹈明末声气陋习哉！"① "风气好为议论"，"诗文自负通品"，都是专制帝王所不容许的，而这些正是江浙士风的重要特点。江浙文人荟萃，士风最为活跃，明清皇室集历代统治经验之大成，强化专制统治，推行文化专制主义，两者的矛盾可以说是不可避免的。明朝洪武年间，吴中文士因政治原因致死的即有陈汝言、申屠衡、高启等多人。文字狱更集中体现了统治者的淫威，江浙文人在文字狱中亦受创最巨。

清雍正三年（1725）发生了汪景祺案，雍正四年（1726）又有查嗣庭科题案，雍正对此极为恼怒，同年十月云："如浙江则有汪景祺、查嗣庭之流（汪景祺为钱塘人，查嗣庭为海宁人），肆行讪谤，毫无忌惮，可见浙省风俗浇漓，甚于他省……浙俗之难于化导，为众所共知也。"一月后又下谕，便由此而殃及浙江士人了："浙江文词甲于天下，而风俗浇漓，敝坏已极。如查嗣庭、汪景祺自矜其私智小慧……谤讪君上。……浙江风俗恶薄如此，查嗣庭、汪景祺而外，自有与此相类者。……查氏子弟如此，必系浙人习以为常。不但藐视国宪，亦且玷辱科名。应将浙江人乡会试停止。"② 雍正六年（1728）又有吕留良之狱，雍正皇帝再下旨曰："朕向来谓浙省风俗浇漓，人怀不逞，如汪景祺、查嗣庭之流，皆以谤讪悖逆自伏其辜，皆吕留良之遗害

① 《掌固零拾》卷三。
② 清雍正《浙江通志》卷首二，《四库全书》第519册，第46—48页。

也。甚至民间氓庶，亦善造言生事。……此皆吕留良一人为之倡导于前，是以举乡从风而靡之。……吕留良之为祸浙省者不知何所底之耶？……真名教中大罪魁也。"① 吕留良此时已去世，但为震慑世人被剖棺戮尸，曾为吕留良刻书及藏有其著作者一律被处死。乾隆皇帝在位期间，又屡兴文字狱，并认定"此等笔墨妄议之事，大率江浙两省居多"。②

江浙文字狱迭兴，士人动辄得纠，人人自危。太苍诗人唐孙华在《记里中事》中有诗曰：

> 时事何容口舌争，畏途休作不平鸣。
> 藏身复壁疑无地，密语登楼怕有声。
> 书牍人方尊狱吏，溺冠世久厌儒生。
> 闭门塞窦真良计，燕处超然万虑轻。

"闭门塞窦"与"燕处超然"都是不可能真正实现的，但文字狱对于江浙士人心灵与思维的束缚与摧残却是显而易见的。如龚自珍《咏史》诗中所言"避席畏闻文字狱，著书都为稻粱谋"，乾嘉考据学派中江浙士人的成果最为突出，并非偶然。

文字狱大兴，除了专制者的残暴外，文人之间的落井下石，自相残杀也许是更值得注意的现象。

文人相敬本是中国士文化中的美德，在无根本利害冲突的前提下，文人可以探讨学问，相安无事。如顺治年间进士汪琬（1624—1691），长州（今吴县）人。为翰林院编修不久，即辞

---

① 清雍正《浙江通志》卷首二，《四库全书》第 519 册，第 53—60 页；《大义觉迷录》卷四，载《清史资料》第 4 辑，中华书局 1983 年版，第 135—143 页。
② 王先谦编：《东华续录》乾隆朝卷八〇。

职还乡，学生很多，"常教之曰：'学问不可无师承，议论不可无根据，出处不可无本末。'"可见其朴实的文风。① 嘉善人叶燮罢官，在吴县横山下筑学舍，学生也很多，"廊舍为满"，两人各自持论，"两家门下士遂各持师说不相让"。汪琬去世后，叶燮才说出过去不满汪琬之文，"为其名太高，意气太盛，故麻列其失，非为汪氏文竟谬戾于圣人也。今汪殁，谁讥弹吾文者？吾少一诤友矣"。因而找出以前所摘录的"汪文短处"，全部烧毁。② 又如何焯与方苞对文章的看法不同，方苞最厌恶钱谦益的文章，何焯却非常赞赏钱谦益的文章。但方苞与何焯却经常互相切磋，方苞有文章写成，必向何焯请教，认为能纠其短。③ 学者之间个人的交往如此，学派之间亦能求同存异。如浙东史学是影响巨大的学派，学者仁者见仁智者见智，从中各有发挥，因而章学诚在《浙东学术》中总结道："浙东之学，虽源流不异，而所遇不同。故其见于世者，阳明得之为事功，蕺山得之为节义，梨洲得之为隐逸，万氏兄弟得之为经术史裁。授受虽出于一，而面目迥殊，以其各有事事故也。"他认为只有空言德性、空言问学者"极面目雷同，不得不殊门户以为自见地耳。故唯陋儒则争门户也"。而在特殊的政治形势下，士人中品质恶劣者借政治气候整人，文人团体中意气用事，自相标榜，攻击他人的现象便很可怕。明末清初的吴地，士人"讲学立社之风遒盛，各立门户，互相推排"，性格豪爽的金圣叹常从中调解斡旋，便可见当时士风之一斑。④

　　文人相轻，士人倾轧，自古已然，可以说至明清为烈。文字

---

① 《国朝名家诗钞小传》卷二。
② 《清稗类钞·师友类》。
③ 《国朝先正事略》卷三三。
④ 《南亭笔记》卷三，《栖霞阁野乘》亦载。

狱以江浙为甚，士人中的败类亦借机害人。士风败坏时，多有落井下石者。

康熙五年，苏州沈天甫、施明、夏麟奇、吕中伪造《忠节录》，托名已经去世的祭酒陈仁锡，"讥毁本朝，罗列江南、北之名士巨室，以为挟害之具。又伪造原任阁辅吴生一序，诈其子中书吴元莱银二千两"。① 这种伪造反书，致人于死地的做法，令人不寒而栗。文人整文人，最容易击中致命处。文人的劣根性，于此暴露无遗。

名士毛奇龄平日好议论人物，对不合其意的人，往往冷眼以对，因而得罪了不少人，"人皆恨切齿"。他曾仿效元人，作小词杂曲以自娱，于是便有"怨家"从中断章取义，"摘其语以为谤讪"，后因按验无实而未坐罪。仇者必欲陷他于死地，又找新的"罪证"，毛奇龄只得流落他乡。②

学者全祖望作《皇雅篇》，"有忌者摘其诗语，谓'不忘有明'……有煽惑人民不忘故主之意"。并指出其中的"鬼嗔"二字，暗指清朝；"为我讨贼清乾坤"句，竟敢冠"贼"字于"清"字之上，尤为悖逆。"惊见冲龄未十春"，"一朝唾手"等句，均为诽谤之辞。幸亏有位大学士为之斡旋，全祖望方得免罪。③

江浙文人可谓历尽劫难。来自专制权力的风霜雷电，来自文人内部的明枪暗箭，使他们防不胜防。清代江浙考据学特别兴盛，大师辈出，这与该地域的学养深厚，古籍众多有关，同时也与特殊的恐怖气氛有关。乾嘉学派的考据学成就当然是极有价值的，但士人的聪明才智稽于古籍，明代以来比较自由的学风被遏

---

① 《冷庐杂识》卷五。
② 《国朝名家诗钞小传》卷一。
③ 《清稗类钞·狱讼类》。

制，是对江浙思想文化的极大摧残。而另一方面，严峻的政治形势导致大批在野的学者不入仕途，以著书立说、讲经授徒为业，或以游山玩水为感情的寄托，这对于江浙民间学术的繁荣倒是起到了积极的推动作用。如孙星衍在金陵筑五松园居住，往来主讲于扬州的安定书院、绍兴的蕺山书院、西湖的诂经精舍。① 江苏吴江人潘耒（1646—1708），其兄潘柽章在清初欲以史事自任，破产购有明一代实录，复旁搜名家文集、奏疏数千卷，"怀纸吮笔，讫矻穷年"，书未成而遭浔溪之难，坐极刑以死。潘耒深知"惟奋志读书，庶可亢宗名世"，因而求学顾炎武门下三四年，康熙中得为翰林院检讨，但终以"傲睨一世，又褊急不能容人过"而左迁还乡。此后便游于山水之间，近者三五百里，远或数千里，所编的诗，均以游草名集。得庄子《逍遥游》意，有少游、近游、梦游等，"晚岁林居诸什，则曰退游。盖无适而非游也。以游名诗，其即此物此志也"。② 潘耒生性喜砚台，"藏砚盈屋，因其质状，分别为铭。暇则独坐屋中，摩挲拂拭，以为娱乐。时人谓之石癖"，③ 也是士林一景。

江浙虽富，但文人中家境一般甚至贫寒者很多。如朱彝尊仅有80余亩地作为家业传与后世④。惠氏家族以学风严谨、成果

---

① 《履园丛话》卷六。

② 《国朝名家诗钞小传》卷二。

③ 《儒林琐记》。

④ 朱彝尊康熙四十一年四月为两孙析产券云："竹垞老人虽曾通籍，父子只知读书，不治生产。因而家计萧然。但有瘠田荒地八十四亩有零，今年已衰迈，会同亲戚分拨付桂孙稻孙分管，办粮收息。至于文恪公祭田，原系公产下，徐荡续置荡七亩。并荒地三分，均存老人处办粮。分给管坟人饭米。孙等需要安贫守分。回忆老人析箸时，田无半亩，屋无寸椽。今存产虽薄，若能勤俭亦可少供粥。勿以祖父无所遗，致生怨尤。倘老人余年再有所置，另行续析。……稻孙田地数吴江县田一十八亩五分，冯家村田一十亩四分五厘。娄家桥田三亩七分，又史地五分，冯子加地六分五厘，娄家桥坟地三亩六分。屋基池地四亩四分五厘，通共四十一亩八分五厘。"

众多著称，"家多藏书"，生活却十分贫寒，惠栋"往来京口，饥寒困顿，甚于寒素。遭两丧，不以贫废礼。中年课徒自给，陋巷屡空，处之坦如"。再如钱塘人王丹麓，安贫乐道，闭门读书，不入仕宦。年过四十，家中非常贫困，妻子问他：同学少年皆不贱，奈何夫子独长贫？王丹麓回答说："昊庐少詹有言，贫者上天所设以待学者之清俸。金陵吴介兹亦言，天以贫德人。今处俦类之中，天幸德我，特颁清俸，义难独厚，愿以共卿。"妇曰："君意良厚，但不知何日俸满耳。"① 这当然是自我解嘲的无奈之语。但从这番话可以看出，王丹麓这个默默无闻的士人也有他的交友圈子，有他的信念和追求。这正是大多数士人生活的常态。荀子曾说，儒生应当"在朝而美政，在野而美俗"，明清特殊的政治氛围中，江浙大量的文人所显示的"不降其志，不辱其身"的品德，对社会风俗产生了积极的影响。

明清时期江浙士人出路多样化，具有独立意识的士人众多，这是最具文化意义的成果。吴越之地异端多。从汉代思想家王充的《论衡》，到吴敬梓的《儒林外史》，展示了一条非主流的文人生活道路与思想轨迹。明清之际黄宗羲的《明夷待访录》被侯外庐先生称为中国 17 世纪的"人权宣言"，书中对中国君主专制制度的犀利批判，至今仍对思想界有深刻的启示意义。

《明夷待访录》首章《原君》，开篇即为："有生之初，人各自私也，人各自利也，天下有公利而莫或兴之，有公害而莫或除之。"黄宗羲从人的生物状态、原始状态这个根本点入手，肯定人类本能的生存欲望之正当性、合理性，随即切入主题，揭露了专制君主如何偷天换日，将天下之公利全部攫为己有，理所当然地作为一家之产业世代相传，而天下人正当的权利则完全被剥

---

① 《清稗类钞·明智类》。

夺。由此，黄宗羲顺理成章地得出结论："天下之大害者，君而已矣！""天下之人怨恶其君，视之如寇仇，名之为独夫，固其所也！"

"天下为天下人之天下"的论点，在黄宗羲之前早已有之。如《吕氏春秋·贵公》所言："天下非一人之天下，天下之天下也。阴阳之和，不长一类；甘露时雨，不私一物。万民之主，不阿一人。"西汉后期的儒生谷永在上书中也说，上天"不私一姓，明天下乃天下之天下，非一人之天下"。① 但其意主要是告诫君主，不要对治理天下掉以轻心。魏晋南北朝时期随着玄学的流行，有"无君论"的出现，认为"古者无君胜今世"，那是一种激愤的正话反说。唐宋时期又有士人倡导"天下"说，宋人王若海曰："天下者非一人之天下也。人君不足以自存，匹夫可以承帝业。"② 仍离不了"帝业"这个前提。可见，明清以前士人所谓的"天下"说，并非主张以天下人的意志去支配天下，而是以中国古代频繁改朝换代的事实去规劝君主，实质上还是要去巩固那个"家天下"的政治格局。黄宗羲的天下说，则要"以天下为主，君为客"，强调"天下之治乱，不在一姓之兴亡，而在万民之忧乐"，要求以"天下之法"取代"一家之法"，他希望建立的是一个平等的社会。他对于学校和士人尤其寄予厚望，认为学校的设立不应仅仅是养士，更重要的是应该参政议政，所谓"天子之所是未必是，天子之所非未必非，天子亦遂不敢自为非是，而公其非是于学校"；学校应当成为制约皇权、监督政府的议政机关，由博学鸿儒担任从中央到地方的各级学官，他们应当成为批评和监督政府的社会舆论的代言人。黄宗羲

① 《汉书》卷八五《谷永传》。
② 《新安文献志》卷八，四库全书本。

的思想当然不可能脱离当时的社会环境，如他同意自己的儿子黄百家和得意门生万斯同、万贞一等以布衣身份参与史馆修史，目的就是把有明一代历史完整真实地记载下来，让世人从中鉴戒明代的奸贤与治乱兴衰之迹，使"一代是非，能定自吾辈之手，勿使淆乱，白衣从事，亦所以报故国也"。[①] 他关于学校和儒生的设想，实际也是归纳总结了汉代以来太学与郡国学校的政治实践经验，但他所设想的学校和儒生已接近近代议会的性质。

黄宗羲的启蒙学说在当时可谓振聋发聩，石破天惊。他到宁波、绍兴、海宁、桐乡等地讲学，所到之处，从者云集。全祖望在《梨洲先生神道碑文》里写道：黄宗羲"东之鄞，西至海宁，皆请主讲，大江南北，从者骈集"。梁启超在《清代学术概论》中说：黄宗羲之论，"由今日观之，固甚普通甚肤浅，然在二百六七十年前，则真极大胆之创论也。故顾炎武见之而叹，谓三代之治可复。而后此梁启超、谭嗣同辈介民权共和之说，则将其书节抄，印数万本，秘密散布，于晚清思想之骤变，极有力焉。"黄宗羲不愧为一个划时代的思想家。

黄宗羲还是清代浙东史学的开山祖。浙东史学的主要成员万斯大、万斯同等是其高足，邵廷采亦曾问业于宗羲，全祖望则私淑黄、万，其后出者则有邵晋涵、章学诚。章学诚是浙东史学之殿军和集大成者。他身处乾嘉考据学风靡之世，却坚定地承继了黄宗羲开创的浙东学术系统和经世致用的学术宗旨。

中国古代最重要的学问是经学与史学，经过无数士人的传承，它们在明清的吴越之地呈现的是一种厚重而启人心智的风貌。

---

① 黄嗣艾：《万石园先生》，《南雷学案》。

第 八 章

民风民俗

　　民风民俗是民众价值观念在日常生活中的直接反映，是区域文化得以凝聚与传承的深壤厚土。了解一个地区物质生活和文化特色，莫如从民风民俗入手。

　　民风与民俗有一定的区别。民风是居于支配地位的思想和文化倾向，具有变异性的特点，时代性较强。民俗是生活文化，具有模式化的特点，传承性较强。

　　自先秦到明清，位于东南的吴越水乡与地处中原腹心地带的中州，民风民俗有一致的地方，更有明显的区别。即使在吴越之乡，中州之地的不同地区，也有种种差异。明代王士性在《广志绎》里说："杭、嘉、湖，平原水乡，是为泽国之民；金、衢、严，处丘陵险阻，是为山谷之民；宁、绍、台、温，连山大海，是为海滨之民。三民各自为俗。泽国之民，舟楫为居，百货所聚，闾阎易为富贵，俗尚奢侈，缙绅气势大而众庶小；山谷之民，石气所钟，猛烈鸷愎，轻犯刑法，喜习俭素，然豪民颇负气，聚党羽而傲缙绅；海滨之民，餐风宿水，百死一生，以有海利为生不甚穷，以不通商贩不甚富，闾阎与缙绅相安，官民得贵贱之中，俗尚居奢俭之半。"而无论是杭嘉湖还是宁绍台温，仍各自有其特色。越地向有"七山二水一分田"的说法，地理环境不同，生活方式各异，民风民俗自然有差异。以汉民族为主体的中华民族正是在各地域文化差异性与同一性的过程中发展壮大的。

第一节　民风嬗变

民风即社会风气。在中国古代，自西汉中期儒家学说被奉为独尊后，各地民风大都经历了由尚武到崇文的转变过程。但区域文化的发展不平衡，儒学核心地区与边远地区的文化进程不同，儒学传播和接受的程度也有不同。中国地大物博，不同地理环境与人文环境中的居民，从生活方式、生存智慧到人生理念，均有一定的差别。

汉代已流行"十里不同风，百里不同俗"的民谣。中州长期为政治、经济、文化中心，北方民族融合的中心，民风受政治文化浸润影响较多，质朴厚重，比较单一；吴越地处东南边缘地区，政治意识相对比较淡漠，民风活跃，变异性明显，经济自主性较强。

一　"移风易俗"与中州民风

中州地区自先秦到明清，一直是北方民族融合的核心地区。从华夏族的萌生到汉民族乃至中华民族的发展壮大，中州是首善之区，是中流砥柱。中州民风的演变与中华民族的发展相辅相成。

（一）西汉时期的刚武之气与任侠之风

从先秦到两汉，中州民风由尚武到崇文的变化在汉民族的发展史中具有典型意义。

先秦时期的华夷之辨中，以洛阳为核心的中州居民是正宗的华夏族的代表。但中州之地小国林立，民风驳杂。在激烈的争霸活动中，各国都要谋求自己的生存和发展，中州地区出法家和纵横家最多，出自齐鲁的孔子、孟子到中州游说屡屡碰壁，便说明了中州文化的务实性格。西汉中期以后，儒家学说由齐鲁一带的地域文化上升为主流文化，但儒家思想的普及却需要一代又一代儒生的培育与接力。从西汉时期来看，中州民风的主流是勇武强悍。

首先看地处中州中部的颖川。

颖川郡以阳翟（今河南禹州市）为政治中心。《汉书·地理志》载：颖川曾为韩国都城，"士有申子、韩非，刻害余烈，高仕宦，好文法。民以贪遴争讼生分为失"。汉武帝时应运而生的酷吏以镇压豪强知名，而酷吏的政绩主要是在中原显示的。宣帝时的赵广汉就是其中的一位。赵广汉出身郡吏，果断干练，明察秋毫，任颖川太守不久，就摸清了颖川难以治理的症结在于豪强势大压人。数月后即诛原、诸首恶，郡中震栗。但豪强势力盘根错节，"豪杰大姓相与为婚姻，吏俗朋党"，根本问题远未解决。赵广汉采取以毒攻毒、分化瓦解的离间策略，使强宗大族自相攻击，家家结怨，由此"奸党散落，风俗大改。吏民相告讦，广汉得以为耳目，盗贼以故不发，发又辄得，壹切治理，威名流闻"。[①] 但赵广汉的做法只能是一种权益之计，成功的同时也造成了紧张、恐怖的气氛，"颖川由是以为俗，民多怨仇"。[②]

继赵广汉之后的颖川太守韩延寿是一位儒生，为官崇尚礼义，好古教化。他吸取赵广汉的教训，采取了与赵广汉截然不同的治理办法：

---

① 《汉书》卷七六《赵广汉传》。
② 《汉书》卷七六《韩延寿传》。

　　延寿欲更改之，教以礼让，恐百姓不从，乃历召郡中长老为乡里所信向者数十人，设酒具食，亲与相对，接以礼意。人人问以谣俗，民所疾苦，为陈和睦亲爱消除怨咎之路。长老皆以为便，可施行。因与议定嫁娶丧祭仪品，略依古礼，不得过法。延寿于是令文学校官诸生皮弁执俎豆，为吏民行丧嫁娶礼，百姓遵用其教，卖偶车马下里伪物者，弃之市道。

　　韩延寿召集的"为乡里所信向"的"郡中长老"，显然是乡里的头面人物，或者是豪杰大姓中的代表人物。韩延寿为他们陈述和睦之理，并和他们一起根据当地风俗及古礼议定婚丧嫁娶之礼，目的是让他们率先垂范，端正自己的行为，并在民众中造成影响。韩延寿此举，缓和了豪强大姓间的紧张关系，收到了较好的治理效果。

　　接替韩延寿的颍川太守黄霸，曾"为条教，置父老师帅伍长，班行之于民间，劝以为善防奸之意"。"条教"即地方官因地制宜规定的土政策，黄霸制定的政策宗旨是"为善防奸"，这里的"善"与"奸"有明确的指向性，指仁义之举与桀骜不驯之行，是对前任太守统治方略经验教训的总结，侧重于教化。

　　哀帝时，太守严诩"本以孝行为官，谓掾史为师友"，政治有过失就闭门自责，郡中动乱不已。当王莽派使者征严诩到京师为官，颍川数百官员为他送行时，严诩扑地大哭。大家不理解，说他这是"吉征"，不宜如此。他说："吾哀颍川士，身岂有忧哉！我以柔弱征，必选刚猛代。代到，将有僵仆者，故相吊耳。"可见严诩当政时颍川乱局的根源仍在地方豪强。他们作奸犯科，严诩无可奈何，睁一只眼闭一只眼，不加惩处，维持表面上的粗安而已。

果然不出严诩所料，继任的太守何并以"能治剧"出名。何并的做法与赵广汉类似，先诛首恶以震慑人心。群吏钟威仗恃其兄钟元为尚书令，"臧千金"。钟威、赵季、李款听说何并将至，皆逃亡。何并追捕之，三人均被杀，"悬头及其具狱于市"。一时"郡众清静"。

由上述诸位太守为政情况可知，历西汉一代，颍川的强宗大族横行乡里，始终未得到根本的治理，它一直在困扰着历任太守。颍川民风剽悍、刚疾的特点一直比较明显。

东汉初，颍川仍以"剽轻"出名。建武二年（26），颍川人严终、赵敦聚众数万，与密县人贾期联合起兵反叛。刘秀此时还在南征北战不已，对距洛阳很近的颍川动乱非常担忧，派"文武备足、有牧人御众之才"的寇恂为颍川太守，数日后郡内才平定。同年，颍川人李宪又在庐江自称天子，设置公卿百官，攻占了不少郡县，兵力达十余万。建武四年（28），刘秀西征隗嚣，颍川立即有反叛之事，刘秀打算再让寇恂去颍川平乱，寇恂深知颍川情况，分析道："颍川剽轻，闻陛下远逾险阻，有事陇、蜀"，故乘机起事。他建议刘秀马上到颍川，其声威即可消弭动乱，无需用兵。果然，刘秀即日到颍川，寇恂随从，"盗贼悉降"。这里的"盗贼"显然并非一般穷苦民众，而是有一定政治目的的地方势力、地方豪强，他们在政治上很敏感，一有风吹草动即兴兵起事。颍川民风较为明显的转变是在东汉广被儒教之后。

西汉时期，中州的洛阳、河内郡（治所怀县，今河南武陟西南）、东郡（治所濮阳，今河南濮阳西南）一带的任侠之风与刚武之气也非常突出。

西汉前期的洛阳游侠剧孟很出名，"周人以商贾为资，而剧孟以任侠显诸侯"。① 吴楚七国之乱时,太尉周亚夫将到洛阳,知道剧孟未参与其中,非常高兴,说:"吴楚举大事而不求孟,吾知其无能为已矣。"可见其影响之大。剧孟母亲去世时,自远方送丧的车竟达千余辆之多,而剧孟死时,"家无余十金之财"。这些游侠重义疏财,在民间有极大的影响。

最典型的是西汉中期的大侠郭解。郭解是河内轵县(今河南济源县南)人,其父在文帝时已因任侠被杀,郭解"为人短小精悍,不饮酒",俨然以侠义闻名天下,"慨不快意,身所杀甚众。以躯借交报仇;藏命作奸剽攻,休乃铸钱掘冢,固不可胜数","邑中少年及旁近县贤豪,夜半过门常十余车,请得解客舍养之"。② 郭解有诸多不合法规之处,所以在丞相公孙弘与汉武帝的坚持下被迁徙。而郭解等人在民间有很大影响力,洛阳有结仇者还要请郭解去调解。③

河内郡的豪强势力一直很盛。这些豪强宗族势力强大,在地方上呼风唤雨,为所欲为,民风遂以强梁刚武著称。武帝时,河内都尉义纵在郡中"族灭其豪,穰士之属",河内太守王温舒捕杀豪强大姓,株连千余家,"杀人之多至流血十余里"。④

与河内郡毗邻的东郡"其俗刚武,上气力",野王"好气任侠"之风尤盛。陈国的周庸"亦以豪闻",梁国韩无辟,阳翟薛兄,均为名侠。

游侠是国家体制外的一种特殊力量。秦汉时代的游侠承战国

---

① 《史记》卷一二四《游侠列传》。
② 同上。
③ 《史记》卷一二四《游侠列传》:雒阳人有相仇者,邑中贤豪居间者以十数,终不听。客乃见郭解。解夜见仇家,仇家曲听解。解乃谓仇家曰:"吾闻雒阳诸公在此间,多不听者。今子幸而听解,解奈何乃从他县夺人邑中贤大夫权乎!"乃夜去,不使人知,曰:"且无用,待我去,令雒阳豪居其间,乃听之。"
④ 《史记·酷吏列传》。

余烈，"专趋人之急，甚己之私"，仗义勇为，形成了一定的社会势力。他们藐视官府、为所欲为，体现了一种桀骜不驯的刚武之气。对于游侠，先秦两汉的思想家评说不一。韩非曾言："儒以文乱法，而侠以武犯禁。"韩非从法家的立场与中央集权的角度，主张镇压。司马迁却在《史记》中特立《游侠列传》，对游侠之举赞赏有加："布衣之徒，设取予然诺，千里诵义，为死不顾世，此亦有所长，非苟而已也。故士穷窘而得委命，此岂非人之所谓贤豪间者邪？……要以功见言信，侠客之义又曷可少哉！"而东汉末年，出自颍川荀氏的荀悦在《汉记》中有"三游"之说："世有三游，德之贼也。一曰游侠，二曰游说，三曰游行。立气势，作威福，结私交，以立强于世者，谓之游侠……此三游者，乱之所由生也。伤道害德，败法惑世，先王之所慎也。"荀悦此说，从儒家的观点出发，从礼治社会的格局看问题，顺理成章地把游侠列于乱之首，德之贼。由此可见中州游侠之风到东汉末年仍有影响。韩非与荀悦对游侠的评论，异曲同工，均为维护统治秩序。

中州西南部的南阳郡，战国后期秦置，治所宛（今河南南阳市城区）。本为夏人之居。《汉书·地理志》载："秦既灭韩，徙天下不轨之民于南阳。故其俗夸奢，上气力，好商贾渔猎，藏匿难制御也。"韩地被迁往南阳的"不轨之民"究竟是贵族、豪强抑或是商贾，不得而知。而来自韩国、魏国的这些移民，给南阳风俗带来了变化，确为事实。如大梁（今河南开封市）以冶铁致富的大商人孔氏被迁往南阳，"大鼓铸，规陂池，连车骑，游诸侯，因通商贾之利"，并与南阳"游闲公子"交往，因而名气更大，赢利更多，"家致富数千金，故南阳行贾尽法孔氏之雍容"。南阳工商业战国时已比较发达，宛地制作的铁兵器以其锋利而闻名天下。汉代农商并重，而尤以商业为发达。《史记·货殖列传》讲："秦、夏、梁好农而重民，三河、宛、陈亦然，加以商贾。"桑弘羊曾言："宛、周、齐、鲁，商遍天下。"桑弘羊为洛阳商人之子，时为御史大夫，自然熟悉各地商业情况，在商业城市中首列宛，可知南阳一带经商之风的确很盛。汉宣帝时，南阳太守召信臣曾针对南阳风俗进行治理，"南阳好商贾，召父富以本业"。时"府县吏家子弟好游遨，不以田作为事"，应与南阳的经商之风有关。召信臣的具体做法，一是劝农功兴水利，"开通沟渎，起水门提凡数十处，以广溉灌，岁岁增加，多至三万顷"，使民得其利，蓄积有余。二是止奢靡之风，"禁止嫁娶送终奢靡，务出于俭约"，斥罢甚至严惩游手好闲者。《后汉书·循吏列传》赞曰："其化大行，郡中莫不耕稼力田，百姓归之。"然而一直到西汉之际，南阳的一些名门仍是农商并重。如刘秀曾卖谷于宛，粮食是当时交易的大宗。刘秀的舅家湖阳樊氏"世善农稼，好货殖"。宛人李通"世以货殖著姓"，"居家富逸，为闾里雄，以此不乐为吏"。东汉时，南阳为"帝乡"，奢靡之风屡禁不止。南阳汉画像石中众多的车骑出行、宴饮歌舞场面，形象地说明了皇亲国戚、富商大贾的豪华生活。

"仕不至二千石，贾不至千万，安可比人乎！"这是穰（今河南邓州）人宁成的一句名言。做官就要做高官，经商就要当富商，做官不成即经商致富，这就是宁成的人生追求。宁成于景帝时入宫为郎，此人"好气，为少吏，必陵其长吏；为人上，操下急如束湿。猾贼任威"。先后为济南都尉、关督尉时，其治"如狼牧羊"。后被判罪受刑，他自己解脱刑具逃回南阳，贷陂田千余顷，"假贫民，役使数千家"，数年后，遇到大赦，他已"致产数千万，为任侠，持吏长短，出从数十骑，其使民，威重于郡守"。宁成与南阳的孔、暴两大家族交结甚密。他们持吏长短，权重太守，典型地反映了南阳的任侠之风。

汝南郡、陈县属西楚旧地，"其俗剽轻，易发怒，地薄，寡于蓄积"。[①]《汉书·地理志》讲到楚地诸郡时，特别强调"汝南之别，皆急疾有气势"。

陈郡，秦置。西汉时改为淮阳国，东汉章帝章和二年（88）复改为陈国。楚惠王（公元前488—前432年在位）曾三度灭陈。楚根据其需要，时而灭陈，时而立陈，而陈国也就在这个过程中，与楚文化融为一体了。陈国"好祭祀，用吏巫，故其俗巫鬼"，正是楚人巫风的表现。秦末农民起义，陈胜、吴广以"鱼腹藏书，篝火狐鸣"的方法发动戍卒起义，应与陈地风俗有关。吴广为阳夏（今河南太康县）人，阳夏属陈国。大泽乡起义后，陈人周文为将军，周文"尝为项燕军视日"，视日即"视日时吉凶举动之占"，亦属巫者。

陈地处鸿沟与颍水的会合处，南北交通比较便利，《史记·货殖列传》说："陈在楚夏之交，通鱼盐之货，其民多贾。"陈地豪强势力亦盛。武帝时淮阳都尉尹齐"所诛灭淮阳甚多，及死，仇家欲烧其尸"，不得已"尸亡去归葬"，可见当地民风之刚烈。

（二）东汉中州的儒风流布

东汉的中州诸地，广被儒教。儒学传播主要是两条途径，其一是地方官吏兴办官学，推广教化。《后汉书·循吏列传》所载的中州各地太守、县令，其政绩主要表现在富民、教民。有的官吏甚至规划了每一户农家从生产到生活的细节，敦促每个家庭实行。如东汉陈留人仇览为蒲亭长，"劝人生业，为制科令。果菜为限，鸡豕有数"。农闲季节，"乃令子弟群居"，到学校读书习礼，"其剽轻游恣者，皆役以田桑，严设科罚"。对于民间纠纷，一般以儒

---

① 《史记·货殖列传》。

家的道德伦理劝喻之。有一老妇告子不孝，仇览到家中和母子俩一起饮酒，"因为陈人伦孝行，比以祸福之言"，此人后来据说成为孝子。① 地方官吏对民情风俗乃至每家农户情况都了如指掌，能够对症下药。建安年间河东太守杜畿"课民畜牛、草马、下逮鸡豚犬豕，皆有章程"。仇览制定的"科令"，杜畿所定的"章程"，都是小范围内的土政策。这些政策以教化民众为主，与西汉颍川太守以强硬手段制裁豪强的措施相比，有明显的不同。

其二是私学发达，士人教化乡里。颍川在西汉时强宗大族横行乡里，屡治不果，东汉则是文人学士讲道论德，蔚然成风。"抗忠举义，进善黜恶"是汝南月旦评的宗旨，也是东汉清议的宗旨。如前所述，陈寔、荀淑、李膺、荀爽、贾彪、韩融等人均为知名度很高的人，他们的影响远远超过了本郡，但他们的声望往往是在家乡确立的。他们依儒家道德标准立身行事，给当地民风以积极的影响。如陈寔"在乡间，平心率物，其有争讼，晓譬曲直，退无怨者"，当地有言曰："宁为刑罚所加，不为陈君所短。"《后汉书·陈寔传》载：有一年"岁荒民俭，有盗夜入其室，止于梁上。寔阴见，乃起自整拂。呼命子孙，正色训之曰'夫人不可不自勉，不善之人未必本恶，习以性成，遂至于此。梁上君子者是矣！'盗大惊，自投于地，稽颡归罪，寔徐譬之曰：'视君相貌，不似恶人，宜深己反善，然此当由贫困。'令遗绢两匹。自是一县无复盗窃"。这就是"梁上君子"的出处。此事致使"一县无复盗窃"当然过于夸张，然而陈寔等士人以儒家伦理道德教化乡里，起到了积极的作用，则是事实。荀爽为郎中，曾在对策中对公卿、二千石不行三年之丧提出异议，认为"公卿群僚皆政教所瞻，而父母之丧不得奔赴。夫仁义之行，自

---

① 《后汉书·循吏列传》。

上而始，敦厚之俗，以应乎下。……古者大丧三年不呼其门，所以崇国厚俗笃化之道也"。他如此倡导孝行，自己首先笃行其道。司空袁逢曾举荐他为官，他谢绝未出。但袁逢去世后，他依据《礼记》为君父服三年之丧的礼制，为袁逢"制服三年"，在颍川引起较大反响，"当世往往化以为俗"。另外，"时人多不行妻服，虽在亲忧犹有吊问丧疾者，又私谥其君父及诸名士，爽皆引据大义，正之经典，虽不悉变，亦颇有改"。陈寔、荀爽、黄宪等德化一方的士人，史籍载之甚多。士人的这些行为是自觉主动的而非官府意志，是随时随地而非一时一地，因而无形中成为一支稳定的教化队伍。他们居住于乡里，活跃于乡里，儒家的道德观念通过他们广泛地传播于民间，渗透于民众的心灵。

汉代是中国古代文化的定型期。先秦林林总总的学说，经过统治者和文人的过滤与整合，确立起了儒家思想的统治地位。东汉是儒家思想发展的第一个高峰，中州是儒家学说传播的中心。地方官吏大张旗鼓的教化活动，士人潜移默化的影响，使中州民风逐渐由粗犷尚武向崇尚名节转变。东汉中后期官僚士大夫反对外戚、宦官的斗争中，中州是主战场，党人领袖大多出自中州。他们不畏权贵、不顾生死的高风亮节，更给中州民众以极大的震撼和影响。中州的清议盛行，即是士风与民风激荡的结果。儒家道德观念的深入民间，崇道义、尚名节风气的形成，提高了中州人的文化素质，加速了中州文化进程。

（三）中州民风的多源性与单一性

中州有其独特的地理优势。先秦时期，列国林立，"十五国风，豫居其半"，"周、魏、韩、赵、宋、卫、楚，豫皆有焉，其间风俗习尚，固亦有不同者"。① 与吴越相对偏远封闭的环境

① 胡朴安：《中华全国风俗志》上篇卷二。

不同，它是古代的天下之中，八面来风之地，汲取着东西南北文化的精华。魏晋以后，它又是北方少数民族南下扩张与发展的必经之地，重点经营的核心地区。北魏时期洛阳的鲜卑人，宋代开封的犹太人，元明时期进入河南的蒙古人，清代入主中原的满族，中州容纳了众多的异族风情。所以中州民风又是多源的。同时，中州民风发展的主线又是清晰的。先秦时期它是华夏族形成与发展的中心地区，东汉它是汉民族聚居的核心地区，魏晋以后它长期是政治家推行教化的首善之区。汉民族以洛阳作为礼乐之都的代表，少数民族也以中州作为汉文化的代表，魏孝文帝坚持在中州以汉文化改变鲜卑习俗，此后的犹太人、蒙古人、满族，无不同化于中原文化。少数民族一次次同化于汉民族文化，更加深与固化了中州的汉文化特色，强化了中州民众的文化认同感。因此，中州民风又可以说是单一的，即是说，从先秦到明清的华夷之辨，中州民风的主流呈现的是中原农业民族、汉民族刚柔相济、宽容平和的心态，民风敦厚朴实，崇尚名节，勤劳节俭。陆游曾说，他在年少时见到北方士大夫之渡江者"家法可观。虽游离九死中，长幼逊悌，内外严整，肃如也"，[①] 正是中原民风的真实写照。

二　吴越民风的变迁

吴越民风也经历了由崇武到尚文的转变。相对于中州，吴越民风特点鲜明，其转变过程更为漫长。从其主流看，大体可以分为三个阶段：第一阶段是先秦两汉时期，尚武的特色非常突出。第二阶段，从六朝到两宋，北方士民大量南迁，吴越经历了雅化的过程。这个过程中，文人情趣浓厚，艺术化的特点比较突出，

---

① 《渭南文集》卷三四《杨夫人墓志铭》。

民风由刚烈趋于儒雅。第三阶段是明清时期，吴越之地经济富庶，城镇商品经济发展，市民阶层兴起，经学与科举文化的鼎盛、艺术文化的繁荣是崇文的主要表征。同时，由文而奢也是一个明显的特色。

第一阶段，先秦两汉时期，吴越的尚武可以"吴王金戈越王剑"为典型代表。

先秦时期，中州自商周即以青铜礼器著名，吴越在春秋战国则以青铜兵器称雄，固然属不同的时期，但在一定程度上仍显示出两地重礼乐与重武力的不同价值取向。

吴越青铜兵器的精良是由当时战争的频繁，君主的好勇，精兵、勇武之师的特点决定的。春秋战国时期的吴与越两国之间兵戎不断，当中原诸国公室实力下降时，吴越两国又都曾北上争夺霸主地位，因此勇武好战的特点非常突出，兵器的精良也很出名。《考工记云》："吴越之剑，迁乎其地，不能为良，地气然也。……吴越之金锡，此才之美者也。"楚辞《国殇》中以"操吴戈兮被犀甲"为勇武的象征。吴越人善用剑，到汉代仍如此。《汉书·地理志》记载："吴粤之君皆好勇，故其民至今好用剑，轻死易发。"吴公子庆忌以勇猛闻名，据说"万人莫当，走追奔兽，手接飞鸟"。[①] 越族更有"锐兵任死"之说。《越绝书》卷八《外传记地传》云："夫越性脆而愚，水行而山处，以船为车，以楫为马，往若飘风，去则难从，锐兵任死，越之常性也。"

吴越人的善水为长江流域其他地方居民所不及。楚国与吴越

---

① 《吴郡志》卷二〇《人物》。

同处长江流域，而楚人潜水弄舟的本领似乎远不及吴越人。① 吴越之间连年不断的征战往往在水上进行，② 经常的涉江而战锻炼了吴越人的机敏与勇武，"断发文身"在先秦时期一直是吴越人的形象特征。

汉代是吴越由夷越到汉民族转变的重要时期。汉代的广陵、会稽两地是吴越开化最早的地区。中央派到这里的官吏开始办学校，礼遇士人，改变风俗，吴越也出了一些文人。但从整体而言，吴越仍以民风强悍、轻死易发闻名。中原人认为"江淮之有猛兽，犹北土之有鸡豚"一样自然。③《汉书·严助传》载淮南王安上武帝书云："越人愚戆轻浮，负约反复，其不可用天下之法度，非一日之积也……"言其冲动易起事。"越人"是大的概念，这里所指包括南越和吴越一带。东汉的王充在《论衡》中，称自己所居住的上虞为"古荒流之地"，"幽辽之地"。④ 吴越尤其越地较闭塞，山重水复，民风朴实。东汉时期的会稽，"山民愿朴，乃有白首不入市井者"。刘宠做会稽太守，除去此前的苛捐杂税，得到百姓的拥护。他即将离任时，山阴县有五六位白发老人自"山谷间出，人赍百钱以送宠"，自称"山谷鄙生，未尝识郡朝。它时守吏发求民间，至夜不绝，或狗吠竟夕，民不得安。自明府下车以来，狗不夜吠，民不见吏"，所以特地

---

① 《淮南子·道应训》载：楚国白公与孔子说话，"孔子不应。白公曰：若以石投水中，何如？曰：吴越之善没者能取之矣"。

② 《越绝书》卷七内传陈成恒篇云："吴晋争疆，晋人击之，大败吴师。越人闻之，涉江袭吴，去邦七里而军陈，吴王闻之，去晋从越，越王迎之，战于五湖，三战不胜。"

③ 《后汉书·宋均传》：宋均迁九江太守。郡多虎暴，数为民患，常募设槛阱而尤多伤害。均到，下记属县曰："夫虎豹在山，鼋鼍在水，各有所托。且江淮之有猛兽，犹北土之有鸡豚也。"

④ 《论衡·超奇篇》。

奉送钱币以表感谢。刘宠难辞乡民的深情厚谊，选一大钱接受。① 据说浙江德清县的名称即由此而来。

对于东南之地，秦汉统治者可以说是严加防范。公元前210年，秦始皇第五次东巡，由钱塘到会稽，在刻石中特意强调对男女之防等民风整治。秦始皇曾言"东南有天子气"，所以"东游以厌之"。② 楚国贵族项梁因杀人而带其侄子项羽避仇于吴中，"吴中贤士大夫皆出项梁下"，项羽在吴中避难，最终率江东八千精兵起事，印证了秦始皇的预测。汉初刘邦"患吴、会稽轻悍"，恐他的儿子们年龄小，难以控制局势，特意派侄子刘濞做吴王，没想到刘濞据吴地优势发展起自己的势力后，最终发动了震动朝野的七国之乱，"吴兵锐甚，难于争锋"。③ 东汉末年的中州大学者蔡邕也因避难而到越地，生活十余年之久。吴越人的骁勇易发，到晋代仍被多次谈及。征虏将军石崇"表东南有兵气，不宜用远人征拜大司农，兼二州郡"。④ 西晋初年，晋武帝与广陵人华谭商讨对付吴地的事情，晋武帝以蜀和吴作比较，认为吴、蜀均恃险为国，天下统一后，蜀人无反叛之心，而"吴人趑雎，屡作妖寇"，难道是"蜀人敦朴，易可化诱；吴人轻锐，难安易动乎？今将欲绥静新附，何以为先？"华谭对曰："……蜀染化日久，风教遂成；吴始初附，未改其化，非为蜀人敦悫而吴人易动也。然殊俗远境，风土不同，吴阻长江，旧俗轻悍"，他建议从吴地选拔人才，"待以异礼；明选牧伯，致以威风；轻其赋敛"，使百姓得利。认为安抚了士人、地方官吏、百姓三

---

①　《后汉书·刘宠传》。
②　《史记·高祖本纪》。
③　《史记·吴王濞列传》。
④　《华阳国志》卷一一《后贤志·何攀传》。

方，吴地方能太平。① 吴越的确是藏龙卧虎之地。

第二阶段，六朝是吴越民风由轻悍好勇到文弱儒雅转变的时期，其主要标志是文学的兴盛、世家大族（尤其是北方南下的士族）崇文轻武与艺术化、文弱化的倾向。但另一方面，魏晋时期吴越发展起来的土著大族对中原的反抗情绪十分明显，崇武的倾向仍很突出。《晋书·五行志》记载：晋灭吴后不久，江南便流传民谣曰"宫门柱，且当朽，吴当复，在三十年后"，又曰"鸡鸣不拊翼，吴复不用力"，"中国当败吴当复"。这是吴越世家大族对抗中原的政治宣言书和动员令。东晋以后，在南北士族基于不同目的与共同利益的微妙政治合作中，江南维持了偏安局面，但南北世族对于政治、经济利益的争夺非常激烈，地方豪强势力强大，干涉吏治，鱼肉百姓，史不绝书。隋初，吴越之地爆发的反隋之战规模非常浩大，正说明了以吴越为核心的江南与中原的尖锐对抗。

五代时期吴越国在杭州的成功经营，南宋的建立，使吴越文化得以迅猛发展。仍然是统领半壁河山，但吴越之地经济、文化的创造力大大增强，它已经充分吸收了北方文化的精华，向儒雅的方向转化。《吴郡志》曰：宋朝时"文教渐摩之久，如五月斗角之戏，亦不复有"，浙东的明州，"富家大族皆训子弟以诗书，故其俗以儒素相先，不务骄奢"。②

第三阶段，明清时期的吴越成为全国范围内商业经济最为发达、科举文化最为繁盛的地区，尚文之风普及于民间，奢侈之风亦为天下之最。

注重功利，善于经营，追求物质利益，是明清吴越民风的一

① 《晋书·华谭传》。
② 《宝庆四明志》卷一四《风俗》。

个重要特点。《宋史·地理志》曰：两浙地区"善进取，急图利，而奇技之巧出焉"。从士人与思想的层面来看，南宋时期兴起的浙东事功学注重经世致用，强调实事实功，受到朱熹等人的攻击，"目之为功利之学"，但它宣扬与伸张了注重功利、重视商业的思想，使吴越理学呈现出与中原理学不同的思想倾向。①从民众层面上讲，城镇经济发展，日益壮大的市民阶层从谋生的角度出发，必须脚踏实地，寻求适合自己的生计，空言虚文是没有用的。吴越工商业经济的活跃，服务业的发展，便建立在这样的思想基础之上。

吴越科举文化的兴盛，从根本上改变了尚武的民风。儒家思想从汉代便在全国范围内传播，但距离核心文化区愈远的地方，传播与接受愈困难。在吴越地区，儒学通过学校教育、官吏推行教化的途径，由点及面，由城市到乡村，真正深入民间，应当说在南宋才实现。如唐代江南的书院便集中在江西、福建等地。北宋时范仲淹在吴地开办府学，上学者寥寥，后来请名儒胡瑗主讲，又特地让自己的两个儿子入学，给其他学生做榜样，学生才多起来。胡瑗在苏州、湖州教学影响很大，欧阳修在《胡先生墓表》中说，胡瑗的弟子多，教学方法得当，"行之数年，东南之士，莫不以仁义礼乐为学"。明清时期的吴越地区，随着经济的活跃，民间书院和私塾的发展，读书人越来越多。江南人的聪明才智得以充分发挥，大批士人通过科举踏入仕途，进而又刺激了教育的繁荣与民间的文化进程。如苏州出状元最多，苏州人引以为自豪的同时，便是敦促子弟读书，"父兄不使子弟读书，引

---

① 黄宗羲、全祖望：《宋元学案》卷五二《艮斋学案》，中华书局1986年版，第1691页。

为羞耻"。①

科举文化在民俗中有生动的体现。《清嘉录》载：吴越有一种游戏形式叫做"状元筹"或状元局，春节等节日期间最为盛行，"新年酒阑，亲朋团聚，以六骰掷之，暖阁重帘，藉消春昼。云以试年庚，得状元者，取及第争先之谶"。谶言本兴盛于秦汉时期的中原，是政治家为自己造舆论、谋取政治利益的一种手段，两晋时吴越流行的谶语也是充满政治意味的，此时则成为吴越民间希冀科举高中的表达方式之一，于此细节亦可见南北文化交融与吴越民风改变的一个侧面。

科举制度废除后，其流风余韵仍在延续。据《海虞风俗竹枝词》记载，常熟一带"私塾开，师徒必吃糕。糕粽者，谐声为高中也。此风盛行于科举时代讨高中之吉谶，祝将来之功名也。科举已废，天丧斯文，而私塾开校，仍吃糕粽"。② 著名作家包天笑在《钏影楼回忆录》中对此有生动的描述：

> 我上学的仪式颇为隆重——先是通知了外祖家，外祖家的男佣人沈寿，到了那天的清早，便挑了一担东西来。一头是一只小书箱，一部四书，一匣方块字，还有文房四宝：笔筒、笔架、墨床、水盂，一应俱全；一头是一盘定升糕和一盘粽子。上学时送糕粽，谐音是"高中"，那都是科举时代的吉语，而且这盘粽子很特别，里面有一只粽子，裹成四方形的，名为"印粽"；有两只粽子，裹成笔管型的，名为"笔粽"，谐音是"必中"。

---

① 《中国风土志丛刊》(36)，《苏州风俗》卷七《琐记》。
② 《海虞风俗竹枝词》，《中国风土志丛刊》(27)，广陵书社 2003 年版。

"印粽"为四方形，仿印之样，又取"印中"得官印之意。包天笑还忆及他外祖父送的书包："书包是绿绸面子的，桃红绸布的夹里，面子上还绣了一位红袍纱帽的状元及第像，骑着一匹白马，书包角上，还有一条红丝带，系上一个金钱。"这应是当时的流行样式。

经济、文化的发展必然带来生活理念的变化。明清的吴越一带，民风活跃，生活情趣浓厚，市民生活更是丰富多彩，游乐活动形式多样，游玩风气趋于极盛，苏杭两地的游玩之风尤为突出。

杭州人好游览，有宋室南迁的原因，也有自然风景的原因。杭州人"恶拘检而乐游旷，大都渐染南渡盘游余习，而山川又足以鼓舞之"。① 杭州有独一无二的西湖，还有运河、钱塘江，青山绿水，令人陶醉。《都城纪胜·舟船》记载：

> 行都左江右湖，河运通流舟船最便，而西湖舟船大小不等。有一千料，约长五十余丈，中可容百余客。五百料，约长三二十丈，可容三五十余客，皆奇巧打造，雕栏画栋。行运平稳，如坐平地。无论四时，常有游玩人赁假，舟中所需器物，一一必备，但朝出登舟而饮，暮则径归，不劳余力，惟支费钱耳。其有贵府富室自造者，又特精致耳。
>
> 西湖春中，浙江秋中，皆有龙舟争标，轻捷可观，有金明池之遗风。而东浦河亦然，惟浙江孟秋至中秋间，则有弄潮者执旗杆狎戏波涛中，甚为奇观，天下独此有之。

杭州的美是一种清新淡雅又颇具气势的美。西湖妩媚，钱塘

---

① 王士性：《广志绎》卷四《江南诸省》。

江壮观。西湖的画舫，钱江的弄潮，是杭州的胜景。西湖的桂花与荷花，苏堤初春的桃红柳绿，更是西湖自然美的标志。白居易的《忆江南》："江南忆，最忆是杭州。山寺月中寻桂子，郡亭枕上看潮头。何日更重游？"读来令人神往。据说金主南侵，就是仰慕北宋词人柳永所描绘的"三秋桂子，十里荷香"之景，因而有投鞭渡江之志。① 这当然只是一种传说而已，但它说明西湖的美在宋元已经名闻天下，生活在杭州的人们自然游乐成风。

而在生活情趣的高致与享乐方面，明清时期江南的城市应首推苏州。苏州城中不同的阶层有不同的娱乐方式。平民到剧场听戏，富贵人家则"出金帛，制服饰器具，列笙歌鼓吹，招至十余人为队，搬演传奇；好事者竞为淫丽之词，转相唱和；一郡城之内，衣食于此者不知几千人矣"。万历朝首辅申时行、王锡爵，次辅余有丁皆家蓄伎乐。王世贞宴请县令，以家班首演《鸣凤记》，颇具规模。

乾隆《吴县志·风俗》中说："吴人好游，以有游地，有游具，有游伴也。"苏州人的游山玩水轻松闲适，富有情趣。"驰辔，策驴，泛棹三事为吴中胜事。……南人使舟，本属能手，桃花时节，或山塘缓渡，或枫桥暂泊……不羡仙矣。"② 游玩之风的盛行，有时影响到正常的统治秩序，官府甚至特意下令，制止过度出游。据《苏州府志》记载，嘉靖二年，苏州知府胡缵宗有"妇女出游"之禁；万历二十三年，知府孙成泰又有禁"吴俗佚游"的条文。

时人有"吴俗奢靡为天下最"、"天下饮食衣服之侈，未有

---

① 罗大经：《鹤林玉露》。

② 《中国风土志丛刊》(36)。

如苏州者"的看法。① 实际上，苏州城中当然也是有富有穷，乾隆《元和县志》记述清代苏州城风俗"一城之内亦各不同"，居住在东南区的人家"多俭啬，储田户。齐门勤职业，习经纪，不敢为放逸之行"。西北部的阊、胥一带则为"四方百货之所聚，仕宦冠盖之所经。其人所思者广，所习者奢，拘鄙谨曲之风少，而侈靡岩逸之俗多矣"。但整体而言，苏州城的侈靡与闲适较其他城市为突出。乾隆屡下江南，对苏州的街市很感兴趣，在北京的万寿寺旁建造房屋，"仿江南式市廛，坊巷毕具，长至数里，銮舆往来游行，名曰'苏州街'"。② 苏州街市有华丽精巧的内容和特殊的风情。

"虎阜山塘多花巾"，③ 从苏州人的爱花，即可折射出当时风尚之一斑。"吴城大家小户妇女，多喜簪花"，④ 买花不需出门，"街头唤买戴花，妇女投钱帘下折之"⑤ 即可。还有当时虎丘山塘一带的女性从业者，也需要簪花来装扮自己，"特歌伎船娘尤一日不可缺耳"。⑥ 鲜花有广泛的市场，因而花艺经营成为苏州的一种职业。据说"朱勔以花石纲取媚，至今其子孙在虎丘以卖花为业，然则今虎丘卖花自朱氏始"。⑦ 朱勔的子孙居虎阜之麓，以种艺垒山为业，"游于王侯之门，俗呼为花园子，岁时担花卖于城中，而桑麻之事衰矣"。⑧ 花农们有固定的交易场所。

---

① 龚炜：《巢林笔谈》卷五。
② 《清朝野史大观》（上）卷一，江苏广陵古籍刻印社 1994 年版，第 48 页。
③ （清）袁景澜：《吴郡岁华纪丽》，江苏古籍出版社 1998 年版，第 134 页。
④ （清）顾禄：《桐桥倚棹录》，上海古籍出版社 1980 年版。
⑤ （清）袁景澜：《吴郡岁华纪丽》，江苏古籍出版社 1998 年版，第 134 页。
⑥ （清）顾禄：《桐桥倚棹录》，上海古籍出版社 1980 年版。
⑦ （清）赵翼：《陔馀丛考》，湛贻堂藏版，乾隆庚戌，卷四一，第 16 页，虎丘卖花。
⑧ （明）黄省曾、吴风录：《笔记小说大观（六编）》，台北新兴书局 1984 年版，第 2877 页。

清代顾禄的《桐桥倚棹录》："在花园弄及马营弄口，每晨晓鸦未啼，乡间花农各以其所艺花果，肩挑筐负而出，坌集于场。"也有零散的售花者，贩者奔波于最繁华的阊门一带，"多集阊门渡僧桥、钓桥及玄妙观门首，寄人庑下求售"。① 城中有专门的花树店，颇具规模。花树店除了供应盆花之外，还经营花卉跨省贸易的中转业务，"其有来自南路者，多售于北客；有来自北省者，多售于南人"，买卖双方的价格俱经店主敲定，店主人"如牙户之居间"，② 从中抽取 1/10 的佣钱。花树店的交易规模甚大，"举器以买者，无论千盎百盂，有十浴缸、五浴缸、大尺八、中尺八、小尺八缸，以及灶缸、大扞小扞之别"。③

苏州生活闲适，以至于京城对于苏州人的吸引力也不大。吴门名妓蒋四娘，小字双双，"媚姿艳冶，僚态雅盈，琴精弈妙，雅善谐谑"。一位姓吕的状元很喜欢她，"买以千金，携之京师，自谓玉堂金屋，称人间佳偶"。而蒋四娘却视为盆中芙蓉，笼雕鹦鹉，"动而触隅，非意所适"，次年便回到苏州，"构室南园，颇有卉木之胜"。昆山人徐生登门拜访时问曰："四娘已作状元妇，何不令生状元儿，而重寻旧游耶？"蒋四娘说：在京师"既乏风流之趣，又鲜宴笑之欢，则富贵婿犹鸡犬也，又何恋乎？尝忆从吕君于都下，泉石莫由怡目，丝竹无以娱心。……此时若有一二才鬼从空而降，亦拥之为无价宝矣。人寿几何？难逢仙偶。非脱此苦海，今日安得与君坐对哉？"徐生大笑而别。④ 由此可见苏州宽松的环境与自由的氛围。

明代初年，为抑制苏州一带奢侈之风，朝廷甚至强制迁移苏

---

① （清）顾禄：《桐桥倚棹录》，上海古籍出版社 1980 年版。
② 同上书，第 166 页。
③ 同上书，第 166—169 页。
④ 《丹午笔记》卷一五四《名妓蒋四娘》。

浙富户到京城、苏南及浙江，富户因此受到沉重的打击。幸免于迁徙之难的富户也屡受压抑与盘剥。王世贞在《弇州山人四部稿》卷七九中提到某一富户唐氏的遭遇："皇帝下吴郡，而唐氏以高资闻举。凤阳寝园赋已，又塔金陵廊舍，以是中落。"再如顾氏家族的"（顾）寿山，善治生，富埒吴中。明兴，法网颛密，豪猾易便。有俞慎者聚而构乱，邑遗株染，父子违系，虽获科释，而门户倾圮矣"。顾演被迁往临襄之前有诗曰：

> 柳条折尽尚东风，杼轴人家户户空。只有虎丘山色好，不堪又在客愁中。
>
> 虎丘城外销楼台，无数红花带血开。静听剑池地内水，声声引上短笛来。

这与秦汉时期强行迁徙东方地区豪强与富商到京师附近地区的做法相似，而目的与实际效果却不同。明初具有特殊政治背景的打击苏州富豪的做法并不能阻止工商业的发展。明代中期和清代，吴越的经商之风、奢侈之风波及的地区、阶层更为广泛。张瀚《松窗梦语》指出："至于民间风俗，大都江南侈于江北，而江南之侈，尤莫过于三吴"，"自昔吴俗奢华，乐奇异，人情皆观赴焉。吴制服而华，以为非是弗文也；吴制器而美，以为非是弗珍也。四方重吴服，而吴益工于服；四方贵吴器，而吴益工于器。是吴俗之侈者愈侈，而四方之观于吴者，又安能挽而俭也"。① 从积极意义上讲，"奢侈"风气刺激消费，有利于当时社会经济发展。明代的松江人陆楫曾说："要之，先富而后奢，先贫而后俭，奢俭之风，起于俗之贫富。"富是奢的前提。苏州之

---

① 张瀚：《松窗梦语》卷四。

所以奢靡，在于它是天下财富聚集之地。"奢则其民必易为生"，从生活、就业等角度考虑，奢侈生活需要多方面提供服务，必然促进手工业、商业和服务业的发展，一定程度上解决了一些人的就业问题。中国传统的消费观念"崇俭"，所谓"俭不违礼"、"用不伤义"。"崇俭"观念在现实生活中倾向于抑制人们对物质消费的需求，从而产生不利于社会物质财富创造的客观效果。而明清的"奢侈"之风冲击了这一传统观念。富有者炫耀富贵，贫穷者也盼望富贵："服食器用月异而岁不同已，毋论富豪贵介纨绮相望，即贫乏者强饰华丽，扬扬矜诩为富贵容。"① 这是源自民众本身生存与发展需要的强大动力。当代乡镇企业、小城镇发展的苏南模式，民营企业的温州模式，正是在吴越经济文化的基础上发展而来。

综上所述，从先秦到明清，吴越经历了尚武到崇文的过程，但是，文与武，刚和柔，只是相对而言，是从中国古代的长时段来看某一时期的民风主流趋势而已。柔的一面，比如吴语，便极具柔的特点。民国十七年的铅印本《苏州风俗》记载的苏州各色人等的特点很有意思：

> 吴人貌多文弱而有礼……而以女子尤甚。虽吴侬柔软，斗者几疑为谈笑者矣。
>
> 吴姬善哭，丧夫殇子，痛苦号啕，且哭且诉，语无重出者。
>
> 吴儿体质脆弱，而膏粱之子为尤甚……（有）弱不胜衣（者）。
>
> 吴人工应酬，废话连篇。而商界中人尤盛，婉转软语，

---

① 张瀚：《松窗梦语》卷四。

无有不入彀者。

苏州人这种语音清柔的特点与水乡环境有关。南北朝时期的颜之推曾说：南方水土和柔，其音清举浮浅；北方山川深厚，其音沉浊质直，[1] 有一定的道理。而苏州女子在极度悲痛时的"且哭且诉，语无重出"与商人的"婉转软语"，自然有文饰的成分。在日常生活中，苏州人亦很讲究情趣，行事细致周密："吴人多韵事。如饮酒则严殇政；试茶则闻茶具；矛琰则讲弈谱；垆必求宣款；砚必贵端溪；图章必求冻石；装潢卷轴必仿宣和遗式；旁及园艺，如芝兰、种菊，多能谙物性，燥湿寒暖之宜。"早在东汉成书的《吴越春秋》就记载：吴越"人性柔慧，敏于习文，疏于用武"。同是水文化，先秦人们对它的看法和评价是粗野，后世随着其经济发展，才逐渐赞美它的习文。东晋末年，即有"吴人不习战"之说，《宋史地理志》曰："浙江人性柔惠，尚浮屠之教，厚于滋味。"朱熹也曾说过"浙人极弱"，[2] 有学者总结吴越文化的特点为柔、细、雅，认为《红楼梦》便是它的样本，见解精到。但这种特点是六朝以后才逐渐形成的，而且并非全然柔雅。

吴越人刚烈的一面也很突出。熟悉吴越风情的范仲淹曾说："浙人轻佻易动，切宜戒之！"[3] 这和汉晋时期中州人对吴越人的看法如出一辙。伍子胥的故事长期在吴越之地流传，体现的便是绵延相传的一种勇武之风。汉代吴越一带即传说长江有伍子胥之神，东汉的会稽铜镜中有伍子胥的画像，为其他地区所不见。后来传说八月十八是潮神伍子胥的生日，人们要到钱塘江边进行各种祭祀活

---

① 《颜氏家训音辞篇》。
② 《朱子语类》卷一三〇《自熙宁至靖康用人》。
③ 《朱子语类》卷一二九。

动，数万名弄潮人驰骋于江水之中，表现出一种激越高亢、势不可
挡的勇猛，显示的仍是吴越人"以船为车，以楫为马，往若飘风"
的英武形象。诗人高得旸《浙江秋涛诗》曰："秋满吴天八月中，
潮头万丈驾西风。""自古江山夸壮观，至今父老说英雄。"杭州的
于谦祠、岳飞庙，彰显的也是忠武之气。再如民间的"吃请茶"，
也是柔中有刚，绵里藏针。《海虞风俗竹枝词》载：

> 凡下流社会，彼此偶起冲突，或口角，或用武，辄各纠
> 集多人，借茶肆为谈判所，所谓"吃请茶"者也。其理屈
> 者，有罚发出合座之茶资，雅其名曰"满堂红"。是尤两造
> 构讼败诉者，须赔胜者以讼费。……又有所谓烧路头者，屈
> 者所以服罪于直者之礼也。烧路头者何？高烧红烛，佑以爆
> 竹，请鹿头神为和事佬，而示服罪之意，花费少数金钱，平
> 息一场交涉，较之鸣官兴讼至于倾家荡产者便宜得多矣。谚
> 曰：官休不如私休，信然。①

应当说，柔中有刚，刚柔相济是吴越民风的特点。较之中州
刚烈质朴的民风，它的特点更为鲜明。其形成与先秦时期吴越两
国君主的勇武与韬晦并用，以及此后当地文人文风的发展均有密
切的关系。越王勾践的卧薪尝胆，十年生聚，十年教训，是典型
的以柔克刚。六朝以后，吴越人文雅的成分越来越多，但刚性犹
存。有学者认为，在唐代的江南文士"身上流淌着江南文化的
刚性精神。江南文化的刚性特征与柔性特征是并存的两个方面。
早期刚性显著一些，魏晋以后柔性显著一些"。② 还有学者指出，

---

① 《中国风土志丛刊》（27），广陵书社 2003 年版。
② 景遐东：《江南文化与唐代文学研究》，人民文学出版社 2005 年版，第 59—60 页。

"剑文化是古越文化的一大特色，堪与东晋衣冠南渡后的书文化并列为于越文化的千古二绝"。① 值得注意的是，仔细审视吴越文化，吴文化和越文化有一定的区别。吴地离中原较近，自先秦到明清，它与中原文化接触的机会多，比较容易接受北方文化。如吴的季札便是深得北方文化精髓的一位贵族。据说他作为使者北上时，徐国国君喜欢季札的剑，却没有明说出来，"季札心知之，为使上国，未献。还至徐，徐君已死，于是乃解其宝剑，系之徐君冢树而去。从者曰：'徐君已死，尚谁予乎？'季子曰：'不然。始吾心已许之，岂以死倍吾心哉！'"北方人一般质直厚重，恪守信义，重承诺，此事彰显的便是季札对北方人这种文化性格的了解与认同。《左传》襄公二十九年载季札赴鲁观乐，更说明他对周乐有深入的理解。② 其欣赏角度和精彩的评论与《礼记·乐记》所倡导的音乐理论是吻合的。他最后的结语是：周

---

① 杨义：《杨义文存》第五卷，人民出版社1998年版，第5页。

② 《史记·吴太伯世家》载：四年，吴使季札聘于鲁，请观周乐。为歌周南、召南。曰："美哉，始基之矣，犹未也。然勤而不怨。"歌邶、鄘、卫。曰："美哉，渊乎，忧而不困者也。吾闻卫康叔、武公之德如是，是其卫风乎？"歌王。曰："美哉，思而不惧，其周之东乎？"歌郑。曰："其细已甚，民不堪也，是其先亡乎？"歌齐。曰："美哉，泱泱乎大风也哉。表东海者，其太公乎？国未可量也。"歌豳。曰："美哉，荡荡乎，乐而不淫，其周公之东乎？"歌魏。曰："美哉，沨沨乎，大而宽，俭而易，行以德辅，此则盟主也。"歌唐。曰："思深哉，其有陶唐氏之遗风乎？不然，何忧之远也？非令德之后，谁能若是！"歌陈。曰："国无主，其能久乎？"自郐以下，无讥焉。歌小雅。曰："美哉，思而不贰，怨而不言，其周德之衰乎？犹有先王之遗民也。"歌大雅。曰："广哉，熙熙乎，曲而有直体，其文王之德乎？"歌颂。曰："至矣哉，直而不倨，曲而不诎，近而不逼，远而不携，迁而不淫，复而不厌，哀而不愁，乐而不荒，用而不匮，广而不宣，施而不费，取而不贪，处而不底，行而不流。五声和，八风平，节有度，守有序，盛德之所同也。"见舞象箭、南籥者，曰："美哉，犹有感。"见舞大武，曰："美哉，周之盛也其若此乎？"见舞韶护者，曰："圣人之弘也，犹有惭德，圣人之难也！"见舞大夏，曰："美哉，勤而不德！非禹其谁能及之？"见舞招箾，曰："德至矣哉，大矣，如天之无不焘也，如地之无不载也，虽甚盛德，无以加矣。观止矣，若有他乐，吾不敢观。"

乐为至德之大乐，"观止矣，若有他乐，吾不敢观"。而越则更
喜欢本民族的"野音"。据说孔子"奉先王雅琴，治礼往奏"，
却被勾践拒绝了，理由是"越性脆而愚……锐兵任死，越之常
性也。夫子异则不可"。①《吕氏春秋·合遇篇》也载："客有以
吹籁见于越王者，羽角宫徵商不谬，越王不善，为野音反善
之。"越地近海，与中原的距离较远，远古风俗容易保留下来。
越人善歌是出名的。《吴越春秋》中记载了多首越人唱的歌，如
勾践夫人的哭歌，采葛妇的"苦之诗"，伐木人的"木客吟"，
船夫的"榜枻越人歌"。越地独有的这种质朴无华的歌，与中州
流行的礼乐有明显的区别。越地的勇武之气一直延续到明清乃至
近现代。明末王思任曾自豪地说："会稽乃报仇雪耻之乡，非藏
污纳垢之地"，越地的民众一直以此相激励。鲁迅先生曾说"浙
东多山，民性有山岳气"，② 他的弟弟周作人则说：他是"东南
水乡的人民，对于水很有情分，可是也十分知水的厉害"，③ 越
地的刚性显然较吴地为甚。秋瑾、鲁迅对剑的偏爱，固然有其个
人独特的艺术气质，但不可否认有地域文化的基因。而吴越之间
的相似处亦可列举不少。吴王夫差曾自称"我文身，不足责礼
也"，④ 和勾践喜欢野音如出一辙。《三国志》本传评价孙权曰：
"屈身忍辱，任材尚计，有勾践之奇，英人之杰。"孙权身上显
然秉承了吴越君主的智慧。"以柔弱胜刚强"是勾践的制胜秘
诀，是老庄道家哲学在政治上的成功运用。明代苏州府昆山县的
方鹏对文士性格的论述，似能反映苏州人的地域性格特征："君

---

① 《越绝书·越绝外传记地传第十》
② 见徐梵澄《星花旧影——对鲁迅先生的一些回忆》，《鲁迅回忆录》，北京出
版社 1999 年版，第 1317 页。
③ 周作人：《知堂杂诗抄》，岳麓书社 1987 年版，第 10—11 页。
④ 《史记·鲁世家》。

子立身，太刚致祸，太柔取辱，不激不随，而合乎中道者能几人也。"他把"不激不随"、"合乎中道"作为一种理想的性格。因此，他对于北方式的刚强不以为然："任情负气，持刀劫人，其与蔺相如五步之内，以颈血溅王，毛遂十步之内，王之命悬于遂手，相去几何？沿战国之余习，乏儒者之雅度，是以君子弗尚也。"

吴越山水之间弥漫的是一种刚柔相济的政治智慧和人生智慧。

第二节 习俗信仰与家族文化

中国古代社会以自给自足的小农经济为经济基础，以家族制度为核心，长期日出而作日落而息的农耕生活，造就了民众朴素平和的心态。南北地域不同，风情不同，而趋吉避凶的民众心理，对慎终追远、同居共财的孝道的倡导是一致的。一直到今天，这些习俗与观念仍不同程度地保留着。

一 趋吉避凶的民众心理

汉代是中华文化的定型期，是汉民族形成的时期。春秋战国长期列国林立，各地民间有其不同的习俗，两汉时期的统一局面下，中央派往各地的官吏基本上均有整饬风俗之举，同时也必须因地制宜，顺应民情。因此，各地民间习俗有经过整合后形成的共性，也有一些长期保留的个性。汉代所形成的民风民俗有许多一直延续下来。

东汉中期的王充在《论衡·辨祟》中曾说：

世俗信祸祟，以为人之疾病死亡，及更患被罪，戮辱欢

笑，皆有所犯（触犯鬼神）。起功、移徙、祭祀、丧葬、行
作、入官、嫁娶，不择吉日，不避岁月，触鬼逢神，忌时相
害，故发病生祸，绳法入罪，至于死亡，殚家灭门，皆不重
慎，犯触忌讳之所致也。

　　这里所列的诸种活动，几乎囊括了社会生活的全部，从动土
盖房（"起功"）与移徙（搬家）、祭祀、出行，到婚丧嫁娶，
入仕为官，均须择日而行。而在种种禁忌中，以居所的禁忌
最多。

　　王充《论衡》所载的居所禁忌，应主要反映东南吴越一带
的习俗，因为他基本上生活在家乡。东汉末年的汝南人应劭著有
《风俗通义》，也记有种种禁忌，当然以中州民俗为据。而上述
这些书籍既反映了不同地域不同风俗，也反映了吴越中州某些共
同的习俗。

　　从《论衡·讥日》《诘术》《谰时》等篇可见，当时盖房必
须选择时日，房屋的方位、门的朝向等均有讲究。汉代广陵太守
张纲曾亲自为当地百姓"卜居宅"，① 百姓非常满意，可见当时
风俗。房屋盖好后，人们要答谢土神，做"土偶人，以象鬼神，
令巫祝延（祷告），以解土神。已祭之后，心快意喜，谓鬼神解
谢，殃祸除去"。② 宅有吉宅凶宅，搬家有年月禁忌。王充言之
的"宅家"、"工技射事者"，③ 是专门推算治宅与住宅吉凶的
人："宅家言治宅犯凶神，移徙言忌日月……皆有鬼神凶恶之
禁。"这些"宅家"即后世的阴阳先生。

---

① 《后汉书·张纲传》。
② 《论衡·解除》。
③ 《论衡·辨祟》。

　　"宅不西益"是先秦以来流行的一种说法。应劭与王充均批驳过"宅不西益",可见汉代的中原和吴越均盛行此说。"宅不西益"的原因约有两方面:一是西方为上。《礼记·曲礼上》:"为人子者,居不主奥。"郑玄注:"谓与父同宫者也,不敢当其尊处。室中西南隅谓之奥。"《论衡·四讳篇》曰"俗有大讳四",第一即是"西益宅,西益宅谓之不祥,不祥必有死亡。相惧以此,故世莫敢西益宅"。应劭《风俗通义》载:"西者为上,上益宅者,妨家长也。"二是西方有冢墓之意。《汉书·郊祀志》载:赵人新垣平善"望气",对文帝言"长安东北有神气,成五采,若人冠冕焉。或曰东北神明之舍,西方神明之墓也"。注引张晏的解释曰:"神明,日也。日出东北,舍谓阳谷。日没于西,故曰墓。"师古认为"此说非也。盖总言凡神明以东北为居,西方为冢墓之所"。东方为日出之所,西方为日落之地,后世贴于东门的"紫气东来"等对联均为此意。

　　宅门在家庭中的地位很重要。宅门的实用价值是保证住宅安全,所谓"门之设张,为宅表会,纳闭恶,击邪防害",[①] 门有锁、钥匙。洛阳东汉墓出土有方柱形状的铜锁。[②] 汝南人应劭的《风俗通义》中有"钥施悬鱼,翳伏渊源,欲令楗闭如此"。为保证门户的谨严,有的人家以铁为门枢。宅门高大,庭院深邃,重门叠户,自然标志着家庭的实力与地位,象征着家族的兴旺发达。反之,如果门闾自坏,则往往被视为灾厄之兆。战国秦汉时期,门闾几乎成为人们居住之地的代名词,甚至与居住者的命运有关。门上常有绘画,目的是除灾禳祸。《论衡·乱龙篇》载:

---

　　①　《太平御览》卷一八三引李尤《门铭》。
　　②　洛阳市文物工作队:《河南洛阳市第385号东汉墓》,《考古》1997年第8期。

"上古之人有神荼，郁垒者，昆弟二人，性能执鬼。居东海度朔山上，立桃树下，简阅百鬼。鬼无道理，妄为人祸，荼与郁垒缚以卢索，执以食虎。故今县官斩桃为人，立之户侧；画虎之形，著之门阑。夫桃人非荼、郁垒也，画虎非食鬼之虎也。刻画效象，冀以御凶。"《论衡》中"订鬼篇"引《山海经》，以及《风俗通义·祀典》均有此说。汉代的中州画像石墓中，墓门常刻以龙虎图像，印证了人间确有此习俗。

"宅盛则留，衰则避之"，① 人们相信宅有吉凶盛衰，为保证住宅吉利安康，阳气畅通，不受鬼魅侵扰，常以"神物"镇之。《后汉书·礼仪志》记载民间常"以桃印长六寸，方三寸，五色书文如法，以施门户。……五月五日，朱索五色印为门户饰，以难止恶气"。《论衡·解除》谓："宅中主神有十二焉，青龙、白虎列十二位。龙虎猛神，天之正鬼也，飞尸流鬼安敢妄集。"门户与梁枋上有龙虎等镇宅形象，人们的心中便有了安全感。《东京赋》描写宫廷中"大傩"的场面，巫觋、童子驱鬼时的穿着与神勇之态，异常生动。宫廷中如此，民众家庭中一年到头也有各种驱鬼祭神的常礼。如岁末的驱鬼之礼，它寄托着一家人对来年吉祥的企盼。《论衡·解除》曰："岁终事毕，驱逐疫鬼，因以送陈迎新，内（纳）吉也。"

因为民众普遍存在趋吉避凶的心理，所以巫祝在汉代是非常活跃的人物，"街巷有巫，闾里有祝"便是指的这种情形。② 巫祝不仅为活人"驱病去灾"，也要为死人寻觅清静之土。洛阳出土的汉代解注瓶，腹部周壁有朱书符录一道，符文后有"解注瓶，百解去（长？）如律令"九字，汉代人"事死如事生"，以

---

① 《论衡·辨祟》。
② 《盐铁论·散不足》。

符驱病之术既施之于人间，亦施之于地下。

吴越的会稽一带"淫祀"之风盛行。东汉前期建武年间，第五伦任会稽太守，会稽风俗"多淫祀，好卜筮。民常以牛祭神，百姓财产以之困匮。其自食牛肉而不以荐祠者，发病且死先为牛鸣，前后郡将莫敢禁"。① 第五伦发布公告到会稽所属各县：严令禁止淫祀；巫祝有假借鬼神之名恐吓百姓者，严惩不贷；有敢妄自屠牛者，必遭重罚。民间为此恐惧不安，于是有"祝诅妄言"兴起，第五伦手腕很硬，追查愈急，案罪亦重，暂时扼制了祭祀之风。但也只能是权益之法，民间的祭神理念和活动源远流长，自有其感情的依据和精神的需求。

家庭通常的祭祀活动，有岁祭、腊祭等，以五祀最为常见，五祀即祀门、户、井、灶、中留。王充解释五祀曰："报门、户、井、灶、室中之功，门、户，人所出入；井、灶，人所饮食；中留，人所托处。五者功均，故俱祀之。"这是个客观的解释。人们在祭祀中对"神灵"所持的态度是实用的或曰功利的，希冀生活平和安康，因而要祭祀这些想象中的与家居生活密切相关的神灵。祭祀"显灵"据说能带来家道富贵。《后汉书·阴识传》载：汉光武帝阴皇后为南阳新野人，阴家据说先祖出自管仲，由齐到楚，阴氏一直为大夫，秦汉之际在新野安家，世代奉管仲之祀。汉宣帝时阴家"腊日晨炊而灶神形见"，注引《杂五行书》曰："灶神名禅，字子郭，衣黄衣，夜被发从灶中出，知其名呼之，可除凶恶。"阴家以黄羊祀之，据说此后暴富，"故后常以腊日祀灶，而荐黄羊焉"。可见是在腊月祭灶，腊月祭灶王爷的习俗至今在农村仍保留着。人们往往以人性度神性，所以对自己创造的神鬼系列有时持戏弄不敬

① 《后汉书》卷四一《第五伦传》。

的态度。鲁迅在《送灶日漫笔》一文中曾写道："灶君升天时，人们卖的胶牙糖，本意在于请灶君吃了，粘住他的牙，使他不能调嘴学舌，对玉帝说坏话。"中国民众重现实人生而不重来世，因而不会沉溺于宗教。

民间盛行的一系列禁忌，其核心内容是趋吉避凶，保证一家人平安健康，反映的是农业民族宽厚平和的心态。汉代洛阳和会稽的铜镜铭文可代表民众的心理。两地的铜镜上屡见"左龙右虎掌四方，朱雀玄武顺阴阳，八子九孙治中央"，"上有仙人不知老，渴饮玉泉饥食枣"的文字。值得注意的是，汉代的民间习俗一直保留到后世。如汉代人认为泰山最高，皇帝要到泰山封禅，而泰山石敢当便成为民宅重要的镇宅物，一直到现在，许多地方的农村盖房仍沿用此俗。"宅不西移"在河南西南部、山东的胶东半岛直至今日也还有这样的风俗。再如宁波造房子，从选地相宅，祭祀动土，到开掘排夯，筑基砌墙，有一系列的程序。动土盖房时，祭祀罢土地公公，四方鬼神，领班的师傅要唱《奠基歌》，歌词有多种，如"今日造起高楼殿，他日儿孙满堂沿。四世同堂，代代子孙做阁老。要问东家造啥屋？八尺高墙，九扇台门，轿马进出，百官迎送，满堂金玉，万事如意！"[①] 企盼子孙满堂，前程似锦，永葆富贵，这就是中国民众代代相传的吉祥观与生活理念。无论中原还是江南，无论古代还是现代，概莫能外。

二 同居共财的倡导与家族文化

陈寅恪先生曾举例说明南北朝时期南方人和北方人的家族观

---

① 浙江省民间文艺家协会选编：《浙江民俗大观》，当代中国出版社1998年版，第160页。

念不同，北方保持大家族不变，南朝则大家族离析，因此南方比北方进步。[①] 这一看法当然有一定的依据，南方的家族观念确实没有北方那样根深蒂固，但也有偏颇之处。应当说，南北朝时期有其特殊情况。北方的异族入侵与连年战乱，迫使中原未南迁的大族结坞壁以自保，民众纷纷依附，家族、宗族的凝聚力特别强。而南迁的北方人，漂泊零落之时，更重宗族情义，"北土重同姓，谓之骨肉，有远来相投者，莫不竭力迎赡"，[②] 是很自然的。那个时代中原浓重的家族观念是维系乡情与亲情的纽带，是人们感情的重要慰藉，也是生存的需要。而从中国古代长期的历史发展过程来看，从汉代到明清，不管中州还是吴越，分家是普遍存在的现象，民众的家庭结构、家族伦理、道德教育的基本内容没有本质的区别。

儒家往往带有理想化的色彩。儒生们从仁政的角度出发，强调家庭与社会的和谐，希望将家族亲情扩展到社会，孟子向往的是"乡里同井，出入相友，守望相助，疾病相扶持"，[③] 其乐融融的氛围。法家是现实主义的，自秦国商鞅变法规定家有二男必另立门户，以一家一户为国家征收赋税徭役的基本经济单位以后，随着小农经济的发展，个体家庭逐渐成为社会的基本细胞，朝廷征收租赋的基本单位。"礼有分异之义，家有别居之道"，[④] 在秦汉时期已是社会所认可的观念，分家的情况很普遍。《汉书·地理志》记载河内"俗刚强，多豪杰，侵夺，薄恩礼，好生分"，又记载颍川"以贪遴争讼生分为失"，"颍川好争讼分

---

① 万绳楠整理：《陈寅恪魏晋南北朝史讲演录》，黄山书社1987年版，第327—329页。

② 《颜氏家训》。

③ 《孟子·滕文公上》。

④ 《后汉书·许荆传》。

异"。颜师古注"生分"曰:"谓父母在而昆弟不同财产。"汉初陆贾将家产给五个儿子均分,晋代石苞"临终分财物与诸子",① 得到后世的赞许,认为他们有效地"绝其后争",避免了子孙的家产纠纷,是"古之贤达"。而实际上分家的过程以及分家以后小家庭与大家庭的关系是相当复杂的。贾谊曾言"借父耰锄,虑有德色;母取箕帚,立而谇语",② 儿子借农具给父亲使用,便扬扬有德色;母亲用了儿子家的扫帚,媳妇便吵骂起来。这里反映的应是中原一带现实生活中常有的场景。小家庭作为独立的经济单位存在,有其家庭开支与预算,与大家族的经济矛盾(如对父母的赡养问题等等)势所难免。《管子》有名言曰"仓廪实而知礼节,衣食足而知荣辱",一般而言,经济条件比较困窘,更容易锱铢必较,父子关系,婆媳关系,妯娌关系很容易以财利为中心而斤斤计较。儒家一直倡导家庭中要父慈子孝,兄友弟恭,贾谊曾响亮地提出用儒家学说"移风易俗"的主张,后世儒生一直积极地倡导,并力主在家庭中付诸实施。史籍中屡见不鲜的对"同居共财"的肯定和赞扬便反映了儒生的礼治观念。但这种极力倡导正说明了社会中分家情况的普遍存在。

汉代中州是推行教化的中心区域,家庭中倡导的是兄弟情谊,手足之情。汉初的名相陈平,"少时家贫,好读书,有田三十亩,独与兄伯居。伯常耕田,纵平使游学。……其嫂嫉平之不视家生产,曰:'……有叔如此,不如无有',伯闻之,逐其妇而弃之"。廷尉张释之未出仕前亦"与兄同居"。陈平是阳武户牖乡人,家贫至"负郭穷巷,以弊席为门";③ 张释之是南阳人,家富有,所以

---

① 《晋书·石苞传》。
② 《汉书·贾谊传》。
③ 《史记·陈丞相世家》。

能以赀为郎。可见无论贫富，兄弟同居的情况是存在的。而这种兄弟同居，在弟弟成家后一般便不存在了。《古诗十九首》中有《孤儿行》，写一个富家出身的苦孩子的生活际遇：

> 孤儿生，孤子遇生，命独当苦！父母在时，乘坚车，驾驷马。父母已去，兄嫂令我行贾。南到九江，东到齐与鲁。腊月来归，不敢自言苦。头多虮虱，面目多尘。大兄言办饭，大嫂言视马。上高堂，行取殿下堂，孤儿泪下如雨。使我朝行汲，暮得水来归。手为错，足下无菲。怆怆履霜，中多蒺藜，拔断蒺藜肠肉中，怆欲悲。泪下渫渫，清涕累累。冬无复襦，夏无单衣。居生不乐，不如早去，下从地下黄泉！春气动，草萌芽。三月蚕桑，六月收瓜。将是瓜车，来到还家。瓜车反覆，助我者少，啖瓜者多。愿还我蒂，兄与嫂严，独且急归，当兴校计。乱曰："里中一何浇浇，愿欲寄尺书，将与地下父母，兄嫂难与久居。"

从诗中"南到九江，东到齐到鲁"的语气看，这里描述的应是中原的一个富贵之家。小弟尚未成家，成了兄嫂的奴仆。看来一般情况是兄弟均成家后才正式分家产的。兄嫂的刻薄寡恩，孤儿的孤苦无依，奔波之苦、贫瘠之甚与精神之压力，展现出一幕现实的生活场景。他的瓜车倒地，众人争啖，他只得拿瓜蒂回去交账。可见兄嫂之威，钱财计算之精细。而"兄嫂难与久居"，是概括了无数家庭现象后得出的结论。

当然，同居共财的情况也有。西汉末年，南阳湖阳的樊重，"三世共财，子孙朝夕礼敬"，[①] 为人们所推崇。东汉末年的蔡

---

① 《后汉书·樊宏传》。

邕，"与叔父从兄同居三世不分散，乡党高其义"。① 中州学者应劭在《风俗通义》中曰："同居上也，通有无次也，让其下耳。"他认为世代同堂最好；通有无即同门而异财，经济上是各自独立的，但能互通有无；最下为分居，虽有让财之事，但实属下策。在实际生活中或是在理论上，人们倡导宗族与家族情义，所以同居共财者往往见诸史册，但它正说明这种情况是少数而不是多数，是个别而不是一般。

《后汉书·循吏列传·许荆传》记载东汉前期会稽阳羡（今江苏宜兴南）人许武假分家之名为弟弟博取声誉一事曰：

> 许荆字少张，会稽阳羡人也。祖父武，太守第五伦举为孝廉。武以二弟晏、普未显，欲令成名，乃请之曰："礼有分异之义，家有别居之道。"于是共割财产以为三分，武自取肥田广宅奴婢强者，二弟所得并悉劣少。乡人皆称弟克让而鄙武贪婪，晏等以此并得选举，武乃会宗亲，泣曰："吾为兄不肖，盗声窃位，二弟长年，未豫荣禄，所以求得分财，自取大讥。今理产所增，三倍于前，悉以推二弟，一无所留。"于是郡中翕然，远近称之。位至长乐少府。

此事常被作为汉代选官制度的虚伪而被引证，若从另一个角度看，它反映的是吴越分家现象的普遍存在，以至于许武可以利用它来大做文章。此条史料还说明一个问题，那就是东汉的吴越之地与中州一样，深受儒家思想的影响。人们官本位的思想不亚于中州。这一点往往被人们忽略。

《后汉书·独行列传》还记载了中州一幕欲分家而未成的

---

① 《后汉书·蔡邕传》。

场景：

> （陈留人）李充，家贫，兄弟六人同食递衣。妻窃谓充
> 曰："今贫居如此，难以久安，妾有私财，愿思分异。"充
> 伪酬之曰："如欲别居，当酾酒具会，请呼乡里内外，共议
> 其事。"妇从充置酒宴客。充于坐中前跪白母曰："此妇无
> 状，而教充离间母兄，罪合遗斥。"便呵叱其妇，逐令出
> 门。妇衔涕而去，坐中惊肃，因遂罢散。

这种"兄弟六人同食递衣"的情况在秦汉时期是不多见的。李充妻子积攒起了私房钱，计划着分家以后的生活，说明社会上普遍存在着分家的现实。李充这位特立独行者的所作所为显然过分，也许当时兄弟间的析产往往有宗亲或邻里的参与，乡党舆论的关注，而李充借助于这种形式，在大庭广众面前揭露其妻子的"离间母兄"之罪并休之，对于他的妻子来说实在绝情，然而他的行为却得到了社会舆论的肯定。

从汉代中州的家庭关系看，夫妻情与兄弟手足情相比，人们更强调后者。《后汉书·仇览传》：仇览"虽在宴居，必以礼自整。妻子有过，辄免冠自责，妻子庭谢，候览冠，乃敢升堂"。这与玄学盛行时期吴越一带贵族家庭中活泼自然的夫妻关系相比，明显有别。从家族、宗族的情义看，人们更注重兄弟情谊，有学者引用《礼记》中关于夫妻居室、浴室要分开等记载，指出："古礼对夫妇的规范是尽量将他们分开，而与兄弟们的亲密相处正好相反"，[①] 是有道理的。中国重宗法，重血缘亲情，从家族关系看，兄弟情谊自然重于夫妻情。

---

① 阎爱民：《汉晋家族研究》，上海人民出版社 2005 年版，第 440 页。

　　虽然同居共财在实际生活中难以实现，然而在汉代儒学普及的过程中，它作为一种理想化的家庭模式，往往为社会舆论所肯定，所提倡，在社会上起到潜移默化的作用。汉代以后，统治者和儒生从治国安民的角度出发，极力褒奖和扶植家族制度；而大的家族为防止家庭分化、子孙败落、家族萧条，需要强调宗族的亲情和凝聚力；安土重迁、聚族而居的居住方式也为同居共财提供了可能性。从根本上讲，脆弱的个体小家庭需要家族的凝聚力与支撑力。《史记·越王勾践世家》中记载一件事：范蠡的中子因杀人被楚国囚禁，范蠡考虑长子会因吝惜钱财而误事，派少子带黄金救之。长子坚持要去，范蠡不听，长子说："家有长子曰家督。今弟有罪，大人不遣，乃遣少弟，是吾不肖。"愤而欲自杀，范蠡不得已，派大儿子去，结果未能救回儿子的性命。这应是中国史籍中第一次出现"家督"的词汇。日本人借用这一词汇后，赋予其深刻内涵，实行一子继承制，家督继承制成为战败以前日本社会通行的继承制度。[①] 中国是诸子均分财产，但长子在家族中仍有不可替代的权威。血缘亲情在聚族而居的环境中自然而然地得到强化。宋代儒生极力宣传的"敬宗收族"之义，倡导的置族田，建祠堂，修家谱等，有其深厚的社会心理基础，无论在中州还是吴越都有很大影响。中州是传统农业区，从生产方式到生活方式，循规蹈矩，程式化的东西较多，聚族而居的家族很多，一个村庄一个姓氏的情况比较常见。聚族而居的小家庭，一般只包括二三代，而家族或同宗往往相距很近。吴越之地四世同居的家族亦经常见于史书。浦江麟溪郑氏从南宋到明朝，全族同居共食达 15 世，历 330 年之久。清代的苏州一带，兄弟分家，但都围祖先庐墓而住，一个村庄中同宗同族数十家乃至数

---

　　① 李卓：《中日家族制度比较研究》，人民出版社 2004 年版，第 50 页。

百家。① 浙江临安的农民从不远徙，一个家族几十代都聚居在一起。② 这是长期自然经济的反映。而明清时期也出现了一些违背传统道德甚至背离人伦的现象。成都人唐甄在吴地定居时间很长，对吴地风俗有一定了解。在《潜书·吴弊》中，他写道"吴人善讼。凡所以求胜者，无不为也，无不忍也"。震泽有农夫，打算和叔父打官司，便与母亲合谋，竟然逼迫妻子去诬告叔父与之有奸情。甚至有掘祖坟以得利者："吴人发冢，非异人，即其子孙也"，这里的"子孙"便是指那些破落子弟，贫而无行，挖掘其祖先的尸骨焚烧后，将墓地出卖，墓中挖掘之物，"得利之厚者，有金玉之带，珠凤之冠，千斤之木，珍异之宝，盖先世之贵者也"。如此的不肖子孙，令人难以置信，但"吴中之人，视为固然，未有以为不义而众诛之者"。唐甄所举之例，应当是可信的。他曾亲身经历一件荒唐的事情：他的亲人暂时葬于别人墓侧，于是有人给他推荐一块风水好的墓地，他去看时，却发现已有坟墓。那人却说，唐甄若出十金与其主人，"则起其棺而去之矣"，唐甄听后，"掩耳而走"。

程颢曾说："天下之事，唯义利而已。"③ 义利问题是中国古代一个经久不衰的议论话题。义者，宜也，孝无疑是义的中心内容。同居共财的家族能凝聚在一起，儒家所倡导的孝义是黏合剂。中国古代的家族文化有异常丰富的内容，其形式难以维持，其精义应当继承。毕竟血浓于水，如果自然的血缘亲情均可以功利之心处之，那么人间不可能有真情存在，人类社会也就变质了。

---

① 《同治重修苏州府治》卷三引《具区志》。
② 《雍正浙江通志》卷九引《临安县志》。
③ 程颢：《河南程氏遗书》卷一一。

第三节　生活习俗

衣食住行是人类生活的基本要素，不同地域的人们有不同的生活方式、生活习惯和生活理念。

一　宽衣褒带与"断发文身"

《荀子·荣辱》谓："越人安越，楚人安楚，君子安雅，是非知能材性然也，是注错习俗之节异也。"众多的地域中，荀子首点越人为例，可见越文化具有鲜明的特征。这里将越、楚与"雅"对举，"雅"之所指为中原，越、楚当然是"俗"，亦即"野"，是从中原的角度去看周边地区，反映的是春秋战国"华夷之辨"的思想观念。先秦时期中州与吴越由于地理环境、气候条件的不同，生活习俗可谓迥然有别。

中州重衣冠文明。商代的贵族服饰已有交领右衽短衣，交领右衽长素长衣，交领右衽素小袍，交领长袖配以宽裤、软履等十种服饰。① 而"右衽"（即衣襟向右开）与"左衽"正是中原人和南方少数民族区别的一个明显标志。孔子有言："微管仲，吾其披发左衽矣！"认为管仲倡导尊王攘夷，给华夏族立了大功。束发戴冠也是中原的习俗，平民也要戴巾。女子束发用笄，商朝妇好墓中随葬骨笄达495件之多，全部装在一个木匣子里，应为妇好生前梳妆所用的物品。《孝经》曰："身体发肤，受之父母，不敢毁伤，孝之始也。"商朝初年中州大旱，商汤王剪发祈雨，以剪发替代惩罚自己的生命，求得上天的原谅。流传的曹操割发

---

① 宋镇豪：《夏商社会生活史》，中国社会科学出版社1994年版，第384—385页。

代首的故事，反映的便是中原人的意识。

吴越人却是"断发文身"。先秦至汉的典籍中论及吴越，常提及吴越人这个鲜明的外在标志。最早记载吴人断发文身的是《左传》哀公七年：子贡曰："太伯端委，以治周礼，仲雍嗣之，断发文身，裸以为饰，岂礼也哉？有由然也。"《左传》昭公三年："吴灭徐，徐子章羽断其发……以逆（迎）吴子。"此类记载，一则说明太伯奔吴以前，东南地区土著居民的断发文身之习相沿已久，且此俗有强大的同化力，无论是来自西北的太伯仲雍兄弟，还是近邻的降臣徐子，均不得不遵从这种风俗；二则说明中原视断发文身为蛮夷之服，非礼之装束。太伯仲雍既作此打扮，在中原人看来，便进入蛮戎夷狄之列，与礼乐冠带之人明显区别开来。

《礼记·王制篇》云："东方曰夷，被发文身……南方曰蛮，雕题交趾。"《战国策·赵策》中则合东"夷"南"蛮"的特征为一："被发文身，错臂左衽，越之民也；黑齿雕题，却冠秫缝，大吴之国也。"邻近吴越的齐国人熟知越人的习性，甚至在作战时针对其特点准备用具。《左传》哀公十一年记载，齐将公孙挥"命其徒曰：人寻约，吴发短"。唐人杜预注说："约，绳也。八尺为寻。吴发短，欲以绳贯其首。"齐的敌方是吴、鲁联军，鲁人留发，砍掉的首级可用头发纠结，"吴发短"，故要特别为他们准备绳子，以贯穿其首。

有关吴越人的"断发文身"，从先秦的《左传》《战国策》《墨子》《韩非子》《庄子》《礼记》到两汉的《史记》《淮南子》《说苑》《汉书》，有许多记载，大同小异。《左传》哀公十一年载"吴发短"，《墨子·公孟》："越王句践剪发文身"，《史记·赵世家》："越之先世封于会稽，断发文身，披草莽而邑焉"，一直到左思《吴都赋》，仍在说吴有"雕题之士，镂身之卒"。南北朝时期，北魏的统治者鲜卑族本来是少数民族，但出自南北长期对峙所形成的正统非正统之争，对"江左"即吴越仍要追溯其出身："江左假息，僻居一隅。……短发之君，无杼首之貌；文身之民，禀蕞陋之质。浮于三江，棹于五湖。礼乐所不沾，宪章弗能革。"①

　　吴越人为何要"断发文身"，汉代人或认为是特殊的信仰，如《淮南子·泰族训》所言"刻肌肤，镵皮革，被创流血，至难也；然越人为之，以求荣也"。或认为是生存的需要。《汉书·地理志》谓越人"断发文身，以避蛟龙之害"，据说因近海，人们常在水中，所以断发文身，不受伤害。看来断发文身是吴越人在水环境中成功生存的一种手段，也是他们勇武与力量的象征。因此，中原人视之为蛮夷之服，吴越人却怡然自得。西汉后期的学者刘向在《说苑·奉使篇》中记载，越国使臣诸发出使魏国（都城在大梁，今河南开封市），梁王有一个叫韩子的大臣对诸发说："大王有命，客冠则以礼见，不冠则否。"诸发驳道："彼越亦天子之封也。不得冀兖之州，乃处海垂之际，屏外蕃以为居，而蛟龙又与我争焉。是以剪发文身，烂然成章，以像龙子者，将避水神也。今大国其命，冠则以礼，不冠则否。假令大国之使，时过敝邑。敝邑之君亦有命矣，曰：客必剪发文身然后见之，于大国何如？"梁王听说后，"披衣出以见诸发"，并下令驱逐韩子。这是一个特例，诸发以其机智善辩维护了本国的尊严，所以在《奉使篇》中得以记载，其实大多数的中原人对此是看不惯的。《庄子·逍遥游》："宋人资章甫，而适诸越，越人断发文身，无所用之。"反映的是中原人的观念。《淮南子·齐俗训》"越王勾践，剪发文身，无皮弁搢笏之服，拘罢拒折之容"，是鄙夷的态度。《吴越春秋》

---

　　① 《洛阳伽蓝记》。

卷二《吴王寿梦传》：寿梦元年（公元前585），寿梦"朝周适楚，观诸侯礼乐"，与"鲁成公会于钟离，深问周公礼乐"，感叹道："孤在夷蛮，徒以椎髻为俗，岂有斯之服哉？""椎髻"应是"夷蛮"断发后的一种发式。《吴越春秋》成书于东汉的吴越之地，折射的仍是先秦华夷之辨的观念。

汉初的贾谊第一个系统提出以礼治国的设想，要求不同等级的人均有鲜明的外在标志，而最能体现这种等级差别的便是服饰。但服饰制度到宋代才趋于严格，汉代是大一统王朝健全和巩固的时期，制度比较疏阔，贾谊以及此后儒生们的一再呼吁在现实政治与社会生活中并未落实，中州服饰便比较随意。先秦的深衣（上衣下裳相连属）到汉代演变为袍，成为中原士民的便服。随着汉代疆域的拓展，民族交流的加强，服饰的样式也越来越多。东汉灵帝喜欢胡人的服装和乐舞，洛阳贵族及周围地区的人们便纷纷仿效。京城服饰对其他城市包括乡村的影响很大。《后汉书·五行志》记载洛阳民谣曰："城中好高髻，四方高一尺。城中好广眉，四方且半额。城中好大袖，四方全匹帛。""高髻"、"大袖"的舞女形象在汉代中州石刻中有极其生动的表现。

中州服饰自汉代以后，变化不大。六朝时期北方士族南下，将中原衣冠文化传至江南，士族尚清谈，喜欢穿宽大飘逸的衣服，具有时代风貌。宋代以后，汉民族服装比较固定，服饰往往与礼制和民族情感联系在一起，具有政治意义。宋室南渡后，儒生们倡导穿深衣。《宋史·舆服制五》记载："中兴，士大夫之服，大抵因东都之旧"，其中列五种衣衫，第一便是深衣。士大夫上朝穿官服，家居可穿深衣，庶民百姓也常穿深衣。清朝初年，民族矛盾异常尖锐，汉民族着汉服成为对抗清人的一种形式，深衣更寓有了特殊的含义。章太炎的父亲临终时曾嘱托家人："吾家入清已七八世，殁皆用深衣殓。……吾即死，不敢违家教，无加清时章服。"① 深衣这种最普通最常见的民族服饰，从先秦流传至明清，由中原影响到大江南北，随着汉民族的发展壮大，跨越时空，成为汉民族精神文化的重要表征之一。

东汉是洛阳服饰引领中原风潮，明清则是苏州服饰领江淮之先。苏州以服饰新奇出名。商人张冲"富埒吴中"，为世人所羡慕，他有新衣做成，市民们便争相模仿，很快传至四方。② 苏州女子的发型服饰更是花样翻新。明华亭人宋征璧有《竹枝词》描述当时之情景："吴中女子真无赖，暮暮朝朝换装束。去年袖带今年窄，今年典尽小须赎。"③ 清人对"苏州头"有生动的描述："妇人妆饰皆效法苏州，苏州则又以青楼中开风气之先，仕宦者反从而效之，其故不可解。道光初年皆元宝头，而后施燕尾；中年后皆改为平三套，较为淡雅，燕尾皆无之，蝤蛴如雪，只逋发丛耳。甲午、乙未间，忽改为纯素衣衫，有用白线绾髻者，询之并无亲丧也。"④ "吴妆"、"苏妆"成为专有名词，扬州女子跟风最紧。《广陵古竹枝词》描写道："杏放娇红柳放黄，谁家女子学吴妆？乌绫三寸齐眉勒，阔袖迎风几许长。"一直到清末民初，扬州女子的发饰"新样"仍来自苏州，她们在头发上插满浓香的茉莉花："茉莉花浓插满头，苏妆新样黑于油。"⑤ 随着徽商的兴起，苏州女子服饰对徽州一带也有很大的影响，徽州女子的珠翠之饰、衣裳新款"大抵由商于苏扬者启其渐也"。⑥

钱泳《履园丛话》概论乾隆以后吴中服饰，"男人俱是轻

---

① 章太炎：《先曾祖训导君先祖子君先考知事君事略》。
② 皇甫汸：《皇甫司勋集》卷五一《张季翁传》。
③ 《姑苏竹枝词》，百花文艺出版社 2002 年版，第 15、59 页。
④ 欧阳兆熊、金安清：《水窗春呓》，中华书局 1984 年版，第 78 页。
⑤ 臧谷：《续扬州竹枝词》。
⑥ 许承尧：《歙事闲谈》卷一八《歙风俗礼教考》，黄山书社 2002 年版，第 606 页。

裘，女人俱是锦绣，货愈贵而服饰者愈多"。桐乡县人李乐《见闻杂记》卷一〇说："厌常喜新，去朴从艳，天下第一不好事，此在富贵中家，且犹不可，况下此而贱役长年，分止布衣食蔬者乎？余乡二三百里内，自丁酉至丁未，若辈皆好穿丝绸绉纱湘罗，且色染大类妇人，余每见惊心骇目，必叹曰：'此乱象也'"。这些应是当时殷实人家的穿着。普通百姓在家居或劳作所穿也很朴素，如吴地农村妇女所穿的"作群"，将一块布料裁成前后两幅，峰值钉上布带后即可。"拼接衫"则是在衣服的肘部、肩部这些易破损的部位以不同颜色的布料花纹拼接，既防止破损，又使衣服显得活泼美观，体现出水乡女性的灵秀。

二　南米北面

南方食米，北方吃面，从河姆渡文化和仰韶文化遗址已经可以清楚地看到这种区别。

"饭稻羹鱼"是吴越一带的饮食习惯。从《史记·货殖列传》到《隋书·地理志》，有关"楚越之地，地广人稀，饭稻羹鱼"的记载大致相同。六朝以后，随着江南大面积的开发，经济的发展，吴越水乡的饮食越来越丰富，其副食以水生动植物为主，品种多，做菜精细。隋炀帝游江南，称赞鲈鱼脍为"东南之佳味"。明清时期的苏菜更有特色，"苏人喜烂喜甜……嗜甜之习，以它处所不及"。[1]《清稗类钞》载：乾隆下江南时，很喜欢吃苏州菜，离开江南时甚至将苏州名厨带回皇宫。宫里吃饭时，有时还特地安排一品"苏脍"。[2]普通民众的一日三餐一般

---

[1]　据《苏州风俗》七"琐记"六十四，民国十七年（1928）铅印本。
[2]　樊美钧：《俗的滥觞》，《华夏审美风尚史》第九卷，河南人民出版社 2000年版，第 11 页。

为一干二稀，即中午干饭，早晚稀饭或"饭泡粥"。

中州饮食比较简单。商周贵族讲究"钟鸣鼎食"，往往是从礼制的需要出发。从商代妇好墓以及殷都出土的大量饮食器具，到汉代墓室画面展示的宴饮内容，可知贵族的饮食习惯。一般民众则是简单的面食，河南民谣中有"五谷为养，五果为助，五畜为益，五菜为充"的说法，[①] 北宋的汴梁有冬季储藏蔬菜的习俗，"上自官禁，下及民间，一时收藏，以充一冬食用。于是车载马驮，充塞道路。时物：姜豉、剜子、红丝、末脏、鹅梨、蛤蜊、螃蟹"。[②] 中州腹地至今有的乡村仍然把菜肴叫做"就吃"，反映的是中州悠久的饮食传统，吃饭是以面食为主，吃菜是为了下饭。

北方人到南方，很难改变以面食为主的习惯。南方人到北方，也很难改变"饭稻羹鱼"的习惯。东晋南朝时到北方做官的士人，或流落到中原的民众，最难忘的是家乡的莼菜和鱼羹。而南宋迁都杭州后，北方人众多，因而面馆很多，这一点甚至使杭州成为区别于周围其他江南城市的特点之一。《梦粱录》卷一六写道："向者汴京开南食面店，川饭分茶，以备江南往来士夫，谓其不便北食故耳。南渡以来，几二百余年，则水土饮食混淆，无南北之分矣。"

三　"三间房子"与"小桥流水人家"

中州的阶级分化明显，从帝王到贵族、百姓，居住条件悬殊。西汉刘向在《说苑·皮质》中说商纣王的居室"锦绣被堂，金玉珍玮"，君主之尊以天下之力奉一人，自然可以豪华无比。

---

① 《河南与黄河文化》，第 761 页。
② 《东京梦华录》卷九《立冬》。

民房则从原始社会到秦朝，多为半地穴式，到汉代仍有不少这样的房屋。洛阳市1955年发掘的汉代河南县城城址中，有一处居民区，似乎是小手工业者或农民的居所。西汉时期的房基均为半地下式，夯土筑造，东汉多数仍是半地下式，只有个别的房屋在地面上建造。所有居室都用瓦铺盖，一般只有一间或两间。东部住址中还发现有纺轮、石磨、杵臼、各种手工工具、铁农具以及修理铁工具的小作坊遗址。① 这里显然是社会下层的一处聚居地，非常简陋。

而近年河南省内黄县三杨庄清理出的4处汉代庭院遗址，② 是因为黄河洪水泛滥而被淤沙深埋于地下的，所以成组的庭院布局与农田原始面貌得以保留，真实地再现了两千年前黄河岸边小康之家的生活场景。目前已清理出的4组庭院风格相同，它们均为坐北朝南的二进院布局，大门外均有活动场地，且各有自己的水井；庭院之间互不相连，四周由农田相隔；所有房屋顶部均使用筒板瓦，主房屋顶更是全部用筒板扣合。由于房屋是因洪水浸泡而坍塌，不是冲毁的，所以房屋瓦顶不同程度地保留了板瓦与筒瓦扣合时的原状。③ 遗址区域还发现有若干条汉代道路和遗迹。

根据已经清理的遗址情况，专家初步判断，这是西汉晚期的聚落遗址。这处遗址首次为我们展示了汉代中州聚落的真实场景。它规整有序，住宅与住宅之间相距较远，庭院之外便是农田。孟子设想的农舍周围有树木环绕等，并非虚言。第三处宅院

---

① 刘叙杰主编：《中国古代建筑史》第一卷，中国建筑工业出版社2003年版，第490页。

② 《中国文物报》2006年1月13日第2版，《人民日报》2006年2月21日第11版。

③ 《中国文物报》。

正房后发现的两排树木残存遗迹，从残存的树叶痕迹判断，多为桑树，也有榆树。人们使用的生产与生活用具，有石臼、石磨、石碾等石器，陶水槽、碗、甑、盆、罐、豆、瓮、轮盘等陶器，铁犁、釜、刀等铁器。这里展现的是自然经济的富足景象。第二处院落主房瓦顶东侧表层还清理出带有"益寿万岁"的瓦当，这正是汉代民众最朴素的愿望。它反映的应是中州常见的村落形态。

中州汉墓中常见的陶制三合院、四合院形象应是民间富足人家房舍的真实写照。与"五口之家"的家庭结构相适应，汉代中原通常的居住模式是"一堂二内"，即一间堂屋，两间居室，一般有庭院，庭院空间较大，是一家人的活动中心。中原这种以木为骨架，以墙为围护，即"墙倒屋不塌"的房屋成为中国北方传统的居室模式。"一堂二内"的房屋早在西汉前期便被推广到北部边疆。文帝时，晁错曾建议募民实边，为之营建住宅，"先为筑室，家有一堂二内，门户之闭，置器物焉，民至有所居，作有所用，此民所以轻去故乡而劝之新〔邑〕也"。① "一堂二内，门户之闭"，即三间房子，有围墙，当然有庭院，这是秦汉典型的普通住宅样式。晁错是颍川人，又在洛阳做官，长期生活在中原，他是将中原常见的居家模式搬至北部边境。

汉代以后，不管深宅大院还是高楼连阁，均是在三间房子基础上的重复与组合。台湾建筑学家汉宝德《中国建筑文化讲座》一书，曾指出中国的"生活细胞"是长方形所隔成的三间房子。认为古代希腊也发展出了长方形的居住单元，而且也分隔为三间，但他们没有把这个单元重复使用于建筑上，而且三间的观念与我们也大有分别。他们的三间是直向排列，是前、中、后的连

---

① 《汉书·晁错传》。

接，而我们的三间是横向排列，是中、左、右的连接。"三间房子"的生活细胞便成熟于秦汉时期的中原。

汉代水井的开凿与普遍应用，使人们对住宅地点的选择比较自由，不再受制于自然河流。东汉时期《太平经》卷四五《起土出书诀第六十一》曰："一大里有百户，有百井；一乡有千户，有千井；一县有万户，有万井；一郡有十万户，有十万井；一州有亿户，有亿井"，大概并不尽然，但水井肯定是聚落中必不可少的生活设施。河南偃师中州大渠出土的汉代灰陶井，有井架，辘轳，带绳槽的滑轮和两个汲水罐，井栏正面有画像图案，画面右侧有"灭火"两字，左侧有"东井"两字。[①]

东汉应劭曾记载：

> 南阳郦县有甘谷，谷中水甘美，云其山上大有菊华，水从山上流下。得其滋液，谷中三十余家不复穿井，仰饮此水。上寿者百二三十，中者百余岁，七八十者名之曰夭。菊华轻身益气，令人坚强故也。司空王畅、太尉刘宽、太傅袁隗为南阳太守，闻有此事，令郦县月送水三十斛，用之饮食。诸公多患风眩，皆得瘳。[②]

所载的菊华水有此疗效，是可能的。谷中的 30 余家赖此山泉，不复穿井，正可见"穿井"是村落建宅盖房时必不可少的工程。

吴越地区河网密布，干栏式建筑是适应水乡特点的居住形式。河姆渡的先民们已有建造干栏式房屋的技术。秦汉时期，随

---

① 河南博物院：《河南出土汉代建筑明器》，大象出版社 2002 年版，第 181 页。
② 《风俗通义·佚文》。

着北方移民的增多，吴越的民居与村落和北方有不少相似之处。孟子曾憧憬小农应有"五亩之宅，百亩之田，树之以桑"，王充在《论衡·超奇》中说："庐宅始成，桑麻才有，居之历岁，子孙相续，桃、李、梅、杏掩丘蔽野"，《诘术》中又说："民间之宅，与乡、亭比屋相属，接界相连……入市门曲折，亦有巷街"，王充自言常常"推民家事"以喻政治之理，他应当是以上虞一带的民俗风情为素材，信手拈来便是一幅优美和谐的田园画面。住宅及其周围的桑麻、果树是民宅常有的景色，而民宅一般与小街巷相依偎，生活很方便。东汉时期的会稽郡"山民愿朴，乃有白首不入市井者"。[①]《淮南子·天文训》谓："阴阳刑德有七舍。何谓七舍？室、堂、庭、门、巷、术、野。"抽象的"七舍"来自对现实生活的观察与提炼。人们常曰"登堂入室"，这里由卧室而厅堂、庭院、大门，门以内是家庭的天地，门以外便是小巷，由此及术而野，由小及大，由近及远，这应是当时一般居住的情景。

　　宋明以后，居住方面有一定的限制。明初曾规定，一、二品官可以建造厅堂五间九架、正门三间五架，到六品至九品官，可造厅堂三间七架、正门一间三架。庶民百姓的房屋以三间为限，富有者可以建造许多处住宅，但每栋房子均不能超过三间，明令"上不得兼下，下不得僭上，违者各治以罪"。[②] 这个规定在当时是严格执行的，人们一般不敢违背。乾隆《震泽县志》记明代吴江的情况曰："邑在国初风尚诚朴，非世家不架高堂，衣饰器皿不敢奢侈，若小民咸以茅为屋，裙布荆钗而已。即中产之家，前房必土墙茅屋，后房始用砖瓦，恐官府见之以为殷富也。"但

---

① 《后汉书·循吏列传》。
② 《明经世文编》卷一四四。

嘉靖以后，奢侈风气兴起。明人唐锦评论说："江南富翁，一命未沾，辄大为营建，五间七间，九架十架，犹为常耳，曾不以越分为愧。"① 明清时期苏州状元特别多，状元府气势恢弘，如明代的申时行、文震孟，清代的彭定求、彭启丰祖孙状元和石韫玉、潘世恩、吴廷琛、洪钧、陆润痒等人的宅邸，至今尚有保存。申时行在苏州的居宅共有八处，分别以金、石、丝、竹、匏、土、革、木命名，在申衙前（今景德路中段）和百花巷，各有四座大宅。宅内最大的厅堂名"赐闲堂"，其文集名便以居所命为《赐闲堂集》。这些宅邸今天尚有两处保存完好。西侧第三进的"纱帽厅"，前有抱厦，后有两披厢，犹如古代官帽之翅，平面像一顶乌纱帽，故得"纱帽厅"之称。

　　吴越水乡的"小桥流水人家"富有诗情画意，唐代诗人杜荀鹤的"人家尽枕河"更成为名句。但吴越闹市中的傍河而居，实际上亦有许多不便。如清代的绍兴城，城镇河道上"民居相杂，口投秽恶"，水质污染且河道壅塞，带来种种问题。《越中杂识》上卷《水利》记载：绍兴府的府河从城中流过，又跨山阴、会稽两县，中间支流较多，"皆通舟楫"，风景优美。但在人口密集的地方，河水便难以通畅，"河之在市者，皆壅窄甚，渐不可行舟"。明朝嘉靖年间，郡守南大吉打算将河道两旁六尺以内的房屋全部拆除，以拓宽河岸，结果引起"豪右"们的激烈反对，"共哗以为不便"，未能实施。

　　清朝康熙五十一年（1712），郡守俞卿浚通水道，并拆除"架水阁于河上并跨河造阁为便房密室者，刊禁碑二，立于府仪门及江桥张神祠"。两通禁碑一个立于府衙门前，一个立于神祠，可谓用心良苦，欲借助政权与神权的双重威力，营造一个较

① 《龙江梦余录》卷七。

好的居住环境。俞卿还对绍兴城街道进行了有效的治理。绍兴城中街衢宽阔平坦，"虽委巷悉以石甃，故有'天下绍兴路'之谣"，而清代随着人口的增长，商贾辐辏，居民住房日夕侵占街道，致使街中仅能容车马通过。绍兴城中的"官街旧址"均有牌坊，多建于明朝万历、崇祯年间，"每坊必有四柱，中二柱在街心，外二柱跨街傍屋。今外柱已砌入屋中，并将中柱亦据而有之，于是街路所存无几"。俞卿本来打算将牌坊四柱以内的街道全部恢复旧观，大概难以推行，于是下令"以石牌坊中柱为界"，保证街道畅通，行人无碍。

乾隆五十五年（1790），李亨特知绍兴府。此时距俞卿治理水道已70余年，两项举措"日久禁弛，复有架阁于河者"，"复有侵占街地，屋出中界外者"。绍兴"郡中是处皆河"，当时仅绍兴城中即有七条河，被称为七弦河，大街小巷均以水环之，风景优美，但两岸居民日投粪壤、瓦砾于中，渐以污壅，一经水浅，不可行舟。居民在河水狭窄处"架木为基而造屋其上，舟行于下，仰不见日，每抛掷秽物，行舟适遭之，以至诟骂涉讼，往往有之"。[①] 乾隆五十七年，李亨限令绍兴城市拆除水上房屋，"拆去阁屋七十四座，石条四座，木桥八座"，并于污水及水浅处一一疏通，[②] 舟楫往来才便利许多。

绍兴城中市井百姓居住的场景如此。今日，苏州、杭州城中架阁于河的情况不可能出现，但水质的污染仍是难以解决的问题。江南优美的水乡环境如何真正成为宜人的环境，尚待努力。

明清时期中州农村"一堂两内"的居住状况，在偏远的乡村至今仍可见其风貌。

---

① 《越中杂识》上卷《乡贤》。
② 《越中杂识》上卷《水利》。

四 南船北车

中国古代南方的主要交通工具是船，北方的主要交通工具是车。用车与用船是由不同的自然环境决定的，而不同的交通习俗对军事成败，民众的生活乃至区域文化性格均有一定的影响。

《国语·越语》载：吴国大败越国后，越王勾践派人求和，伍子胥坚决主张灭掉越国。他的理由是：吴越两国为敌对之国由来已久，"三江环之，民无所移，有吴则无越，有越则无吴"，在东南这个区域内两国势不两立。他认为"陆人居陆，水人居水"是自然而然的，如果吴攻取了"上党之国"即中原的国家，"吾不能居其地，不能乘其车。夫越国，吾攻而胜之，吾能居其地，吾能乘其舟"，因此必须灭掉越国。伍子胥是从开疆拓土、争夺霸业的角度去讲的。反过来讲，中原人到水乡，当然也很难居其河，乘其舟。习车与习舟之师在水上的军事对垒往往是后者占优势，曹操的大军惨败于东吴水师；苻坚率数十万大军南下，自信"投鞭于江，足以断流"，结果却败于东晋的五万北府兵，便是明证。

"习于水斗，便于用舟"[①] 是先秦时期吴越民众的习性。舟楫之利首先源于生产与生活的需要。八千年前的跨湖桥人，已是一叶木舟的生存方式。六朝以后，江南经济得以大面积开发，水运便利，"东南郡邑，无不通水，故天下货利，舟楫为多"，主要的农事活动与商业贸易都离不了舟船。城市与城市之间，城乡之间，乡村之间，船只来回穿梭，白居易曾有"处处楼前飘管吹，家家门外泊舟航"的诗句。唐代大历年间杭州有一种叫"俞大娘"的航船可载重万石，时人曾说："居者养生，送死婚嫁，悉在其间。开巷为圃，操驾之工数百。南至江西，北至淮

---

① 《汉书·严助传》。

南，岁一往来，其利甚大。"① 而明清时期随着江南经济的迅猛发展，苏州、杭州的游船极其华美，休闲性、娱乐性的特征非常明显。苏州在端午节是龙舟竞渡的中心，六月间又有荷花生日，不少人家将画船油漆一新，缀以彩绸，非常漂亮。② 杭州西湖的画舫更是雕梁画栋，富丽堂皇。

中州古代亦有舟楫之利，殷墟甲骨文中有"率舟于河"、"出舟"等卜辞，但交通运输和作战主要是靠牛车。春秋战国的诸侯混战中，马拉的战车大量使用，此后马车成为便捷的交通工具。王室与贵族出行以车，民间则经常使用一种人力推拉的小车。

南船北车在一定程度上似乎也体现出中州文化与吴越文化的差别。在中州，除去农村用于农活的牛车外，车往往与礼制相连，洛阳东周王城发现的车马坑有六匹马拉的车，正是天子之制，证明春秋战国时期中州车驾仍有制度可循。商鞅变法规定，商贾虽富贵不得荣华，汉初规定商人不得衣丝乘车，均以车作为衡量社会地位的标志之一。《后汉书》有《舆服志》，车舆等级分明。南方的船除为生产生活所必需外，唐宋以后更有了休闲、娱乐的性质，愈益华丽。北方乘车的等级性特征与南方游船的休闲娱乐性质，亦可窥见中州与吴越文化区别之一斑。

第四节　节令习俗

一　节日习俗

中国古代的岁时节令体系在两汉时期已基本形成。从元旦、

① 《唐语林》卷八《补遗》。

② 见《丹午笔记》《吴城日记》《五石脂合刊本》，江苏古籍出版社 1985 年版，第 338 页。

立春到冬至、腊日，一年四季都有节日。南北的主要节日大体相仿，而吴越之地的节日在宋元以后更为热闹。

典型如苏州，《五石脂》云："山塘盛时，每年必数集，每集必灯舫如云。大要元夕谓之灯节，市廛悬灯最盛。其次则清明节，游人亦众。又次为端午节，南北濠一带，则龙舟竞渡之中心点也。又次为六月廿四日，号荷花生日。则游船群集于葑门外之黄天荡，俗以其花盛，今通称荷花荡矣。当斯之际，画船家家自丁中修竣，油漆一新。加以彩绸扎成栏杆，尤觉炫耀生光。"① 八月的赏月，苏州城中人来人往，川流不息。清雍乾时期署名为"烟霞散人"的小说《凤凰池》，第四回写到苏州人八月虎丘赏月的情景曰："看看八月一到，那姑苏人，常到中秋节日，都到虎丘山上看月。富贵的备了佳肴美酒，挟妓遨游，弹丝品竹，直要闹到月落西山，方才人影散乱；就是贫贱的，也少不得一壶一锜，猜枚掷色，欢呼快饮。定以为常。"② 张岱《陶庵梦忆·虎丘中秋夜》曰："虎丘八月半，土著、流寓、士夫、眷属、女乐、声伎、曲中名妓、戏婆、民间少妇、好女、崽子、娈童，及游冶恶少、清客、帮闲、仆僮、走空之间，无不鳞集。自生公台、千人石、鹤涧、剑池、申文定祠下至试剑石、一二山门，皆铺毯席坐。登高望之，如雁落平沙，霞铺江上。"八月十五的赏月，似西方人的狂欢节，此处所述苏州各色人等，以百姓为多。充分体现出苏州的市民社会风情。

人们到虎丘，很多是走水路。通到虎丘的水路有一条七里的山塘河，起自阊门，直抵虎丘，为唐刺史白居易主持开凿。《石

---

① 见《丹午笔记》《吴城日记》《五石脂合刊本》，江苏古籍出版社1985年版，第338页。

② 《中国古代珍稀本小说》第9辑，春风文艺出版社1997年版，第351页。

点头》第十则："阊门外，山塘桥到虎丘，止得七里。除了一半大小生意人家，过了半塘桥，那一带沿河临水住的，俱是靠着虎丘山上，养活不知多多少少扯空研光的人。即使开着几扇板门，卖些杂货，或是吃食，远远望去，挨次铺排，倒也热闹齐整。"①七里山塘的繁华和浪漫体现了苏州的水乡文化特色。

杭州有山水之胜，游乐地方多，人气更旺。元宵灯会热闹异常。白居易《正月十五日夜月》咏杭州元宵："岁熟人心乐，朝游复夜游。春风来海上，明月在江头。灯火家家市，笙歌处处楼。无妨思帝里，不合厌杭州。"

《梦粱录》记载："仲春十五为花朝节，浙间风俗，以为春序正中，百花争放之时，最堪游赏，都人往钱塘门外玉壶、古柳林、杨府等园玩赏奇花异木。"清明节时，杭城"官员士庶，俱出郊省坟……此日又有龙舟可观，不论贫富，倾城而出……虽东京金明池未必如此之佳。"②西湖是杭州人休闲游乐的好去处。"……是日湖中画舫，俱舣堤边，纳凉避暑，恣眠柳影，散发披襟，浮瓜沉边，或酌酒以狂歌，或围棋而垂钓，游情寓意，不一而足"。③

北方的汴京只有人工湖金明池、琼林苑可供游赏。汴梁人清明往往到金明池去游玩。吴越山水宜人，观景的节日独具特色。如杭城八月潮水最为壮观，观钱江潮水的风俗由来已久，"每岁八月内，潮怒胜于常时，都人自十一起，便有观者，至十六、十八日倾城而出，车马纷纷……"临安风景的优美自然带动了观赏风俗，"临安风俗，四时奢侈，赏玩殆无虚日。西有湖光可

---

①　天然痴叟：《石点头》，上海古籍出版社 1983 年版，第 285 页。
②　《梦粱录》卷二《清明节》。
③　《梦粱录》卷四《六月》。

爱，东有江湖堪观，皆绝景也"。①

中国重人情的特点在节日时体现得非常充分。清末民初，吴地习俗，逢节日，亲朋互相送礼，称为"送节盘"。馈赠的礼品有糕饼、鲜果、鱼肉等物，专有仆人老妪致送，给其"脚钱"。这种礼仪是感情沟通的桥梁，也有麻烦。互相转送的结果，有时礼物由甲家送到乙家，乙家送给丙家，丙家又转到甲家，转一圈儿又物归原主，夏日食物便有腐败而不可食者。② 但"礼轻人意重"，礼品只是形式，人们注重的是它所体现出的亲情和友情。

二　南北习俗的传播

中国古代，无论南北，均是以孝悌为核心的家族文化，因而南北习俗有很多共同之处。即使外来的习俗，经过中国化的过程后，在南北也呈现出共同的风貌。典型如盂兰盆会。

"盂兰盆"是梵语 Ullambana 的译音，意为"救倒悬"。③ 西晋竺法护译的《佛说盂兰盆经》中记曰：目连欲度父母，以道眼看世间，见其亡母在饿鬼群中，瘦得皮包骨头。目连立即以钵盛饭去给母亲吃，但食物未入口，便化成火炭，不能进食。目连求助于佛，佛告诉他，可在七月十五日的僧自恣时，以百味饭食安盂兰盆中，施十方自恣僧，"愿使现在父母，寿命百年无病、无一切苦恼之患，乃至七世父母离恶鬼苦，生人天中，福乐无极"。④ 中国人最重孝道，《盂兰盆经》此说成为佛教中国化的催化剂，在南北广泛流传。南朝梁武帝率先于七月十五日在寺中举行盂兰盆会，唐代时进入洛阳宫廷。杨炯《盂兰盆赋》记述了

<hr>

① 《梦粱录》卷四《观潮》。
② 《苏州风俗》七"琐记"，五十一，民国十七年铅印本。
③ （唐）释慧琳：《盂兰盆经》卷十三《一切经音义》。
④ 《大藏经》卷十六《佛说盂兰盆经》。

如意元年（692）武则天在洛阳南门举行盂兰盆斋的宏大场面："铿九韶，撞六律，歌千人，舞八佾。"唐朝出现了《大目乾连冥间救母变文》"目连救母"的故事，目连戏也流行开来。后来逐渐走向民间。宋代以后的盂兰盆会除"祭祖"外，又有了"荐亡"，"祀孤魂野鬼"等内容。《东京梦华录》卷八记载："印卖《尊胜目连经》……构肆乐人自过七夕，便搬目连经救母杂剧，直至十五日止，观者倍增。""中元节"条言：人们"以竹竿斫成三脚，高三五尺，上织灯窝之状，谓之盂兰盆，挂搭衣服冥钱在上焚之……城外有新坟者，即往拜扫，禁中亦出车马诣道者院谒坟，本院官给祠部十道，设大会，焚钱山，祭军阵亡殁，设孤坟之道场"。南宋的临安延续之。《梦粱录》卷四云："七月十五……僧寺于此日建盂兰盆，率施主钱米，与之荐亡。"

　　宋代盆节举行的时间有所延长，如"（宋）英宗治平八年七月，公卿朝士建'盂兰盆会'于开宝寺，自月五日始至十五日毕。主客杨杰为之记"。① 民间较少供佛僧华丽庄严之盆，行简易的荐亡之事。

　　清代中州民间仍盛行此俗。乾隆《辉县志》载："俗于是日（七月十五），祭先祠，祭墓，或放路灯，放河灯以照孤魂，亦古人设'盂兰盆'之意。"民国《滑县志》记："（七月十五日），昔有设盂兰盆斋者，今滑俗皆于是日上坟省墓，如'清明'仪，焚化纸钱。"而杭州等江南城市佛教寺院众多，盂兰盆会更加兴盛。

　　由南而北，从宫廷到民间，盂兰盆会的广泛传播，正是建立在宗法社会的基础之上。

---

　　① 《大藏经》卷四十九《佛祖统纪》。

第 九 章

城 镇 文 化

德国学者斯宾格勒认为，"人类所有伟大的文化都是由城市产生的。……国家、政府、政治、宗教等等，无一不是从人类生存的这一基本形式——城市中发展起来并附着其上的"。[①] 这个论断似乎绝对一些，但从人类社会发展的长时段来看，大体不错。城市是文明发展到一定程度的产物，它的出现必然伴随着重要的变革，尤其是社会组织的显著进步。

傅筑大先生曾指出，中国古代的城和欧洲起源相同，都是统治者为保护自己利益而兴建起来的。但欧洲发展到中世纪，城市已成为工商业中心，是独立于封建领主控制之外的一种自由的城市。中国的城是统治阶级根据其政治、军事需要有目的地兴建的，战国以前的城市，实际上是有围墙的农村。宋代坊市制度的改变只是形式上的改变。秦汉到明清，城市的性质和作用没有改变。[②] 从中国古代城市发展史来看，傅先生的观点是有说服力的。但宋代以后特别是明清时期，城市呈现出活跃的经济生活面貌，吴越一带的城镇更以其恢弘的气势而引人注目。傅衣凌先生

---

① 帕克等：《城市社会学》，华夏出版社 1987 年版，第 2—3 页。
② 傅筑夫：《中国古代城市在国民经济中的地位和作用》，载《中国经济史论丛》上册，三联书店 1980 年版，第 321—386 页。

曾把明清时期的城市经济分为开封型城市和苏杭型城市两种类型，认为前者是典型的亚洲消费城市，工商业是为城市中的地主服务的；后者工商业的比重较大，此外还有不少和工商业生产直接相关的新型市镇。① 中州和吴越的城市是具有典型意义的。

中州的主要城市在古代社会前期具有鲜明的都城文化特色，由此也带动了这些城市的商业发展，城市生活活跃。宋代以后，随着政治中心的转移，中州的都城文化衰落，城镇文化虽有一定程度的发展，但在全国范围内缺乏明显的优势。吴越的工商业则呈现出蓬勃的生命力。政治上的边缘位置，经济上持续稳定的发展，使得它后劲十足。地处经济发达地区或交通要道的城市，以及在乡村集镇基础上发展起来的城市，数量多，影响大，市民阶层活跃，城镇文化与乡土中国的农业文化产生了明显的反差，成为中国文化向现代性转化的内在根据之一。

第一节　都城文化的开端与延续

中国古代君主专制制度与相应的专制理论存在时间之长，发展程度之高，在世界历史中是独一无二的。与此同时，中国古代改朝换代之频繁，都城之多，在世界各国中也是极为罕见的。② 秦始皇发明"始皇帝"的名词，踌躇满志地宣称秦王朝将"二世、三世以至万世，传之无穷"，此后的每一位开国君主无不殚精竭虑地想把他们的一家一姓王朝永远地传下去。然而，历史并不以帝王们的意志为指归，古代显赫一时的王朝均已灰飞烟灭，

---

① 傅衣凌：《明清社会经济变迁论》，人民出版社 1989 年版，第 152 页。

② 据叶骁军《中国都城发展史》（陕西人民出版社 1988 年版）统计，仅郦道元在《水经注》中记载的历代列国故都即有 180 处，加上北魏以后的历代都城，总数在 200 处以上。

历朝历代的都城遗址留给后人的是对中国政治文化不尽的反思与感悟。

中国最早的国家形态出现在中州。在此后数千年的古代社会中，北方游牧民族一直与华夏族冲突不断，从全国范围内镇守北部边疆与安抚南方的大一统政治格局出发，历代王朝必然以中原为政治中心，而中州由于其特殊的中原腹心的地理位置，更成为兵家必争之地，都城常选择于此顺理成章。因而有九朝故都洛阳，七朝故都开封，还有安阳、邺、① 许（今河南许昌）、郑（今河南新郑）等众多的都城。中州的都城文化可谓根深蒂固，源远流长。

在江南，南京是唯一被称为"京"的都城，明朝初年曾短暂地以南京为全国的都城。东晋与南朝，南宋，毕竟统领的是半壁江山，偏安政权总要以收复中原为号召。吴越的都城文化显然不具备中州那样囊括天下的气魄和内涵。

长期的都城文化、政治文化带给中州的有耀眼的辉煌，也有沉重的包袱。吴越相对疏离于主流文化，政治色彩较淡，经济上的自主能力便比较强。这似乎是近现代吴越与中州盛衰兴亡的重要因素之一。

一　"三代之居皆在河洛之间"

夏商周三代是中国文明诞生与确立的阶段。而夏、商两代都邑均在中州，周亦以洛邑（今河南偃师县西）为东都。故司马迁有"三代之居皆在河洛之间"，② 三河（河东、河内、河南）

---

① 安阳小屯为商代故都，南北朝时又有后赵、冉魏、前燕、东魏、北齐相继在与安阳互为隶属的邺建都，所以这里又有"六朝故都"之称。

② 《史记》卷二八《封禅书》。

"在天下之中，若鼎足，王者所更居"的说法。①

中国古代最早所谓的"城"，是指有城墙、城壕围绕的军事性防御据点，《墨子·七患》："城者，所以自守也"，反映了先秦时期人们头脑中的城市概念。最初的城，其主要功能是军事防御，它是战争的产物。《礼记·礼运》在描述"大同之世"与"小康之家"的区别时说："今大道既隐……货力为己，大人世及以为礼，城郭沟池以为固"，城的出现伴随的是军事和暴力，部落联盟间血腥的掠夺与征服。

从目前考古发掘材料所见，中州是史前城址最为密集的地区。迄今为止，河南龙山文化时期已发现5座夯筑方形土城：郾城东的郝家台、淮阳平粮台、登封王城岗、安阳后岗、辉县孟庄。这5座城均为夯筑方形土城，面积却相差很大，王城岗城址仅1万平方米，孟庄城址则达16万平方米。这里地理位置居中，农业比较发达，人口相对密集，战争频仍，锻炼了人们的军事防御能力和组织能力。《吴越春秋》说："鲧作城以卫君，造郭以守民，此城之始也。"这种说法其实是不确切的，河南龙山文化时代的城只有城墙而没有郭，最早的城中"守民"与"卫君"是一回事，或者说，"守民"就是要"卫君"，内城外郭的区分是以后的情形。到东汉许慎的《说文解字》云："城，以盛民也"，那时的城市已经是安居之所。

都城是国家的缩影。《左传》庄公二十八年："凡邑有宗庙先君之主曰都，无曰邑。邑曰筑，都曰城。"城中供奉有"宗庙先君"的牌位，自然是宗法制国家存在的象征。

学术界一般认为河南偃师二里头遗址是夏王朝的都城遗址。刘庆柱先生认为，"从已发现的考古资料来看，就城址规模之

---

① 《史记》卷一二九《货殖列传》。

大、建筑遗迹与出土遗物反映的规格之高、与其后的古代都城遗址布局形制关系之密切，目前还没有任何一座史前时期城址可与二里头遗址相比"。① 夏王朝都城的出现具有划时代的意义。它初步改变了河洛地区聚落孤立分散的居住状态，形成了权力中心和礼制中心。

夏朝历 14 世 17 王。据有关文献记载及学者们的考证，禹都阳城（今河南登封）、启都阳翟（今河南禹州市）。此后太康居斟寻（今河南巩义市），相先后居帝丘（今河南濮阳）、斟灌（今河南清丰），帝杼居原（今河南济源）、老丘（今河南陈留），胤甲居西河（山西、陕西之间的崤山附近），夏桀复居斟寻。② 夏处于国家的草创阶段，尚未形成长期稳定发展的政治中心，国家的政治功能亦未充分发挥，但它毕竟建立起了君主制国家政体，开创了"家天下"的政治格局。自夏开始，三代君主成为"天下共主"（不管他们实际在何种程度上行使了对方国的统治），中央王朝是天下向心力和凝聚力之所在，为各地区、各部族文化的交流、融合、发展提供了前提和可能。夏王朝可以说是中国古代文明史、政治史上的第一座巍巍丰碑，都城便是其坚固的基石。

商王朝的都城文化面貌是清晰的。偃师商城遗址，郑州商城遗址，安阳洹北商城遗址，安阳殷墟遗址，一一揭示出商王朝的足迹。

河南偃师县西南尸乡沟的商城遗址，位于洛水北岸，南临邙山。城的平面布局，由南向北依次为宫城、小城、大城三重城

---

① 刘庆柱：《中国古代都城遗址布局形制的考古发现所反映的社会形态变化研究》，《考古学报》2006 年第 3 期。

② 参见史念海《中国古都概说·一》，载《陕西师范大学学报》1990 年第 1 期。

垣。宫城即一号遗址，位于小城中轴线上的南部，平面基本为方形，东西最长边为 216 米，南北为 230 米，它"是目前中国古代王宫居中的首例"。① 其西南是二号遗址，平面为东西长的矩形，面积不及一号遗址一半。东北是三号遗址，方形，尺度较小。这三处基址均有围墙。二号、三号遗址一般认为是附属于宫城的府库性建筑。②

安阳小屯作为商代中后期都城所在，历时达 273 年，因而其建设颇有规模。洹水南岸，以宫室区为中心，周围是手工业作坊与民居；洹水北岸是王室和贵族的墓葬区。宫殿主体殿堂以"四阿重屋"即四面坡两重檐为屋顶，俗称为"大屋顶"。它本来是从实用的角度出发，加大出檐以保护台阶、墙面、檐柱少受雨淋，而从建筑形制与艺术效果看，"四阿重屋"的房子显得浑朴敦厚，简洁端庄，此后便成为中国宫殿屋顶的传统模式。殷商的宫室是以单体建筑沿中轴线，主次分明地组合成较大的建筑群，后世宫室前殿后寝与纵深的对称布局方法，渊源于此。

殷墟的甲骨文和青铜器标示出殷商都城文化的品位与厚重。殷墟甲骨文作为中国最早的系统汉字，在商王室及其他方国运用得相当广泛，有力地促进了各部族、各方国之间的经济文化交往。商代的青铜器有礼器、乐器、兵器、车马器具等，殷墟作为王室所在，以礼器居多。殷墟青铜器以神秘威严、庄重敦实著称。商代晚期的司母戊大方鼎为其代表。这件重达 875 公斤的铜鼎被称为古代青铜器中的头号重器，在中国乃至世界上都是绝无仅有的。它四足粗壮，器身四周的夔龙饕餮纹面目狰狞，象征着

---

① 杨鸿勋：《宫殿考古通论》，紫禁城出版社 2001 年版，第 45 页。
② 刘叙杰主编：《中国古代建筑史》，中国建筑工业出版社 2003 年版，第 128 页。

统治者的无上权势和暴力。无论是体量巨大的重器还是小的生活器皿，殷墟青铜器都体现出一种震慑之气。妇好墓出土的一件铜盘，盘的中心是一条怒目圆睁、鳞甲分明的巨龙，盘边则装饰有九条鱼，还有其他鸟兽。巨龙居于中心，威风凛凛，为所欲为，其他鸟兽皆退避三舍，只是烘托和映衬的角色。这正是商朝贵族政治权威的形象刻画，也是商朝王都文化的杰作。

"商邑翼翼，四方之极"，① 商代是中州文化向四方传播的重要历史时期。随着商朝大规模的军事征服、领土扩张，殷都文化对周边地区形成强烈的辐射之势。长江上游如广汉三星堆，中游的湖北、湖南，下游的安徽、江西、江苏都受到商文化的巨大影响。长江流域出土的青铜，在主体风格上都与中州青铜器风格相似。它们"即使有浓郁的地方特色，也摆脱不了中原文化的强制地位"。② 江西省新干县大洋洲商代大墓出土的近两千件随葬品中，青铜器占484件。这些青铜器表现出中州文化的强烈影响，许多器物的造型都可以从殷商时期遗存中找到相同或类似者，尤以礼器为甚。③ 其中有一件铜瓒更为学者们所瞩目。瓒属重要的礼器，在商代铭文及文献中都有记载。新干大洋洲属鄱阳湖、赣江中下游，与商都相距遥远，竟也发现如此重要的礼器，足以说明中州文化对江南地区的强大辐射力。同期的北方青铜文化与商青铜文化也有着不可分割的联系。存在于朱开沟（位于鄂尔多斯的伊克昭盟）、石楼（位于晋西北高原）、绥德（位于陕北高原）的青铜文化，与殷墟文化有很多相似之处。在这些地区发现的青铜器，无论是器类、器形、纹饰风格以及各墓葬的

---

① 《诗·商颂·殷武》，《诗经全译》，贵州人民出版社1981年版。

② 《从楚国的兴起看长江流域之早期国家文明模式》，载《东南文化》1993年第1期。

③ 《江西新干大洋洲商墓发掘简报》，《文物》1991年第10期。

组合形式，都与中原地区商文化保持了较多的共同性。有个别青铜容器的形体和纹饰呈现出变异，但从大的形态特征上可以看出，这些器类是从商代殷墟铜器中脱胎而来。

商在中国古代文明的形成过程中至关重要。殷都文化本身达到了很高的水平，它的宫殿建筑、墓室建筑、文字、历法、音乐、青铜器、玉器，均反映了当时的最高文化水准。经济的发展，财富的集中，使商王室有可能兴办各种文化事业。殷都邑文化强有力地向周边地区辐射，从而打破了各地区、各部族之间的壁垒状态，使北至内蒙古、南至江西广大区域内人们的经济、文化、语言文字、礼俗等方面的沟通成为可能，这是商文化最重要、最积极的成果。

周王朝是在夏商文明声名远播的基础上建立其统治的。没有"禹画九州"的开拓之功，没有商王朝"肇域彼四海""九有有截"的局面，周在广大东方地区的分封制是不可能实现的。在巩固周王朝统治的过程中，洛邑（今河南洛阳市）的兴建具有特别重要的意义。

公元前 770 年，周室东迁洛邑，虽面临礼崩乐坏之势，但诸侯国还要挟天子以令诸侯，因而洛邑礼乐文化不绝如缕地传下去。

夏商周三代，中州还有众多的小国，如郑、卫、陈、蔡、宋等，简略统计，西周时期在今河南省境内的小国有 50 多个。① 这里是华夏族聚居的核心地带，其都城文化对华夏文化的形成起到了举足轻重的作用。周初封建时，黄河流域的大部分地区，各部族经济文化水平由于商文化的深刻影响已渐趋一致，华夏族的国家居于多数，但也有不少非华夏族的方国。《国语·郑语》记

---

① 程有为主编：《河南通史》第一卷，河南人民出版社 2005 年版，第 302—305 页。

史伯论西周末年的形势说，"当成周者，南有荆、蛮、申、吕、应、邓、陈、蔡、隋、唐，北有卫、燕、逖、鲜虞、路、洛、泉、徐、蒲，西有虞、虢、晋、隗、霍、扬、魏、黄，东有齐、鲁、宋、滕、薛、邹、莒，是非王之支子母弟甥舅也，则皆蛮、夷、戎、狄之人也"。这是以成周作为"天下之中"来看四方，蛮戎夷狄与华夏各国交错杂居。成周附近的大小方国如此，西周初年在全国各地的分邦建国仅是开辟了若干个根据地，在"方百里，方五十里"的华夏诸国之外，当有更多的尚未进入华夏文化圈的部族。这些众多的蛮戎夷狄之国是在春秋战国逐渐与华夏族融为一体的。在华夏族力量逐渐壮大、华夏文化不断向边远地区渗透的过程中，周天子虽然早已威风扫地，难以号令诸侯，但他毕竟是华夏族的名义共主，是华夏族的旗帜，洛阳毕竟是象征最高统治权力的九鼎重器所在，因而春秋的霸主屡有尊王攘夷之举，战国时期，秦、齐欲称西帝、东帝而最终被迫放弃，地处东南的吴越争上霸主地位后还要到黄池（今河南封丘）去大会诸侯，均与华夏族的心理定式有一定关系。故周王室一直延续到秦的实力足够强大，对东方六国展开凌厉攻势时才被消灭。

二　"若问古今兴废事，请君只看洛阳城"

"烟愁雨啸奈华生，宫阙簪藁旧帝京。若问古今兴废事，请君只看洛阳城。"这是司马光《过故洛阳城》中的诗句。不愧是目光深远的历史学家，司马光一语点明了洛阳城的文化特征——洛阳城代表的是政治文化。唐代诗人笔下有"古来利与名，俱在洛阳城"、[①]"长安重游侠，洛阳富才雄"[②]之句，折射的也是

---

① 《全唐诗》卷七二五，于邺过洛阳城。
② 《全唐诗》卷二四，卢照邻《结客少年场行》。

洛阳悠久的都城文化传统。

洛阳为九朝故都，从西周洛邑，春秋战国时期王城，到东汉、曹魏、西晋、北魏，以及五代，洛阳都城文化的内涵是厚重的。隋、唐、北宋均以之为陪都，充分说明洛阳的重要地位和巨大的影响力。

张光直先生曾指出："中国初期的城市不是经济起飞的产物，而是政治领域中的工具。"① 商末周初，洛阳便被视为"土中"、"中国"（见何尊铭文），从"四方入贡道里均"的经济角度和控制东方区域的军事角度，西周以洛邑为陪都，使之成为东方重镇。洛水北岸建立的王城与成周两座城池有较大的规模，晋《元康地理记》曰："王城南北九里七十步，东西六里十步。"洛邑称"成周"，又称"东都"。它既是保卫宗周镐京和镇抚东方的军事重镇，又是朝会东方诸侯的礼仪文教之都，所谓"城成周以为东都，崇文德焉"。②《尚书·洛诰》载：洛邑建成后，周公再三恳请周成王率百官到新都洛邑来，"肇称殷礼，祀于新邑（用殷礼接见诸侯，在新都祭祀）"，并要求成王在洛邑主政，"居师，惇宗将礼，称秩天元"（驻于洛邑，厚待宗族，礼遇诸侯，按照礼仪祭祀文王），他极力强调，如果周王能居于这天下之中洛邑去治理天下，诸侯国也就治理好了，王的大功就告成了（"万邦咸休，惟王有成绩"）。周公坚持以洛邑为都城的主要原因，在于他洞悉东方形势。从治理天下的角度考虑，位于"天下之中"的洛邑显然比镐京的位置优越得多。周人自称"西土之人"，镐京对于东方广大地区来说，的确是鞭长莫及。周公的建议最终未被成王采纳，周王朝仍以镐京为都城，周成王居镐

---

① 张光直：《关于中国初期的"城市"这个概念》，《文物》1985 年第 2 期。
② 《左传·昭公二十二年》，《左传全译》，贵州人民出版社 1990 年版。

京，但命令周公留守洛邑。周公留守洛邑约 7 年时间，[①] 此期曾发布各种诰令。《尚书·多士》："周公初于新洛邑，用告商王士。"周公的制礼作乐应当是在这个时期进行的，此前尚无暇顾及。周公制礼作乐对于中国礼乐文化传统、士人精神的影响巨大而深远。

而洛阳真正在全国范围内确立起文化中心的地位，是在东汉时期。

开国君臣往往开出一代风气，都城是天下风气的引领者。如果略去王莽短暂的新朝不计，那么刘秀是中国历史上第一位儒生出身的开国皇帝，其功臣亦多儒生，东汉开国君臣的"儒者气象"与西汉初年的布衣皇帝、布衣将相之局形成了鲜明的对比，东汉的风气也与西汉前期厚重少文的风气明显不同。刘秀从定都洛阳起便给这座城市带来了神秘和儒雅的色彩。

中国古代都城选址一般从政治、军事、经济等方面着眼，从文化角度考虑是玄远而不切实际的。先秦时期列国林立，都城选址尤重前者，西汉初年刘邦及其臣下关于都洛阳还是都关中的讨论，首先考虑的是"用武"之事。[②] 而王莽建立的新朝，刘秀建立的东汉，在都城的选择上则开始宣扬"文"的因素。当然，这是在充分考虑政治、军事前提下的一种文饰，但它说明了当时政治文化的发展，都城文化内涵的深化。王莽始建国五年，一度欲将都城由长安迁往洛阳，他曾以"玄龙石文"中有"定帝德，国洛阳"的所谓"符命"为由，宣传迁都之事，在长安百姓中造成极大的影响。虽然最终未能迁都，但王莽欲以"符命"之威达迁都之目的，可见洛阳在王莽这位以恢复周礼为号召的帝王

---

① 《尚书·洛诰》，《尚书译注》，四川人民出版社 1982 年版。
② 《史记·留侯世家》。

心目中的重要地位。洛阳成为东汉的国都，有种种现实的因素，如刘秀主要依靠南阳、颖川、河北人士形成势力，当时尚未攻克长安等等，但刘秀定都洛阳当然也有他文化上的考虑。《东观汉记·光武皇帝纪》载：刘秀"案图谶，推五运，汉为火德。周苍汉赤，水生火，赤代苍，故上都洛阳"。汉代的五行有相生相克之说，刘秀明确汉为火德，继承周统，洛阳便被赋予了重要的文化内涵，与周公在洛阳制礼作乐联系起来，等于衔接上了洛阳的历史文脉，这实际上也是一种文化传承。刘秀深厚的儒学修养使他本能地意识到洛阳的文化价值，挖掘其历史文化资源为己所用，是一位成功的政治家。东汉初年，四方儒生很快云集洛阳，成为东汉王朝坚定的支持者。

　　远承周朝文脉，近得西汉儒学之资源，这是东汉朝廷的优势。西汉中期以后，儒学逐渐发展起来，西汉皇室"霸王道杂之"的统治原则难以从根本上改变，然而儒学的旗帜毕竟亮了出来，在儒家道义的感召和官位利禄诱惑的双重作用下，儒生士大夫阶层日益壮大。刘秀入洛阳，装载书籍的车辆达两千余辆，他"未及下车，先访儒雅"① 的举动，这一切，均为洛阳儒学奠定了基调。刘秀治国的宗旨是"以柔道理天下"，② 所谓"柔道"即儒道。刘秀以及明帝、章帝三朝的统治手法均是文武并用，刚柔相济，但他们大力倡导并着力扶植的是儒学，儒学由此获得了前所未有的迅猛发展，京师洛阳自然儒风最盛，它很快成为经学研究的中心，礼乐文化的中心。

　　礼制建筑是洛阳重要的文化风景。明堂辟雍素为儒生所重，王莽时已建立，但明堂辟雍真正体现与发挥其功能是在东汉。

---

① 《后汉书·儒林列传》。
② 《后汉书·光武帝纪》。

《汉书·平帝纪》载：元始四年二月，王莽"奏立明堂辟雍"，并令当时经学的最高权威刘歆率领儒生专门考证研究周代明堂后，在长安南郊建立起了明堂辟雍。《汉书·王莽传》："元始四年，莽奏起明堂辟雍，为学者筑舍万区。"刘歆"等十二人皆以治明堂、宣教化封为列侯"。[①] 王莽此举是为依托周制，巩固其统治地位服务的，然而王莽改制很快失败了，其礼制建筑便不为儒生所重。刘秀"初起明堂、灵台、辟雍及北郊兆域"，[②] 是在他去世前不久，即中元元年（56），可见他对此事的慎重。明帝永平二年（59）"春正月辛未，宗祀光武帝于明堂……礼毕登灵台"。以先祖配祭五帝于明堂，是明帝的发明，[③] 章帝继之，于建初三年（78）"春正月己酉，宗祀明堂，礼毕，登灵台望云物。"[④] 和帝之后的东汉诸位小皇帝应遵循此礼。[⑤] 东汉班固、张衡的《两京赋》《两都赋》对洛阳文化予以充分肯定，与刘秀所倡导的儒学是一种精神上的契合。班固认为，周公"制礼作乐，天子曰明堂辟雍，诸侯曰泮宫。郊祀后稷以配天，宗祀文王于明堂"，令"四海之内各以其职来助祭"，是礼制的标志。[⑥] 东汉诸帝均在明堂辟雍行礼，从而使明堂成为国家教化的重要象征。

　　秦汉的都城建设奠定了封建王朝的帝都规划框架。其都城、宫殿、园囿建筑规模之宏伟，气魄之大，在中国历史上空前绝后。作为大一统王朝开端与确立的重要标志，秦汉都城、宫殿象天的特征最为突出鲜明。咸阳宫"端门四达，以制紫宫，象帝

---

① 《汉书·王莽传》。
② 《后汉书·光武帝纪》。
③ 《后汉书·明帝纪》。
④ 《后汉书·章帝纪》。
⑤ 《后汉书·和帝纪》永元五年（93）"春正月乙亥，宗祀五帝于明堂，遂登灵台望云物"。
⑥ 《汉书·郊祀志》。

居。渭水贯都，以象天汉。横桥南渡，以法牵牛"，当时人们视为天经地义。① 紫宫为星座名，古代天文学家分天体恒星为三垣，紫宫居中垣，为天帝的居室，人间帝王对应天上的星宿，秦始皇的皇宫自然应该是紫宫。阿房宫"周驰为阁道，自殿下直抵南山。表南山之颠以为阙。为复道，自阿房渡渭，属之咸阳，以象天极绝汉抵营室也（以仿紫宫经银河抵达营室星的样子）"。② 欧洲城市有教堂等开放的公众集中场所，道路呈放射状。秦汉的京都是封闭式的，人们生活在城垣之中，基本是棋盘式的交通系统。西汉长安城的城门是"一门三道"，城内与之对应的是"一道三涂"，规整有序。东汉洛阳城有十二城门，门皆双阙。《洛阳伽蓝记》的序中谓西面有广阳门、雍门、上西门等四门，北面有夏门、谷门两座门，东面有三门：上东门、中东门、望京门，南面有四门：开阳门、平门、小苑门、津门（因对洛阳浮桥，故称津门）。经考古发掘可知，东墙长约 4200 米，南墙 2460 米，西墙 3700 米，北墙 2700 米。今存墙身厚约 14—25 米。东汉至魏的洛阳城门遗址部分存在，已发掘的夏门遗址有三条门道，与文献所载相符。③ 《东城高且长》写洛阳城东三门的非凡气势曰："东城高且长，逶迤自相属；回风动地起，秋草萋已绿。"京师自有一种威严的气势。洛阳城中道路纵横，人口众多。《续汉书·百官志》刘昭注引蔡质《汉仪》曰："洛阳，二十四街，街一亭"，约计算了长短街道交叉之诸段。

张衡《西京赋》谓："高祖都西而泰，光武处东而约"，高祖之所以"泰"，萧何已作出了解释，即开国之都，"非壮丽无

---

① 《三辅黄图》。

② 《史记·秦始皇本纪》。

③ 刘叙杰主编：《中国古代建筑史》第一卷，中国建筑工业出版社 2003 年版，第 398—399 页。

以重威"，光武帝的"约"，应与其儒家风范有一定关系。且洛
阳有旧宫室可以利用，刘邦未都长安时，曾在洛阳南宫与群臣议
论楚败汉胜的原因，洛阳原有的宫室到东汉仍存。东汉确实不像
秦朝和西汉那样大兴宫室。但刘秀对太学、明堂、灵台、辟雍及
北郊兆域等礼制建筑的重视，却显示出这位儒雅皇帝的独到
眼光。

从外在的礼乐建筑，方正规整的城市街道，到朝野上下的经
学教育，东汉洛阳呈现出一种凝重儒雅的文化面貌，这是此前所
没有的现象。洛阳文化迅速向四方传播。《后汉书·五行志》记
载洛阳民谣曰："城中好高髻，四方高一尺。城中好广眉，四方
且半额。城中好大袖，四方全匹帛。"这是对于京师文化影响与
传播力的形象说法。东汉洛阳主要传播的是儒家思想。而河洛地
区不断推进的儒学化进程，其文化强有力的辐射，使儒家的思想
意识、道德观念真正在全国范围内传播开来。

曹魏都洛阳，仍沿用明堂旧址，北魏孝文帝迁都洛阳后重修
之。明堂辟雍融物质文化与精神文化于一体，见证与传承着洛阳
的都城文化。

西晋都洛阳，自然是华夏政治文化的延续。而北魏孝文帝坚
持迁都洛阳，则是少数民族政治家对华夏文化的充分认同。魏孝
文帝率军以南伐为名，行至洛阳而宣布定都于洛阳，鲜卑拓跋贵
族以"众情不乐"为由，极力反对，但也不得不承认"伊洛之
美"。孝文帝派任城王城澄回到平城（今山西大同市东北），百
官惊骇，"澄援引古今，徐以晓之，众乃开伏"。[①] 任城王的"援
引古今"，自然是称颂洛阳之优势所在。太和十八年（494），孝
文帝在太极殿进一步向鲜卑贵族做动员工作时说："朕修百官，

---

① 司马光：《资治通鉴》卷一三九，齐纪五，上海古籍出版社1987年版。

兴礼乐，其志固欲移风易俗。朕为天子，何必居中原，正欲卿等子孙渐染美俗，闻见广博，若永居恒北，复值不好文之主，不免面墙耳。"① 他是从"文化"的角度去劝导鲜卑贵族的。

隋炀帝对洛阳为"天下之中"之说是充分认同的。他在即位之初，便下令营建洛阳，称之为新都，诏书中说：

> 洛邑自古之都，王畿之内，天地之所合，阴阳之所和。控以三河，固以四塞，水陆通，贡赋等。故汉祖曰："吾行天下多矣，唯见洛阳。"自古皇王，何尝不留意，所不都者盖有由焉。或以九州未一，或以因其府库，作洛之制所以未暇也。我有隋之始，便欲创兹怀、洛，日复一日，越暨于今。……今者汉王谅悖逆，毒被山东，遂使州县或沦非所。此由关河悬远，兵不赴急，加以并州移户，复在河南。周迁殷人，意在于此。况复南服遐远，东夏殷大，因机顺动，今也其时。……今可于伊、洛营建东京。②

可见，隋炀帝以洛阳为东都，是基于三方面的考虑：一是洛阳独特的"天下之中"的地理位置，二是长安居东方地区遥远，"兵不赴急"，三是借鉴西周初年"周迁殷人"的历史经验。归根结底，是从震慑"南服"、"东夏"，天下统一的整体布局着眼。唐高宗对洛阳的评价是："此都中兹宇宙，通赋贡于四方；交乎风雨，均朝宗于万国"，③ 称洛阳为东都。隋唐皇室对洛阳的认识与建设，似乎又回归到了西周和两汉。洛阳仍是以其地理

---

① 司马光：《资治通鉴》卷一三九，齐纪五，上海古籍出版社1987年版。
② 魏徵等：《隋书》卷三《炀帝纪》，中华书局1973年版。
③ （清）董浩等辑：《全唐文》卷一二《建东都诏》，中华书局1985年版。

和经济、军事、文化的多重优势赢得都城的地位。北宋的洛阳仍是陪都，士大夫荟萃之地。政治中心从中州转移后，元明清时期，洛阳辉煌不再。

除了鲜明的都城文化政治属性，洛阳还是名闻天下的商业城市。其商业城市的发展与兴衰大体与政治地位的高低吻合，但也并不绝对。战国到西汉是中国古代商业发展的第一次高潮，此期的洛阳并无突出的政治地位，"天下之中"的独特优势却使它的商业兴盛，洛阳人的经商已很有名。其时商业文化发达的标志，一是经商风气之浓。《史记·苏秦列传》载：洛阳人苏秦出外游说不成，"大困而归。兄弟嫂妹妾皆笑之，曰'周人之俗，治产业，力工商，逐什二以为务。今子释本而事口舌困，不亦宜乎！'"这里值得注意的是，苏秦的家人很自然地将工商与农业等同，均视为"本"，与秦国商鞅变法以后的本末观有明显的区别，"逐什二以为务"被他们视为理所当然。这说明洛阳人经商已经比较普遍。《史记·货殖列传》也有记载曰："洛阳街居在齐秦楚赵之中，贫人学事富家，相矜以久贾，数过邑不入门。"洛阳经商风气之盛，使人们有时径直将"周人"作为商人的代表，司马迁在讲到邹鲁一带兴起经商之风时，说邹鲁之人"好贾趋利，甚于周人"。二是富商大贾之众。《史记·货殖列传》载：师史"转毂以百数，贾郡国，无所不至"，富至七千万家财。西汉时期的洛阳"富冠海内，为天下之名都"，[①] "商贾之富，或累万金"。[②] 三是经商谋略的出现。战国时期，洛阳人白圭已成为人们赚钱生财的楷模，"天下言治生祖白圭"。白圭采取"人弃我取，人取我予"的经商办法，"趋时若猛兽鸷鸟之

---

① 《盐铁论·通有》。
② 《盐铁论·力耕》。

发"。白圭有言曰："吾治生产，犹伊尹、吕尚之谋，孙吴用兵，商鞅行法是也。其智不足以权变，勇不足以决断，仁不能以取予，强不能有所守，虽欲学吾术，终不告矣。"① 白圭在长期商业活动中形成的一套经商理论或曰经商哲学，可视为洛阳商业文化发达的重要标志。

　　东汉洛阳的异常繁荣的确与京师的地位密切相关。东汉王符的《潜夫论》曾说，洛阳的工商业者以及游手好闲者很多，基本上是可信的。洛阳不仅聚集了国内四方货物，还吸引了远道而来的胡商。北魏洛阳城可谓国际性的商业都会，波斯、天竺等国的商人络绎不绝，往来于其中。北魏后期，洛阳城西的大市店肆林立，商贾辐辏，工商业者多居住在此："凡此十里，多诸工商货殖之民。"他们分业而居，便于买卖。大市"东有通商、达货二里。里内之人，尽皆工巧，屠贩为生"、"南有调音、乐律二里。里内之人，丝竹讴歌，天下妙伎出焉"；"西有退酤、治觞二里。里内之人多酿酒为业"；"北有慈孝、奉终二里。里内之人以卖棺椁为业，赁辇车为事"；"准财、金肆二里，富人在焉"。② 慈孝、奉终二里处其北，与洛阳人多埋葬于北邙山的习俗有关。这是从东汉以来洛阳形成的习俗。一直到北魏以后，仍是如此。由此可见，工商业的存在与发展适应民众现实生活的需要，它会顽强地为自己开辟生路。

　　因为是政治中心和经济中心，是群雄逐鹿中原的主战场，洛阳一再遭受战争的重创。东汉末年，西晋末年，洛阳的残破及中原的荒凉，在时人的诗文中有生动的描述。唐朝经安史之乱，洛

---

　　① 《史记·货殖列传》。
　　② 范祥雍校注：《洛阳伽蓝记校注》卷三《城南》，上海古籍出版社1978年版，第202—205页。

阳人口"征郡国之版，再验地官之籍，列太平之人，已无七八"。① 《旧唐书·郭子仪传》：洛阳"宫室焚烧，十不存一"、"中间畿内，不满千户"。洛阳是一座文化底蕴异常丰厚而又多灾多难的城市。

从西周到明清，洛阳像一位睿智的老者，沧桑巨变尽收眼底。它的京师风韵，礼制建制，文化精神已渗透于中国的都城建设之中，汴京、建康、临安，无不受其影响。它所具有的浓郁的政治色彩，它的盛衰兴亡，大起大落，常常引发帝王与士人的无限感慨。

三　东京梦华

汴梁又称大梁、开封、汴京、东京，是七朝故都。战国时期魏国，五代十国时期后梁、后晋、后汉、后周，北宋、金，曾先后在这里建都。北宋是统一的王朝，此期的开封是它在中国古代社会最辉煌的时期。

从开封的地理位置看，其地势空旷平坦，处于四战之地，无险可守，因此北宋王朝在京师周围屯驻了众多的军队，故有以兵为险之说。由此也带动了开封周围市场的繁荣。如沿汴河的雍丘（今杞县），"人繁军市稠"，② 居民、驻军及其家眷，以及其他的流动人口，使这里热闹异常。尉氏西南的朱家曲镇，"临古河，商贾之贩京师者，舟车皆会此。居民繁杂，宛然如江乡"。开封土质劣，不利于农业的发展，优势是水运的便利。其水陆交通连接各地，是当时"八荒争凑，万国咸通"的中心。

北宋东京的城市布局分宫城、里城、外城。其宫城仿照洛阳

---

① 李庾：《东都赋》。
② 司马光：《温国文正司马公文集》卷七《送丁秘丞知雍丘》。

之制。《宋史》卷八五《地理·京城》：宋太祖 962 年扩充京城时，"命有司画洛阳宫殿，按图修之，皇居自此壮丽矣"。宋神宗时又动用大量人力修筑罗城，将城周扩张到 50 里 165 步，宋真宗时把外城改为砖城。东京城的主要街道称御街，四条御街连接了全城的主要街道。

东京城是在旧汴京城的基础上扩建，并非经统一的城市规划，因而，整个城市难以打破原有布局，故"有司"和官署分散于居民区和商业区中。里城居民众多，商业繁盛的街市如大货行、小货行、马行街及东西大街，也多在里城之内。

坊市合一取代唐代内向、封闭的坊式制，是北宋汴京城的重要特色，也是中国城市发展史上的重要变革。唐宋之际，市民经济活跃起来，社会经济结构悄然发生了变化，坊市严格区分的现象改变了。东京城中临街开店成风，大街小巷店铺林立，甚至御街两边也是自由买卖的市场，"东华门外市井最盛，盖禁中买卖在此"。这里所经营的商品从饮食百物到"金玉珍玩衣着，无非天下之奇"，新鲜的蔬菜瓜果上市，在这里更能卖得贵价钱。东京城市的开放性、商业性特色突出。

北宋的汴京人口众多，工商业异常繁荣。据统计，汴京当时的商业、手工业行业不少于 160 多行，其中最兴盛的是酒楼、饮食店、瓦肆和妓院等行业。[①]《东京梦华录》生动地记载了它鼎盛时期歌舞升平的景象："举目则青楼画阁，绣户珠帘，雕车竞驻于天衢，宝马争驰于御路，金翠耀目，罗绮飘香。新声巧笑于柳陌花街，按管调弦于茶坊酒肆。……花光满路，何限春游，箫鼓喧空，几家夜宴。"《清明上河图》则以长达 525 厘米的画卷

---

① 姜庆湘、萧国亮：《从〈清明上河图〉和〈东京梦华录〉看北宋汴京的城市经济》，《中国社会科学》1981 年第 4 期。

形式展现了东京的繁华，从城郊到汴河河道、闹市，从农民到军士、商人、苦力、脚夫、乞讨者，从道士、算命者到骑马乘轿的达官贵人，东京的各色人等栩栩如生。定期开放的瓦市位于城中心的相国寺，每月开放八次，供"万姓交易"，有许多手工业者和艺人活跃在这里，现场表演各种手工技艺与节目。

北宋东京城作为京城，如同东汉的洛阳一样，是全国的政治、经济、文化中心，但它的城市经济发展程度和市民生活的活跃，则标志着新的都市经济的出现。

开封城邻近黄河。黄河给开封带来的有灾难，也有机遇。公元前225年，秦军灭魏，久攻不下，便引黄河水灌城。三个月后城墙倒塌，魏王不得已而降。而唐宋时期，汴梁之所以成为连接江南与西北的漕运枢纽，即得益于引自黄河的人工运河汴河。唐朝时期"汴为雄郡，自江淮达于伊洛，舟车辐辏，人庶浩繁"，[①]汴州刺史李道坚说："此州都会，水陆辐辏，实曰膏腴"。[②]汴梁城外的汴河渡口，引来四面八方的商贾在此交易。北宋的开封被称为"四水灌都"，四水即汴河、蔡河、五丈河、金水河，便利的水运使开封成为名副其实的商业中心、交通中心。而南宋时期，开封繁荣不再，孟元老之所以要撰写《东京梦华录》，追忆记录其昔日所见的东京风物，便是因为短短几十年后，年轻人已不相信开封曾经有过的辉煌。[③]但汴梁仍有其地理优势，商业仍然活跃。明中后期，开封"满城街市，不可计数，势若两京"，

---

① 《旧唐书》卷一九○《齐翰传》。

② 《旧唐书·李道坚传》。

③ 《东京梦华录》序："暗想当年，节物风流，人情和美，但成怅恨。近与亲戚会面，谈及囊昔，后生往往妄生不然。仆恐浸久，论其风俗者，失于事实，诚为可惜，谨省记编次成集，庶几开卷得睹当时之盛。"

"天下客商堆积杂货物每日拥塞不断。买卖日夕不绝"。① 清康熙二十七年，"城中市廛辐辏处，惟汴桥隅、大隅首、② 贡院前关王庙、鱼市口、火神庙、寺角隅、鼓楼隅为最盛。关市有五，西关马市街称首，南关次之。大镇店二，南四十里朱仙镇，商贾贸易最盛。"开封城中戏班众多，市民生活非常活跃。③

四 "金陵帝王地"

南京，又名金陵、建业、建康、石头城。④ 历史上先后有东吴，东晋，南朝的宋、齐、梁、陈，南唐，明，民国在此建都。

春秋后期，越灭吴，在此地修筑越城。战国时期，楚灭越，在石头山（今清凉山）上建造金陵邑。金陵之名，据《宋齐闻录》说："战国楚威王时，以其地有王气，埋金以镇之，故名。"三国鼎立时期的东吴是金陵发展的开端。汉末中原战乱频仍，民不聊生，江南经济却未受影响。左思在《吴都赋》中写道："国税再熟之稻，乡贡八蚕之锦"，水稻一年两熟，蚕茧一年也可收获多次。建兴元年（313），因避愍帝司马邺讳，改建业为建康。南朝时期，这里是华夏正统，建康城得以从容建设。隋平南朝以后，金陵地位一落千丈，唐初被废为蒋州，后来成为润州下属的江宁县。至德二年（757），朝廷在此置升州，肃宗上元二年（761）因听信童谣又废为县。南宋初一度作为高宗驻跸地，定

---

① 1921 年河南省立图书馆重刊线装本《如梦录》第 4、60、21—22 页。

② 《歧路灯》第九十五回写河南各级官员准备迎接抚台，商量听戏之事时，"先数了驻省城几个苏昆班子——福庆班、玉绣班、庆和班、萃锦班"，"又数陇西梆子腔、山东过来的弦子戏、黄河北的卷戏、山西泽州锣戏、本地土腔大笛嗡、小唢呐、朗头腔、梆椤卷"。

③ 《古今图书集成·方舆汇编职方典》卷三七三。

④ 唐人李吉甫《元和郡县图志》说："石头城，在县（即上元县）西四里，即楚人之金陵城也。吴改为石头城，建安十六年，吴大帝修筑，以贮财宝军器。"

都临安后又以其为留都并在此驻重兵，所以四方流徙之民往往聚此以避兵火。① 南宋中期的建康人口众多，人称"罗绮一城，富六朝之风物；弦歌千里，绵百世之衣冠"。② 明初一度为国都。秦淮河两岸是南京最繁荣的市场。江南乡试在此，这里再度成为士人荟萃之地。

南京历为国都，但除了明朝初年的短暂时期外，均为偏安政权，皇帝远没有汉唐的天子气象，因此它的都城文化特色并不是威严的帝王之气，尽管其城墙高耸。其明显的特点，一是士族文化。"朱雀桥边野草花，乌衣巷口夕阳斜。旧时王谢堂前燕，飞入寻常百姓家。"这是一首被人们传诵已久的诗。乌衣巷是南京一条街巷的名称，东晋宰相王导的家族、南朝时宰相谢安的家族曾居住于此。以王谢为代表的北方士族在当时是政治舞台上的主角，他们在这里的明山秀水中创造了优雅的艺术文化，他们的气质也影响了这里的文化面貌。山水画、山水诗、书法艺术、园林艺术、文学作品，蔚开新风。二是丝竹文化。音乐的魅力，江南女子的柔情，在这里得以充分展现，也往往与名士相关。如明代秦淮名妓马湘兰，能诗善画，与王稚登以及南京名士屠隆等多有文字交往，对落第文人郑之文等颇为不恭。郑之文等遂作《白练裙》嘲讽马湘兰，并让优伶演出。戏中尽现屠隆之"憨状"，王稚登之"丑态"，引起很大反响。次年南京礼部侍郎收缴刻本，销毁书板，才平息此事。③ 南京"丝竹昼夜不绝"，吴歌杂曲在这里推广。不少商人迷恋于南京的花街柳巷，乐不思蜀。如左东溪、左少山父子均贪与妓家。最初是左少山携千金到南京做

---

① 马光祖：《景定建康志》卷二三，大化书局1987年版。
② 楼钥：《攻媿集》卷六三，上海书店1989年版。
③ 《万历野获编》卷二六《嗤鄙·白练裙》。

生意，沉溺酒色，左东溪非常生气，到南京训斥儿子，左少山与
妓家合谋，结果左东溪也乐不思归。① "六朝金粉"是人们对南
京带有贬义的称呼。② 三是兴亡文化。六朝故都留给人们的似乎
伤感为多。南唐后主李煜在开封写下的"雕兰玉砌应犹在，只
是朱颜改。问君能有几多愁，恰似一江春水向东流"的千古名
句，是其典型代表。观京都遗址而触思古之情，发兴亡之叹，本
是古诗中常见之作，而人们对洛阳、长安的感叹，往往是悲壮慷
慨的；对南京、杭州的怀古，则是寂寞惆怅的。大概是南北城市
性格的不同吧，京师亦然。

五　"直把杭州作汴州"

　　杭州的兴盛始自五代时的吴越国在此建都，南宋建于此是它
重要的发展机遇。《梦粱录》曰："杭州为行都二百余年，户口
蕃盛，商贾买卖者十倍于昔，往来辐辏，非他郡比也。"

　　杭州可谓因水而兴。秦王朝统一天下时，这里只是钱塘县。
南朝梁太清年间一度升为临江郡，郡治、县治均在此地，后又恢
复为县。继之的陈朝于祯明元年（587）设钱塘郡，辖钱塘、富
阳等四县。隋统一，废钱塘郡设杭州。隋炀帝大业七年，自京口
（今江苏镇江）至杭州的江南河挖通，杭州处大运河的最南端，
成为江南漕运的枢纽，这是杭州崛起的基础，它逐渐成为重要的
商业城市和海外贸易港口。《隋书》卷三一《地理志》说：杭州
及其附近的城镇是"川泽沃衍，有海陆之饶，珍异所聚，故商
贾并辏"。唐时，杭州已是"东南名郡，咽喉吴越，势雄江海，

---

① 《江湖历览杜编新书》之《父寻子而自落嫖》。
② 孔尚任《桃花扇》中曰："孙楚楼边，莫愁湖上，又添几树垂杨。偏是江山
胜处，酒卖斜阳，勾引游人醉赏，学金粉六朝模样，暗思想，那些莺颠燕狂，关甚
兴亡。"

骈墙二十里，开肆三万室"。① 苏东坡《钱塘六井记》曰："杭之为杭，本江海故地，水泉咸苦，居民零落。自唐李泌始引西湖水，所凿六井，然后民足于水，井邑日富。"② 经白居易等名士的诗文赞扬后，杭州名声越来越大，逐渐与苏州比肩。

　　唐末五代时两浙在钱氏的保据下免遭战争的破坏，吴越国是一个闹中取静的国家，在五代十国中立国时间最长，杭州一跃成为江南最繁盛的城市。宋人王明清说："杭州在唐，繁雄不及姑苏、会稽二郡，因钱氏建国始盛。"③ 欧阳修《有美堂记》赞吴越国时期杭州城的独特风景曰："邑屋华丽，盖十余万家，环以湖山，左右映带，而闽商海贾风帆浪舶，出入于江涛浩渺，烟云杳霭之间，可谓盛矣。"吴越国钱氏进贡宋朝的物品，许多来自海外。东南沿海的商船往返，输入和传出的文化，影响显然与内地河运有所不同。

　　两宋之际，杭州遭方腊起义和金军南下等战争破坏，人口减少很多。绍兴二十六年（1156）起居舍人凌景夏说："且见临安府自累经兵火以后，户口所在，裁十二三。"④ 南宋绍兴八年定都于此，大量北方士人的迁入，使临安的人口数量和经济开始恢复。时人曹勋说："临安在东南，自昔号一都会。建炎及绍兴间三经兵烬，城之内外向墟落，不复井邑，继大驾巡行，驻跸吴、会，以临浙江之潮，于是士民稍稍归来，商业复业，通衢舍屋渐就伦序。"⑤

　　南宋临安作为都城，直接促进了城市文化面貌的改变。城中

①　《全唐文》卷三一六。
②　《苏东坡集》前集卷一一《钱塘六井记》。
③　《玉照新志》卷五。
④　李心传：《建炎以来系年要》卷一七三，建炎二十六年七月丁巳。
⑤　《松隐集》卷三一《仙林寺记》。

学校很多，"每里巷须一二所，弦诵之声，往往相闻"。① 杭州印刷业在北宋时便很发达，"北宋监本刊于杭者，殆居泰半"，② 除了监本外，杭州还有大量的私刻本、经坊刻印的书籍和佛经等。南宋的杭州成为全国的印刷业中心。

　　南宋时期的杭州明显具有北方化的特点。临安在名义上只是宋皇室的权且避难之所，因而从宫廷到民间，充满汴京风情。皇宫前的宫观"两庑俱绘三皇五帝、日月星宿、岳渎九宫贵神灯，从与祀一百九十有五，遵太平兴国旧制"。③ 东京的饮食、语言、生活习俗等，全部搬到了临安。开封方言对临安影响尤其深远，明代郎演说：杭州"城中语音，好于他郡。盖初皆汴人，起宋南波，遂家焉，故至今与汴音颇相似。……唯江干人言语噪动，为杭人之旧音"。④ 开封人信仰的神灵也在杭州"落户"。《梦粱录》记载："惠应庙，即东都皮场庙，自南渡时，有直庙人商立者，携其神像随朝至杭，遂于吴山至德观右立祖庙，又于万松岭侍郎桥巷元贞桥立祠者三。"北方习俗与南方风物的结合，给杭州这座城市带来了特有的京城风尚。宋仁宗有诗《赐梅挚知杭州》言："地有湖山美，东南第一州。"⑤ 王士性《广志绎》卷四《江南诸省》说：杭州人好繁华，"恶拘检而乐游旷，大都渐染南渡盘游余习，而山川又足以鼓舞之"。将杭州人好游览归于宋室南迁和优美的自然风景，是有一定道理的。杭州人的繁华之习与苏州的游乐又有不同，在明清时期仍一再被人提及。

---

① 《都城纪胜》。
② 王国维：《两浙古刊本考》卷上。
③ 《梦粱录》卷八《御前宫观东泰乙宫》。
④ 《七修类稿》卷二六《杭音》，中华书局点校本。
⑤ 唐圭璋：《全宋词》卷三五四，北京大学出版社1992年版，第4399页。

六　都城文化的影响

在中国古代社会，都城的选址主要是从政治和军事的角度考虑。郑樵曾说："建邦设都，皆凭险阻。山川者，天之险也；城池者，人之阻也；城池必以山川为固。大河自天地之西而极天地之东。大江自中国之西而极中国之东。天地所以设险之大者，莫如大河；其次，莫如大江。故中原依大河以为固，吴越依大江以为固。"[①] 这是一种笼统的说法，实际上，自先秦到明清，由于北方游牧民族对中原华夏族的不断侵扰，黄河天险并不能阻挡游牧民族的铁骑，黄河流域居民往往在奋力抵抗仍难以据守的情况下退保江南，长江便成为中华文明抵御北方游牧部落的最后一道生命线，必须死守。在北方动荡、民族迁徙的过程中，中州是汉文化的中流砥柱，吴越一带是中原汉民族的大后方和最佳避难地，中华文化在此传承并得以发展。

都城是一国之首都，中国古代都城文化的基本特点，便是它所彰显的独一无二的政治权威。中国古代文明是多源发生的，但中州率先跨入文明的门槛，建立了国家，此后便长期在中国文明发展的过程中处于核心地位，起到主导作用。中州可谓中国都城文化的发源地，其都城文化的特点，简而言之，外在形态是礼制建筑，内在的精神便是中央观念。

中国古代最辉煌的建筑是神秘莫测的皇宫。与西方古代最辉煌的建筑是面向公众的宗教建筑不同，帝王宫殿是君主专制的物化形态。作为帝王起居与朝见百官、发号施令的地方，宫禁森严，民众对之敬畏万分。中国的宫殿"集中体现了古代宗法观念、礼制秩序及文化传统的大成，没有任何一种建筑可以比它更

---

① （宋）郑樵：《通志二十略》卷四一《都邑一》，中华书局 1995 年版。

能说明当时社会的主导思想、历史和传统"。① 中国古代皇宫的威严在商代宫殿中已见端倪。而明堂之制亦在东汉的洛阳已经确立。李学勤先生曾指出："任何一个古代文明的标志之一，就是它的礼仪性建筑。明堂正是中国古代文明的一种最重要的礼仪性建筑。其之所以重要，就在于它承天行化、顺时布政的明堂思想。"② 都城的象天之义，明堂的承天行化义，秦汉时期屡见于史籍。其神秘性在后世不断被渲染。宋代诗人范成大有诗曰"他日楚人能一炬，又从焦土说阿房"，中国古代的改朝换代，前朝的宗庙或宫殿总要受到破坏，新王朝要建立标志自己一家一姓江山的建筑，而明堂、辟雍等普适性的礼制建筑却受到每一个王朝的尊奉，因为它代表的是教化，是每一个王朝都必须运用的政治法宝。

中央观念的形成与深化，与都城文化可谓同步进行。在中州，由地理上的"中"演变到政治上的中心、中央，似乎是顺理成章的。商王的直接统治区便称为中商、中土。《诗·商颂·殷武》中有"商邑翼翼，四方之极"的句子，商邑即指京师，郑玄注曰："极，中也。"甲骨文中的四方、四土都是以中商为坐标的。胡厚宣先生认为，中商是"中国"称谓的最早起源。③周公则是第一个明确提出建都理论的人，其核心是强调建都于"天下之中"。这种理论在汉代以后得以强化，为社会各阶层所认同。董仲舒《春秋繁露》写道："天始废始施，地必待中，是以三代必居中国，法天奉本，执端要以统天下、朝诸侯也。"《五经要义》说："王者受命，创始建国，立都必居土中，所以

---

① 杨鸿勋：《宫殿考古通论》，紫禁城出版社 2001 年版，第 3 页。
② 李学勤：《古文献丛论》，上海远东出版社 1996 年版，第 231 页。
③ 胡厚宣：《论殷代五方观念及中国称谓之起源》，《甲骨学商史论丛初集》（外一种），河北教育出版社 2002 年版，第 277—278 页。

总天地之和，据阴阳之正，均统四方，以制万国者也。"① 从先秦到明清，中国的政治中心逐渐从长安、洛阳、开封，由西向东移动。开封的地理位置并不适合建都，但出于政治因素，开国君主赵匡胤不惜"举天下兵宿于京师"，也仍要定都于汴京。《宋史·范仲淹传》载：朝廷中在论建都之事时，范仲淹曾建议："洛阳险固，而汴为四战之地，太平宜居汴，即有事必居洛阳。"都城总不离中州的汴京、洛阳。此后元明清，经济中心已南移，而从政治统治与军事防御的角度出发，都城仍在北方。而都城为天下之中，皇宫居都城之中，天子居中以统御四方，这种政治观念早已深入人心，因而不管其居于何地，最高权力总能够役使整个国家的民众以奉朝廷之需，它总是"天下之中"。

　　都城作为国家的缩影，具有强大的凝聚力与影响力。"国家承平之时，四方之人，以趋京师为喜。"② 到京师的官吏、士人、商贾，自然而然地将都市文化传播到四面八方。宋代经学家邵雍有诗云："洛阳自为都，二千有余年。举步图籍中，开目古今间。"③ 可见洛阳在这些经学家心目中的地位。都城不仅是政治中心，商业繁华之地，而且是高雅文化和市井文化的中心。宋词、宋画、宋代园林，以及诗、书、画的统一，是前者的代表；瓦舍，杂剧，则是后者的代表。都城文化引领着天下风潮。

　　在北方文化向南方传播的过程中，中原都城文化的传播不可忽视。吴国都城姑苏（苏州），越国都城会稽（绍兴），既有自身特点，又受到中原文化影响。《吴越春秋》卷五记范蠡筑城，"观天文，拟法于紫宫，筑作小城"。东晋、南宋建立，中原政治文化

---

① 李昉等：《太平御览》卷一五九《州郡部二》引，中华书局 1960 年版。

② 洪迈：《容斋诗话》。

③ 《击壤集》卷一《奇谢三城太守韩子华舍人》。

的影响渗透于都城的血脉中。六朝的建康，五代十国时期的南唐、吴越国，南宋的杭州，代表的是江南水乡刚柔相济的都市风情，与北方都城文化有区别也有共性。欧阳修曾在《有美堂记》中说："若乃四方之所聚，百货之所交，物盛人众，而又能兼有山水之美者，惟金陵、钱塘。"中原文化涵盖了汉民族主流文化沧海桑田的巨大变化，显示的是悲壮与苍凉，吴越文化非主流的特色比较明显，显示出柔美的一面。但只要是汉文化的权力机构所在，特权与等级性便很分明。都城文化最主要的特征便在于此。它将君臣上下等级有序的礼制观念强有力地传播到黄河内外，大江南北。

第二节　市镇文化的兴盛与启示

市镇在中国古代社会是一定区域范围内的经济贸易中心和文化中心，它们是城乡经济联系的纽带，文化交流的平台，在区域文化进程中发挥着重要的作用。

一　古代社会早期的城市风貌

中国古代社会早期的城市往往由政治、军事据点发展而来，除去自然灾害与战乱的毁灭性破坏外，这些城镇具备顽强的生命力。

中州是中国商人、商业、都会的起源地。《尚书·酒诰》说：商部族中的一些人"肇牵车牛远服贾"，以牛拉车，贩卖货物，以养活家人，据说"商人"的名称便由此而来。当时也已经有了用于交易的原始货币——海贝。商族于盘庚迁殷后，不再迁徙，商都附近的道路逐渐被开拓，成为四通八达的城市，商族人的经商活动比较便利。商朝灭亡，商遗民四散，商部族的工匠被周人分派各地，商人应当也都自寻生存之道了。

春秋战国时期的范蠡与吕不韦，都出自中州。范蠡在历经艰辛帮助勾践复国，政治上取得巨大成功后，非常明智地决定抽身而退，在经商活动中再次显现了他的超人才智，被后世誉为"商圣"。吕不韦拿经商所得巨资去"货天下"，大概是中国历史上最大的政治投机商，在成功的同时也为自己埋下了隐患，最终身亡。一个是在政治的巅峰弃政从商，获得巨大成功，被奉为商人鼻祖；一个是以经商的手法去经营政治，也获得了成功，但最终被迫自杀。范蠡与吕不韦的经验教训，似乎证明了经商的自由与从政的严酷。洛阳民间的经商风气很盛，苏秦的家人说洛阳风俗"治产业，力工商，逐什二以为务"，说明了先秦时期中州商业活动的兴盛与商业观念的灵活。

汉代是中国历史上第一个长期统一的封建王朝。在郡国并行制的体制下，郡治所在的城市为一郡之中经济富庶、交通便利的县城。县级城市也是各地的统治中心。县作为历代行政区划的基层组织，从秦至今，沿而不改。这是中国社会长期稳定的重要原因之一。诸侯王国虽在西汉中期以后实力大为削弱，但一国之中拥有数城的情况很普遍。如梁国"北界泰山，西至高阳（今河南杞县西南），四十余城，多大县"。① 那么，汉代究竟有多少县级以上的城市呢？东汉王符在《潜夫论·浮侈》中言及洛阳商人与虚伪游手者众多的情况时说"天下百郡千县，市邑万数，类皆如此"。所谓"百郡千县"是有依据的。《汉书·地理志》曰：西汉平帝时"凡郡国一百三，县邑千三百一十四，道三十二，侯国二百四十一"。当时全国县级以上的城市大约有一千多个。东汉时郡县有所合并，《续汉书·郡国志》载：东汉顺帝时全国有 105 个郡国，县级行政区 1180 个。王符所言"市邑万

---

① 《史记·梁孝王世家》。

数"则比较空泛。有学者认为，"市邑"应指有市的乡邑。①

汉代的城市主要集中于北方。《史记·货殖列传》列举西汉初年至武帝时著名的城市有长安、杨、平阳、温、轵、邯郸、燕、洛阳、临淄、陶、睢阳、江陵、陈、吴、寿春、合肥、番禺、颍川、宛。除长安、洛阳外，多数是郡城。这些城市除寿春、合肥、江陵地处长江以北，吴和番禺两城位于长江以南外，多位于北方的经济发达区。它们地理位置优越，交通便利，物产丰富，具有明显的优势。如睢阳、寿春、宛、江陵，均处于河流周围。《盐铁论·通有》曰："燕之涿、蓟，赵之邯郸，魏之温、轵，韩之荥阳，齐之临淄，楚之宛丘，郑之阳翟，周之三川，富冠海内，皆为天下名都，非有助之耕其野而田其地者也，居五诸之冲，跨街衢之路也。故物丰者民衍，宅近市者家富。"与《史记·货殖列传》所列城市的名称大同小异。荥阳、临淄、阳翟、江陵、寿春、颍川均为春秋战国时期的国都，文化发达，交通便利，人口众多，长盛不衰。

县城为一县行政中心之所在，居住环境在一县之中为优。而郡治所在的县又为一郡之大县，一方的政治、经济、文化中心，对周围的经济与民风有直接的影响。兹以南阳郡治宛市为例。

南阳郡位于汉水流域，在汉代属荆州刺史部，它北得洛阳周文化之风气，南受楚文化浸润，其经商之风与游乐之风一直比较盛行。《史记·货殖列传》载：南阳与颍川原来同为"夏人之居也，夏人政尚忠朴，犹有先王之遗风。……宛亦一都会也，俗杂好事，业多贾，其任侠，交通颍川，故至今谓之'夏人'"。南阳的工商业在战国时已比较发达，汉代的宛市商业长盛不衰。《史记·货殖列传》讲："秦、夏、梁好农而重民，三河、宛、

---

① 张继海：《汉代城市社会》，社会科学文献出版社 2006 年版，第 222 页。

陈亦然，加以商贾。"西汉中期的盐铁会议上，桑弘羊曾言："宛、周、齐、鲁，商遍天下。"这种"商遍天下"有本地的经商传统，也有外来商人的激发。秦王朝强令将一部分豪强与富商由关东迁往中西部时，大梁（今河南开封市）以冶铁致富的大商人孔氏被迁往南阳，"大鼓铸，规陂池，连车骑，游诸侯，因通商贾之利"，并与南阳"游闲公子"交往，因而名气更大，盈利更多，"家致富数千金，故南阳行贾尽法孔氏之雍容"。宛市以及南阳郡经商成风，对农业经济以及政治秩序形成冲击，以至于汉宣帝时的南阳太守召信臣针对此风俗进行专门治理："南阳好商贾，召父富以本业"。但刘秀的舅家湖阳樊氏在两汉之际"世善农稼，好货殖"；[1] 宛人李通"世以货殖著姓"，"居家富逸，为闾里雄，以此不乐为吏"，[2] 均说明民间经商之风旺盛的发展势头。"仕不至二千石，贾不至千万，安可比人乎！"南阳人宁成之语，正是南阳经商风气的折射。

宛市是士人集中，文风活跃的地方，所谓"宛为大都，士之渊薮"。[3] 东汉时，南阳为"帝乡"，宛市成为与京师洛阳并列的游乐去处，奢靡之风屡禁不止。《古诗十九首》中的《青青陵上柏》写道："斗酒相娱乐，聊厚不为薄；驱车策驽马，游戏宛与洛。"南阳汉画像石中众多的车骑出行、宴饮歌舞场面，形象地说明了皇亲国戚、富商大贾的豪华生活。

在南阳郡的范围内，县城也有活跃的商业贸易和经济生活。《史记·高祖本纪》曰："宛，大郡之都也，连城数十，人民众，积蓄多。"这"连城数十"应主要是县城。新野县城便是其中的

---

① 《后汉书·樊宏传》。
② 《后汉书·李通传》。
③ 《后汉书·梁冀传》。

一个。新野的画像砖反映出当时的车骑出行情况，是当时贵族生活的写照。

汉代见于记载的城市中，吴越一带很少。先秦时期吴国的国都姑苏城（今苏州），越国的国都会稽城（今绍兴），在汉代影响不大。吴地一度归会稽郡，会稽郡治所在姑苏。后又分为会稽、吴两郡，分别统有十三四城。吴越的经济发展、城市繁荣是在东晋开始的。

二 明清的河南城镇

美国汉学家施坚雅在其名著《中华帝国晚期的城市》中，认为中国从唐末到北宋产生了所谓"中世纪城市革命"，主要表现为：每县一市、设立县城的规定松弛；官市组织衰落乃至瓦解；比较自由的街道规划取代坊市制度，可以在城内或四郊进行交易；某些城市扩大，市郊商业发展；出现了有重要经济意义的大批中小城镇。施坚雅的概括是精练而准确的。在这个变化过程中，北宋是关键时期，中州和吴越均为具有典型意义的重要地区。在经济、文化持续发展的情况下，交通便利尤其是水陆两运便利之处，城镇前所未有地发展起来。

清朝中叶是全国商业蓬勃发展的一个时期，河南也呈现出一派繁荣景象。它北通直隶，西连秦晋，南接江淮，东及河海，仍不失为四方辐辏之地。南来北往的货物都要经过河南这块土地，河南的土特产也要贩运至各地，它是商品交流的中心区域之一。

清代前期，河南省内最大的商帮是怀帮，即怀庆府的商人。怀庆府地处豫北，离山陕和京师较近。怀庆、卫辉、开封和南阳诸府，是明朝洪武年间的移民地区，移民的来源皆为山西。怀庆的商人到豫西南的赊旗一带经商，被当地人称为"怀串儿"。

河内、孟县、修武、温县等自然资源丰富，棉纺业比较兴盛。如孟县布匹规整，"历来孟县布宽长，俱系官为核定，以故山陕驰名，商贩不绝"。[①] 而河南境内也并非均衡发展，偏僻的地方仍然是自给自足，除盐铁等必须依赖市场的物品外并不去集市交易，如南阳内乡县的集市贸易状况没有大的改观。[②] 但也有一些集镇有特色。内乡县境内多山，马山口镇成为全国四大中药集散地之一，吸引了四方药商来此采购，有"旱码头"之称。

河南境内当时有四个名镇：东北方向的朱仙镇，东南的周家口，西南的赊旗店，中部的北舞渡，均以水陆道路通畅而商业兴盛。其中以朱仙镇最为出名，被称为清代四大名镇之一。

朱仙镇位于开封城南45里。乾隆《祥符县志》称："朱仙镇，天下四大镇之一，食货富于南而输于北。由广东佛山镇，至湖广汉口镇，则不止广东一路矣。由湖广汉口镇，至河南朱仙镇，又不止湖广一路矣。朱仙镇最为繁夥。"全镇南北长16里，东西宽7里，有店铺620余家，这里"商贾辐辏，户口殷实，清嘉道之前，商业之盛甲于全省"。[③] 贾鲁河在朱仙镇穿镇而过，商业依便利的水运交通而兴盛。但道光年间贾鲁河上游淤积，朱仙镇很快便衰落下去。

周家口位于颍河边，周围十余里，三面夹河，镇中有商户四

---

① 《孟县志》卷四（上）《田赋·附物产》，乾隆五十五年刊本。
② 明成化（1465—1487）年间，内乡县城仅以三、六、九日为定期市，县城之下的乡镇连定期市也很难形成。如西峡口离内乡县城较远，没有集市，"商民贸易不便"，知县沃赖根据民众要求，定每月一、五日在西峡口开集。半川里原来也不设集，"陕西等处往来买卖贩枭商旅，数多艰于贸易"，此期亦开始设集，"每月二、七日开集生理"。而丹水店、菊花店、长城店等地，因"坐落偏僻，物货不凑，乃听居民随处随时相互贸易，不以集拘"（成化《内乡县志》卷二《食货略、市集》）。到明末清初时，七峪等店才发展为定期市（康熙《内乡县志》卷二《建置志、市集》）。内乡县的集市贸易在一定程度上反映了南阳府乃至河南当时农业社会的特点。
③ 民国《河南通志稿》卷五五四。

百余家。①　其商业的兴衰也与水道的畅通与否有密切的关系。

赊旗镇与北舞渡的地理位置一南一北，互为依存。赊旗当地有个简洁的说法"西边进，东边出"，即是指赊旗的货物拉到北舞渡，北舞渡又将货物运往北方或东方各地销售。赊旗、北舞渡均有较大的商品吞吐量，人流如潮，运货不止，所以中原流传一句民谣"拉不完的赊旗店，填不满的北舞渡"，形象地说明了河南转运型商镇的特点。

在明清时期的河南，赊旗镇的商业文化兴衰具有代表意义。

赊旗镇位于河南西南部，清代属南阳县管辖。此地"居荆襄上游，为中原咽喉"，②　乾嘉年间"商贾辐辏，舟车喧阗者百余年"。③　在全国范围内，赊旗是从陕西东南部、山西南部经河南西南部到汉口的重要商道。在河南境内，到北部的洛阳、开封商道的繁忙自不待言，到西北的北舞渡，南边的襄阳，亦车水马龙，商人相望于道。

赊旗是个小镇，方圆不过数里，然而却有 72 条街之说。当地老人们说：乾嘉初年，这里已有 72 条街，不少街道以主要经营一种商品而得名。山陕会馆大门正对的是瓷器街，其他如铜器街经营铜器，木厂街经营木材与木家具，豆腐街卖豆制品，骡店街住满了南来北往拉货的骡马……这里的街道都不长，过一个街口就是另一条街的称谓。之所以会形成 72 条街，或者说要凑够72 条街之数，应是基于 72 行之说，这是赊旗商业繁盛时期留下的深深印痕。

赊旗小镇的发展主要有两个原因：其一，得益于"潘赵二

---

① 乾隆《商水县志》卷一《舆地》。
② 赊旗山陕会馆存乾隆四十七年《创建春秋楼碑记》。
③ 1943 年《赊镇区区长曲公臞民德政碑记》。

河，环绕如带"的地势。赊旗镇南依赵河，东北傍潘河。赵河、潘河在社旗镇东南交汇流入唐河，唐河汇合南阳的白河，融入汉水。赊旗有"水陆之冲"、"南北水陆码头"、"南船北马"之说，[①] 用当地老人们的话来说，就是"换载"之地。商人们南下行船走水路到襄阳、汉口，北上赶车走旱路经方城到开封、洛阳，赊旗是个改换运输工具的中转站。商业兴盛时期，全镇有48家过载行，日夜卸货、装货不止。[②] 其二，得力于山陕商人的南下。嘉庆二十二年（1817）《南阳县赊旗镇山陕会馆铁旗杆记》文曰："赊旗镇……地属水陆之冲，商贾辐辏，而山陕之人为多。"光绪三十年（1904）《南阳县志》说赊旗"总集百货，尤多秦晋盐茶大贾"，又载："晋人固善贾，（南阳）县又通水路，乾嘉时城乡及赊旗镇号为繁富。"赊旗镇地处"水陆之冲"的优势，它潜在的商业价值，是山陕商人最先发现的。从陕西东南部、山西南部经河南西南部，到湖北的襄樊汉口，走商县、商南、内乡、邓县，路途最短。但内乡山路崎岖，集市交易非常有限。山陕商人选择了交通便利的南阳、方城、唐河一带去经营。赊旗作为商镇崛起，首先是山陕商人的开发。可以说，没有山陕商人的开发，便没有赊旗商镇的存在。山陕商人成为赊旗商业发展的主力，从而福建、江西、湖北等外地人在此经商均成为顺理成章之事。

　　到乾隆二十一年（1756），据《赊旗县商业志》记载，赊旗

---

　　① 乾隆十九年（1754）河南巡抚蒋炳在奏折中称：赊店"为南北水陆码头，商贾云集"。光绪三十年（1904）《南阳县志》仍记载：赊旗店"亦豫南巨镇也。地濒赭水，北走汴洛，南船北马，总集百货"。

　　② 据《赊旗县商业志》，销往湖南、湖北、山西、陕西的本地产品有酒、牛皮绳、棉线口袋、绿豆粉面、绿豆粉皮等。50多家花布行日成交棉花5万公斤，土布0.7万匹。

已有商号 424 家。乾隆四十七年（1782），由赊旗镇 408 家商号捐资建造的春秋楼落成，花费白银 7916 两。这是赊旗当时最为壮观的建筑，楼成之日，"金碧辉煌，光应日星"，在当时造成了极大的影响，南阳至今仍流传着一句俗语："赊店有个春秋楼，半截就在天里头。"春秋楼的落成，标志着赊旗作为一个商镇的崛起。它完全由商人集资兴建，显示的是商人的财富与力量。高高耸立的春秋楼将赊旗镇与其周围的乡村小集镇明显地区别开来。

赊旗有其商业行规，主要限制缺斤少两、不正当竞争等。山陕会馆院内有两块关于行规的碑刻，反映了该镇行规的某些特点。

雍正二年（1724），由山西平阳府商人发起，各商号在关帝庙共同确定衡制，有"合行商贾"、"集头"等参加，立下《同行商贾公议戥秤定规概》。针对"改换戥秤，大小不一"的现象，众人"公议：秤足十六两，戥以天平为则，庶乎较准均匀者。公平无私，俱各遵一。……公议之后不得暗私戥秤之更换，犯此者罚戏三台。如不遵者，举秤禀官究治。惟恐日后紊乱规则，同众禀明县主蔡老爷金批钧谕，永除大弊"。由碑文可见，商贾之间所定的行规约束力并不强，违者罚戏三台，只能是一种权宜的经济制裁手段，实质性的约束还要"举秤禀官究治"，靠当地官府出面解决。①

60 余年后，乾隆五十年（1785）赊旗镇诸商行又立了一块《公议杂货行规碑记》。较之《同行商贾公议戥秤定规概》仅以

---

① 赊旗山陕会馆藏有五块道光年间志石："赊旗杂货商行公议志石，道光二十三年二月吉日""赊镇杂货商行公议加三志石重一百斤，道光二十三年二月吉日""光绪十一年赊旗杂货商行公议加一志石重二百斛""光绪十一年赊旗杂货商行公议加二志石二百斛""光绪十一年商行公议平秤志石重二百斛"。

衡制定规矩，这次的行规非常具体。① 如"落下货本月内不得跌价"、"结账不得私让分文"，"落下货"当指码头卸下的货物，进入各铺家后，若有低价出售，薄利多销者，定会影响其他店铺的生意，所以限制不能跌价。统一价格后，不能在与客人结账时压低价格。"不得在门口拦路会客"、"不得在人家店中勾引客买货"、"不得假冒名姓留客"、"客到店中吃饭俱要饭钱"这些细致入微的规定，说明此前的商业活动中，拉客现象非常普遍，一部分人从中取利，影响了大多数商家的生意。而旧店换人以及新开店者需出官银若干，每年正月十五演戏敬神诸商家须准备钱物等规定，则说明赊旗诸商家重视公益活动，商铺必须交纳一定数额的钱财以备用。《公议杂货行规碑记》记录着赊旗这个小小商镇中商业竞争的激烈。

赊旗镇的商人们内部竞争如此，对外却是一致的，要保证货

---

① 文曰：

卖货不得包用，必要实落三分，违者罚银五十两。

如有旧店换人名者，先打出官银三十两会行友，违者不得开行。

卖货不得论堆，必要逐宗过秤，违者罚银五十两。不得合外分伙计，如违者罚银五十两。

买表辛不得抄红码，必须过秤，违者罚银五十两。

不得沿路会客，如违者罚银五十两。

落下货本月内不得跌价，违者罚银五十两。

不得在门口拦路会客，任客投主，如违者罚银五十两。

银期不得过期，如过者按生意多寡出月利。

不得假冒名姓留客，违者罚银五十两。结账不得私让分文，如让者罚银五十两。

不得在人家店中勾引客买货，如违者罚银五十两。

买货破烂水湿，必须依时价公除。不得栈房门口竖立招牌，只写某店栈房，如违者罚银五十两。

平色有公议砝一副足纹银九七八六为则。

每年正月十五日，演戏敬神，各家俱要齐备，如故违者不许开行。

有新开行者，必先打出官银五十两。

客到店中吃饭俱要饭钱。

源。赊旗留存至今的北大石桥记录着商人们的一段伤心史。据《方城县志》记叙"潘河之水在清中叶尚可泛舟……赊旗镇奸商拟专其利,乃在城北漫流寨修桥以御之。时方城人乃将黑龙庙河源用铁锅堵塞,使水量减少,舟楫不通。后赊旗镇甘愿毁桥议和,及掘之,泉水没矣。至民国十七年,建国军樊钟秀(总司令)复经派工疏浚,水势仍杀,终未通舟"。潘河源自方城,南下流经赊旗、唐河源潭。潘河水流大,方城当时"四方之物无不毕集",商人们利用当地土产薄利多销的优势,吸引了一些货船由襄樊、唐河直去方城,而不在赊旗停留。赊旗商人为"专其利",想出了一个主意——断航。清同治六年(1867),商人们集资在赊旗镇北潘河渡口修建了北大石桥。北大石桥的特点是桥墩密,桥洞小,船只无法通过。赊旗商人趁冬季三个月水浅不能通航的有利时机,快速修成此桥。第二年春,顺流而下的方城货船被堵在了北大石桥的上水口,货物不得不卸下来,装在北大石桥下水口的赊旗商人的货船中,本打算到南方去卖的商品轻易地让赊旗商人赚了钱。船只再也不能直上方城,只能在赊旗镇码头装卸货物。让赊旗商人始料不及的是,方城商人使出了釜底抽薪的一招——断流。他们用铁杆将铁锅和铁犁铧串在一起,扣在潘河源头的泉眼上。潘河水流锐减,商船日少。商人追悔莫及,遂即与方城商人协商,甚至"愿毁桥议和"。无奈泉眼堵的时间长,地下水已改道,再也不能恢复昔日的水势。1958年兴修水利时,在黑龙潭内挖出的许多铁锅片,见证着这段辛酸的商业史。

在与方城商人的纠葛之前,赊旗商人还遭受过一次重创。

清咸丰三年(1853),太平天国北伐军路过河南,南阳境内的捻军积极响应,劫取豪家,打富济贫。赊旗镇于咸丰七年(1857)为捻军攻取。成书于咸丰八年(1858)的《耕余琐闻》

中记载此事曰：商贾"居者皆不及搬运，能逃脱一身为幸矣。……山陕众商各带金银货物，避匿于山陕会馆春秋楼，贼用棉被泼油焚之。街市油流成河，火光烛天，哭声震地"。此事件给赊旗商人带来了极大的震动。同年，赊旗镇的权贵与商人们便开始修筑，推举过载行"广兴店"的店主戴广兴为寨主，第二年秋天，商人们集资修筑起了"赊旗镇安全寨"。寨墙周长约十五里左右，高三丈，厚两丈五。墙身用土夯实，里外表层全用特制的十八斤重的大砖砌成，每隔五十步修一座更庵，以供夜间巡逻的寨丁宿用，每隔百步修炮楼和瞭望台。寨墙上共开九个门，寨门楼前后均有炮眼和掩体，寨墙外挖有三丈宽、一丈五尺深的壕沟。赊旗镇安全寨俨然成为一座军事据点。

商人的顽强与韧性，在赊旗表现得非常充分。虽然受到外来的种种冲击，但山陕商人仍重整旗鼓，再次集资，从清同治八年（1869）到光绪十六年（1890），30余年的时间内，花银87788两，营造起了大拜殿、大座殿、药王殿、马王殿、东西廊坊等建筑。除春秋楼未能重建外，山陕会馆基本上恢复了昔日的形象。

赊旗的山陕会馆是名副其实的商业中心、文化中心。赊旗每年的庙会，山陕会馆是主会场。中国古代社会后期，儒释道三教合一无论在官方还是在民间，都有广阔的发展空间。清代皇室集历代封建统治经验之大成，充分利用儒释道的学说为其政治服务，"修一庙胜过十万兵"，清代统治者的这句名言，说明他们深谙宗教安国靖民之妙用。庙宇向为神秘肃穆之地，人们在这里自然会产生敬畏感和认同感，潜移默化地接受庙堂文化。清代的大学者纪昀曾说："古人祠庙，俎豆一方，使后人抿想风规，生其效法，是即维风励俗之教也。"山陕会馆不同于官方兴建的庙宇，它由山陕商人集资兴建，其兴建格式与思想内容虽不可能脱离大的社会环境与文化背景，但它毕竟要体现自己的个性，即民

间性，民间文化的特色。在一定范围内，它是自由的。正如赊旗
商人在赊旗镇经商一样自由。

诚信、义气，是山陕商人从儒家伦理中寻求出的最实用的安
身立命之道。赊旗山陕会馆中遍布于石牌坊、大拜殿、大座殿、
春秋楼的匾额、楹联，它的主题与内涵都在彰显"义"。同时，
赊旗山陕会馆中从照壁、悬鉴楼、钟鼓楼到大拜殿、大座殿、药
王殿、马王殿，屋脊无不以富于佛教意味的琉璃构件为饰。麒麟
驮宝瓶、白象驮宝瓶、观音等等，无一不向人们昭示着"何必
远求南海景，此间即是普陀山"。

道教的"八仙庆寿"、明八仙、暗八仙、武八仙等等，又使
山陕会馆的廊庑间"仙"气浮动。反复在石雕、木雕、砖雕中
表现的牡丹、石榴、荷花等花卉，蝙蝠、麒麟、鹿等动物，这些
为中华民族所喜闻乐见的吉祥图案，寄托着人们希冀福寿安康的
美好期待。求富贵福寿、吉祥如意，可以说是山陕会馆的主题，
它反映的是农业社会中小商镇的风貌。

在赊旗周围凡有河流能通船的地方，几乎都有山陕商人开的
商铺。唐河县城有山陕会馆，县城之下，大的集镇从北到南如源
潭、大河屯、毕店、祁仪、湖阳均有山陕会馆。一直延续到湖阳
往南的湖北枣阳鹿头镇，也有山陕会馆。山陕商人在河南境内选
择水陆交通方便的乡镇经商，作为他们的商品中转站，给他们带
来了财富，给当地带来了经济的活力，也给当地的文化以潜移默
化的影响。赊旗镇南面的唐河祁仪镇是一个小镇，所建山陕庙远
没有赊旗镇气派，但其中所敬的文昌爷却是赊旗山陕庙所没有
的。也许因为赊旗镇已有文昌阁，所以山陕庙不再建文昌殿。祁
仪的山陕庙有拜殿、大殿、戏楼、文昌殿、财神殿，均为门朝
南。拜殿之后是大殿，敬奉关公；大殿东为文昌殿，敬奉文昌
爷；西边为财神殿，敬奉财神爷。笔者在南阳、赊旗调查时，曾

听一位 1916 年出生的老人的深情回忆。他幼时在祁仪镇经常见到人们去山陕庙敬神。其中的神灵既各有名目，人们去敬神时也各取所需。他上小学时，曾和五位同学去山陕庙（今祁仪小学为其旧址）玩，与其中的两位同学去东边的文昌殿，给文昌爷磕头，希望文运亨通，三人并拜为兄弟，约定日后互相关照；其他三位同学去西边的财神殿磕头烧香，希望能经商发财。说来也怪，去西边财神殿的三位同学后来都经商做生意了，去东边文昌殿的这三个人后来都走了政治这条路。当时已废除科举，他们读了中师等学校，后来各奔东西。这自然不是文昌爷、财神爷的威力所致，人各有志，敬神时只是心声的自然流露而已。它说明的是 20 世纪二三十年代的中国，人们对文昌星的敬奉，对财神爷的崇拜仍然存在。这一切在商业文化与农业文化的交织中自然而然地代代相传。

从赊旗商业兴衰的历史，可见中州商业发展之艰难与局限。赊旗镇作为联结山陕与湖北、福建的商道，作为自由发展的集镇，有过辉煌时期。但中州商镇毕竟都是外省商人唱主角，这里是他们的商业驿站，而不是产业基地。此后，平汉铁路通车，陆路运输异常明显的优势，使赊旗商旅日益衰落。清代后期，"海运既通，茶布转输，悉由沪达津，津沪繁荣，赊始衰淬。平汉路成，百货东迁，居民几尽失业。民国初纪十余年间，天灾匪患又交相乘，市容益落"。[①] 尽管赊旗的私营工商业一直到建国时还在惨淡经营，公私合营后才真正不复存在，但其经营规模与商品种类已很有限。

与同期的吴越相比，中州市镇在地理条件上受到很大限制，它们往往因水而盛，水竭而衰。这种情况早在宋朝就很明显。据

---

① 民国三十二年（1943）赊旗镇所立《赊旗区区长曲公牖民德政碑记》碑文。

统计，宋代河南的镇多数分布在大城市周围，东京、南京、西京共有 66 个镇，占河南镇数的 38.6%。这些镇是依附于大城市的，缺乏自己的特色。此外的市镇，多处于交通要道上。如南阳县有六镇，沿汴河、蔡河这些通航运河上的镇比较多。而河道沿岸州县的镇市较少，如滑县 3 县有 3 镇，孟州 6 县没有一个镇。河南境内利用水运发展商业比较困难。有学者认为，"黄河流域商业发展远不如长江，长期以农业为主要产业，不能通航是基本原因"。① 这是有道理的，但似乎绝对一些。江浙的温州人多地少，资源贫乏，生存压力促使温州人走出去打拼，在商海中走出了自己的路。中州人在经营手法上缺乏特色产品与一定规模；在经商意识上比较欠缺，远不如战国两汉中州商人灵活机敏，没有那种"商遍天下"的勇气，这是值得思索的现象。

三　吴越的市镇

法国地理学家潘什梅尔说过："城市现象是个很难下定义的现实：城市既是一个景观、一片经济空间、一种人口密度，也是一个生活中心和劳动中心，更具体点说，也可能是一种气氛、一种特征或者一个灵魂。"② 他对"城市现象"的概括是抽象甚至是玄虚的，却是富有启发意义的。如果我们不拘泥于城镇或者市镇那样严格的定义，而仅是从与乡村的区别这一点来看，中国古代社会中后期，江南城镇（或曰市镇）无疑最为富庶，也最具吸引力。

吴越水网密布，河流纵横，水运非常方便，四通八达，经济发展有得天独厚的条件。隋唐时期，江浙地区的经济已经十分活

① 任崇岳主编：《河南通史》第三卷，河南人民出版社 2005 年版，第 96 页。
② 潘什梅尔：《法国》中译本，上海译文出版社 1980 年版，第 18 页。

跃。唐代李德裕曾有"水国逾千里，风帆过万艘"的诗句，[1] 经济繁荣，商贾云集，许多典籍中对江南州县的赞誉之辞几乎是相同的。

如位于大运河与长江汇合点的润州，"厌饪江淮、膏润数州"。[2]

京口，是长江下游的军事重镇，南京的北方门户，它"东连吴会，南接江湖，西连都邑，亦一都会也"。[3] 市场交易十分活跃。

常州，"为江左大郡，兵食之所资，财赋之所出，公家之所给，岁以万计"。[4]

湖州，"江表大郡，吴兴为一。……其贡橘柚、纤缟、茶、纻，其英灵所诞，山泽所通，舟车所会，物土所产，雄于楚越。虽临淄之富不若也"。[5]

宣州，交通便利、物产丰富，是一个重要的商业城市，"通商鬻货，万货云从；阛道都会，敦儒泮宫"。[6] 人们用"鱼盐满市井，布帛如云烟"来形容它的市场交易的繁忙景象。[7] 它每年上缴的赋税很多，"岁不下百余万"，[8] 工商业税收应占相当部分。

宋代的吴越已经赶上或超过了中州地区。宋仁宗时宋祁说："（两浙）北汇三江，东引五湖，而注之海，尽浙分也。地殖稻、

---

① 李德裕：《述梦诗》，《全唐诗》卷四七五。
② 李华：《润州丹阳县复练湖颂》，《全唐文》卷三一四。
③ 《隋书》卷三·《地理志》。
④ 梁肃：《独孤公行状》，《全唐文》卷五二二。
⑤ 顾况：《湖州刺史厅壁记》，《全唐文》卷五一八。
⑥ 阙名：《大唐宣州刺史薛公去思碑》，《全唐文》卷九九〇。
⑦ 李白：《赠宣城宇文太守兼崔侍御》，《李太白集校注》卷一二。
⑧ 元稹：《授卢尊监察里行宣周判官制》，《全唐文》卷六四八。

鱼，山采铅、铜，熬盐赋莍，错出珍贝，飞舻长帆，以输都藏，号令经营，天下之甲。"① 靖康之乱，吴越之地吸引了大量的北方移民，"平江、常、湖、杭、明、越，号为士大夫渊薮，天下贤俊多避地于此"。② 经济文化发达的平江府、常州、湖州、杭州、明州、越州成为北方士人避难的优选之地。

物产的丰富，农业经济的发展，是吴越城镇经济活跃的重要前提。江浙农业以种植水稻为主，除此之外，还大量栽培桑麻、生产茶叶。两浙山地众多，普遍植茶，北宋时已有 12 州 60 县种茶，两浙路的卖茶总额高达 1280775 斤，居全国产茶路份前列。杭州城南北两山及其下属七县诸名山大抵皆产茶，其中名茶甚多。越州名茶日铸是北宋名茶中的佳品。桑蚕业的发展更为显著，杭州、湖州、越州、处州、严州、明州等地均以桑蚕业为农业的主要收入，因而这些地区的纺织业非常发达。在中州，主要是官营纺织印染业，如北宋开封的绫锦院，汇集了各地优秀织工，其中不少是来自南方的工匠。开封府民间的刺绣手工业，有不少也为宫廷服务。如文绣院没有设立前，朝廷许多需要刺绣的物品，"皆委之闾巷市井妇人之手，或付之尼寺，而使取直焉"。③ 相国寺东门外有一绣巷，"皆师姑绣作居住"。④ 可谓一个专业刺绣区。在吴越，则是民间丝织业普遍发展。

市镇是在州、县城之间兴起的工商居民点，最初它们只是临时或定期的圩集，仅有少数固定居民，后来便逐渐发展成为比较稳定的集市和稍大的聚落，最终形成粗具规模的市镇。宋代正式

---

① 宋祁：《景文集》卷四五，中华书局 1985 年版。

② 李心传：《建炎以来系年要录》卷二〇，建炎三年二月庚午，商务印书馆 1936 年版。

③ 徐松辑：《宋会要辑稿》职官 29 之 8，中华书局 1957 年版。

④ 孟元老：《东京梦华录》卷三，中华书局 1982 年版。

将镇列入县以下的地方行政建制，常派驻监理税务并管理日常治安。[①] 江浙地区市镇数量多，规模大，发达的水路交通条件，使这些市镇成为经济繁华的地方，吸引着南北方的商人们，有力地促进了江浙经济的发展。

明清时期的杭嘉湖市镇以其数量多和特色鲜明而名闻天下。据学者统计，明中后期，杭嘉湖的市镇已有100个以上，清中期更迅速发展至200多个。[②] 这些市镇人口众多，呈现出专业化生产的特点。如吴江的震泽镇，元代仅有数十家居民，明代成化年间增至三四百家，嘉靖年间成倍增长，明末已有居民两三千家。[③] 其特色产品，如以棉织业著名的魏塘、枫泾，以丝织业著名的南浔、双林，以轧油业著名的石门镇，以窑业著名的瓶窑、千家窑，以冶铸业著名的炉头镇等。这些市镇专业特色鲜明，因而就业人口多，商业兴盛，而中州商镇则主要是转运，而不是有自己的主打产品，自产自销而赢利。明代湖州人茅坤说："至于市镇，如我湖归安之双林、菱湖、琏市，乌程之乌镇、南浔，所环人烟小者数千家，大者万家。即其所聚，当亦不下中州郡县之饶者"。[④] 一镇之人口可与中州富裕的郡县相比，其中原因自然很多，但工商业的繁盛，生活的丰裕，无疑是其最重要的因素。

以明清的杭嘉湖市镇与上述的河南赊旗镇相比较，前者有其特色产品，有其品牌效应，自然具有充沛的活力和旺盛的生命力。

---

① 金普森、陈剩勇：《浙江通史·宋代卷》，浙江人民出版社2005年版，第59—60页。

② 陈学文：《明清时期杭嘉湖市镇史研究》附录《宋元明清杭嘉湖市镇沿革表》，北京群言出版社1993年版。

③ 乾隆《震泽县志》卷四《镇市村》。

④ 茅坤：《茅鹿门先生文集》卷二《与李汲泉中丞议海寇事宜书》。

四　苏州："富贵风流之地"

苏州是一个繁华而带有种种梦幻色彩的城市。它本来可以排在都城文化的序列里，最早是吴的国都，但它的城市特色主要是在明清显示的。《红楼梦》开篇第一回就写到了苏州，其文曰："这东南有个姑苏城，城中阊门，最是红尘中一二等富贵风流之地。"①"富贵"与"风流"一定程度上揭示了明清时期苏州的特点。

美国学者林达·约翰逊在《帝国晚期的江南城市》一书中说：江南地区最大的城市是苏州、杭州和南京，"在长江下游地区繁荣的背景下，没有哪一个城市能长期居于支配地位，而且没有一座城市能压倒其他城市，即使在它鼎盛时期也做不到这一点。清代，这三座城市都是主要的行政中心。杭州是浙江省的省会，苏州是江苏省的省会，南京则是两江总督的驻地（管辖江苏、浙江和江西）"。而苏州工商业的繁盛与人文景观的丰富，显然是居于首位的。

（一）工商业昌盛

苏州的繁华建立在它繁荣的工商业经济之上，晚唐诗人罗隐已有"蜀桑万亩，吴蚕万机"之语。明清时期，苏州设有官营的织染局，产品不进入市场交流，但技艺自然在本地传承，客观上促进了当地民间丝织业的发展。苏州商人有较为雄厚的经济实力，敏锐的头脑和顽强的意志，所以虽受挫折亦能很快重新发展起来。明初为恢复农业生产，稳定社会经济，采取传统的重农抑商政策，苏州不少富户被强迫迁徙，一时"邑里萧然，生计鲜薄"，②而到嘉靖年间便又是"比户皆工织作，转

---

① 曹雪芹：《红楼梦》，岳麓书社 1987 年版，第 3 页。
② 王锜：《寓圃杂记》卷五。

贸四方"。①

　　苏州是四方商人辐辏之地，"贸易之盛，甲于天下"，② 清代徐扬的《姑苏繁华图》生动地展现了苏州风情，画中往来于水上的舟楫排筏竟有 400 只之多，店铺招牌五光十色，有"杭绸"、"宁绸"、"湖绉"、"山东茧绸"、"汉府八丝"、"金华火腿"、"南京板鸭"、"江西瓷器"、"胶州腌猪"、"东北人参"等，可见苏州货源之广。阊门一带最为热闹，商人聚集，居民众多，室宇栉比，货物充牣。③

　　苏州的商人会馆之盛闻名天下。清人杭世骏说："会馆之设，肇于京师，遍及都会，而吴阊为盛。"④ 商人会馆的主要作用在于联络同乡感情，共同应对经商之地的不正当商业竞争和官府勒索。《江苏省明清以来碑刻资料选集》一书中有很多有关商人活动的材料。如杭州绸商于乾隆二十三年（1758）兴建的钱江会馆，杭州绸商的货物运到苏州，可以先存放在此，"不畏寇盗，亦不患燥湿"。乾隆四十年（1775），苏州官员刘某借钱江会馆居住，占用房间 30 多间，迫使商人把货物搬出。杭州众商便联合诉之地方官员，并强烈要求勒石刻文，永远杜绝地方官员占用会馆的行为。因为外地商人多，当时在苏州"开张字号行铺者，率皆四方旅寓之人"，所以工商业者尤其是大商人无形中成为苏州城的中坚力量。

　　当然，工商业的发展伴随着竞争，苏州市民的经济生活并不平静。商品经济的活跃，贫富分化的加剧，使人们之间的关系比

---

　　①　嘉靖《吴邑志》。
　　②　《清嘉录》。
　　③　《明清以来苏州社会史碑刻集》，336 号碑《火神庙重建记》，苏州大学出版社 1998 年版。
　　④　见江苏省博物馆编《江苏省明清以来碑刻资料选集》，第 24 页。

较紧张。从苏州的一些书籍与碑文可见当时的尖锐矛盾。《靠天吃饭图说》指出："近来有等世人，呼朋引类，成群结党，终日打算诈人、害人、谋人、骗人，暂时虽得几个钱，岂能常有，试问若辈可曾成家立业否？徒然坏了自己良心，究竟恶贯满盈，终有报应。"农村的利益之争也很激烈。《书示义庄领米诸人》讲述了商品经济下宗族内部的争斗："近闻不肖子，百计欺良淳。人生各有业，总由勤俭至。自不能树立，妒人堆金银……始犹借贷托，继遂强暴邻。廉耻道自尽，养育情辜醇。"面对尖锐的社会矛盾，有人表现出的是无奈的心理："信步行将去，凭天付下来。古今大家小户谁不靠天吃饭，冥冥之中自有定数，只要安分守己，顺理行去，何必朝思夕想，枉费心机。"又语云："千算万算，难逃天止一算。"商业发展是对稳定的农业经济的冲击，给人们带来的也有新的烦恼。

（二）人文荟萃

苏州文化发达，士人活跃，状元之众尤为引人注目。清康熙时人钮绣在《觚剩》里记一则趣闻曰：

> 长洲汪钝翁（琬）在词馆日，玉署之友各夸乡土所产……侈举备陈，以为欢笑。唯钝翁嘿无一言。众共揶揄之曰："苏州自号名邦，公是苏人，宁不知苏产乎？"钝翁曰："苏产绝少，唯有二物耳。"众问二者谓何。钝翁曰："一为梨园子弟。"众皆抚掌称是。钝翁遂止不语。众复坚问其一，钝翁徐曰："状元也。"众因结舌而散。[①]

状元分量之重，在中国古代是不言而喻的，所以众文人在汪

---

① 《觚剩》续编卷四。

琬面前再也无话可说了。

汪琬的话还比较含蓄，小说《孽海花》开篇即赞苏州科举之盛，潘胜芝说道："我们苏州人，真正难得！本朝开科以来，总共九十七个状元，江苏倒是五十五个。那五十五个里头，我苏州城内就占了去十五个。如今那圆峤巷的金雯青也中了状元，好不显焕！"钱唐卿接口道："老伯说的东吴文学之邦，状元自然是苏州出产……"①

据统计，明朝自明太祖洪武四年（1371）至明思宗崇祯十六年（1643）的272年间，全国共取文状元90名，苏州一府有状元8名，约占全国状元总数的9%。清朝自顺治三年（1646）开科取士，至光绪三十年（1904）的258年间，全国共录取文状元114名，苏州一地所出状元竟达26名，占全国状元总数的22.81%，占江苏全省状元总数的53.06%。②士人中能够跃龙门中状元者已属凤毛麟角，而苏州还有名闻天下的状元家族。往前追溯，唐代的长洲归仁绍家族，自唐懿宗咸通十年（869）至唐哀宗天佑二年（905）的36年间，出了5名状元，已有"天下状元第一家"之誉。③

苏州如此"盛产"状元，甚至引发了明清时期苏州当地关于文脉与风水的话题，人们将之归功于宋代范仲淹在此兴学。④范仲淹本为苏州吴县人，任苏州知府时在苏州"首建郡学"，聘

---

① 曾朴：《孽海花》，岳麓书社1993年版，第4页。
② 吴恩培主编：《吴文化概论》，东南大学出版社2006年版，第135页。
③ 《旧唐书》《新唐书》中的《归崇敬集》。
④ 明代苏州人在谈及苏学之盛时曾说："吾苏学宫……人材辈出，岁夺魁首。近来尤尚古文，非他郡可及。自范文正公建学将五百年，其气愈盛。岂文正相地之术得其妙与！"见王锜、丁慎行《寓园杂记与山樵笔麈合刊本》，中华书局1984年版。

著名学者胡瑗为师。胡瑗立下严格的学规，"自是苏学为诸郡倡"。① 清乾隆年间《娱目醒心编》卷三第二回，小说中的人物蔡节庵说道："吾闻苏州府学是宋时范文正公旧宅，堪舆家说：'此地风水极佳，建宅于此者，要出一斗芝麻数目的科第。'文正道：'吾德薄不足当此，请建为府学，使苏州一府，科第不绝。'"② 风水之说乃附会之辞，而范仲淹"苏州一府，科第不绝"，实际上是从整体上对苏州科举兴盛状况的概括。明代中叶大学士徐有贞在《苏郡儒学兴修记》中这样评价："吾苏也，郡甲天下之郡，学甲天下之学，人才甲天下之人才，伟哉！"

状元之盛为其耀眼的光环，秀才、举人之多更难以计算。当然，状元、进士未必都是真正的人才，但苏州状元如此之多，与此地教育发达、文风昌盛、士人切磋学问成风，及家族学风密切相关。明代祝允明在《怀星堂集》内评说：吴中多儒家，"不特一时师友游会之盛，往往父子昆弟交承绍袭，引之不替，斯风至美"。家族的敦促，区域文化性格的重要影响力，不容忽视。

如果说，状元之盛代表了苏州的精英文化，教育水平，那么，苏州的另一"土产"——梨园弟子，则是市民文化发展的重要标志之一。

苏州一带的音乐文化历史悠久。越吟吴歈在先秦两汉已经为中原所知，一直到民国时期，仍以其"亮而润，宛而清"得到吴越民众的喜爱。③ 清人顾禄在《清嘉录》卷首《题辞》中有"《吴趋》一曲起阊门，楚叹齐讴已莫论"的诗句。越吟吴歈淋漓尽致地体现了江南风情，一直在吴越之地传承不绝，"吴地善

---

① 《宋史》列传第七十三《范仲淹传》。
② 草亭老人：《娱目醒心编》，上海古籍出版社1988年版，第37页。
③ 《中国风土志丛刊》(36)，《苏州风俗》七"琐记"四八，民国十七年铅印本。

讴，乐府所传《白舞辞》《白符舞辞》《白凫舞辞》，有舞必有辞，辞以节舞也。音虽纤缓，而讽劝存焉。他如《江南弄》《江南曲》《采莲》《采菱》等贡，皆得吴歈之遗"。①

明清时期的苏州，大众娱乐场所很活跃。顾禄在《清嘉录》卷七《青龙戏》中曰："盖金阊戏园不下十余处，居人有宴会，皆入戏园，为待客之便。击牲烹鲜，宾朋满座。"人们在戏园中招待客人，欣赏戏剧，品尝美食，一举两得，戏园的生意一定很兴盛。这一方面体现了经营者的精明，也反映了苏州文化生活的休闲性质。没有市民阶层的广泛需求，不可能有这样的文化现象。官僚贵族和富商大贾一般在家中有戏台，养戏班，公共娱乐场所面向的是大众。另有说书的场所。说书者之间竞争也很激烈，为保其饭碗，他们要时刻揣摩观众心理，不断提高自己的技艺。《苏州风俗》载："吴人善说古人陈事。有强词、评话之分。强词多为闺阁琐事，俗曰小书。评话多英雄义事，俗曰大书。年底遍邀有名说书者，各讲一段，以滑稽永隽为上，是谓会书。其不满人意者，可高呼'倒面汤'。说书者只有快快下台而已。……盖翌年之命运，皆于会书之倒不倒'面汤'也。"② 这种"会书"等于是对演员一年一度的专业水平考核，观众是裁判，大众娱乐场所的艺术水准以民众的口味为主。它在一定程度上体现了苏州城市的平民化特色。

苏州戏剧尤其是昆曲有其地域优势。"家歌户唱寻常事，三岁孩童识戏文"，③ 这是明清时期苏州民风的真实写照。苏州方言轻软滑脆，婉转动听，有独特的韵味，入昆曲最妙。李渔说：

---

① 民国《吴县志》卷五二下《风俗》。
② 《小方壶斋舆地丛钞》第六帙。
③ 乾隆《苏州竹枝词·艳苏州》之二。

"乡音一转而即合昆调者，惟姑苏一郡。（而）一郡之中，又止取长（洲）、吴（县）二邑，余皆稍逊。……即如梁溪境内之民，去吴门不过数十里，使之学歌，有终身不能改变之字。……正音之道，无论异同远近，总当视易为难。选女乐者必自吴门，是已。"① 吴语一般人很难学，它"多古音之转变，且加之柔腻而成者，故其语不能以字直写出之，直能书出，强而学之，亦失其柔媚之自然。北人学斯语者，每致语不成章；而吴人之学国语，而能流利者，亦鲜矣"。② 昆曲在吴地如天造地设，出此区域则难以仿效。它是苏州人的拿手戏，苏州的特色。《广阳杂记》载：清人刘献廷在一次观看湖南湘昆戏时说："楚人强作吴歌，丑拙至不可忍。"江浙一带流传民谣说，昆曲"过了长江死一半，过了黄河死光光"，便是说的这种地域文化特色。

正因为如此，苏州的梨园子弟闻名天下，影响波及四面八方。康熙时，著名学者戴名世说过："苏州声色之名甲天下，近日纳妾者于是焉，买优人者必于是焉。幼男之美者，价数十金至数百金；女子之美者，价数百金至千余金。……计三四十年以来，北行者何啻数万。"③ 苏州演员北上京师者很多，在附近城市的更多。

苏州艺人在扬州很有市场。当地的官绅或富商往往"蓄声乐伎妾珍物，援结诸豪贵，藉以荫庇"，④ 以家乐作为交易的一种工具。盐商徐尚志首先出资征集苏州名优组建老徐班，汪启源、程谦德、江春等也相继组织戏班。富商吴越石家班则以搬演《牡丹亭》著称。李斗《扬州画舫录》记载，乾隆年间扬州戏班

---

① 《闲情偶寄·习技第四》。
② 《中国风土志丛刊》，《苏州风俗》（三十八）。
③ 《忧庵集》七十。
④ 李梦阳：《拟处置盐法事宜状》，《空同先生集》卷三九。

中的苏州名伶有顾阿夷及其组建的女子戏班——"双清班",有"徐班"副末余维琛,演《占花魁·醉归》的小旦马大保,演《西楼记》于叔夜的李文益,娴熟《人兽关·掘藏》的吴端怡,老旦费坤之,以"苏州大喉咙"著名的邹在科、王炳文、戴翔翎、孙务恭等。

上海人也"争尚苏州戏",上海的潘方伯"从吴门购戏子颇雅丽",后来顾正心、陈大廷也从苏州购戏子,"故苏人鬻身学戏者甚众"。上海本地戏子则很少。[①]

杭州的戏班称"堂名","即清音班,多自姑苏来者,共有一二十班……每班以十岁以上至十五六岁孩子八人,一式装饰,四季衣裳,均皆华丽,吹弹歌唱,各出戏文,昆腔居多,近今亦会唱徽调"。

苏州城之外的扬州、上海,明清时期深受苏州的影响,同时也各有其城市特色。

扬州当水陆之冲,帆樯往来,热闹异常。隋代运河的修建是扬州经济发展的重要机遇,它成为大运河和长江的交叉口,是全国著名的造船中心,百货汇集,"富商大贾,动逾百数",[②] 其盐业最为发达。

大盐商手眼通天,财大气粗,盐商坐的豪华轿子是扬州城的景观之一。盐商中也有儒雅之士,他们资助学者出书,"士有负宏才硕学者,不远千里百里,往来于其间。巨商大族,每以宾客争至为宠荣"。[③]

扬州山水秀丽,文人常有咏叹之辞。李白有"烟花三月下

---

① (明)范濂:《云间据目钞》卷二。
② 《太平广记》卷二九〇《吕用之》。
③ 引自张舜徽《清代扬州学记》,上海人民出版社1962年版,第9页。

扬州"的千古名句，杜荀鹤则在《送蜀客游淮扬》中赞叹道："见说西川景物稠，淮扬景物胜西川。青春花柳树临水，白日绮罗人上船。夹岸画船难惜醉，数桥明月不教眠。送君徽间君回日，才子风流正少年。"很多文人在这里流连忘返，地方上学者型官吏的引导，更使扬州增添不少文雅之气。卢见曾、曾燠便是引领扬州风潮的人。

卢见曾，号雅雨山人，山东德州人，康熙六十年进士。于1737—1738年、1753—1762年两度任两淮盐运使，驻扬州。卢见曾其貌不扬，形体矮瘦，人称"矮卢"，[1] 但诗写得很好，又"爱才好士"，[2] 以其诗才与待遇吸引了众多的士人。他在扬州"筑苏亭于使署，日与诗人相酬咏，一时文宴胜于江南"，[3] "凡名公巨卿，骚人词客于其地者，公必与选佳日，命轻舟，奏丝竹，游于平山堂下。坐客既醉，劈笺分韵，啸傲风月，横览古今"。[4] 卢见曾的幕中聚集的有金农等诗人、程延祚等经学家、金兆燕等剧作家、全祖望等史学家，惠栋、戴震等汉学家。

曾燠，号宾谷，江西南城人，乾隆四十六年进士，1793—1806年，任两淮盐运使十余年。曾燠在扬州做官做得很潇洒，"且接宾客，昼理简牍，夜诵诗文，自若也。署中辟题襟馆，与一时贤士大夫相唱和"。[5] 他的文人气质很浓，"性尤嗜诗，至老不辍，自汉魏六朝三唐两宋以及近世闻人专集、汇集皆悉研究，辨析其得失"。他洞悉民间疾苦，其诗"绝无珠翠罗绮之气染其笔端"。题襟馆文人众多，他在公务之暇与幕僚们琴歌酒宴，

---

① 《扬州画舫录》卷十，"卢见曾"条。
② 《卢见曾》，《清史列传》卷七一。
③ 《扬州画舫录》卷十，"卢见曾"条。
④ 沈起元：《运使卢雅雨七十寿序》，《敬亭文稿》。
⑤ 钱泳：《履园丛话》卷八，"以人存诗"条。

"海内名流归之如流水之赴壑"。① 他留下的一部酬唱集——《邗上题襟集》反映的应是当时文人在其影响下的创作。时人论曰："扬州自雅雨以后数十年来，金银气多，风雅道废，曾宾谷转起而振之，筑题襟馆于署中，四方宾客，其从如云。"② 学者型官员以其学问聚拢文人，对士风民俗当有积极的影响。据说"自曾宾谷出为两淮盐运使，而天下称诗之士皆至于扬州"。③ 扬州虽居长江以北，但属吴语地区，与苏州、南京等地风气相近，文人往返其间，诗人唱和为当时的一大景观。

上海起步晚而商业发展较快。隆庆时松江人何良俊说："昔日逐末之人尚少，今去农而改业为工商业者，三百于前矣。昔日原无游手之人，今大衣而游手趁贪者，又十之二三矣。大抵以广分百姓言之，已六七分去农矣。"④ 苏州与上海的工匠还闯荡天下，在京城从事工商业。《明经世文编》卷二二载周忱《与行载户部诸公书》曰："其所谓豪匠冒合者，苏、松人匠，丛聚两京。乡里之逃避粮差者，往往挠其家眷，相依同住。或创造房屋，或开张铺合。……由是豪匠之生计日盛，而南亩之农民日以衰矣。"这是假托于豪匠名下的一批外流工匠，拥有户籍的豪匠得其利。另有寄名于卫所的工商业者，"其所谓军团牵引者，苏、松奇技工巧者多，所至之处，屠沽贩卖，莫不能之。故其为事之人，充军于中外卫所者，即诱乡里贫民为之余丁；摆站于各处河岸者，又招女里之小户，为之使唤。作富户于北京者，有一家数处之开张，为民种田于河问等处者，一人有数丁之子侄。……（以往）苏州摆站者不过数家，今者连街接栋，造楼

---

① 叶衍兰：《曾燠》，《清代学者像传》第一集。
② 郭麐：《灵芬馆诗话》卷六。
③ 王芑孙：《题襟馆记》，《惕夫未定稿》卷五。
④ 何良俊：《四友斋丛说》卷一三。

居住者，皆囚人之户丁矣"。苏松一带人经商头脑灵活是出名的。

随着商业的发展，松江的昔知白等富豪周围也吸引了一批作家和艺术家。昆山顾瑛是吴中巨富，又曾被荐为儒学教授。从至正八年到二十年（1348—1360），他在顾氏园林中举行过大小集会 50 余次，有 140 余位文人参加，他们中有文学家、古文家、书画家以及乐师、舞女、墨工等。

后　记

　　本书是作者承担的浙江省文化研究工程项目"吴越文化与中州文化比较研究"的初步成果。申报课题时，看到课题指南中有吴越文化与其他地域文化比较研究的题目，对此比较感兴趣，因为过去主持过国家社科基金项目"河南汉代文化研究"，做起来才感到题目涉及地域广，时间长，难度较大。但既经获批，必须要做下去。书中的不少部分有待深化、提炼，我们会有新的收获。

　　本书的内容、体例、章节由我确定，并修改定稿。上编是我和我的两位学生共同完成。其中，黄炜玮撰写第一章、第二章的第一节、第三章的第二节。我撰写第二章的第二节、第三章的第一节、第五章。王苏伟撰写第四章。下编的第六章、第七章、第八章、第九章，由我撰写。书中未尽之意甚多，恳请方家指正。

黄宛峰

2008 年 8 月